日本の
国際教育協力

歴史と展望

萱島信子　黒田一雄［編］

東京大学出版会

Japan's International Cooperation in Education:

History and Prospects

Nobuko Kayashima and Kazuo Kuroda, Editors

University of Tokyo Press, 2019

ISBN978-4-13-051350-0

発刊に寄せて

　日本の近現代の教育の歴史には、二つの大きな転換点がある。一つ目は、明治維新の近代教育の導入である。明治政府は維新からわずか4年後の1872年に学制を発布し、身分や職業によらずすべての国民に等しく開かれた教育制度の普及に着手した。明治期の革命的な社会変革のなかでの教育普及は多くの困難に直面したが、学制発布から30年余りで初等段階の学校教育はほぼ完全に普及した。明治後半から昭和初期には、中等教育や高等教育が伸長し、台湾や朝鮮などの植民地でも教育がおこなわれた。二つ目の転換点は、戦後の教育改革である。戦後の教育改革は、米国のイニシアティブで進められた要素が大きいが、日本はこれを受け入れ、敗戦直後から、教育内容の民主化、単線的教育システムの導入、男女共学の原則、義務教育年限の延長など、現在の教育制度につながる大きな教育改革がすすめられた。

　日本の教育の歴史におけるこの二つの大きな転換点に共通しているのは、社会の大変革にともなって新たな教育制度が導入されたこと、それに際し、海外の知識や技術、制度や価値観を貪欲に取り入れそれを日本の環境に適応させる努力がはらわれたことがあげられる。そして、その背景には、社会の発展や国家の建設における教育の重要性への認識があった。戦後、日本は国際協力を開始したが、そこでは「人づくりは国づくりの基礎」というフレーズが繰り返し言われてきた。教育開発が社会経済の発展に必須だというこうした認識は、日本自身が歩んできた歴史の経験に基づくものでもある。

　日本の二国間援助の実施機関である国際協力機構（JICA）の研究所は、日本の国際協力の歴史を記録するための一連の研究に取り組んでおり、本書はその一環としておこなわれた教育協力の歴史研究の成果をとりまとめたものである。教育の重要性を身をもって経験してきた日本人が開発途上国の教育開発にどのように取り組んできたのか、国際的な教育援助潮流や途上国の変化にどのように対応してきたのか、日本自身の教育開発の経験がどのように活かされたのかなどについて、豊富な資料とデータに基づく分析が示されている。

i

現在、グローバル化の進展や新興国の成長など国際協力を取りまく環境は大きく変化している。こうした時期に、65 年にわたる日本の国際教育協力の歴史を分析し記録にとどめることには大きな意義がある。本書を通じて先人が積み重ねてきた教育協力の歩みを知ることが、日本と途上国の歴史をより深く理解し、さらに今後の国際協力の改善につながることを期待するものである。

2019 年 8 月
国際協力機構 理事長
北岡　伸一

はじめに

　開発協力の姿が変わろうとしている。これは国際協力にたずさわっている多くの人たちの実感ではないだろうか。開発途上国への国際協力が始まって約70年が過ぎたが、近年、開発課題、途上国と先進国を取りまく状況、途上国開発のステークホルダーなどの変化にとどまらず、開発協力の構図そのものが転換点を迎えているように感じられる。

　教育開発においては、多くの途上国にとって、初等教育の普及は長い間最も重要な教育課題であった。カラチ・プラン（1960年）、アジスアベバ・プラン（1961年）、サンチアゴ・プラン（1962年）などの初等教育完全普及のための地域別の行動計画は、多くの新興独立国が生まれてすぐの1960年代に作られたが、その達成は長く困難であった。しかし現在、多くの途上国で初等教育就学率は90％を超え、半世紀にわたる教育目標—初等教育の完全普及—が実現されつつある。そして初等教育の課題は就学率の全般的な向上から教育の質の改善や教育格差の解消へと変化している。一方、かつては極めて小規模であった途上国の高等教育は、1990年代から新興国や中所得国を中心に急速に拡大し、今や世界の高等教育人口の4分の3を途上国の学生が占めるに至っている。また、高等教育の国際化の進展とともに留学生の数が増え、途上国からも300万人を超える留学生が海外で学んでいる。技術教育・職業訓練（TVET）の分野でも近年変化が著しい。TVETは途上国の経済発展に必要な産業人材を育成する重要な役目を果たしてきたが、情報通信技術の発展やグローバル化の進展によって求められる職業技術が変化するのみならず、労働のあり方そのものが変わりつつあり、社会の新たな課題やニーズにTVETがどのように応えていくのか、模索が続いている。

　このように、世界の教育協力の70年間を振り返ると、基礎教育においても、高等教育においても、TVETにおいても、その開発課題は大きく変化した。しかし、それぞれの開発課題の変化を凌ぐ最も大きな変化は、国際社会の変容にともなって、先進国と途上国の課題の明確な線引きがなくなり、従来、途上

iii

国に向けられてきた教育協力という概念や開発課題が、先進国と途上国の間で共有されるようになったことである。たとえば、基礎教育に関しては、先進国でも貧困による子どもの不就学や低学力の問題が取り上げられ、難民や出稼ぎ労働者の子どもの教育といったグローバルな教育課題に国内で直面するようになった。高等教育分野では、国際的な大学間競争と協働に途上国のトップ大学も加わり、従来の先進国と途上国とを分ける明確なラインがなくなりつつある。TVET においては、情報通信技術の発展が社会や労働のあり方に及ぼす影響は、途上国においても先進国においても同様に大きく、また同質のものであることが多い。かつては、開発課題といえば途上国の問題であり、国際協力は先進国が途上国の課題解決のために協力することを指していた。しかし、今では途上国の多様化や先進国社会の変化、開発課題の複雑化にともなって、多くの開発課題が途上国と先進国に共通のものになり、また、双方に直接に関係するものになっている。さらに、もうひとつの大きな変化として、国際機関と援助機関と途上国の政府という従来の開発協力の担い手に加えて、民間企業や民間団体の果たす役割が大きくなっている点があげられ、このことも教育協力のあり方を変えている。2015 年に国連で採択された持続可能な開発目標（SDGs）の目標 4 では、まさにこうした時代の変化を反映して、途上国と先進国がともに担うべき、基礎教育から高等教育まで含む広範な教育の課題が設定された。途上国と先進国の双方が、世界のさまざまな教育課題を自らの課題として、さらに共通の課題として取り組むことを求めるグローバルガバナンスの時代が始まっているのである。

　1950 年代に日本の国際教育協力が開始して約 65 年が過ぎた。日本はこの間にどのような国際教育協力をおこなってきたのだろうか。最も古い日本の教育分野の ODA 事業としては、1954 年に始まった国費外国人留学生招致制度のもとでアジア諸国から 17 人の留学生を受入れたことや、1959 年にアジアの 4 か国で農業や工業などの職業訓練センターの設置と運営のプロジェクトが開始されたことがあげられるだろう。当時の事業規模は今から思えば本当に小さかったが、その後、日本の急速な経済発展とともに ODA は拡大し、教育協力事業も高等教育や TVET の分野から基礎教育分野へと多様な展開を見せた。そして、今、日本の国際教育協力は、先に述べた開発協力の大きなパラダイムシフトの中にある。

iv　　はじめに

本書は、こうした国際教育協力の大きな転換点を前にして、これまで十分に明らかにされてこなかった日本の国際教育協力の歴史を記録することを企図してつくられた。初期の教育協力事業を知る人はすでにほとんどなく、歴史的な資料も散逸しつつある。また、教育協力といっても、基礎教育から高等教育やTVETの分野までその範囲は広く、関係者も多いため、その全体像を把握している人は少ない。したがって、1950年代から現在までの日本の国際教育協力の全貌を記録にとどめることは、歴史の記録として重要であるばかりでなく、さらに、今後グローバルガバナンスの時代に新たな教育協力を模索していく上で、重要な示唆を与えてくれるのではないかと考えたのである。

　こうした背景のもと、2017年4月に国際協力機構（JICA）研究所は、教育開発に精通した日本の研究者と教育協力の現場に長くたずさわってきたNGO職員やJICA職員などからなる「日本の国際教育協力―現状と展望」研究会を組織した。研究会は同年5月から2018年5月までに13回の会合を開き、資料収集や分析の方法、各章の草稿などについて検討した。また研究会メンバーによる独自の資料収集やインタビュー調査に加えて、JICA研究所におかれた事務局でも政策文書や関連文献の収集、ODA教育協力プロジェクトデータの収集と分析、リスト化をおこない、各章の執筆の用に供した。ちなみに、このODA教育協力プロジェクトリストは、ODA開始以降の教育分野のプロジェクトを可能な限り網羅したものであり、別途JICA研究所のホームページで公開されているので、ご関心ある方はご高覧いただきたい。

　このようにして作成された本書の特色は次の3点である。1点目は、本書は、基礎教育、TVET、高等教育からなる国際教育協力の全体像を明らかにしたことである。既存の"教育協力"の文献の多くは、1990年以降の基礎教育について論じるにとどまっており、特に高等教育やTVETの全体像を示した文献は少ない。しかし、日本の教育協力はTVETと高等教育から始まり、現在も、基礎教育と高等教育とTVETを主要な3つの柱としているのである。そこで、本書では日本の国際教育協力の全体像を正確に示すために、この3領域をバランスよく取り上げた。さらに、これまであまり注目されなかったが豊富な協力実績を有している、国際機関やNGO、青年海外協力隊を通じた教育協力、さらに今後伸長が期待される円借款による教育協力などについても、それぞれに章を設けて記載している。2点目の特色は、政策文書や関連文献、事業データ

などを用いた実証的な研究成果を示していることである。本書作成の過程で、研究会事務局の献身的な努力もあり、日本の国際教育協力に関する豊富な資料やデータが収集され、その分析は多くの新たな発見につながった。本書には、こうした一次資料に基づく実証的な研究の成果が、豊富なデータとともに示されている。3点目は、各章において通史的な記述と分析的な記述の両方が必ず盛り込まれていることである。本書は政府やODA実施機関による"ODA正史"ではなく、あくまで教育開発の研究者による研究書である。しかし、類書がない分野だけに、日本の国際教育協力の歴史についての正確な史実を読者に届ける必要があると思われたので、各章においては、それぞれのテーマに関する通史的記述を必ず盛り込んでいる。同時に、各研究者の視点に基づく、より深い分析—日本の国際教育協力は何を目指し、どのような貢献をおこない、どのような課題に直面し、それらをいかにして克服してきたのか—にもページが割かれている。筆を執る研究者それぞれの専門的な特色を活かすために、通史的部分と分析的部分のページ数のバランスや、分析の視点や方法は章によって異なっているが、本書全体を通じて、国際教育協力の通史の理解と学術的な分析の提示の両方が可能となるように努めた。

　本書の構成は次のとおりである。国際教育協力の分析視角と国内外の教育開発や教育協力の展開を概説する序章に続いて、第Ⅰ部では1990年以前と以後の教育協力政策（1章、2章）を、第Ⅱ部では基礎教育分野の協力を構成する小学校や中学校の校舎建設（3章）、理数科教育分野を中心とした教員の授業実践改善（4章）、行政能力強化と学校運営改善（5章）の取り組みを、第Ⅲ部ではJICAと海外産業人材育成協会（AOTS）の技術教育・職業訓練（TVET）事業（6章、7章）を、第Ⅳ部では高等教育分野に関して、高等教育機関の設立や育成事業（8章）と留学生招へい事業（9章）を詳述している。続く第Ⅴ部では、教育協力に重要な役割を果たしてきたものの、サブセクター別、テーマ別の記述では体系的に記録することが難しい事業やあまり知られていない事業として、国際機関を通じた教育協力（10章）、NGOによる教育協力（11章）、円借款による教育協力（12章）、青年海外協力隊（JOCV）による教育協力（13章）を取りあげている。最後に終章では、各章の分析を受けて日本の国際教育協力の歴史を横断的に振り返るとともに、その政策的示唆について述べている。

本研究は約 65 年間にわたる日本の国際教育協力の歴史を発掘し、分析するものであるため、資料・データの収集やインタビュー実施のために、非常に多くの機関や関係者のご協力を頂いた。いずれの方々も、この研究の趣旨に賛同して、大変快くご協力くださった。ここに心からの感謝の意を表すとともに、少しでも有用な研究成果を世に出すことで、多くの協力者の恩に報いたい。また、本書刊行の最大の理解者であり貢献者は、東京大学出版会の後藤健介氏であったことも述べておきたい。後藤氏は多忙な仕事の合間をぬって、2017 年 5 月から月一度のペースでおこなわれた研究会に参加し、経験豊富な学術書編集者の視点からアドバイスをくださった。心からお礼を申し上げたい。さらに、JICA 研究所の辻本温史氏と荒川奈緒子氏は何人もの非常勤助手の方々とともに、研究会事務局としてこの研究の実施と出版までのさまざまな業務を支えてくれた。事務方として支えてくれたすべての方々の名前をここに記すことはできないが、かれらの献身的なサポートなくして、本研究の実施と書籍の刊行は不可能であったことを記して、感謝の言葉としたい。

　なお、本書に記された内容は各執筆者の意見であり、JICA やそのほかの執筆者所属機関の見解を表すものではないことを申し添える。

　開発協力は現在、歴史的な転換点にある。教育開発の課題、先進国と途上国の関係、多様なステークホルダーなどが変化する中で、今後も新たな国際教育協力の模索が続いていくであろう。半世紀を超える日本の国際教育協力の歴史をまとめた本書が、日本の未来の国際協力の道筋を照らす一助となれば、それは望外の喜びである。読者の皆様からの忌憚のないご意見、批評をお寄せいただければ幸いである。

編者　　萱島　信子

黒田　一雄

目　次

発刊に寄せて　　北岡伸一

はじめに

略語・組織名称

序章　国際教育協力に対する理念的視角と世界・日本の教育協力の展開
黒田一雄・萱島信子 ……………………………………………………… 1

1. 本書の目的と対象　1
2. 国際社会における国際教育協力の歴史的・理念的位置付け　3
3. 国際社会における教育観と国際教育協力の潮流　12
4. 日本の国際教育協力の推移　17

第Ⅰ部　国際教育協力の理念・政策

第1章　1990年以前の国際教育協力政策
　　　——逡巡と試行錯誤の軌跡　斉藤泰雄 ………………………………… 31

1. 戦後復興と国際的教育協力事業の幕あけ　32
2. 文部省による協力事業開始と対外経済協力政策の見直し　37
3. 「アジア教育協力研究協議会」の設置とその論議　41
4. 文部省の撤退と国際協力事業団による教育協力事業推進　46

第2章　1990年以降の国際教育協力政策
　　　——国際開発思潮と国内要因のはざまで　吉田和浩 ……………………… 55

1. 開発のパラダイムシフトと日本のODA拡大期（1990年代）　55
2. 国際的な開発枠組みの動きと日本の教育協力政策（2000年代前半）　60
3. 開発協力の裾野の広がりとSDGs時代の国際教育協力政策　66

viii

4. 考察 ── 日本の国際教育協力政策策定の特徴　71

第II部　基礎教育協力

第3章　学校建設
──多様なニーズに応える学び舎づくりへの挑戦　興津妙子 ……………　83

1. なぜ学校建設か　83
2. 本章で対象とする学校建設分野の協力の定義　84
3. 学校建設分野の協力事業の変遷と国内外の要因　84
4. 日本の学校建設分野の協力の特徴と今後の展望　98

第4章　教員の授業実践
──子どもの学びの改善に向けての試行錯誤　石原伸一・川口　純 ……105

1. 本章の目的と対象　105
2. 1960年代半ば～1970年代　理数科教育協力の萌芽　107
3. 1980年代　ハード支援（無償資金協力）開始　109
4. 1990年代　理数科教育プロジェクト（技術協力プロジェクト）開始　112
5. 2000年代　教員の授業実践　117
6. 2010年度以降　子どもの学びの改善に向けての授業実践　123

第5章　行政能力強化と学校運営改善
──国際教育協力を公正で質の高い学びの実現につなげるために
石田洋子・興津妙子 ………………………………………………135

1. 教育行政と学校運営に対する支援はなぜ必要か　135
2. 行政能力強化と学校運営改善のための支援の概要　139
3. 具体的な支援内容と成果　147
4. 日本の国際教育協力の特性と課題　154

第Ⅲ部　技術教育・職業訓練（TVET）協力

第6章　JICA の産業人材育成
——日本の人づくり協力の源流とその展開
山田肖子・辻本温史・島津侑希……………………………………165

1. 日本の「人づくり」協力と技術教育・職業訓練（TVET）　165
2. 政策環境の変化　169
3. JICA の TVET プロジェクトにみる支援傾向　183
4. 日本の TVET 協力をめぐる政策環境と実践　189

第7章　官民連携による民間の産業人材育成
——海外産業人材育成協会（AOTS）による研修事業
島津侑希・辻本温史・山田肖子……………………………………195

1. 産業人材育成支援を実施する団体とその特徴　195
2. AOTS の組織と沿革　198
3. JICA と AOTS の支援傾向との比較　209
4. AOTS が産業人材育成に果たした役割　217

第Ⅳ部　高等教育協力

第8章　高等教育機関の設立・育成
——途上国に大学をつくり、育てる　萱島信子 ……………………223

1. 高等教育機関設立・育成のための国際協力とは　223
2. 高等教育機関設立・育成のための協力の歴史的変遷　225
3. 高等教育機関設立・育成のための協力の特徴　238
4. 日本の大学の ODA 参加　240

第 9 章　留学生招へい
——途上国の人材育成支援と戦略的支援への展開　杉村美紀・萱島信子…247

1. 本章の目的と対象　247
2. 留学生政策と留学生招へい事業の変遷　249
3. 留学制度を活用した教育開発協力の事例　262
4. 国際教育協力における留学生招へい事業の政策的特徴と今日的意義　265

第Ⅴ部　国際教育協力のさまざまな形

第 10 章　国際機関を通じた国際教育協力
——効果的・効率的な連携の模索　荒川奈緒子・北村友人 ……………273

1. 国際機関を通じた教育協力・連携とは　274
2. なぜ国際機関との連携か —— 政策文書からみえる特徴　276
3. 国際機関を通じた教育協力の歴史的変遷　280
4. 国際教育協力を実施している主要な国際機関　284

第 11 章　NGO による国際教育協力
——サービス提供者から変革主体へ　三宅隆史・小荒井理恵 …………307

1. NGO の定義　307
2. 日本の NGO による教育協力の概要　309
3. 教育協力 NGO の設立時期からみた世代区分　311
4. NGO による教育協力の歴史の事例　314
5. NGO による教育協力の歴史の特徴と今後の課題　325

第 12 章　円借款による国際教育協力
——人づくりを通じた自立発展協力と重層的な相互交流の促進
　　　　木村　出 ………………………………………………331

1. 本章の目的と対象　331
2. 概説 —— 円借款　331

目　次　xi

3. 円借款を通じた協力実績の概観　335

4. 政策・理論的背景　339

5. 主な事例・類型の紹介　345

6. 考察——意義・効果（実績・事例をもとに）　356

7. 将来への示唆——相手国の自立発展と日本との信頼関係の深化に向けて
   360

第13章　青年海外協力隊による国際教育協力
——教育分野の取り組みと広義の社会還元の可能性　丸山英樹 ………365

1. 複数の使命を帯びる国際ボランティア　365

2. 日本の国際協力ボランティアの拡大　366

3. 一方向の技術支援から双方向へ　373

4. 相互に学び続ける国際ボランティアへ　382

終章　日本の国際教育協力の過去・現在・未来　萱島信子・黒田一雄 …389

1. 日本の国際教育協力の歴史的展開　390

2. 日本の国際教育協力の規定要因　407

3. これからの国際教育協力に向けて　418

国際教育協力プロジェクトリストについて　423

索引　426

執筆者一覧　434

略語・組織名称

略語	英文名称	和文名称
ADB	Asian Development Bank	アジア開発銀行
AOTS*	The Association for Overseas Technical Cooperation and Sustainable Partnerships	海外産業人材育成協会
ASEAN	Association of South-East Asian Nations	東南アジア諸国連合
BEGIN	Basic Education for Growth Initiative	成長のための基礎教育イニシアティブ
BHN	Basic Human Needs	ベーシック・ヒューマン・ニーズ 基礎生活分野
DfID	Department for International Development	英国国際開発省
EFA	Education for All	万人のための教育
EFA-FTI	Education for All – Fast Track Initiative	万人のための教育ファスト・トラック・イニシアティブ
EMIS	Education Management Information System	教育マネジメント情報システム
ESD	Education for Sustainable Development	持続可能な開発のための教育
GNP	Gross National Product	国民総生産
GPE	Global Partnership for Education	教育のためのグローバル・パートナーシップ
IMF	International Monetary Fund	国際通貨基金
ISCED	International Standard Classification of Education	（UNESCO の）国際標準教育分類
JANIC	Japan NGO Center for International Cooperation	国際協力 NGO センター
JBIC*	Japan Bank for International Cooperation	国際協力銀行
JDS	The Project for Human Resource Development Scholarship	人材育成奨学計画
JICA*	Japan International Cooperation Agency	国際協力機構
JNNE	Japan NGO Network for Education	教育協力 NGO ネットワーク
JOCV*	Japan Overseas Cooperation Volunteers	青年海外協力隊
JSDF	Japan Social Development Fund	日本社会開発基金
MDGs	Millennium Development Goals	ミレニアム開発目標
NGO	Non-Governmental Organization	非政府組織

目　次　　xiii

NIEs	Newly Industrialized Economies	新興工業経済地域
NPO	Non-Profit Organization	非営利組織
ODA	Official Development Assistance	政府開発援助
OECD	Organisation for Economic Co-operation and Development	経済協力開発機構
OECD/DAC	Organisation for Economic Co-operation and Development / Development Assistance Committee	経済協力開発機構開発援助委員会
OECF*	Overseas Economic Cooperation Fund	海外経済協力基金
OTCA*	Overseas Technical Cooperation Agency	海外技術協力事業団
PISA	Programme for International Students Assessment	国際学力調査
PRS 無償	Poverty Reduction Strategy 無償	貧困削減戦略支援無償資金協力
SATREPS	Science and Technology Research Partnership for Sustainable Development	地球規模課題対応国際科学技術協力プロジェクト
SDGs	Sustainable Development Goals	持続可能な開発目標
SWAPs	Sector Wide Approaches	セクター・ワイド・アプローチ
TICAD	Tokyo International Conference on African Development	アフリカ開発会議
TVET	Technical and Vocational Education and Training	技術教育・職業訓練
UNCTAD	United Nations Conference on Trade and Development	国連貿易開発会議
UNDP	United Nations Development Programme	国連開発計画
UNESCO（ユネスコ）	United Nations Educational, Scientific and Cultural Organization	国連教育科学文化機関
UNICEF（ユニセフ）	United Nations Children's Fund	国連児童基金
UPC	Universal Primary Completion	初等教育の完全修了
UPE	Universal Primary Education	初等教育の完全普及
USAID	United States Agency for International Development	米国国際開発庁
WFP	World Food Programme	世界食糧計画
WCEFA	World Conference on Education for All	万人のための教育世界会議 EFA 世界会議 ジョムティエン会議

＊国際協力機構（JICA）ではこれまでにいく度かの組織名や担当業務の変更がおこなわれてきたが、本書においては、煩雑さを避けるために、文脈上支障が生じない場合は、時期にかかわらず、事業の実施機関として「JICA」もしくは「国際協力機構」の呼称を用いていることがある。具体的には、国際協力機構（JICA）の旧名称は、1962-1974 年は海外技術協力事業団（OTCA）、1974-2003 年は国際協力事業団（JICA）であり、円借款事業の実施機関は、1961-1999 年は海外経済協力基金（OECF）、1999-2003 年は国際協力銀行（JBIC）である。

＊海外産業人材育成協会（AOTS）も組織名の変更がおこなわれてきたが、本書においては、同様の理由で、時期にかかわらず、事業の実施機関として「AOTS」もしくは「海外産業人材育成協会」の呼称を用いていることがある。具体的には、組織名は 1959-2012 年は海外技術者研修協会（AOTS）、2012-2017 年は海外産業人材育成協会（HIDA）、2017 年以降は海外産業人材育成協会（AOTS）である。

＊JOCV（Japan Overseas Cooperation Volunteers／青年海外協力隊）は 2018 年の制度改変により、従来の JOCV が JOCV（青年海外協力隊）と Senior Volunteers（シニア海外協力隊）に分かれたが、本書においては、2018 年の制度変更以前の定義による JOCV の呼称を用いている。

なお、中央官庁名称は、2001 年の中央省庁再編により変更になった場合があるが、本書では、2001 年をまたぐ期間について記述する場合には、文脈上支障が生じない範囲において、煩雑さを避けるため新名称を用いていることがある。

序章
国際教育協力に対する理念的視角と
世界・日本の教育協力の展開

黒田一雄・萱島信子

1. 本書の目的と対象

　世界の国際教育協力は歴史的転換点にある。

　第2次世界大戦後、植民地から独立国となったアジア・アフリカ・ラテンアメリカ地域の発展途上国は、国民国家の形成のために近代的な教育システムの構築を進めた。旧宗主国であった先進国や、国際社会の構成員たる国際機関や国際 NGO は、それぞれの時代的・組織的な思惑や理念から、教育分野の援助や留学生の受入れといった形でこれを支援し始め、戦後レジームにおける「国際教育協力」が成立した。そして、国際教育協力は、国際協力もしくは援助の一分野として、この 70 年余りの間に大きく成長した。

　しかし、世界には未だ8億人弱の成人非識字者と約 6,000 万人の不就学児童が存在しているとされ、教育の質は危機的状況にあるとされる（UNESCO 2016）。また、人の国際的移動の爆発的増大、経済の急速なグローバル化、情報通信技術の長足の進歩、そして知識基盤経済の台頭は、地球規模の教育の変容を迫っている。従来、教育は国民国家の枠組みで、その在り方が議論され、政策が形成され、実践されることが基本とされたが、国際社会は、教育の深刻な世界的現状や変容の過程をグローバルイシューとして認識し、協調・協力して解決していくためのグローバルガバナンスの枠組みを形成しつつある。そのひとつの結実が（通過点に過ぎないという観測もあるが）、2015 年に国連で採択された「持続可能な開発目標（SDGs）」であった。SDGs に代表されるグローバルガバナンス体制の急展開を受けて、今、世界の国際教育協力は、先進国から途上国への単なる援助から、教育のグローバルガバナンスを支える営みとして、構

造的な変容を迫られている。

　グローバルに取り組むべき課題は、教育のアクセスから質、内容まで多様である。就学していたとしても、学校教育の質や教育内容の妥当性・学習環境の在り方・就労との接続・社会との連関等々に、世界共通の深刻な課題があるとされることが、グローバルレベルで認識されてきている。「万人のための教育（EFA）」だけでなく、「21世紀型学力」や「持続可能な開発のための教育（ESD）」「インクルーシブ教育」「地球市民教育（Global Citizenship Education; GCE）」等々の、教育に関する様々な見方や政策の方向性が国際社会に提示され、それぞれにその達成のためのグローバルな枠組みが構築された。そして、その多くがSDGsの中に取り込まれ、現代の国際教育協力の主要な対象となっている。

　日本においても、「人づくり」が発展途上国の開発の礎であるという考え方が、日本の政府開発援助（ODA）の発展過程において、様々な政策文書や声明で繰り返し表明され、特に、アジアを中心とした途上国における産業技術教育・職業訓練の分野で様々な協力をおこなってきた。そして、1990年代のEFA以降は、より明示的に「教育」がODAの重点分野の1つとして認識されるようになった。他方、発展途上国を対象とした60年を超える日本の国際教育協力を振り返ると、大規模な大学設立支援プロジェクトや民間企業と連携した産業技術教育、青年海外協力隊による教師隊員派遣など長い歴史がある特徴的な協力が存在する一方で、初等教育から高等教育までの幅広い国際教育協力が、時代時代でその重点を変遷させながら、多様な展開を見せてきた。

　一概に日本の国際教育協力と言っても、その意味することは幅広い。一般にこの言葉は、発展途上国の教育を対象とした日本の政府開発援助を意味しながら、日本のNGOによる教育分野での活動や、ユネスコやユニセフ、世界銀行などの教育分野で活動する国際機関に対する日本の政策をも意味する。途上国だけでなく先進国をも対象とした、政府の留学生政策や青年国際交流事業、国際交流基金等の教育分野における活動、個々の日本の大学の国際的展開まで、「国際教育協力」とされることもある。公的セクターや民間企業等に途上国から研修員を受入れて、研修・訓練をおこなうことも、広義では国際教育協力と言える。したがって、本書では「日本の国際教育協力」のレビュー・分析の対象を絞るため、その対象を、特に発展途上国を対象とした日本の政府開発援助

や国際機関・NGO を通じた幼児教育・初等教育・中等教育・高等教育・ノンフォーマル教育・職業訓練など全ての教育分野を対象とした国際協力・援助の取り組みとした。

本書は、上述のような国際社会における国際教育協力の歴史的転換点において、日本の国際教育協力が未来に向けてどのような構想を描くことができるのかを、過去を省察することにより、導き出そうとするものである。具体的には、日本の途上国向けの ODA が開始されたとされる 1950 年代以降、日本政府、JICA、NGO などの様々なアクターがおこなってきた日本の国際教育協力の歴史を振り返り、その変遷や特徴を論じることにより、歴史を包括的に記録するとともに、日本の国際教育協力が何を目指し、どのような貢献をおこない、どのような課題に直面し、克服してきたのかを分析し、今後の政策策定および実施への示唆を導くことを目的としている。

このような目的に資するために、この序章では、日本の国際教育協力に対する分析視角を検討する。まず、国際社会における国際教育協力に対する視角として、その歴史的・理念的な位置付けを平和・人権・開発の 3 つのアプローチと、近代化論・従属論およびソフトパワー論・相互依存論等の視点から概観する。さらに日本の国際教育協力の背景としての世界の国際教育協力の潮流を上記の分析視角から概説する。その上で、本書の全体像を示すために、日本の国際教育協力の歴史を概説する。

2. 国際社会における国際教育協力の歴史的・理念的位置付け

（1）平和アプローチ

なぜ、国際社会は教育分野において国際協力をおこなうのか。

その最も代表的・伝統的な政策理念は、「平和アプローチ」であろう。教育分野の国際協力を国際理解や平和と結びつける考え方は、第 1 次世界大戦後の戦間期に広がり、第 2 次世界大戦後に一般化した。たとえば、ユネスコは、1945 年に採択されたユネスコ憲章に次のような前文を掲げている。

　　戦争は人の心の中で生れるものであるから、人の心の中に平和のとりでを築かなければならない。相互の風習と生活を知らないことは、人類の歴史を通じて世界の諸人

民の間に疑惑と不信をおこした共通の原因であり、この疑惑と不信のために、諸人民の不一致があまりにもしばしば戦争となった。（中略）文化の広い普及と正義・自由・平和のための人類の教育とは、人間の尊厳に欠くことのできないものであり、且つすべての国民が相互の援助及び相互の関心の精神をもって果さなければならない神聖な義務である。政府の政治的及び経済的取極のみに基く平和は、世界の諸人民の、一致した、しかも永続する誠実な支持を確保できる平和ではない。よって平和は、失われないためには、人類の知的及び精神的連帯の上に築かなければならない。（ユネスコ憲章前文　日本ユネスコ国内委員会訳　傍線は筆者）

　　ここには、国際社会が教育分野の国際協力をおこなう理由が簡潔にして、格調高い文章によって語られている。「人類の知的及び精神的連帯の上に」平和を築くために、教育が必要だとの考え方である。国際教育協力の原初的政策理念である。このような理念は、国際教育協力の一形態である留学交流や大学間の国際連携などの高等教育分野において、先行して具体化されてきた。第 2 次世界大戦直後、米国のフルブライト上院議員が提唱し、発足した国際教育交流奨学金制度、いわゆる「フルブライト計画」は、氏の「教育交流は国家を人間に取り返し、他のどのようなコミュニケーションよりも、国際関係を人間的なものにすることに貢献できる」（Fulbright 1983 筆者訳）という強い信念を基としているが、留学交流計画推進の草分け的な存在である米国国際教育協会が1955 年に策定した留学政策の理念に関する文書においても、国際理解・平和を促進する留学交流という意義付けが継承された（I.I.E. 1955）。これは、その後の多くの留学生受入れ国の政策策定において、モデルとされた。日本においても、1983 年の中曾根内閣時に「二十一世紀への留学生政策懇談会」から総理大臣と文部大臣に提出された、その後の日本の留学生政策に大きな影響力のあった報告書「二十一世紀への留学生政策に関する提言」において、「教育の国際交流、特に留学生を通じての高等教育段階における交流は……国際理解、国際協調の精神の醸成、推進に寄与し……我が国の大学等で学んだ帰国留学生が、我が国とそれぞれの母国との友好関係の発展、強化のための重要なかけ橋となる」との認識が示されている（文部省 1984）。高等教育の国際協力・国際化についての様々な研究が、その最も伝統的な政策的意義として、この国際理解・平和アプローチを挙げている（たとえば、Knight 2008、江淵 1997）。

教育における国際理解を通して平和を達成しようとする教育協力の在り方は、古くは戦間期の国際連盟・知的協力国際委員会や国際教育局での議論に始まり、戦後もユネスコを舞台にして、政策的かつ理念的議論が展開された（詳しくはJones 2005、深山 2007）。特に、ユネスコの1974年第18回総会で採択された「国際理解と国際協力、国際平和のための教育および基本的自由についての教育に関する勧告（以下、国際教育勧告）」は、国際連合憲章やユネスコ憲章、世界人権宣言を基として、国際平和をその中心としながら国際社会が抱える諸問題を網羅的に示し、その解決のために教育が果たすべき役割を明確に規定した。国際教育勧告は加盟各国での国際理解教育・教育の国際化・国際教育協力の政策的方向性に規範的な概念を提示することに成功し、教育実践に大きなインパクトを与えた。この勧告は、1994年の第44回国際教育会議で評価・見直しが検討されたが、現代でも十分に普遍的有効性があるとして改定されないことが承認され、現在に至っている（千葉 2004）。

　このように平和アプローチは、歴史的に、国際社会が教育分野に取り組むための最も原初的な政策理念であったと言える。しかし、理念的議論が先行し、途上国における教育のアクセスや質についての深刻な状況認識が国際社会で共有されていく中で、特に1960年代から活発になった発展途上国に対する教育援助においては、以下の人権アプローチと開発アプローチがより主要な政策理念として、国際社会で認識されるようになっていった。

（2）人権アプローチ

　国際社会が発展途上国の教育開発に関わってきた背景として、国際連合（国連）を中心とした国際社会が戦後一貫して、教育を万人の基本的人権であると、宣言・確認し続けてきた歴史がある。その基となる宣言は、戦後間もない1948年に国連総会によって採択された世界人権宣言であった。世界人権宣言の第26条には以下のように記されている。

第26条
1. すべて人は、教育を受ける権利を有する。教育は、少なくとも初等の及び基礎的の段階においては、無償でなければならない。初等教育は、義務的でなければならない。技術教育及び職業教育は、一般に利用できるものでなければならず、また、高等

教育は、能力に応じ、すべての者にひとしく開放されていなければならない。

2. 教育は、人格の完全な発展並びに人権及び基本的自由の尊重の強化を目的としなければならない。教育は、すべての国又は人種的若しくは宗教的集団の相互間の理解、寛容及び友好関係を増進し、かつ、平和の維持のため、国際連合の活動を促進するものでなければならない。

3. 親は、子に与える教育の種類を選択する優先的権利を有する。(「世界人権宣言」 外務省訳)

ここで興味深いのは、第1に、「教育」がすなわち「学校教育」を意味し、家庭や地域社会でのインフォーマルな教育活動を、その対象としていないことである。このような、教育を学校教育と同値とする認識は、その後の教育を基本的人権とする宣言・条約にもほぼ踏襲されている。第2に、1948年のこの時点において既に、初等教育の無償化・義務化を謳っていることである。これらは、この宣言から70年経った現在でも完全には達成されていない課題であり、その意味では先見性のある革新的な目標だったと言える。第3に、第2項で教育の役割を「すべての国又は人種的若しくは宗教的集団の相互間の理解、寛容及び友好関係を増進」することとして規定し、平和アプローチでの教育の方向性を確認していることである。つまりは、この宣言は教育に関する人権アプローチの原初的な文書でありながら、同時に平和アプローチにとっても、重要な論拠・根拠となりうることを示す。一方、この条項は教育の役割を「人格の完全な発展」や「基本的自由の尊重の強化」および「平和の維持」としてとらえており、社会経済開発のための教育に関する言及がない。

1959年に同じく国連総会で採択された「児童の権利に関する宣言」においても、その7条に「児童は、教育を受ける権利を有する」と規定し、「少なくとも初等の段階においては、無償、かつ、義務的でなければならない」と、世界人権宣言の原則が踏襲された。また、この宣言では、教育の目的を「(児童の) 一般的な教養を高め、機会均等の原則に基づいて、その能力、判断力並びに道徳的及び社会的責任感を発達させ、社会の有用な一員と」することと規定し、特に目立った国際理解・平和アプローチや後述する開発アプローチでの記述はない。他に、この宣言では親の責任が明確に示された。

その後、1969年の「あらゆる形態の人種差別の撤廃に関する国際条約」、

1976 年の「経済的、社会的および文化的権利に関する国際規約」、1981 年の「女子に対するあらゆる形態の差別の撤廃に関する条約」において、それぞれ、教育における差別の撤廃と万人が教育の権利を有することが繰り返し、確認されている（UNICEF 1999）。そして、教育における人権アプローチの現代的な国際法的根拠として最も重要とされる「児童の権利に関する条約」が 1989 年に国連総会で採択され、翌 1990 年に発効した。「児童の権利に関する条約」は、本質的には世界人権宣言の精神に沿いながらも、それまでの様々な宣言や条約と比して、より詳細に児童の教育の権利を説明している。また、28 条の最後には国際協力の役割にも言及し、国際条約でありながら、あえて「開発途上国の必要を考慮する」として、途上国への国際教育協力を国際法的に裏付ける役割も果たしている。

　「児童の権利に関する条約」においては、この 28 条と 29 条以外でも、障害児に関する 23 条と健康に関する 24 条で教育の役割を明記している。ユニセフの 1999 年版『世界子供白書』教育特集号には、「条約の第 28 条と 29 条は何よりも大事な原則を示す他の条項に支えられている。非差別に関する第 2 条、子どもの最善の利益に関する第 3 条、生命、生存、発達の権利に関する第 6 条、子どもの意見に関する第 12 条がそれで、それらのすべてが教育システムや個別の学校を形づくるうえで何が必要かという点でとくに多大な意味をもつ」（UNICEF 1999, p. 11）とあり、28 条と 29 条の他にも人権としての教育を支える基本的な考え方が、この条約に示されているとしている。また、教育の目的に関しては、29 条において、「児童の人格、才能並びに精神的及び身体的な能力をその可能な最大限度まで発達させること」という教育的な観点や世界人権宣言以来の国際理解・平和に加えて、価値観や文化的側面、自然環境の尊重等が示されている。また、UNICEF and UNESCO（2007）は、上記のような観点に加えて、教育に対するアクセス、教育の質、教育・学習環境の全てを人権の立場から発想し、教育計画策定に反映させていくことを提唱している。

　ユネスコも、様々な国際会議や声明で人権アプローチからの国際教育協力の必要性を説いているが、たとえば近年では、1994 年の第 44 回国際教育会議で「平和・人権・民主主義のための教育宣言」を採択し、平和アプローチや基本的人権としての教育という考え方に加えて、教育は人権の推進に寄与・貢献するという考え方に対しても国際的合意を提示している。

それでは、翻って教育はなぜ人権であるのか。教育の人権アプローチの根拠となっている宣言や条約においては、人間形成において不可欠なものとして教育をとらえ、優れて教育的な観点からこの人権アプローチが成り立っていることに気付かされる。これに加えて、国際社会の中で、教育を人権として規定することには、国際理解や異文化理解、ひいては平和の達成という国際理解・平和アプローチにおいて認識された教育の役割に大きな期待がされている。一方で、教育が有している社会経済開発や貧困削減への役割、つまりは人権的な社会状況を達成するために教育をそのプロセスもしくはツールとして認識する見方（開発アプローチ）はこうした宣言や国際条約には、明確に示されていない。

このような人権アプローチの政策理念は、これを主導したユニセフやユネスコばかりでなく、多くのNGOの主要な活動理念として共有された他、多くの二国間援助機関や国際機関の国際教育協力を支える理念の1つとして政策や実践に影響を与えてきた。

（3）開発アプローチ

植民地の独立後、発展途上国は近代化と開発のために、限られた予算を使って、教育システムを構築し、また留学生を先進国に派遣し、技術・知識を習得させ、自国の発展に貢献させようとした。日本の明治期の例も然り、教育政策を自国の近代化・開発政策として位置付けて、教育拡大のための政策的・財政的努力を続けてきた途上国は数多い。

先進国は教育援助・奨学金供与によってこれを支援した。先述した米国の国際教育協会は国際教育交流の目的として、平和アプローチの「国際理解を促進すること」とともに、「留学生が新しい知識や技能を獲得することによって母国のために役立つように準備すること」（I.I.E. 1955）を挙げている。

国際社会においては、1961年に経済協力開発機構（OECD）がワシントンで開催した「経済発展と教育投資に関する政策会議」で、経済発展における教育の重要性が指摘され、翌年に国連が出版した「第一次国連開発の10年—行動への提案」においても、同様の指摘がされた（詳しくは江原 2001）。その後、世界銀行や国連開発計画を初めとした国際機関は教育分野に対する投資を拡大していく。世界銀行において、最も端的かつ分析的に、教育への投資の経済的効果を開発アプローチの観点から示した政策文書は、1995年に出版された

『教育のための優先課題と戦略（*Priorities and Strategies for Education*）』であろう（World Bank 1995）。そこには、教育経済学の研究成果を踏まえて、あらゆる政策課題の中で教育をより上位の優先事項とすること、教育の労働市場における成果により注目すること、基礎教育に重点的に公共投資をおこなうこと等が盛り込まれた。しかし、このような教育経済学的な分析による政策提言に対しては、北米比較国際教育学会（Comparative and International Education Society）の場では活発な議論と批判がなされ、『教育開発国際ジャーナル誌（*International Journal of Educational Development*）』は 1996 年 10 月発行号でこうした議論を総括した特集を組み、教育の経済的効果を強調するあまり、教育の複雑で豊かなプロセスについての考察が軽視され、教育が経済的なインプットをすればアウトプットが自動的に出てくるブラックボックスのような存在としてとらえられていること等を挙げて批判を展開している。批判の急先鋒であったスタンフォード大学の Samoff（1996）は、世界銀行は途上国の教育政策を提言する時に、経済理論を教条のように取り扱うべきではなく、むしろ教育・学習過程の複雑さを十分に認識したうえで、教育における問題解決を途上国の人々の智恵に委ねていくべきである、としている。これに対して、上記政策文書の主筆 Burnett ほか（1996）は教育経済学の有用性を主張し、批判者の誤解を厳しく追及する反論を寄稿している。

　世界銀行は、その後に発表した『教育セクター戦略（*Education Sector Strategy*）』において、上記のような批判に応えて「教育における成果は……その地域の伝統と文化に左右される」「そうした価値と優先課題が一致するところで」世界銀行は活動できる、との認識を示し、その表現を修正している。しかし、「開発と貧困撲滅のために唯一最も重要な鍵は教育である」との当時のウォルフェンソン総裁の言葉を引用しながら、基本的に同様の開発アプローチから発展途上国における教育をとらえて、その政策理念を説明している（World Bank 1999）。

　このように経済開発の観点から、教育の重要性を国際社会が理解するようになる一方、社会開発やベーシック・ヒューマン・ニーズ（BHN）、貧困削減、人間開発の観点からも、国際教育協力の位置付けが模索されてきた。教育はこれらの開発目標の構成要素そのものなのであるが、同時に、保健衛生や栄養、食糧といった教育以外の社会セクターでの開発プロセスに対して貢献度の高い

セクターであることが指摘されている。たとえば Le Vine（1982）は、発展途上の数か国の人口統計を分析して、母親への教育が、出生数の抑制や家族の死亡率の低下に影響があることを実証し、また教育を受けた母親は、就学前の児童への教育的な接し方に対してより高い関心を示すということも実証している。このような教育の社会開発・貧困削減への効果については、アマルティア・センのケイパビリティ理論等の理論的説明を得て、世界銀行のみならず、ユニセフの『世界子供白書』や国連開発計画の『人間開発報告書』等の国際潮流を形成する主要な政策文書でもしばしば言及されるようになり、国際社会の取り組みとしての国際教育協力の論拠となっていった。

（4）近代化論と従属論

　国際教育協力をめぐる理論的視角には、近代化論を基盤にしたアプローチとこれに対立する従属理論からのアプローチが存在する。近代化論は Rostow（1959）らによって提示された、構造的機能主義を基とする、全ての社会が単線的に同じ方向に開発されていくとする考え方である。近代化論において、途上国から先進国への留学や、近代学校システムの構築のための先進国から途上国への教育援助は、途上国の近代化を促進するものとして肯定され、こうした価値観を基盤として人的資本論が構築されたことにより、教育と開発の関係に常に正の相関を見出し、国際教育協力を理論的に正当化する役割を担った。彼らは、教育は経済成長に必要な人的資本を増加させるという考え方を科学的な手法を用いて明確にし、先進国から途上国への国際的な教育投資や技術移転を促進する国際教育協力を理論的に肯定し、国際機関や先進各国の教育協力政策に大きな影響を与えた。

　一方、途上国の「低開発」の要因を「中心」と「周辺」の歴史的搾取関係におく従属論・新植民地主義論は Galtung（1971）や Frank（1972）によって主張されたが、教育においてもこの従属・搾取関係は存在し、国際開放体系化における途上国の無批判な「近代教育」の拡大や途上国から先進国への留学、そしてそのための教育援助は、途上国の従属をより深化・構造化させることにつながると、Carnoy（1980）や Mazrui（1976）、Arnove（1980）などの教育学者が議論・実証している。また、Freire（2000）や Illich（1970）は、従属論の概念化が進む前から、途上国の教育状況に従属の状況と主体性の欠如を見出し、こ

れらを断ち切るための「意識化」や「脱学校化」を提唱し、途上国の教育運動に大きな影響を与えた。このような考え方は、「内発的発展論」における地域の「知」の育成と活用の議論へと受け継がれた。

　国際教育協力の評価をめぐる近代化論と従属論の対立は、1980 年代の構造調整政策の教育への影響に対する批判的な研究や、1990 年代の世界銀行の教育政策に関する両極端な評価・学界論争につながり、2000 年代になってからはグローバリゼーションと教育に関する批判的研究にも大きな影響を及ぼしている。しかし、国際教育協力の実践的・政策的研究には、こうした理論的対立軸を置くことを忌避し、教育開発の課題を量（アクセス）と質に単純化して、技術的に内部効率性に関する政策選択の研究として進めようとする傾向が見受けられる。近代化論と従属論の対立点は、教育アクセスの量や学力として評価される教育の質だけではなく、教育内容そのものであった。Freire や Illich の議論が 40 年の年月を超えて未だ説得力を失わないのは、途上国における教育の内容を真摯にとらえて、批判的な議論をした姿勢による。こうした姿勢は、現在の EFA や教育 SDGs を前提とし、その国際潮流に関して疑念を呈することのない無批判な国際教育協力研究の在り方に重要な示唆を与えるものである。

（5）ソフトパワー論と相互依存論

　国際教育協力を政治学的に説明する視角として、ソフトパワー論と相互依存論は対立的な 2 つの見方を提供している。ソフトパワー論とは、ある主権国家の軍事力や経済力などのいわゆる「ハードパワー」が対外的な強制力・影響力を有するのに対して、その国の政治的価値観や文化の魅力等の「ソフトパワー」も、国際社会からの信頼や他の国への影響力・発言力を獲得する源になるとする考え方である（Nye 2004）。外交活動としてのパブリックディプロマシー（広報文化外交）も、このソフトパワー論によって、正当化・説明される。世界で最も多くの留学生を引きつける米国の高等教育システムがソフトパワーの好例とされ、ドイツのゲーテインスティテュート、中国の孔子学院、日本の国際交流基金等の国家機関が提供する海外での言語教育がパブリックディプロマシーの対象としてとらえられていることを考慮すると、ソフトパワー論やパブリックディプロマシーが、国際政治学の現実主義の観点から、国家の営みとしての国際教育協力の提供者側の政策的意図を一部説明すると考えることは妥

序章　国際教育協力に対する理念的視角　　11

当であろう。

　しかし、一方、国際教育協力は、デファクトで進展している政治・経済・文化・社会の国際的統合・グローバル化をさらに進展させ、国際的相互依存関係を促進するという効果を有する。社会構成主義、あるいは機能的な協力の進展が国際的統合による平和の実現の基になるという立場では、国際教育協力の体制を構築し、社会経済統合を促進することが、ひいては政治的な統合の基盤になるとの考え方が示される（Haas 1958）。また、Deutsch ほか（1957）は、共同体を規定するものとして、人の価値観が統合されているかを重要なファクターとし、機能的な協力の深化は、人の価値観を収斂させることを通じて、国際的統合に貢献するのだという、多元的（融合的）安全保障共同体論を唱えた。つまり、国際教育協力は、国際社会の様々な側面での相互的な統合を促進することで、平和に貢献するための国際公共財を提供することになり、それが、その提供者としての政策意図を説明するという考え方もある。

3. 国際社会における教育観と国際教育協力の潮流

　以上、日本の国際教育協力を見る分析視角として、世界の国際教育協力が歴史的に有してきた平和・人権・開発の3つの政策理念と、近代化論と従属論、ソフトパワー論と相互依存論の2つの対立的な視角を概観した。それでは、次に、こうした理念と視角がどのようなプロセスで、国際教育協力に影響を与え、国際教育協力の在り方を変容させてきたのかを、特に国際社会における国際教育協力の潮流の形成から見たい。

　第2次世界大戦終戦直後、ユネスコが発足すると、戦間期の反省も踏まえて、平和アプローチからの国際教育協力の枠組みが、特に高等教育を対象に進んでいった。しかし、1950年代に多くの国が植民地から独立国となり、いわゆる途上国となってくると、近代化論的な世界観から、国際教育協力の体制が整備され、マンパワー政策論を論拠として、特に旧宗主国からの二国間援助の多くは、職業訓練と高等教育に傾けられた（King 1991）。

　しかし、一方、同時期の国際機関を中心とした国際教育協力は、初等教育の完全普及（UPE）を国際目標として掲げるようになる。1960年代初頭に、アジア・アフリカ・ラテンアメリカの3地域において、ユネスコが主導して国際

会議を開催し、主に人権アプローチの観点から、UPE を中心とした行動計画（カラチ・プラン、アジスアベバ・プラン、サンチアゴ・プラン）を策定したことは、その初期的な取り組みであった。

　UPE をめぐるこれらの取り組みは、1970 年代の従属論的な批判の中でも、伝統的な人権アプローチを基とした BHN 論の台頭を受けて、再評価され、相当の進展を見せたが、70 年代後半から 80 年代にかけての世界銀行、国際通貨基金（IMF）による構造調整の中で、途上国における教育財政の急激な引き締めにより頓挫した。このような状況の中、従属論的な批判は、構造調整政策にも向けられた。

　そうした国際教育協力の閉塞状況を打ち破ったのが、1990 年にユネスコ・ユニセフ・世界銀行・国連開発計画等の国際機関がタイのジョムティエンで共催した「万人のための教育世界会議」であった。この会議は、いわゆる「ジョムティエン宣言」を採択することによって、EFA の国際潮流を生み出した。この会議以降、基礎教育（basic education）という言葉も使われるようになり、初等教育だけではなく、幼児教育や前期中等教育、成人識字教育等も含めた基礎教育が EFA の対象となる。この背景には、開発アプローチによる教育、特に基礎教育の経済開発への貢献度の高さを実証的に示した教育経済学の成果と、伝統的な人権アプローチによる初等教育重視の考え方が、同床異夢のような形で、途上国の初等・基礎教育の拡大のための国際教育協力を強く支持し、推進したことがあった。

　1996 年には、ドロール元欧州委員会委員長を議長とするユネスコ「21 世紀教育国際委員会」がまとめた『学習―秘められた宝』（通称ドロール報告書、天城監訳 1997）が、21 世紀に向けた教育の在り方の基本的な考え方として、学習の 4 本柱を「知ること」「為すこと」「共に生きること」「人として生きること」と提示した。また、未来志向の教育としては、メルボルン大学に置かれた国際的な研究チーム ATC21S が「21 世紀型スキル」の概念を提唱した。この双方が、これまでの認知的学力を基本とした教育観とは異なる、市民性や共生の概念をベースとしたコミュニケーション能力・問題解決能力・批判的能力等の非認知的なスキル・態度形成を 21 世紀の学習の重点であると強調し、世界各国における教育政策・国際教育協力の将来ビジョンの策定において、議論の基盤とされた。

序章　国際教育協力に対する理念的視角　　13

アマルティア・センによって主導された国連開発計画の人間開発報告書の刊行など、「人間開発」の概念が台頭した 1990 年代は、EFA の第 1 期の発展期であった。EFA は 2000 年の世界教育フォーラムにおける「ダカール行動枠組み」の採択と同年のミレニアム開発目標（MDGs）第 2 目標にも受け継がれ、第 2 期の EFA は、21 世紀に続く教育の国際教育協力の最も中心的な命題として国際社会に受入れられた。2000 年代には、MDGs によるグローバルな開発ガバナンスが進展する中、世界銀行が中心となり、EFA に対応した Fast Track Initiative（後の Global Partnership for Education）という資金協力の枠組みが構築され、教育のグローバルガバナンスに新たな可能性を示した。また、市民社会は Global Campaign for Education を形成し、EFA を推進した。国際教育協力が、主権国家による合意や連携を越えたものであることは、EFA における国際機関や市民社会といった非国家アクターの役割の大きさからも見ることができる。

基礎教育の重視と並んで、2000 年代以降、MDGs に盛り込まれ、急速に重視されるようになったのは、男女間の教育格差の是正である。これを政策的優先課題とすることは Women in Development（WID）から Gender and Development（GAD）へと続く、国際社会の潮流の中から誕生した明確な国際的な政策メッセージであった。女子教育の経済開発に対する効果に関しては様々な学術的・政策的議論があるが、女子教育が社会開発のための効果的・効率的な投資先であることに関しては多くの研究がこれを裏付けた。また、1994 年には、ユネスコは特別なニーズ教育世界会議をスペインのサラマンカで開催し、インクルーシブ教育が提唱され、障害児教育の在り方に関する国際的議論をその基としながらも、教育におけるジェンダーやエスニシティ等様々な多様性の存在を前向きにとらえる教育思潮が国際社会で受入れられていった。一方、2000 年代には、OECD の国際学力調査（PISA）等、教育の質に対する国際社会の関心が大きくなる一方で、途上国における教育の質の深刻な状況が明らかになり、また、教育の質こそが経済成長の基であるという実証研究の成果が示され、学習成果や教育の質が国際教育協力の中核的な課題として、注目を集めるようになった。

1990 年代から 2000 年代にかけての基礎教育の重視は、一方で高等教育・職業教育へのリソースの投入の低下を意味した。それは、第 1 に初等中等教育に

比してユニットコストが過大であるという批判、第2に高学歴失業の顕在化を含めて、高いコストに比して経済効果が一般的に高くないという投資効率に関する批判、第3に高等教育に対する公的支出は高等教育の裨益者である比較的に富裕な層に対して向けられるため社会的に公正でないという批判、等の開発アプローチからの批判を背景とする。よって、途上国の高等教育セクターは財政の自己充足率を上げることを求められ、予算の削減、授業料の引き上げや、産学連携の促進などが政策的に推進された。その結果、学生運動の先鋭化や高等教育の質の著しい低下等の課題を残した国も多かった。また、職業教育もそのユニットコストの高さや、労働市場とのミスマッチが指摘された。たとえば、世界銀行は職業教育以前の一般教育の充実が結果的に職業的知識の受容に大きな効果をもつこと、職業教育は職場との密接な連携の上でおこなうことによって効率的な運営ができること、などを提言している。

　このように1990年代の途上国における高等教育・職業教育はその非効率性を批判され、リソース投入のプライオリティを初中等教育に渡してしまっていた。しかし、90年代後半から2000年代にかけてのICTの急速な発展は、教育セクターにおける知識経済への準備の重要性を再認識させ、特に1998年と2009年の2回のユネスコ高等教育世界会議、1999年の世界銀行とユネスコによる高等教育共同報告書 *Higher Education in Developing Countries: Peril and Promise*（Task Force on Higher Education and Society 2000）の出版以降は、途上国の開発における高等教育の重要性が再認識されるようになっている。また、2000年代になると、中国・インドなどの新興国の経済的躍進や国際高等教育市場の形成とあわせて、留学に対する国際社会のとらえ方が従来の途上国の頭脳流出に対する批判的な見方から、頭脳環流・頭脳共有へと変容し、留学生の国際移動が飛躍的に増大した。また、先進国側では、頭脳獲得への政策意図やソフトパワー論的なアプローチから、国際教育協力においても、留学生受入れを重視する傾向が高まった。

　また、冷戦構造の崩壊によって一時は平和が達成されるかに考えられたが、2001年の米国同時多発テロ、これに続くアフガニスタン・イラクでの紛争等の国際情勢は、それまでの経済権益や政治的主張による国際間の戦争とは異なった、民族間や宗教間ひいては文明間の対立を基とした紛争・テロの多発という形で顕在化し、平和への大きなリスク要因を提示した。このような冷戦期と

は異なった文化的経済的要因による紛争が世界各地で多発する国際情勢は、紛争後の復興支援・平和構築における教育の役割や social cohesion（社会的統合）へ国際社会の目を向けさせた。国際教育協力における平和アプローチのリバイバルである。その中で特徴的なのは、紛争後の特殊な状況に対処するための制度的整備のみならず、平和や異文化理解を核にしたカリキュラム・教科書改革についての研究や実践が進展したことであろう。従来の教育を紛争の一因として批判的に検証した上で、紛争後の社会の結束や紛争の再発防止を具体的に意図し、様々な利害関係者の状況に配慮した教育を再構築することは、現地の人々にとっても対処の困難な課題である。しかし、こうした課題だからこそ国際社会が仲介役として取り組むことの意義も確認されており、特にユネスコは 1990 年代から提唱してきた「平和の文化」を基として、紛争中や紛争後の国・地域において、和解のための教育活動を推進してきた（Nelles 2003、World Bank 2005、Davies 2004、Tawil and Harley 2004）。

　近年の特筆すべき国際教育協力の動きは、2015 年 5 月の韓国仁川で開催された世界教育フォーラムで「インチョン宣言」が採択され、同年 9 月には「国連持続可能な開発サミット」が、「SDGs」を含む「持続可能な開発のための2030 アジェンダ」を採択したことであろう。2000 年から 2015 年に至る枠組みであった MDGs が主に発展途上国を対象とし、先進国は援助政策の立場からこの目標を共有してきたのに対して、SDGs は先進国・途上国を包括するグローバル・ユニバーサルな国際政策目標として、今後のグローバルガバナンスの最も重要な指針となった。2015 年から 2030 年までのグローバルガバナンスの基となるこの政策目標は 17 項目に及ぶが、その第 4 の目標として教育は位置付けられ、「すべての人に包摂的かつ公平で質の高い教育を提供し、生涯学習の機会を促進する」ことを大目標に、さらに細分化された幼児教育から高等教育までの広範な教育分野の目標が定められた。SDGs には、教育の目標として、それまでの MDGs にはなかった高等教育等の幅広い教育サブセクターが含まれ、さらに「2030 年までに、持続可能な開発のための教育及び持続可能なライフスタイル、人権、男女の平等、平和及び非暴力的文化の推進、グローバル・シチズンシップ、文化多様性と文化の持続可能な開発への貢献の理解の教育を通して、全ての学習者が、持続可能な開発を促進するために必要な知識及び技能を習得できるようにする」という、国際社会が SDGs という形で合意し

た具体的な教育の内容・伝えるべき価値に関する目標が盛り込まれた（外務省 2015a）。

SDGs に明確に示されたように、国際社会が直面する中心的なグローバル課題として認識されるのは、平和の達成・維持と持続可能な開発とされた。そうした動向の中で、認知的学力のモニタリングシステムとして国際的な影響力を拡大しつつある PISA は、測定対象を「問題解決能力」等の非認知的学力に広げ、直近では「協働的問題解決能力（collaborative problem solving skill）」の測定を行い、結果を公表した。また、SDGs の説くような「平和と非暴力」「グローバルシチズンシップ」「文化の多様性」といった価値の教育を国際社会は求めるようになっている。

さらに、地球的制約（planetary boundary）と呼ばれる、地球温暖化を初めとした環境問題の深刻化が人類の持続可能性を脅かしているという認識を、冷戦構造の崩壊と時期を一にして、国際社会は深刻に受けとめ始め、1992 年、2002 年、2012 年の 3 つの地球サミットや気候変動枠組み条約締約国会議（Conference of the Parties: COP）などによって、グローバルな環境保全と持続可能な開発を両立させる国際社会の取り組みが強化されてきた。そのようなプロセスの中で、教育においても、2002 年の「持続可能な開発のための世界首脳会議（第 2 番目の地球サミット）」で日本政府と日本の市民社会が共同提案した ESD が、ユネスコによって 2005 年から 2014 年までの「ESD のための 10 年」として推進され、様々な教育実践として結実した。SDGs においても、こうした教育の方向性は、「持続可能な開発のための教育及び持続可能なライフスタイル」「文化の持続可能な開発への貢献の理解の教育」といった形で強調されている。

4. 日本の国際教育協力の推移

ここまで、国際社会における教育開発の理念アプローチを基として、国際教育協力の歴史的展開についてみてきた。本書ではこうした国際的な教育援助思潮の影響を受けながらおこなわれてきた日本の国際教育協力の政策や事業の変遷について次章以降で詳述するが、序章の最後にあたり、ODA を中心とした日本の国際教育協力の変遷の概略を記しておきたい。なお、ここでは 1950 年

代から現在に至るまでの半世紀あまりの教育協力の歴史を、基礎教育、技術教育・職業訓練（TVET）、高等教育の３つに焦点をあてながら俯瞰する。基礎教育には初等中等教育、就学前教育、ノンフォーマル教育などが、TVET には就業・起業や職業能力の向上を目的とした技術教育や職業訓練が、高等教育には大学などの高等教育機関への支援や留学生招へい事業が含まれている。

（1）技術教育・職業訓練と高等教育を中心とした教育協力の 始まりの時期（1950 年代〜1970 年代）

　1950 年代から 1970 年代は、ODA の仕組みや実施体制が徐々に整えられた、ODA の体制整備の時期である。この時期には、主に技術教育・職業訓練分野と高等教育分野の教育協力がおこなわれた。

　日本の ODA は、1954 年のコロンボ・プランにもとづく専門家派遣と研修員受入れから開始した。しかし、単発の専門家の派遣や研修員の受入れでは新興独立国の膨大な人材育成ニーズに応えることはできないので、1950 年代末には現地技術者をより大規模にかつ継続的に養成するための技術訓練センターが途上国に設置され、TVET の分野の技術協力がまず開始された。そこでは、工業分野では初期の段階の工業開発に必要な電気通信、中小規模工業、繊維産業などの分野の中堅技術者の育成がおこなわれ、農林水産業分野では食糧増産のための稲作・畑作技術普及、漁業訓練などが実施された（海外技術協力事業団 1973）。同時期には、民間企業と連携した途上国の産業人材育成支援（通商産業省系の海外産業人材育成協会などによる ODA 事業）も開始している。一方、高等教育分野では、1954 年から国費留学生の招へいが始まった後に、1960 年代中頃から、途上国の大学医学部や大学附属病院への医学分野の技術協力が開始した。1950 年代から 1970 年代には、工業開発や農業開発では大学卒の技術者よりも中堅技術者の育成が急がれたために、むしろ TVET の協力プロジェクトが多かったが、保健分野では途上国の圧倒的な医師不足や医療専門家不足に対処するため医学部への支援がおこなわれた。TVET や高等教育の分野の協力に比べて、この時期の基礎教育分野の協力はまだ限られていた。基礎教育分野の協力として挙げることができるのは、主に青年海外協力隊の教師隊員の派遣と文部省が主導した途上国への理科教育協力事業のみであり、その事業規模は TVET や高等教育の分野の協力に比べると非常に小さかった。

18　序章　国際教育協力に対する理念的視角

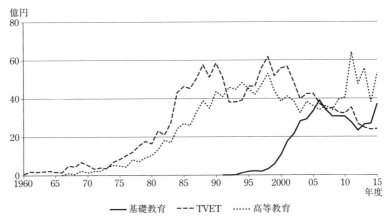

図 0-1　技術協力プロジェクトの分野別推移（協力実績額）
（1960-2015 年度）

（出典）　図 0-1～図 0-3 とも「日本の国際教育協力―歴史と展望」検討委員会が作成した教育協力案件リストから、筆者作成。
（注）　図 0-1～図 0-3 に示す技術協力、無償資金協力、有償資金協力のデータの範囲等は次のとおり。
・技術協力は JICA（およびその前身の組織）が実施した技術協力プロジェクト（プロジェクト方式技術協力等の旧呼称のものを含む）。
・無償資金協力は、外務省/JICA が実施した無償資金協力プロジェクトであり、1 億円未満の案件は含まない。
・有償資金協力は OECF/JBIC/JICA が実施した円借款プロジェクト（新規承諾額ベース）であり、海外投融資案件は含まない。なお、円借款プロジェクトの中には、複数のセクターやサブセクターのコンポーネントを含む複合型のプロジェクトがあるが、コンポーネントごとの協力約束額が不明であるので、複合型のプロジェクトについては、基礎教育、TVET、高等教育のそれぞれにプロジェクトの全額を計上して示している。

　図 0-1 は JICA（その前身の組織を含む、以下同じ）の教育分野の技術協力プロジェクトの協力実績額の推移を、図 0-2 は無償資金協力プロジェクトのそれを、それぞれ基礎教育、TVET、高等教育のサブセクターに分けて示したものである。図 0-1 からわかるとおり、日本の教育分野の技術協力は、1960 年頃にまず TVET の分野で始まり、やがて高等教育分野での協力も開始された。図 0-2 に示す無償資金協力は、それからやや遅れて 1970 年代に TVET と高等教育の分野で、職業訓練機関や大学の施設機材整備の協力が開始された。

　前節で述べたとおり、1960 年代から 1970 年代の世界の教育開発思潮としては、ユネスコの提唱のもとに地域別の教育開発計画（1960 年カラチ・プラン、1961 年アジスアベバ・プラン、1962 年サンチアゴ・プラン）の策定が進み初等教育の完全普及が謳われる一方で、アメリカや世界銀行などを中心とした主な援助機関の間では途上国の近代化や工業化に必要な人材育成を中等教育や技

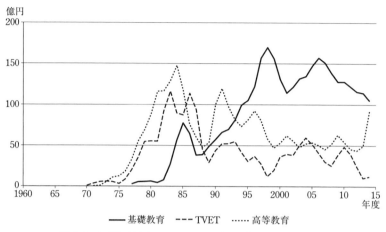

図 0-2　無償資金協力プロジェクトの分野別推移（協力実績額）
（1960-2015 年度/2 区間移動平均）

術教育によっておこなうべきだとの考え方が支配的であった（江原 2001）。文部省によるユネスコとの連携や理科教育協力などは前者の動きに沿うものであったが、外務省や JICA の教育協力は国家開発のための人材育成に重きをおいて TVET や高等教育を重視するもので、後者の考え方に近かった。

(2) ODA の急速な拡大と人づくり協力の時期（1980 年代）

　1980 年代には、日本の ODA は累次の ODA 中期目標により大幅に拡大した。そして、教育協力の観点からは人づくり協力重視の考え方が頻繁に取り上げられるようになった（国際協力事業団 1997）。人づくりは、開発事業に携わる人材育成を重視する観点から広く技術協力を指すこともあれば、途上国の人的資源開発のための教育開発全般を指すこともあり、多義的に用いられることが多かったが、人づくり重視のもとで、その両方の観点を備えた技術教育・職業訓練分野や高等教育分野の協力が重視された。こうした人づくりの考え方の背景には、「人づくりは国づくりの基本であるという、日本自身の戦後の経験、そして東アジアでの国際協力を通じての経験に根ざした日本の信念」（外務省 2004）があり、技術者や行政官の人材育成こそが開発のための自助努力を可能にし、自立的な開発につながるとの考えがあった。1981 年から始まった「アセアン人づくり構想」では、アセアン各国に技術協力と無償資金協力により人材育成

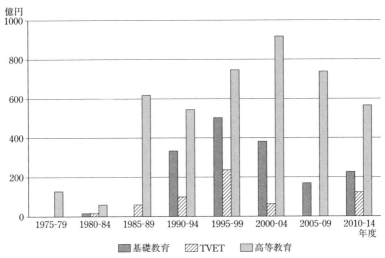

図 0-3 有償資金協力プロジェクトの分野別推移
（1975-2014 年度／5 年ごとの協力約束額累計額）

のためのセンターを 1 か所ずつ設立し、インドネシア職業訓練指導員・小規模工業普及員養成センターやシンガポールの生産性向上プロジェクトなどの協力がおこなわれた。1980 年代の日本の教育協力の実績を技術協力、無償資金協力、有償資金協力のデータからみると（図 0-1、図 0-2、図 0-3 参照）、ODA 予算の急速な拡大や人づくり重視の方針を背景として、以前からおこなわれていた TVET や高等教育の分野の教育協力がさらに大きく拡大していることがわかる。この時期には、アジアを中心とした途上国の工業化のニーズにこたえるために、TVET でも高等教育でも工学系の協力の割合が拡大した。

　この他にも、1980 年代には、ODA 事業全般の拡大にともなって、教育協力はいくつかの新たな展開をみせている。まず、高等教育分野では、1970 年末から有償資金協力（円借款）が教育分野にも充てられるようになり、大規模な大学の施設機材整備がおこなわれたこと、さらに留学生招へいに関しては、政府の留学生受入れ 10 万人計画が策定され、招へい留学生数が大きく伸びたことなどがあげられる。

　1980 年代の基礎教育協力は、技術教育・職業訓練や高等教育よりは小さな事業量であったが、それでも、1990 年代の EFA 時代の到来を先取りするような変化が生じていた。まず 1980 年代には、無償資金協力によって、初等中等

教育の校舎建設や教員養成校建設、教科書印刷機材整備などの基礎教育プロジェクトが実施されるようになった。また、1980年代は、NGOによる教育協力事業が飛躍的に増加した。大量に発生したインドシナ難民への支援をきっかけに日本でもNGOの設立や活動が活発化した時期であり、それらのNGOにとって基礎教育協力は重要な支援領域のひとつであった。

(3) 基礎教育重視の時代（1990年代）

1990年の「万人のための教育世界会議」は多くの開発途上国や援助国のその後の教育開発の考え方を基礎教育重視へと導いたという点で、大きなインパクトをもたらしたが、日本もその例外ではなかった。1990年代初頭を境として、それまで技術教育・職業訓練分野と高等教育分野に重点をおいていた日本の教育協力政策は、基礎教育重視へと大きく舵を切った。「万人のための教育世界会議」を受けて、日本政府や援助関係機関で検討が重ねられ、1994年のJICA「開発と教育 分野別援助研究会」報告書や1999年のODA中期政策などで基礎教育重視が謳われたのちに、2002年には「成長のための基礎教育イニシアティブ（BEGIN）」が政府から発表され、1990年代をつうじて日本の基礎教育重視の考え方は着実に定着していった（国際協力事業団1994、外務省2002）。

こうした日本政府の政策の変化を受けて、1990年代には、初等中等教育レベルで就学率の向上や教育環境の改善のために小・中・高校の校舎を建設する案件、科学技術振興の基礎であり、また日本が得意とする理数科教育分野の教員研修や教材開発をおこなう案件、初等中等教育行政や学校運営の改善のために教育行政官や学校管理者の能力向上を図る案件など、基礎教育案件が急増した（国際協力事業団2002）。1990年代の基礎教育分野の協力実績額の増加は、図0-1～図0-3の技術協力、無償資金協力、有償資金協力のサブセクター別推移にも表れている。技術協力プロジェクト（図0-1）では、1990年代末から基礎教育分野の協力が拡大した。無償資金協力プロジェクト（図0-2）では、もうすこし早く1990年代前半から基礎教育とTVETや高等教育の事業量の逆転が起こっている。有償資金協力（図0-3）でも、1990年代には、基礎教育分野で学校建設などの円借款プロジェクトが増えている。ただし、有償資金協力では、技術協力や無償資金協力とは異なり、基礎教育プロジェクトが増えても高

等教育プロジェクトは減少せず、むしろ増加傾向にあることに留意が必要である。

　この時期には、かつてはアジアが中心であった教育協力の対象地域が、アフリカなどにも広がった。また、日本や現地のNGOと連携してODA事業を実施する制度が整備され、それまでは手が届きにくかった草の根レベルでのノンフォーマル教育や女子教育への支援もおこなわれるようになった。

（4）グローバルガバナンスの時代（2000年代〜）

　2000年以降の日本の教育協力はMDGsやSDGsのような国際社会におけるグローバルガバナンスに大きく影響を受けて展開する。2002年には、「成長のための基礎教育イニシアティブ（BEGIN）」が日本の最初の基礎教育援助政策として発表され、2010年には「日本の教育協力政策2011-2015」が、さらに2015年には「平和と成長のための学びの戦略」が策定された（外務省 2002、2010、2015b）。2010年と2015年の教育協力政策では、世界的な高等教育再評価の流れを受けて、基礎教育と高等教育そして技術教育・職業訓練がバランスの取れた形で取り上げられている。

　2000年以降の技術協力、無償資金協力、有償資金協力による教育協力事業の推移をみてみると、日本政府の教育協力政策に呼応して、基礎教育、TVET、高等教育がバランスよく実施される方向にあることがわかる。技術協力（図0-1）では、2010年代以降、減少傾向にあった高等教育協力が増加し、年度ごとに増減はあるものの、この3つのサブセクターが比較的同程度の事業量になりつつある。無償資金協力（図0-2）でも2010年代には基礎教育協力が減少して、高等教育協力が増加し、それらの差が縮まっている。有償資金協力（図0-3）では、高等教育分野が減ってTVETや基礎教育の事業が増加し、やはり差は縮まる方向にある。

　2000年代以降は、グローバルな課題が多様化・複雑化し、日本の教育協力でも多様な検討や取り組みがおこなわれるようになった。そうした取り組みの個々の紹介は次章以降に譲るとして、最後に、2000年代以降の変化として特徴的であると思われる次の2点について触れる。ひとつ目は、技術教育・職業訓練分野の協力内容の多様化である。技術教育・職業訓練では人づくり協力の名のもとに、工業や農業などの産業分野の中堅技術者の育成がおこなわれてき

序章　国際教育協力に対する理念的視角　　23

たが、2000年代以降にはそういった案件が減少する一方で、除隊兵士、貧困層の女性、障害者、帰還難民など社会弱者を対象に、生計向上のための技能訓練を内容とするTVETも実施されるようになった。2000年以降日本のODAは、人間ひとりひとりに着目し、欠乏と恐怖からの解放と尊厳の尊重を目指す人間の安全保障をその理念に掲げてきたが、こうした社会弱者の生計向上のための協力は、人間の安全保障の考えに合致するものである。当初の産業人材育成型の技術教育・職業訓練が、国家建設のための人づくり協力として実施されてきたことを思うと、同じ技術教育・職業訓練でも大変異なるタイプの事業がおこなわれるようになった。

　2000年代以降のもうひとつの特徴的な変化して、高等教育協力の変化について述べておきたい。かつての日本の高等教育協力は、特定の途上国において大学を新設したり既存の大学を改善したりするなど対象国内に限定された協力がほとんどであったが、最近は、地域内の複数の大学をむすんで留学事業や共同研究をおこなったり、日本と相手国とで共同で大学を立ち上げて運営したりする新たなタイプの協力プロジェクトがうまれている。近年、知識基盤社会やグローバル化の急速な進展のもとで、途上国においても高等教育の国際化が進んでおり、日本の協力プロジェクトにおいても国境を越えた高等教育の在り方を念頭におくことが求められ、新たな協力方法の工夫が必要になっている。

　以上、序章では、国際教育協力に対する分析視角を、平和・人権・開発の3つのアプローチと、近代化論・従属論およびソフトパワー論・相互依存論等の視点から考察し、その上で、本書各章の背景として、世界と日本の国際教育協力の潮流を概観した。各章においては、ここで概観した世界と日本の国際教育協力の潮流を背景として想起されたい。

参考文献

天城勲監訳、1997、『学習―秘められた宝――ユネスコ「21世紀教育国際委員会」報告書』ぎょうせい。

江原裕美、2001、『開発と教育――国際協力と子供たちの未来』新評論。

江淵一公、1997、『大学国際化の研究』玉川大学出版部。

海外技術協力事業団、1973、『海外技術協力事業団10年の歩み』。

外務省、「世界人権宣言（仮訳文）」、http://www.mofa.go.jp/mofaj/gaiko/udhr/1b_002.

html（2019 年 7 月 18 日）。

外務省、2002、「成長のための基礎教育イニシアティブ（BEGIN）」、https://www.mofa.go.jp/mofaj/gaiko/oda/bunya/archive/edu_initiative.html（2018 年 6 月 16 日）。

外務省、2004、「ODA 50 年の成果と歩み」、https://www.mofa.go.jp/mofaj/press/pr/pub/pamph/pdfs/oda_50.pdf（2019 年 7 月 18 日）。

外務省、2010、「日本の教育協力政策 2011-2015」、https://www.mofa.go.jp/mofaj/gaiko/oda/doukou/mdgs/pdfs/edu_pol_ful_jp.pdf（2018 年 6 月 16 日）。

外務省、2015a、「持続可能な開発のための 2030 アジェンダ」、https://www.mofa.go.jp/mofaj/gaiko/oda/sdgs/pdf/000101402.pdf（2019 年 7 月 18 日）。

外務省、2015b、「平和と成長のための学びの戦略―学び合いを通じた質の高い教育の実現」、https://www.mofa.go.jp/mofaj/gaiko/oda/bunya/education/pdfs/lspg_ful_jp.pdf（2018 年 6 月 16 日）。

国際協力事業団、1994『開発と教育 分野別援助研究会報告書』。

国際協力事業団、1997、『人造り協力研究のあり方に関する基礎研究』。

国際協力事業団、2002、『開発課題に対する効果的アプローチ 基礎教育』。

千葉杲弘監修、寺尾明人・永田佳之編、2004、『国際教育協力を志す人のために ―― 平和・共生の構築へ』学文社。

深山正光、2007、『国際教育の研究 ―― 平和と人権・民主主義のために』新協出版社。

文部科学省、「国際連合教育科学文化機関憲章（ユネスコ憲章）」、http://www.mext.go.jp/unesco/009/001.htm（2019 年 7 月 18 日）。

文部省学術国際局留学生課編、1984、『二十一世紀への留学生政策』。

Arnove, R. F. 1980. Comparative Education and World-Systems Analysis. *Comparative Education Review*. Vol. 24. pp. 48-62.

Burnett, N. and Patrinos, H. A. 1996. Response to Critiques of Priorities and Strategies for Education: A World Bank Review. *International Journal of Educational Development*. Vol. 16. No. 3. pp. 273-276.

Carnoy, M. 1980. International Institutions and Educational Policy: A Review of Education-sector Policy. *Prospects, Quarterly Review of Education*. Vol. X. No. 3. pp. 265-283.

Davies, L. 2004. *Education and Conflict: Complexity and Chaos*. New York: Routledge-Falmer.

Deutsch, K. et al. 1957. *Political Community and the North Atlantic Area: International Organization in the Light of Historical Experience*. Princeton, N. J.: Princeton University Press.

Frank, A. G. 1972. *Lumpenbourgeoisie: Lumpendevelopment; Dependency, Class and Politics in Latin America*. New York: Monthly Review Press.

Freire, P. 2000. *Pedagogy of the Oppressed*. Continuum International Publishing.

Fulbright, J. W. 1983. About Fulbright. https://eca.state.gov/fulbright/about-fulbright

(July 18, 2019).

Galtung, J. 1971. A Structural Theory of Imperialism. *Journal of Peace Research*. Vol. 8. No. 2. pp. 81–107.

Haas, E. 1958. *The Uniting of Europe: Political, Social and Economical Forces*, 1950–1957. London: Stevens & Sons.

I.I.E. 1955. *Committee on Educational Interchange Policy, 1955, the Goals of Student Exchange*. New York: Institute of International Education.

Illich, I. 1970. *Deschooling Society*, New York: Harper & Row. (イリッチ、I.、東洋・小澤周三訳、1977、『脱学校の社会』東京創元社)

Jones, P. W. with Coleman, D. 2005. *The United Nations and Education: Multilateralism, Development and Globalisation*. New York: RoutledgeFalmer.

King, K. 1991. *Aid & Education in the Developing World: The Role of the Donor Agencies in Educational Analysis*. Hong Kong: Longman.

Knight, J. 2008. *Higher Education in Turmoil: The Changing World of Internationalization*. Rotterdam: Sense Publishers.

Le Vine, R. 1982. Influences of Women's Schooling on Maternal Behavior in the Third World. Kelly, G. P. and Elliot, C. M, eds. *Women's Education in the Third World: Comparative Perspectives*. Albany: State University of New York Press, pp. 283–310.

Mazrui, A. 1976. The Impact of Transitional Corporations on Educational and Cultural Processes: An African Perspectives. *Prospects, Quarterly Review of Education*. Vol. VI. No. 4. pp. 541–557.

Nelles, W. ed. 2003. *Comparative Education, Terrorism and Human Security: From Critical Pedagogy to Peacebuilding?*. New York: Palgrave.

Nye, J. S. 2004. *Soft Power: The Means to Success in World Politics*. New York: Public Affairs.

Rostow, W. 1959. *The Process of Economic Growth* (2nd ed). Oxford: Clarendon.

Samoff, J. 1996. Which priorities and strategies for education? *International Journal of Educational Development*. Vol. 16. No. 3. pp. 249–271.

Task Force on Higher Education and Society. 2000. *Higher Education in Developing Countries: Peril and Promise*. Washington, D. C.: World Bank.

Tawil, S. and Harley, A. eds. 2004. *Education, Conflict and Social Cohesion*. Geneva: UNESCO International Bureau of Education.

UNESCO. 2016. *Global Education Monitoring Report 2016: Education for People and Planet*. Paris: UNESCO.

UNICEF. 1999. *The State of the World's Children 1999*. New York: UNICEF.

UNICEF and UNESCO. 2007. *A Human Rights-Based Approach to Education for All*. New York: UNICEF and UNESCO.

World Bank. 1995. *Priorities and Strategies for Education: A World Bank Review*.

Washington, D. C.: World Bank.

World Bank. 1999. *Education Sector Strategy.* Washington, D. C.: World Bank. (世界銀行、黒田一雄・秋庭裕子訳、2001、『世界銀行の教育開発戦略』広島大学教育開発国際協力研究センター)

World Bank. 2005. *Reshaping the Future: Education and Postconflict Reconstruction.* Washington, D. C.: World Bank. (世界銀行、村上美智子訳、2005、『紛争後の教育再建──開発援助としての教育支援』シュプリンガー・フェアラーク東京)

第Ⅰ部　国際教育協力の理念・政策

第1章
1990年以前の国際教育協力政策
逡巡と試行錯誤の軌跡

斉藤　泰雄

　わが国の国際教育協力の歴史は、1954（昭和29）年にまでさかのぼる。日本は、この年、国際的援助事業である「コロンボ・プラン」への加盟を認められ、アジア諸国向けの技術協力をはじめた。同年、文部省も、開発途上国への技術協力を主目的にした国費留学生招致事業を開始した。それらは、いまだ戦後復興期にあった日本における国際協力のささやかな出発点であった。つづいて1960年代のユネスコ主導の「アジア地域初等教育発展計画」（通称カラチ・プラン）への支援を通じて、国際教育援助への取りくみが本格的な幕あけをむかえた。それから半世紀以上がすぎた。この間わが国の国際教育協力への取りくみは、かなりの変遷をとげてきた。時期によって関係者の関心や意欲にも浮沈がみられた。とりわけ基礎教育支援への関与には消極論が優位な時期がつづいた。しかし、この間の歴史的経緯については、政策担当者、協力事業実施者、研究者の間でもあまり知られていないのが実情である。

　本章は、おもに文部省に焦点をあてながら、わが国の国際教育協力の軌跡をたどり、その理念と政策をめぐる歴史的系譜を明らかにすることを目的とする。国際教育協力事業が拡大し、その関係者が多彩になっている今日、その将来像をみすえるためにも、歴史的経験にうらうちされた認識と知識を関係者のあいだで共有することが重要であると考えるからである。ここでは、日本の国際教育協力において一大転機となる1990年の「万人のための教育世界会議（ジョムティエン会議）」以前の時期に焦点をあてる。国際教育協力の歴史的ルーツとでもよびうる時期である。それは、協力への意欲と逡巡のはざまにゆれた試行錯誤のあゆみでもあった。

1. 戦後復興と国際的教育協力事業の幕あけ

（1）国際教育協力のはじまり

　1951年6月、パリの第六回ユネスコ総会において、わが国のユネスコ加盟が正式に承認された。これは、サンフランシスコ平和条約締結と国際連合（国連）加盟以前のことであり、戦後わが国が国際機関に復帰を認められた最初のものであった。当時まだ混乱をひきずっていた外務省にかわり、ユネスコ加盟を推進した文部省関係者にとって、ユネスコにかけた期待や思いいれは、今日からは想像しがたいほど大きなものであった（西田1972、p. 29）。わが国において、教育の国際協力を意図して提案され、導入された最初の事業は国費外国人留学生招致制度であった。ユネスコ国内委員会は、1953年に2回にわたって、外国人留学生（技術留学生、技術実習生を含む）の受け入れ体制の強化、奨学金提供を関係大臣に建議していた。こうした留学生受け入れを主張した関係者の間には、戦前期における中国（清国留学生）や戦中期のアジア地域からの留学生（南方特別留学生）の受け入れの経験、植民地支配のための「文化工作」「文化宣伝」（石附1989、p. 63）としての色彩が濃かった戦前期の留学生政策の反省にたち、新生日本の国際協力活動として新しい留学生制度を構築しようとする意志がはたらいていた。

　1954年、国費外国人留学生実施要項が作成され事業がはじまった。招致する留学生は、外国大学を卒業してから日本の学部・大学院等において研究をおこなう研究留学生と、高校卒業後に留学する学部留学生の2種類とされた。研究留学生は、欧米諸国からも招致されるが、学部留学生の対象はアジア諸国に限定されていた。1954年、最初の留学生23人を受け入れたのを皮きりに、国費留学生は、しだいにその数を増していった。1960年には、賠償協定によるインドネシア賠償留学生制度もはじまった。当時の文部省で留学生関係の事務を所掌していた国際文化課長は、国費留学生招致制度の特色を次のように説明していた。「わが国はアジアの一員であることの自覚と責任感から、昭和27、28年から、それぞれの要請に応じ、経済援助、技術援助をはじめるに至った。この経済援助、技術援助の一環として、あるいは経済援助にさきがける人づくりの一つの協力方策として、とりあげられたのが留学生招致である。……この

学部留学生招致制度は、わが国が、世界諸国にさきがけて実施した独自のものであるが、その狙いとする所は、大学等の数が少ないアジア諸国の国づくりの指導者養成に協力しようとするところにある」（佐藤 1962、p. 233）。ここでは、後に援助関係者によって多用されることになる「国づくり」「人づくり」という言葉がすでに 1960 年代初頭に、文部省関係者によって使用されていたことも留意されよう。

　国費留学生制度がはじまった 1954 年にはまた、わが国の技術協力の歴史において重要な出発点となる事業も発足した。それは、同年 10 月、日本の「コロンボ・プラン」への加盟が正式に承認されたことである。コロンボ・プランとは、1950 年、セイロン（現、スリランカ）の首都コロンボで開催された英連邦外相会議において発足したアジア旧英領植民地の経済開発を支援する国際的技術援助プログラムであった。後に、米国やその他の先進国もこれに加盟し、また対象もアジア地域全体に拡大された。日本のコロンボ・プランへの加盟は、戦後、米国その他の国際機関からの救済・援助を受けながら復興をとげつつあったわが国が、一転して、援助国側の仲間いりを認められたことを意味していた。

　わが国は、被援助国と二国間協定を結び、アジア地域からの研修員受け入れと日本からの専門家派遣事業を開始した。こうした技術協力事業を運営するために、1954 年に社団法人「アジア協会」が設立された。つづいて、同様に、国際建設技術協会とラテンアメリカ協会が設立され、中近東・アフリカを対象とした「中近東アフリカ技術協力計画」、および「中南米技術協力計画」が実施に移された。このような援助地域の拡大、事業の多様化を受けて、しだいに技術協力を総合的・効率的に実施する体制の一元化を求める声が高まった。1962 年、これらの事業を統合する形で、特殊法人「海外技術協力事業団」（OTCA）が設立される。

　OTCA による開発途上国への技術協力の中には、教育分野に関係するものが含まれていた。研修員受け入れを主要業種分野別でみると、教育分野とされるものが軽工業と行政とほぼ肩をならべるほどの順位で出現している。この教育分野研修員の多くは、「日米合同計画」によるものとされている。これは、当時、米国がアジア諸国向けにおこなう援助事業にたいして日本が第三国研修として研修員受け入れの便宜供与をおこなっていた事業である。この日米合同

計画は 1964 年をもって終了し、この後、教育分野の研修員はすくなくなる（海外技術協力事業団 1973、pp. 176-179）。

（2）カラチ・プランの発足と日本の関与

国連が 1960 年代を「国連開発の 10 年」となづけ、開発途上国支援にのりだしたのに呼応して、ユネスコは、アジア、アフリカ、アラブ諸国、ラテンアメリカの地域ごとに、地域教育発展計画を提唱した。アジアでは、1960 年 1 月に、パキスタンのカラチに日本を含むアジア 17 か国の政府代表が集まり、大規模な教育発展計画を作成する会議が開かれた。ここで採択されたのがカラチ・プランとよばれるものであった。それは、1980 年までの 20 年間をかけて、アジア地域に、すくなくとも 7 年制の無償義務教育を完全普及することをめざすものであった。当時のアジア諸国の教育発展の状況からみれば、きわめて野心的な長期教育発展計画であった。

日本は、すでに 9 年間の義務教育を完成させており、ユネスコは、わが国にたいしては計画全体の遂行への協力と支援を要請した。前述のように、ユネスコ活動を高く評価し、その政策にきわめて忠実であった当時の文部省は、この要請にしんけんに対応する姿勢をみせた。文部省は、ただちに 2 つの行動を開始した。1 つは、東南アジア、中近東地域各国の教育事情を調査する調査団の派遣であり、もう 1 つは、最初の「アジア地域ユネスコ加盟国文部大臣会議」を東京に招致することであった。

教育事情調査団は、1960 年 11 月から翌年 4 月にかけて、4 班に分かれて東南アジア、中近東に派遣された。各班は、東南アジア第 1 班（カンボジア、マラヤ、インドネシア、タイ）、第 2 班（ビルマ、インド）、第 3 班（フィリピン、ベトナム、パキスタン、セイロン）、中近東班（アフガニスタン、イラン、イラク、トルコ、エジプト）で構成された（ちなみに国名は当時のものである）。各班は学者と文部省職員 5〜6 人で構成され、35〜40 日間の日程で調査にあたった。目的は、（1）それぞれの国の一般事情、教育事情、諸外国との経済協力および教育協力の実情について、（2）その実態に応じて、当該国にたいしてわが国としてどのような教育協力をすべきか、を調査報告するとされた。開発途上国の教育事情を調査し、わが国の教育協力の可能性をさぐるという趣旨の調査団の派遣は、文部省としてもこれがはじめてのことであった。当時、ひたすら

34　第 I 部　国際教育協力の理念・政策

先進諸国に追いつくことを目標にして、もっぱら欧米先進諸国の教育動向に関心を集中してきたわが国は、カラチ・プランへの関与により、はじめてアジア諸国の教育事情に目をむけ、その問題の深刻さを認識したのではないだろうか（斉藤 2013）。

　1961 年 4 月に東南アジア調査団第 1 班の報告書がまず提出された。ここには、わが国では最初のものといえる国際教育協力論が提示されている。印象的な記述を紹介しよう。

　　施策は、それぞれの民族の魂をつかむものでなければならないと思う。東南アジア地域諸国家に対して、自由・共産両陣営は、ともに経済協力、教育協力面で莫大な財力をつぎ込んでいるのであるが、それにも拘らず、若干の例外を除いては、それらは、必ずしも当該民族の心をつかんでいるとは思われなかった。従って、わが国の経済協力なり教育協力なりを真に成功させるためには、あくまで誠実に、そして相手国の立場とプライドを十分に尊重し、それを傷つけることのないように努めなければならないと思う。かくてこそ両民族の魂の琴線が触れ合う協力が可能になるのではなかろうか。（斉藤 2011、pp. 98-99）

　さらに、協力を推進するためには、まず国内体制を整備することが先決条件であるとして、次のような方策を提言している。①対外教育協力審議会の設置、②低開発国関係教育資料室の設置、③短期視察者招致体制の整備、④国費留学生の受入れ体制の整備、⑤インドネシア賠償留学生等の教育補導体制の整備、⑥私費留学生教育補導体制の整備、⑦留学生世話団体の強化育成、⑧学者・技術者等招致体制の整備、⑨学者・技術者等現地派遣体制の整備、⑩中級技能者研修方式の検討、⑪教材教具提供方式の検討、⑫学術文献資料提供方式の検討、⑬対外教育協力関係文部省機構の整備。特に、③④⑩⑪に関しては相手側の要望が強いとする。また、関連する国外体制の整備として、①大使館に文化アタッシェの設置、②日本文化センターの設置、③日本語学校の整備、④日本人学校の整備をあげる。後に議論されることになる政策メニューのアイディアもすでにここに出そろっていた。

　いっぽう文部大臣会議は、1962 年 4 月、東京（上野の文化会館）において、アジア 18 か国から文部大臣および経済企画担当大臣が参加して開催された。文部省調査局長として、この文部大臣会議を実質的にきりまわした天城勲は、

アジアの教育発展に対する日本の立場と役割に関して、当時次のような発言を
おこなっている。

　　会議においては、しばしば日本の事情が討議の資とされ、日本の代表も進んで今日
　までの教育発展の経験と成果を述べて協力した。アジア各国にとってこのカラチ計画
　の発展は容易ならざる難事業である。たとえ外部援助をえて発展の速度を早めること
　ができても、およそ一国の教育発展はその国家と国民の教育への熱意と努力なしには
　とうてい実現することはできない。……今日の日本の教育発展と、それをささえてい
　る諸条件はたしかに他のアジア諸国に比して恵まれている。経験、知識、技術はもと
　より、物的にも財政的にも援助を期待される立場にあるといえよう。ただこの場合、
　援助を求める側においてはたんなる要求であってはならず、援助を提供する日本の態
　度もじゅうぶん先方の事情と意向をくんで謙虚なものでなければならない。戦後の教
　育再建にわれわれは貴重な経験を得ている。一国の教育は根本的には国民精神の基底
　に連なる国民自身のものである。このことをじゅうぶん自覚した上で、われわれは可
　能なかぎり、援助の努力をいたすべきものと考える。（天城 1962, p. 30）

　やがてわが国の国際教育協力論のきわだった特色のひとつとなる、ある種の
素朴なまでの理想主義（両民族の魂の琴線が触れ合う協力）、もういっぽうで
の相手国の教育主権に対するきわめて謙虚な姿勢（一国の教育は根本的には国
民精神の基底に連なる国民自身のものである）が、その草創期においてすでに
姿をあらわしていることが注目される。
　1964 年 3 月の『文部時報』には、文部省および関係機関において遂行され
ている国際教育協力活動が次のように報告されている。

　　新しい国つくりに懸命の努力を続けつつあるアジア諸国への各般の協力は、二十世
　紀の世界的使命であり、とくにわが国がアジアの一員であることにかんがみ、国つく
　りの基本たる人つくりには、文部省としても、従来できるだけの協力をしてきた。昭
　和 39 年度においても、コロンボ計画、中近東・アフリカ技術援助計画、北東アジア
　技術援助計画、日米合同第三国技術援助計画に関し、大学教授等の現地への派遣、研
　修生、視察団の受入れ等で、文部省が協力することはもちろんであるが、昭和 38 年
　の教育テレビ技術者集団研修に引きつづき、外務省、郵政省、海外技術協力事業団、
　日本放送協会、文部省等の共催で、東京で実施する教育ラジオ技能者集団研修は、各
　国より多大の期待をもって迎えられている。なお、文部省としては、本年度から人つ

36　　第 I 部　国際教育協力の理念・政策

くりへの協力施策の基本ともいうべき、アジア地域からの留学生の招致に、従前に倍した努力を傾けることになった。(佐藤 1964、pp. 77-78)

　文部省は、1964年から国費留学生招致の人数を年間100人から200人へと倍増するとともに、新たに調査局内に留学生課を設置した。ちなみにここでも、「国つくり」「人つくり」という用語が使用されている。人づくりを基盤にした国づくり、いわゆる「教育立国論」は、明治前期に初代文部大臣森有礼によって明確に宣言されて以来、ながらくわが国の教育政策の基軸とされてきた思考である（斉藤 2017）。文部省関係者が教育援助を構想するときに、直接「人づくり」という言葉を使用するか否かにかかわらず、教育立国論の延長線上に途上国支援を考えることに違和感はなかったと推測される。ちなみに、1962年11月には、文部省は、前例のないユニークな教育白書『日本の成長と教育』を発表し、わが国における経済成長と教育との関連を歴史的な視点から解明しようとする試みをおこなった。英語版も作成され、国内外で大きな反響を生みだすものとなった。

2. 文部省による協力事業開始と対外経済協力政策の見直し

(1) 文部省による教育協力事業への取りくみ

　文部省が実質的な教育協力事業をはじめるのは、バンコクで二回目の文部大臣会議が開催された1965年ごろからである。明治維新以来の歴史的経験にもとづく政策アドバイスという知的貢献を主体に教育協力を構想していたわが国に、途上国の実情に即した具体的、実践的な協力が求められてきたのである。バンコク会議に前後して、次のような事業が開始された。①理科教育協力事業、②教育指導者招致事業、③日本研究講座の寄贈、④ユネスコ国際大学院コースの開設、⑤アジア地域教育研究調査事業計画の開始、である。

　第一の理科教育協力事業は、第4章でも詳述するが、アジア諸国の理科教育振興のために、わが国から理科教育（物理、化学）の専門家を派遣するものであり、1966年度から、アジア、アフリカ諸国から毎年5か国をえらび、それぞれに専門家1人を半年間派遣する形で開始された。かれらは、各国の中等学校教員、理科教員を養成している高等教育機関等にたいして、理科教育に関す

る指導と助言をおこなった。また、その指導に必要な器具・機材を供与した。予算措置と専門家選考は文部省がおこなったが、派遣関連の実務、機材の調達や発送等は、海外技術協力事業団に委託された。1968年度からは、農業教育専門家も追加された。

第二は、アジア、アフリカ地域から、教育政策立案の指導的立場にある人々を招致して、日本教育の現状を実地に観察、調査する機会を提供する事業である。この事業も1966年度以降、とりあえず5か国から一人ずつを1か月間招致することで開始された。

第三は、アジアの主要な大学に、日本語研究講座を寄贈し、日本から教授・講師数人を派遣して、日本語教育、日本の文化・経済・社会等に関する研究と教育をおこなう事業である。外務省が予算を計上し、派遣者選考と推薦を文部省がおこなう形で事業が開始された。1965年のタイのタマサート大学を皮きりに、1971年までに7つの大学に講座が寄贈された。

第四は、開発途上国が必要としている高水準の技術者の養成研修を支援するために、わが国がユネスコに協力して開始した事業であり、1965年以降、東京工業大学に化学・化学工学の大学院コースを開設した。開発途上国から若手研究者（毎年14人）を受け入れ、英語により授業をおこない、1年間の高度の学術的研修を提供した。

第五は、アジア地域の教育研究活動の強化、教育研究機関のネットワークづくりをめざすユネスコの依頼により、1967年度から国立教育研究所において開始された。この事業計画にもとづき、アジア諸国から教育研究専門家を集めて、専門家会議、学校カリキュラムや理科・数学教育等のセミナーやワークショップが定期的に開催されるようになった。

（2）「対外経済協力審議会」の設置と技術協力拡充論

いっぽう、戦後復興とともにはじまり15年ほどの年月を重ねていたわが国の経済協力政策は転機をむかえつつあった。コロンボ・プランへの加盟により技術協力が開始されたが、ほぼ同時に、戦後処理として、東南アジア諸国との賠償・経済協力協定が調印された。1954年のビルマを皮きりに、フィリピン、インドネシア、ベトナムと協定が締結され、対日賠償請求権を放棄したカンボジア、ラオス、タイ、マレーシア、韓国等にたいしては無償援助がはじめられ

た。1958 年には、初の有償資金供与（円借款）がインドにたいしておこなわれ、これにより本格的な経済協力がはじまった。外務省の白書『ODA 50 年の成果と歩み』によれば、「これは、賠償という戦後処理の問題とは関係なく行われ、日本が譲許的な条件での資金協力を開始したという意味で画期的な意義を持つものでした。当時、日本の経済にとって輸出振興は最重要課題でしたが、タイドの有償資金の供与は日本の輸出促進という効果もあり、1960 年代を通じて積極的に供与されることになりました」（外務省 2004、p.33）という。1961年には、円借款の実施機関として海外経済協力基金（OECF）も発足する。

　日本経済は戦後復興の段階を脱し高度成長期をむかえていた。東南アジア諸国への日本の経済進出はめざましいものがあり、大きな貿易黒字を計上するようになった。経済協力関係の予算も急速に拡大した。しかしながら、わが国の経済進出に席巻されつつあった東南アジア諸国は、日本の輸出振興と結びついたタイド（ひも付き）の円借款を主体とする経済協力のあり方にたいして、いらだちと不満をつのらせていた。反日感情を潜在させた「エコノミック・アニマル」という呼称が日本人の代名詞となり、国際的にも広まりつつあった。1969 年、経済協力開発機構・開発援助委員会（OECD/DAC）は対日年次審査において、円借款のアンタイド化の勧告をおこなっている。日本の経済協力政策は国内外からその見直しをせまられていた。

　1969 年 10 月、佐藤栄作首相は、新しい経済協力のあり方を審議する政府諮問機関として「対外経済協力審議会」を設置した。1970 年 7 月、同審議会は、政府にたいして技術協力の拡充をもとめる中間報告を提出した。ここで注目されることは、技術協力の新しい分野として、特に、医療援助などと並んで「学術、文化、教育援助の拡大」に言及していたことである。審議会は、さらに1971 年 7 月、最終報告書『開発途上国に対する技術協力の拡充強化のための施策について』を首相に提出した。それは、対外開発協力の中での技術協力の位置について次のように述べる。

　　1970 年代を迎えて、国際的には、「政府開発援助」を強化する方向にあり、なかでも、多国間援助の拡充の方向へ、ひも付き資金援助の廃止の方向へと進んでいる。わが国としても、「政府開発援助」を強化していくとともに、協力の効果を高めるため、技術協力をこれからのわが国の対外開発協力の重要な柱とし、資金協力、特に無償の

資金供与、超ソフト・ローン供与と一体化した経済協力を推進する等、新しい対外開発協力の構想が必要である。……わが国の協力が、過去において、ともすれば、輸出振興に結びついているかのごとく評価されてきたが、今後、教育、文化、医療等の面における協力を一層積極的に行うことによって、わが国の対外開発協力の内容を豊かにして行かなければならない。（斉藤 2011、p. 102）

　報告書は、「教育、学術研究、文化の協力について」に一章をあて、教育協力についてふみ込んだ政策提言をおこなっている。「教育協力の分野においては、直接開発につながるマンパワー養成のための協力も重要であるが、このほか、一国の自立発展の基盤を培い、社会、文化水準の向上を促すための相手国の要請に応じた一般的国民教育への協力、文盲をなくすための普通教育、成人教育の普及、マスコミを通じての大衆の知識への関心と水準の向上等に対する広範な協力の分野があることが忘れられてはならない。ただし、開発途上国の教育主権とナショナリズムにかかわる問題でもあるので、特に、一般的国民教育への協力については、能う限り慎重に行うべきことはいうまでもない」（斉藤 2011、p. 105）。

　教育協力分野での具体的な提言として次のようなものを列記している。

（1）留学生の受入れによる教育協力の強化
　　①留学需要に対応した教育協力、②受入体制の整備、③学位の授与について、④帰国留学生に対するアフターケア
（2）開発途上国現地における教育協力の拡充
　　①開発途上国の物理、化学、農業等の中等教育の教員研修を行っているが、生物、工業等協力分野の拡大、派遣期間の延長、増員等を考える必要がある。
　　②開発途上国の教育計画に即応し、施設、設備、専門家等をパッケージした教育研修センターを設置して協力することがきわめて効果的と考えられる。
　　③専門家の派遣のみでなく、相手国側において協力し、共に指導している人材を養成しなければ協力が真に相手国に定着し、結実しないであろう。このような協力者の養成を促進するため、これらの人材の養成教育の機関に対する協力を継続的に行うことが必要である。
　　④指導的人材の育成に資するため、現地の大学生に対し奨学金の供与等を行い、その中からわが国に招致する大学院生を選ぶようにすることも有効なものと考えられる。なお、開発途上国の教育指導者、教育者の招致等を一段と積極的に進める

べきである。

⑤現地における一般的国民教育の振興に対する協力を推進するため現地語教科書等の教材の開発と提供（印刷等への協力等を含む）、学校施設、設備の提供等を進める等の施策を図るべきである。

(3) 日本語、現地語等の教育の振興（斉藤 2011、pp. 106-107）

3. 「アジア教育協力研究協議会」の設置とその論議

(1) 外務省経済協力局の教育協力論

　対外経済協力審議会の技術協力拡充強化報告書が公表された直後、文部省内に「アジア教育協力研究協議会」が設置された。19人の委員の陣容をみると、文部省・大学関係者の他に、外務省（局長級2人、海外技術協力事業団）、通産省（アジア経済研究所）、民間企業経営者、マスコミなどさまざまな分野を代表する人々から構成されている。協議会には、タスク・フォース機能を果たす幹事会が置かれた。陣容をみるかぎり、この協議会は、文部省内に設置されたものではあるが、その内実は、関係諸官庁を巻き込んだオール・ジャパン体制で今後のアジア諸国への教育協力のあり方を協議しようとする本格的なものであった。第1回会合は、1971年8月17日に開催され、平塚益徳・国立教育研究所長を議長に選出した。

　ところで、協議会の第1回の会合が開かれる前日の8月16日、外務省経済協力局は、独自に「わが国教育協力の進め方について」と題する文書を公表した。ここには、機先を制して教育協力に関する外務省の立場を明確にし、協議会での論議の主導権を握ろうとする意図があったことは明白である（Kamibeppu 2002、p. 61）。文書は、まず外務省の推進してきた経済協力と新たな教育協力との関係を次のように述べる。「今後わが国としては、これまでわが国の経済協力の供与に当って余りにも経済的観点が優先していたことが一部東南アジア諸国における対日批判を招いたとの反省もあり、経済外的要因を十分考慮に入れた援助を増大すべき時期に来ていると考えられる。かかる観点に立てば、わが国の明治以来の経験に立脚しつつ、開発途上国の国づくりの基盤を築く事業に協力する教育協力は最も優先的にとり上げるべき分野であると思われる」（斉藤 2011、p. 112）。ここには、アジアで高まりつつあった対日批判、

反日感情を強く意識して、こうした批判にたいする緩衝材として、ソフトなイメージの教育協力を位置づけようとする外務省の本音がかなり正直に示されている。

　外務省は本文書において教育の分野別に次のような方針を提言していた。

（イ）　初等中等教育　　相手国の最も重視する分野に対する協力であり、従って効果も大きいが、この分野は相手方の民族的心情を斟酌せず押しつけがましい協力を行う場合には、相手国側の反発を招きやすい分野でもあり、実施に当って細心の注意を要する分野である。わが国の場合、言語的ハンディキャップもあるので、教育設備あるいは教科書、図書、教材、視聴覚教育機材及び校舎等の無償供与など間接的、側面的協力を行うことが適当であり、かつ、かかる間接的、側面的協力に限っても、開発途上国側の援助需要はきわめて大きいと考えられる分野である。ただし、これまで多少の実績のある理科教育の分野などではある程度の直接的協力も可能である。

（ロ）　技術教育　　わが国がこれまで実施して来たもの又はこれから実施しようとするものに韓国工業高校設立援助等若干の例があり、今後とも、校舎、設備、教材等の無償供与あるいは種々の人的協力等により、協力を積極的に進めるべき分野である。

（ハ）　高等教育　　この分野においても、わが国は従来から医療協力（インドネシア大学、タイのヴィールス研究所等）、農業協力（ヴィエトナムのカントー大学）、技術訓練センター（タイの電気通信センター等）の形で、大学、研究所に対する協力を行なって来ており、また、日本研究助成及び日本語普及事業の一環として大学に対する協力を行なっている例も多いが、今後はその一層の充実及び対象分野の拡大をはかるとともに、大学対大学ベースの協力の組織化、現地研修及び第三国研修のための奨学金供与等の措置を強化すべきであろう。

（ニ）　社会教育　　この分野においては、ヴィエトナム教育テレビ計画が代表的なものであるが、多くの開発途上国政府が学校教育と並んでこの分野を重視しており、また、先進国側にとってもこの分野は比較的協力しやすい部分であることにかんがみ、今後、教材、視聴覚教育教材の無償供与、マスメディアに対する協力等を通じ、この分野に対する協力を増大すべきであろう。

（ホ）　職業訓練　　この分野は、狭義の教育協力には入らないが、従来から海外技術協力事業団ベースその他の技術協力により多くの実績を有するので、今後ともその拡充をはかるとともに、現地研修及び第三国研修の考え方を大幅にとり入れることも考えるべきであろう。（斉藤　2011、p. 113）

外務省の国際教育協力案は、外交政策上の得失、所管する海外技術協力事業団を通じた技術協力の脈絡の中での教育協力を強く意識したものであり、教育協力の対象分野を、正規の学校教育以外に、成人教育などの社会教育、職業訓練をも含めてできるかぎり幅広くとらえようとするところにその特色があった。特に「相手国の反発をまねきやすい」初等中等教育分野への協力にはきわめて慎重な姿勢が示されている。初等中等教育に関するかぎり、外務省の文書は、あたかもアクセルとブレーキを同時に踏むような、ちぐはぐな印象をのこす表現となっている。初等教育の発展計画であるカラチ・プランへの関与を契機に国際教育協力に取りくみはじめた文部省関係者からすれば、外務省の一般的国民教育（初等中等教育）支援への消極的な姿勢にはいささか違和感があったのではないかと推測される。

（2）アジア教育協力研究協議会の最終報告書の要点

　協議会は、翌 1972 年 3 月 16 日に、文部事務次官にたいして、最終報告書『アジア諸国に対する教育協力のあり方について』を提出した。報告は、まず教育協力を進めるにあたっての基本的留意事項として、次の 4 点を指摘する。（1）教育協力においては、相手国の言語、文化、歴史、国民の価値観などとのかかわりが多いので、特に慎重な配慮を要する。（2）相手国の要請をふまえつつ、教育的にも真に効果のある協力方策を見出すことが必要である。特にアジア各国においては、教育成長の基礎でありながら、財政事情などから不十分な初等中等教育の分野において、その発展に資しうる協力方策を把握するよう留意すべきである。（3）わが国への協力要請の強い東南アジアにまず重点を向けるべきである。（4）教育協力は、人とのつながりにより、また人間の形成にかかわることなので、相手国の関係者との間に親密な人間関係を確立し、相互の深い理解のもとに協力をおこなう（斉藤 2011、p. 123）。

　以下、報告は、「教育協力の施策の重点」を、初等中等教育分野、高等教育分野、その他の 3 つに分けて提示した。初等中等教育分野では、次のような提案がなされた。

　1）この分野での協力においては、教育行政や教育内容の改善は基本的には、相手国の行うべきところであるとの観点に立ち、教育の場での直接的援助よりも、むしろ

相手国の教員の養成、現職教育、教育関係機材の供与等を通じて教育の質的改善を図る如き間接協力を行うことに重点をおくことが適切である。

2) 方法としては、相手国の教員の現職教育等に対し、実習指導やカリキュラム改善のための専門家を派遣したり、教育実習用の機材を供与するなどの方法が行われているが、協力の効果を高めるうえから、これらの方法を総合的に組み合わせて行うとか、継続的に協力してゆけるシステムを考える必要があり、このような拠点として、教育研修センターの設置供与を行うことも有効、適切と考えられる。

3) アジアの国の中には、初等中等教育分野での教育改善のための実験モデル校設立の動きもあり、これらに対して協力を行うことも有効とされている。

（斉藤 2011、pp. 123-124）

　ここでは、教育内容の改善は基本的に相手国のおこなうべき領域であると認めつつ、「間接援助」に重点を置くべきことを主張するが、同じ「間接援助」でも、さきの外務省案が、この言葉がもっぱら「インフラ整備」の意味で使われていたのにたいして、ここでは、「相手国の教員養成、現職教育、関係機材の供与を通じて教育の質的改善を図る」ことが間接援助であるとされている。また総合的、継続的な教育協力をおこなうための拠点として「教育研修センター」の構想を提示し、それを設置供与することが新機軸とされている。

　いっぽう、高等教育分野では、①相手国との大学相互間の交流の促進と財政面からの側面支援の拡大、②既存の農業教育、医学教育、化学工学教育など職業、技術面での人材養成に対する協力の拡充、③日本語、日本研究講座の充実、④国費留学生制度の拡大、を提示している。ここでは既存の方式の整備拡充が求められており、初等中等教育分野ほどには明確な新機軸は打ち出されていない。また「その他」として、①一般成人を対象にした識字教育は国際機関を通じて行なうのがよい、社会教育は相手国の要請に応じて対応を、②教育指導者招致事業を、政府高官のみでなく、教職員にも拡大し、国内研修センター等での受入れ体制を整備する、③教育研究面での協力の拡充、④開発途上国の教育事情についての調査研究活動の拡充整備、を指摘する（斉藤 2011、p. 124）。ここでは、②の文部省が二国間協力として実施してきた途上国からの教育指導者の招致の対象を教員にまで拡大、わが国での研修受け入れ体制の整備がかなり具体的な提案として打ち出されているのが注目される。

　アジア教育協力研究協議会の最終報告は、職業訓練や識字教育・社会教育に

44　第Ⅰ部　国際教育協力の理念・政策

はほとんど言及しておらず、結果として、当初に提示された外務省案をかなり押しもどし、学校教育、とりわけ初等中等教育を中心として教育援助を構想するものであり、「文部省側の意向にかなり近づいたところでまとめられた」（Kamibeppu 2002、p.64）ものとなった。

（3）中教審答申『教育・学術・文化における国際交流』での
国際教育協力の位置づけ

　協議会の報告から3か月後の1972年6月、文部大臣から、中央教育審議会にたいして「教育・学術・文化における国際交流について」の諮問がおこなわれた。厳密にいえば、国際交流という概念と国際協力という概念にはちがいがあるが、いずれも国際がキー・タームになっており、アジア教育協力研究協議会後の、文部省としての国際関連施策の基本方針、方向性をみきわめるうえで注目されるものであった。

　中教審は、約2年間の審議を経て、1974年5月に答申を提出した。答申はまず、教育・学術・文化の国際交流活動は、次のような目標の下に展開されなければならないとして4点を指摘する。（1）国際社会の一員としての日本の責任を自覚し、国際社会において信頼と尊敬を受けるに足る日本人を育成する。（2）日本についての外国人の理解と、我が国民の諸外国に対する理解を深める。（3）相互の接触から得られる理解と刺激によって、教育・学術・文化におけるそれぞれの発展・向上を図る。（4）国際的な協力事業への積極的な参加を通じて、人類共通の課題の解決に寄与する。審議会は、さらにこれらの目標を達成するために積極的に推進すべき重点施策として、次の6つを設定し、それぞれについて具体的方策を提示した。1）国際社会に生きる日本人の育成、2）人物等の交流事業の拡大、3）交流のための組織体制の整備、4）宿舎等外国人受入れ環境の整備、5）発展途上国に対する協力、6）外国人に対する日本語教育の振興（文部省 1974）。

　発展途上国にたいする協力という項目をみると、60年代後半から70年代初頭にかけて関係者の間で議論され共有されつつあった認識と一連の具体的施策はここに集約、整理されていた。中教審という文部省としては最高レベルの審議機関で、あらためて開発途上国に対する教育協力に関する議論と施策が採り上げられ、答申文に明記され、再確認されたことは、明らかにひとつの前進で

第1章　1990年以前の国際教育協力政策　45

あったといえよう。

　しかしながら、角度を変えてみるなら、中教審答申における、国際教育協力関連事業の位置づけには、問題も含まれていたことは否定できない。それは、国際交流に関連する文部省の施策全体の中での位置づけである。この全体像の中で、本論の主題である開発途上国向けの国際教育協力は、5）として論及されている。ナンバリングを優先順位と解釈するなら第5番目という下位に置かれていた。これは理由のないことではない。なぜなら、先に紹介した本答申での国際交流の諸目標でも示されたように、まず優先されるのは、（1）「国際社会において信頼と尊敬を受けるに足る日本人の育成」、（2）「日本についての外国人の理解と、我が国民の諸外国に対する理解を深める」ことであり、要するに、日本人および日本国の利益として還元されるような成果をもたらすことが国際交流の主要目的とされているからである。これにたいして、（3）「相互の接触による相互の発展」という互恵主義、（4）「国際的な協力事業への参加」という直接的還元を期待しにくい目標は、やや従属的な目標とされている。いうなれば、国家利益優先志向の国際交流論、ドメスティック志向の国際交流論が優位にたっていたことになる。

　こうした脈絡において、文部省が取りくむべき国際交流活動がより多元化し多彩になり、当面する政策課題が一挙に提示される中にあって、アジア教育協力研究協議会において示されたような開発途上国向けの国際教育協力への気運や意欲は、むしろ全体の中に埋没してしまって存在感がうすれているという印象も否めないものであった。事実、以後、文部省関係者の関心の焦点は，海外日本人学校の整備、帰国子女の教育問題、わが国の大学の国際化、国連大学本部の日本誘致等へと移ってゆくことになる。元来内政志向の強い文部行政においては、国内的な教育課題が急浮上すると、どうしてもそれが優先され、そのぶん国際教育協力事業への関心が後退する傾向がみられることは否めないようにおもわれる。

4. 文部省の撤退と国際協力事業団による教育協力事業推進

（1）国際教育協力人材の不足

　皮肉なことに、文部省サイドの開発途上国向けの国際教育協力への関心と意

欲は、この1970年代半ばの時期を頂点として、この後、急速に後退してゆくことになる。文部省関係者には、ユネスコを通じた多国間協力とは異なり、これまでほとんど実績と経験のなかった二国間援助に関する技術的ノウハウの欠如と、教育援助活動に実際に従事する人材の決定的不足という壁が立ちはだかった。協力事業のイメージが具体化すればするほど、文部省関係者には、教育協力事業遂行の困難もいやおうなしに意識されるようになった。それは担当部局課長の次のような発言に表れている。

　教育援助の本質的な難しさにかかわる問題は別としても、一般的に言って、われわれはアジア諸国の事情についてあまりにも知識と理解が不足しています。意志疎通のための言語にしても、英語もおぼつかないし、現地語となれば片言すらしらない状態です。もっと基本的には、英仏などと較べて、あまりにも対外援助の経験がなさすぎるという事実です。古来外の文化を巧みに吸収同化して、ひたすら自国の発展を図ってきたわが国の地理と歴史の故に、急に欧米からアジアに眼を向けても、実態もよく見えなければ、対処の仕方も分からないという問題があります。心の用意もなければ、必要な知識・技能もはなはだ乏しいということです。事実、アジア諸国の教育援助に役立て得るわが方の人材は、真に必要な資質と能力を考える時、どの位動員できるか疑問であると思われます。（曽田 1972、p. 26）

（2）国際協力事業団（JICA）創設と文部省との離反

いっぽうで、この時期、政府内でも、ひとつの大きな変化が生じていた。1974年8月の「国際協力事業団」の誕生である。それは突然に浮上した。食糧の安定供給、原材料とエネルギーの確保に責任を持つ農林省と通産省は、それぞれ途上国の農業開発支援と資源開発を支援する独自の海外技術協力のルートを保持していた。農林省系の「海外農業開発財団」、通産省系の「アジア貿易開発協会」である。1973年末、両省は、これらの機構を拡充して、それぞれ「海外農林業開発公団」「海外貿易開発協力公団」という独自の国際協力機関を設立する予算要求を大蔵省に提出した。援助外交一元化を主張する外務省、予算措置に抵抗する大蔵省を巻きこんで、激しい省庁間抗争が起こった。おりからの「石油ショック」による混乱の中、田中角栄首相の強権発動と政治的妥協の産物として、これらの事業および外務省所管の海外技術協力事業団、海外移住事業団とをよせあつめた巨大な「国際協力事業団」（JICA）の設立構想が

急浮上した。

　文部省は、アジア教育協力研究協議会においては、外務省、通産省、海外技術協力事業団からの委員をも加えて教育援助論議をおこなっていた。また海外技術協力事業団への派遣業務の委託という関係においても、文部省は利害関係者でもあった。しかしながら、この国際協力事業団創設のプロセスから文部省は排除されていた。新機構をめぐる外務、農林、通産、大蔵という強力な4省間でのポスト・権限争奪のパワー・ポリティクスからはじき出され（杉下 2005、pp.80-81）、文部省の存在感はうすいものであった。文部省は、研修事業部長のポストを確保することで動いていたともいわれるが、それは実現されることはなかった。このため国際協力事業団と文部省との関係は当初から疎遠で、両者間での人的交流、技術的ノウハウの交換もほとんど途絶したままであった。JICAとの良好な協力関係を構築することにつまずいた文部省は、二国間教育協力事業の実施で大きな弱点をせおうことになる。

　文部省サイドでの開発途上国向けの教育援助推進の気運は急速に立ち消えていった。文部省が所管してきた理科教育協力事業は、1976年以降、業務委託という形ではなく、事業そのものが完全にJICAに移管されることになる。同時に、教育指導者招致事業も拡大されることなく文部省予算項目から消えていった。援助方式の目玉とされた教育（教員）研修センター構想は、予算化をみることなく、いつしか立ち消えとなっていった。この後、文部省の国際交流事業は、ユネスコや経済協力開発機構（OECD）を通じた多国間事業が中心となり、また、この時期、新しい政策課題として浮上しつつあった、海外日本人学校の整備、帰国子女対策、大学の国際化、日本語教育や国際理解教育の推進などに力を注ぐことになる。

　結果として、政府部内における教育援助実施の主体は、アジア教育研究協議会の場で主導権を競いあった外務省／JICAサイドへと移ってゆくことになる。それは、先に紹介した外務省経済協力局によって示された「わが国教育協力の進め方について」の方針が再浮上してくることを意味する。JICAの教育援助プログラムは、一般国民教育（初等中等教育）への介入にきわめて慎重な態度を示していた外務省の立場を反映して、高等教育、職業技術訓練が中心となる。例えば、1990年代初頭における、JICAの教育援助の実績をみると、無償資金協力、専門家派遣、プロジェクト方式技術協力のすべての分野において、職業

訓練案件が最多であり、高等教育がこれに次いでいる。研修員受け入れ事業に関しても、職業訓練分野がもっとも多く、高等教育分野がこれに次いでいた。ちなみに、無償資金による教育援助の内容は、全23件中15件が学校施設建設案件であり、その他3件が教育機材整備案件というインフラ整備事業であった（国際協力事業団 1994、現状分析資料 pp. 107-113）。

　開発途上国向けの国際協力において挫折をあじわった文部省関係者の間で、「初等中等教育の専門的知識・技能を持たない外務省／JICA サイドが独自に教育援助できるわけがない」→「基礎教育には手をつけるべきではない」→「基礎教育は聖域である」という心理的正当化のメカニズムがはたらくことは容易に想像できることである。文部省関係者の中からも国家の教育主権の原則をことさらに強調し、基礎教育援助タブー論を唱える声がつよまっていった。もともと、初等中等教育援助に消極的であった外務省系にくわえて、文部省関係者からもそれに同調する声がたかまり、やがて、あたかも国民的合意のごとくに、基礎教育援助タブー論が日本の援助関係者を席巻するようになっていったと推測されるのである（斉藤 2008）。

　文部省関係者と JICA との関係は、JICA の実施する無償資金協力事業や技術協力プロジェクトに、国立大学の教官（教育学系教授よりも工学・医学・農学系などが中心）が個別的に、専門家あるいは調査団の一員として関与するという形のものとなった。文部省の態度は、大学本来の業務に支障をきたさないことを条件にそれを消極的に承認あるいは黙認するものであった。青年海外協力隊事業では、教育分野、特に初等中等教育分野で活動する隊員もしだいに増えていた。文部省はときおりこれらの隊員の教員免許や教職経験の有無などの点に懸念を示すことはあったが、これに介入することはなかった。JICA 側でも、「教育援助の実施の適格者をリクルートすることは難しいことを通り越して、適格者の数自体が少なすぎて話にならない」（内海 2001、p. 89）という状況が続いていた。ちなみに、1980 年代半ば以降、日本比較教育学会などを中心に、開発途上国の教育を主たる研究対象とする研究者もかなり増えてくるが、当時これらの比較教育学の研究者たちが途上国向け教育援助に言及することはほとんどみられなかった。

(3) 人づくり協力論の高揚

1979 年 5 月、大平正芳首相はマニラで開催された国連貿易開発会議（UNCTAD）第 5 回総会に日本の総理大臣としてはじめて出席して演説をおこない、開発途上国が国づくりを進めるためにはその原動力となる人づくりと地域社会づくりがその前提になるとの考えを示し、人づくりにつながる教育協力に力をいれる意向を表明した。

> 私が強調したいことは、「国造り」の基礎はまず「人造り」にあるということであります。わが国の歴史をかえりみましても、過去百年間、その近代化に努めるに際しては、天然資源に乏しい中で教育を重視し、人的資源の開発を「国造り」の柱として今日まで努力してまいりました。今や我々は国際的な広がりにおいて、この「人造り」の作業を推進して行かなければならないと考えております。……「国造り」をより効果的に推進するためには、その人材の育成が肝要であります。特に開発途上国へ技術を移転し更にそれを根づかせるに際し必要不可欠となるのは開発途上国側における基礎的学力の向上であります。私は開発途上国における広い層の能力を掘り起すという意味から、基礎学校教育の一層の充実及び開発の直接の担い手となる専門技術者の育成は急務であると考えます。（外務省 1980）

あらためてみると、上記の大平構想は、「人づくり」に、経済開発に直接的に貢献する専門的人材育成という意味だけでなく、「それ（技術移転）を根づかせるに際して必要不可欠となるのは基礎的学力の向上である」として、基礎教育までを視野に入れていたという点で注目すべきものであった。しかしながら、一般的な受けとめかたと関心は、専門技術者の育成に集中された。途上国への人づくり協力を国際協力政策の柱にするという首相自らのお墨つきをえて、この後、職業訓練、高等教育、技術教育分野への支援にいっそう拍車がかかったことは想像にかたくない。援助関係者が、社会開発にも目をむけた「人づくり概念の多様化」、あるいは、人間開発の視点をとりいれた「より包括的な人づくり政策」に関心をむけはじめるのは 80 年代末から 90 年代初頭のことであった（国際協力事業団・国際協力総合研修所 1999）。

いっぽう、文部省は、1980 年に国費留学生制度に、開発途上国の現職教員を対象とした「外国人教員研修留学生プログラム」を追加した。また、中曾根首相の諮問機関である「21 世紀への留学生政策懇談会」が「留学生受け入れ

10 万人計画」の構想を打ち出すのは 1985 年のことであった。

むすび

　戦前期の植民地における教育経営の歴史的教訓、戦後の占領下での米国主導の教育改革の経験などを通じて、戦後の日本の教育界には、国家の教育主権を尊重すべきとの意識が強く、他国の教育への介入や干渉にたいしてはきわめて慎重な態度が優勢であった。1960 年代のカラチ・プランに対するユネスコからの支援要請、1970 年代に入っての対外技術協力の一環としての教育援助論の出現は、こうした慎重な姿勢に変化をもたらした。しかしながら、国際教育協力の基本方針、対象領域、分野別の優先順位、直接援助方式か間接援助方式かなどをめぐって関係者の間で意見調整や合意形成にはしばしの時間が必要であった。とりわけ、基礎教育（一般国民教育）援助の可否をめぐる論争がその焦点のひとつであった。文部省側には、開発途上国への教育援助への意欲や機運の向上がみられるいっぽうで、対途上国二国間援助での経験不足、援助人材の払底、援助ノウハウの欠如、さらには国内教育改革課題への優先的対応などの事情から、国際教育協力事業への取りくみには浮沈がみられた。1974 年のJICA 創設をめぐる省庁間抗争の後、文部省は事実上、二国間国際教育協力活動から撤退するにいたる。こののち、国際教育協力事業は、外務省／JICA の主導で展開されることとなる。こうした状況に変化がもたらされるのは 1990年 3 月にタイのジョムティエンで開催された「万人のための教育世界会議（ジョムティエン会議）」以降のことであった。

　文部省は、会議に、天城勲（文部省顧問、ユネスコ国内委員会会長）を長とする代表団を派遣した。国際協力事業団からも萱島信子らがオブザーバー参加した。そこで採択された「世界宣言」は、基礎教育の重要性をあらためて確認するとともに、国際社会にたいして基礎教育分野への支援を広くよびかけるものとなった。ジョムティエン会議直後、JICA は「教育援助検討会」を立ちあげ、教育援助論を検討し、そこには文部省関係者の参加もよびかけられた。さらに、1992 年 9 月には、正式に「開発と教育 分野別援助研究会」が設置された。1 年半におよぶ議論の後、研究会報告書は、基礎教育の重視という画期的な基本方針をうち出した。基礎教育援助タブー論の扉がようやくこじ開けられ

た瞬間であった。これに呼応するように、文部省も 1994 年 4 月、「時代に即応した国際教育協力の在り方に関する懇談会」を立ちあげ、国際教育協力にたいする意欲を表明した。文部省がこの種の審議会を設置したのは「アジア教育協力研究協議会」以来ほぼ 20 年ぶりのことであった。逡巡をともなったいささか長い助走期間をへて、本格的な国際教育協力への取りくみにむけて舵がきられたのである。

参考文献

アジア教育協力研究協議会、1972、『アジア諸国に対する教育協力のあり方について』。

天城勲、1962、「アジアにおける教育の発展」『文部時報』1962 年 6 月号、22-30 頁。

石附実、1989、『日本の対外教育』東信堂。

内海成治、2001、『国際教育協力論』世界思想社。

内海成治、2005、「JICA の教育協力について」『開発教育』第 52 号、60-69 頁。

海外技術協力事業団、1973、『海外技術協力事業団 10 年の歩み』。

外務省、1980、『昭和 55 年度版 —— 我が国外交の近況』1980 年版。

外務省、2004、『ODA 政府開発援助白書 —— 日本の ODA 50 年の成果と歩み』。

教育事情調査団、1961、『カンボジア、マラヤ、インドネシア、タイ教育事情報告書』。

国際協力事業団、1994、『開発と教育 分野別援助研究会報告』および『現状分析資料編』。

国際協力事業団・国際協力総合研修所、1999、『人造り協力の概念整理に係わる考察』。

斉藤泰雄、2008、「わが国の基礎教育援助タブー論の歴史的ルーツ」『国際教育協力論集』第 11 巻、第 2 号、113-127 頁。

斉藤泰雄、2011、『わが国の国際教育協力の理念及び政策の歴史的系譜に関する研究』（科研費補助金研究報告書）、国立教育政策研究所。

斉藤泰雄、2013、「カラチ・プラン再考 —— アジアにおける初等義務教育普遍化への夢と現実」『国立教育政策研究所紀要』第 142 集、209-223 頁。

斉藤泰雄、2017、「初代文部大臣森有礼におけるグローバリズムと国家主義」『教育研究』（国際基督教大学）第 59 号、149-157 頁。

佐藤薫、1962、「教育文化の国際交流」『文部時報』1962 年 10 月号、226-239 頁。

佐藤薫、1964、「教育文化の国際交流」『文部時報』1964 年 3 月号、74-81 頁。

杉下恒夫、2005、「援助行政・援助政策」、後藤一美ほか編『日本の国際開発協力』日本評論社、75-93 頁。

曽田規知正、1972、「アジアの教育協力」『文部時報』1972 年 1 月号、2-8 頁。

対外経済協力審議会、1971、『開発途上国に対する技術協力の拡充強化のための施策について』。

文部省、1962、『日本の成長と教育』（教育白書）。

文部省、1974、『教育・学術・文化における国際交流』（中央教育審議会答申）。

西田亀久夫、1972、「日本のユネスコ活動の課題」『文部時報』1972 年 1 月号、29–35 頁。

Kamibeppu, T. 2002. *History of Japanese Policies in Education Aid to Developing Countries, 1950s–1990s.* New York: Routledge.

※本章で紹介した文献資料の主なものは、上記『わが国の国際教育協力の理念及び政策の歴史的系譜に関する研究』（斉藤 2011）の〈資料編〉に集録されている。

第**2**章
1990年以降の国際教育協力政策
国際開発思潮と国内要因のはざまで

吉田　和浩

　本章が対象とする1990年代は、国際教育協力政策をめぐる議論が日本の国内における考え方を中心に展開された時代（第1章）から、国際的な思潮が日本の国際教育協力の政策や実践に強い影響を与えた時代への転換期と位置づけることができる。と同時に、日本政府による政府開発援助（ODA）大綱がはじめて策定され、これに基づいた政策あるいは施策が作られ、さらに内外の状況を反映しながらそれらが変遷をみせていく時期でもある。

　本章は、「国づくりは人づくり」[注1]を基調とする国際教育協力に関わる日本の政策に影響を与えたと思われる要因を分析しながら、その特徴と変遷について整理し、考察を行う。章末に主な動きを一覧表（表2-1）にまとめているので参照いただきたい。

1. 開発のパラダイムシフトと日本のODA拡大期（1990年代）

（1）経済成長から人間開発へ

　国際開発は、第2次世界大戦後に政治的な独立を遂げた発展途上国が社会的経済的な諸問題を克服するために経済成長を遂げることを主眼として展開され、先進諸国がこれを支援する形をとりながら進められてきた。アメリカのケネディ大統領の提唱で始まった1960年代の「国連開発の10年」はその支柱となり、「国」の経済成長率、国内総生産など、マクロ的な経済指標によって開発の進捗が測られてきた。この考え方が大きく変わるのが1990年代である。

　まず、開発に関する理念の転換期として、1990年は象徴的な年に位置づけられる。国連開発計画（UNDP）は『人間開発報告書』の発刊をこの年に始めた。人々の貧困の様相を的確に理解し、またこれを克服しようとするアマルテ

ィア・センのケイパビリティーズ（潜在能力）アプローチ（例えば Sen 1985）に大きく依拠し、人間の潜在能力の形成とその活用による人間開発の考え方を開発の中心に据えたものである（UNDP 1990）。これは、世界銀行が発行している『世界開発報告書』が経済開発を中心とするテーマについて議論を展開してきたことと明らかに対峙している。さらには、その世界銀行が『世界開発報告書』のテーマに「貧困」を選んだのもこの年である。この背景には、それまでのマクロ経済に偏った開発への取り組み、特に 1980 年代に多くの途上国に強い影響を与えた国際通貨基金（IMF）と世界銀行による構造調整政策が人々、とりわけ社会的弱者の暮らしを一層苦しいものにしたことへの痛烈な批判がある（UNICEF 1987）。

　経済成長を中心とした開発の理念は、さらに 1992 年ブラジルのリオで開催された国連環境開発会議（地球サミット）、1995 年の世界社会開発サミット（デンマーク、コペンハーゲン）[注2]を経て、人間、社会、環境を前面に押し出す理念へと修正が加速した。加えて 1995 年、第 4 回の世界女性会議が北京で開かれ、女性の権利とジェンダー平等の考え方を主流化させる動きが強まる。

　これらに呼応して、途上国の開発を、セクターの垣根を越えて、かつ多様な側面からとらえることを進める包括的開発枠組み（comprehensive development framework: CDF）が世界銀行ウォルフェンソン総裁から提唱された（1998 年）。また、IMF と世界銀行が債務問題にあえぐ途上国の救済策と貧困削減に向けた取り組みをセットにしたことで、貧困削減戦略文書（poverty reduction strategy paper: PRSP）作成の動き（1999 年）が低所得国全体に広がり、貧困削減、人間開発重視の傾向が加速する。

　教育の分野では、「万人のための教育（EFA）世界会議」[注3]がタイのジョムティエンで 1990 年に開催された。以来、EFA は、四半世紀にわたって教育開発の世界的潮流を形成し、各国による教育政策、ならびに国際社会による途上国の教育支援に決定的な影響を及ぼすことになる。会議で採択されたジョムティエン宣言では、人権としての教育[注4]を再認識し、「すべての人々、子ども、若者、そして成人は、基本的な学びのニーズを満たすように意図された教育の機会を享受することができなければならない」と表明した。宣言とともに採択された「基礎的な学習ニーズを満たすための行動枠組み」では、①乳幼児ケアと発達（early childhood care and development: ECCD）支援の拡大、②

初等教育の普及、③学習成果の改善、④成人非識字率の低減、⑤若者及び成人の基礎教育とその他のスキル、そして、⑥よりよい生活と持続可能な開発のための知識、スキル、価値観と行動変容を謳っている（UNESCO 1990）。行動計画の初等教育に関する項目では、初等教育、もしくは基礎的とみなしうる、より高位の教育段階への普遍的なアクセスと修了を 2000 年までに達成することを盛り込んでいる。ただし、これら 6 つの項目は必ずしも世界共通の目標として合意されたものではなく、「各国は、提案されたこれら諸側面における 1990 年代の独自のターゲットを設定することが望ましい」[注5]とのやわらかい表現にとどまっていた。また、宣言で謳われた基礎的な学習のニーズ、基礎教育に対するアクセスの普遍化と公正性の促進は、行動計画においては、「初等教育の完全普及（UPE）」に置き換えられ、初等教育への就学率（当初は総就学率）が代表的な指標として示されていた[注6]。一方で、宣言の副題であり、行動枠組みの主目的である基礎的な学習ニーズの充足は、各国による実践の中心的関心が、まずは就学率の改善に注がれるなかで、容易には進展しなかった。

　教育に関連した国際的な動きとしては、このほかにも、国際連合（国連）による国際識字年の制定（1990 年）、インクルーシブ教育の促進を約したサラマンカ声明を採択した「特別なニーズ教育に関する世界会議」（1994 年）、「国連人権教育の 10 年」の開始（1995 年）、ユネスコ高等教育世界宣言（1998 年）などがあるが、なかでも特記すべきは、21 世紀教育国際委員会が 1996 年にユネスコに提出した報告書『学習―秘められた宝』である。委員長の名を取ってドロール報告書と呼ばれるこの報告書は、学習の 4 つの柱、「知ることを学ぶ」（learning to know）、「為すことを学ぶ」（learning to do）、「共に生きることを学ぶ」（learning to live together）、「人間として生きることを学ぶ」（learning to be）を全体の主張の中核に据えて、社会の、我々の生活のあり方を見直すことを求め、それに対応するための生涯にわたる教育のあり方を提唱している（UNESCO 1996）。

（2）ODA 拡大期の大綱整備

　第 2 次大戦後の 1950 年代から次第に制度化された日本の ODA は、1970 年代、80 年代にわたり中期計画[注7]によって倍増が図られ、規模的な躍進を遂げる。1989 年に日本がはじめて ODA 純支出額で世界一となり、1990 年代を

通じて他の主要援助国が「援助疲れ」をみせるなかで日本は世界最大の援助供与国を維持する。世界第2位の経済規模を誇る日本がODAでも規模を拡大させたことで存在感は高まった。東西冷戦の終結や湾岸戦争といった世界情勢において、日本の援助政策についての基本的な考え方を明らかにする必要性が高まり、政府は1992年6月「政府開発援助（ODA）大綱」を閣議決定する。大綱は日本のODA政策の最も上位に位置するものである。人道的見地に立った飢餓と貧困問題への取り組み、国際社会の相互依存関係、全人類的課題としての環境の保全、（経済的）離陸に向けての自助努力の4点を基本理念として掲げ、「広範な人造り、国内の諸制度を含むインフラストラクチャー（経済社会基盤）及び基礎生活分野の整備等を通じて、……健全な経済発展を実現することを目的として」ODAを実施する、としている。アジアを重点地域として後発開発途上国に配慮しつつ、重点項目として地球的規模の問題、基礎生活分野（BHN）、人造り及び研究協力、インフラ整備と構造調整を支援の対象に据え、「長期的視野に立った自助努力の最も重要な要素であり、国造りの基本となる人造り分野での支援を重視する」と明記している（日本政府 1992）。しかし、個別の支援対象セクターとして「教育」という文字は大綱にはみられない。

　一方、ODA大綱決定を受けて1999年に策定された中期政策は、より踏み込んだ具体的な内容となっている。重点課題のはじめに「貧困対策や社会開発分野への支援」を挙げ、その「支援に際しては、基礎教育、保健医療分野での支援が果たす役割が極めて大きい」とした上で、「新開発戦略」[注8]が、初等教育の普及と初等・中等教育における男女格差の解消を目標として掲げていることにも触れながら、「校舎・資機材のようなハード面での協力とともに、学校運営等の組織・能力強化への支援、カリキュラム・教材開発、教員教育など、教科教育・教育行政両面にわたるソフト面での協力強化」、女子の基礎教育支援を重視し、住民参加を進める、としている（日本政府 1999）。

　また、アフリカに対する援助政策としては、日本政府主導による「アフリカ開発会議（TICAD）」を1993年以降継続的に開催している。TICAD Iで採択された東京宣言では、「……教育プログラムを通じた人的資本への投資」という記述がある以外、教育分野には触れられていないが、貧困削減を前面に押し出したTICAD II（1998年）で採択された東京行動計画では、アフリカ諸国を、紛争後の諸国、就学率・識字率の低い諸国、高度の教育システムを達成した諸

国に分けて優先的な行動を考えて、以下の諸点を目標及び目的に掲げた（外務省 1998）。

(i) 2005 年までに少なくとも 80% の児童が初等教育を修了するよう確保するとともに、2015 年までに全ての児童が初等教育を受けられるようにする
(ii) 女性の識字率の改善を強調しつつ、2005 年までに成人非識字率を 1990 年の水準の半分に低下させる
(iii) 2005 年までに初等及び中等教育におけるジェンダー格差をなくす
(iv) 教育の質を改善し、また、教育と雇用の連関を強化する
(v) 科学・技術分野において国及び地方の能力を向上させる

　これらも、「新開発戦略」を踏まえた内容である。合わせて東京行動計画を受けてのアフリカ支援プログラムにおいては、教育・保健医療・水供給といった BHN 分野で向こう 5 年間に 900 億円程度の無償資金協力を目指すことを明記し、これによって約 200 万人の児童生徒に新たな教育施設を提供する、とした。実際の成果としては、学校建設などにより約 260 万人の子どもたちに教育を受ける機会を提供した[注9]。

（3）基礎教育重視の表明と教育協力実施体制の整備

　こうした国内外の動きに呼応して、1992 年 9 月、国際協力事業団は総裁の委嘱による「開発と教育」分野別援助研究会を立ち上げ、1994 年 1 月に研究会報告書が出された。教育分野における政府による政策的指針が未だ整わないなかで、援助の実施機関が第一人者の専門家による研究会の形を借りて取りまとめた重要な報告書である。「開発における教育の重要性を多角的に分析」した結果、提言では、教育援助の拡大（2000 年までに教育援助比率を約 2 倍の 15% に増大させる）、基礎教育援助の重視、教育開発の段階に応じた援助、の 3 点を基本方針として示した（国際協力事業団 1994）。当時は、青年海外協力隊（JOCV）事業を除いて高等教育及び職業訓練が教育協力の過半を占めていた折で、「基礎教育に対する援助は、国民の道徳や価値観、慣習に関係していることから、その国の文化・主権に強く関わっており、……援助には向かないという考え方があった」と振り返りつつも、「慎重かつ柔軟に対応することで大きな成果が期待できる」として、基礎教育の普及や質的改善を目的とした援助

を特に取り上げている。これを受けて、基礎教育では理数科教育、女子教育、社会的弱者に対する教育、ノンフォーマル教育を重点分野とし、さらに教育行政の強化、教師の養成と質的向上、カリキュラム、教科書・教材開発と学校施設の整備を重点内容として示している。

　他方、文部省では、「時代に即応した国際教育協力に関する懇談会」報告書が 1996 年 6 月に提出された。二国間の教育協力については、これまで外国人留学生についての方針以外に政策文書がないなか、はじめて同省として具体的な指針や施策を示したもの（黒田 2005）で、関係機関の連携・協力の強化、教育協力のための事務と情報収集・活用体制の整備、国際協力センター（仮称）の設置、教職員の派遣の促進、開発途上国からの研修員の受け入れ体制の整備、コンサルタントの育成、及び開発援助人材の養成等、の 7 つの方策を提言した（文部科学省 1996）。これを受けて広島大学に教育開発国際協力研究センター（1997 年 4 月）が設置されたのを皮切りに、名古屋大学に農学国際教育協力研究センター（1999 年 4 月）、東京大学に医学教育国際教育研究センター（2000 年 4 月）、豊橋科学技術大学に工学教育国際協力研究センター（2001 年 4 月）、筑波大学に教育開発国際協力研究センター（2002 年 4 月）が設置された。

2. 国際的な開発枠組みの動きと日本の教育協力政策（2000 年代前半）

（1）EFA ダカール行動枠組みと MDGs

　EFA の主要目標であった初等教育の普遍化達成の目標年であった 2000 年の 4 月、セネガルのダカールで世界教育フォーラムが開催され、ジョムティエンでの EFA 世界宣言の理念を再確認するとともに、ダカール行動枠組みを採択した。この行動枠組みでは、「我々は、以下の目標を達成することを共同で確約する」という、ジョムティエン行動枠組みと比べてより強い表現で 6 つのゴールを明記した。すなわち、①包括的な乳幼児のケア及び教育（early childhood care and education: ECCE）の拡大と改善、②2015 年までにすべての子どもたちが無償で義務的な良質の初等教育にアクセスし修了すること、③若者と成人の学習ニーズの充足、④2015 年までの成人識字率 50％ 改善、⑤2005 年までに初等及び中等教育の男女間格差を解消し、2015 年までにジェンダー平

60　　第 I 部　国際教育協力の理念・政策

等を達成すること、⑥教育の質の全面的な改善、である（UNESCO 2000）。

　同じく 2000 年の 9 月、国連はミレニアム・サミットを開催し、ミレニアム宣言を採択した。翌 2001 年 9 月には、この宣言実施に向けたロードマップが国連事務総長名で、1990 年代に合意された国際開発目標を取り込む形で示され、2015 年までの達成を目指して 8 つの目標と 21 のターゲット、60 の指標からなるミレニアム開発目標（MDGs）が策定された。極度の貧困と飢餓の撲滅を第 1 目標とする MDGs は、その第 2 目標に、初等教育の普遍化達成を掲げ、2015 年までにすべての子どもたちが初等教育を修了することをターゲットに据えた。また、第 3 目標には、ジェンダー平等と女性のエンパワーメントの推進を盛り込み、初等及び中等教育における男女格差を好ましくは 2005 年までに解消し、遅くとも 2015 年までにすべての教育段階で男女格差を解消することをターゲットとした（United Nations 2001）[注 10]。あわせて、これらの目標、ターゲットに対応する指標を設定した。

　この結果、国際社会は、EFA ダカール行動枠組みと MDGs という 2 つの異なる国際枠組みに基づいて、とりわけ途上国の教育開発に取り組むこととなったことはこの時期の特徴と言える。

　また、2000 年代に入ってからの国際的な教育開発の枠組みと 1990 年代との大きな違いは、EFA 目標達成のための資金的裏づけとなる「万人のための教育ファスト・トラック・イニシアティブ（EFA-FTI）」が立ち上げられたことである。EFA-FTI は 2002 年春の IMF・世界銀行合同開発委員会において合意され、低所得国を対象に初等教育の完全修了（universal primary completion: UPC）を加速させるために、当初世界銀行のなかに設置された仕組みである。EFA-FTI の初期には、EFA をすでに達成した、あるいは達成間近な途上国の主要な教育指標群をベンチマークとするインディカティブ・フレームワーク（示唆的枠組み）を示し、被援助国に同様の指標を達成することを促しつつ資金を提供する仕組みとして始まった（EFA-FTI 2004）。EFA-FTI はまた、後に触れる援助効果向上に関するパリ宣言の原則を重視する姿勢を明確に示すことで、途上国の教育開発を支援する手法にも強い影響力を及ぼすことになる。

　国際教育協力において基礎教育の重視が鮮明となるこの時期、EFA の進捗についてのユネスコの報告書は、ODA に占める教育分野への支出が低い国、教育援助に占める基礎教育の比率が低い国（UNESCO 2004, p. 192, p. 199, UNES-

CO 2005, p. 110, UNESCO 2007, p. 160）として、日本を含む援助国の姿勢を批判的に取り上げ続けた。

（2）国際援助協調の進展

　教育分野に対する国際協力が世界的に盛んになる 1990 年代以降、各国政府・援助機関は主に個別の教育課題（例えば農村地域の就学問題、女子教育の遅れ、教員不足など）を解決するためのプロジェクト型援助を実施した。その結果、援助を受け入れる途上国には、複数の援助機関が支援する多数のプロジェクトが同時並走し、政府への負荷、取引費用の増加、支援課題の重複と欠落、オーナーシップの低下など、さまざまな問題が指摘されるようになった。これを受け、経済協力開発機構開発援助委員会（OECD/DAC）は協議を重ね、2003 年にはローマ調和化宣言、さらに 2005 年には援助効果向上に関するパリ宣言が出される。パリ宣言は、①被援助国のオーナーシップ（成果重視の開発戦略、中期支出枠組み、市民社会の参加等）、②アラインメント（被援助国の調達、公共財政システムなどの制度・手続きを用いた援助の実施）、③調和化（プログラム型援助の歓迎、比較優位によるドナー間の分業）、④成果のための管理、⑤相互のアカウンタビリティの 5 原則について合意し、その実施をモニターすることとしてきた（OECD 2005）。

　この流れは、途上国の開発において、当該（例えば教育）セクター全体を支援対象とするセクター・ワイド・アプローチ（SWAPs）[注11]への傾斜を加速させる。個々の開発課題の解決を目指すプロジェクト型援助に対して、1 つの包括的なプログラム（国家開発戦略やセクター開発プログラムなど）を共同で調和的に実施支援するプログラム型援助が重視されるなかで、新たな援助手法が広まる。被援助国の国庫に資金を拠出する一般財政支援、あるいは国庫に拠出しつつ特定セクターの改善を促すセクター財政支援である。こうしてパリ宣言重視の姿勢は、教育分野においては EFA-FTI の後継として発展した「教育のためのグローバル・パートナーシップ（GPE）」にも採用されて、教育分野の国際協力のあり方を規定する強固な援助アーキテクチャーとして定着していく（吉田 2009）。技術協力を通じたプロジェクト型援助で、独自の強みを生かした支援を好む日本は、こうした援助協調の流れに追随しようと努力しつつも、現地での援助の場、あるいは国際場裏においてしばしば苦しい立場に置かれる

62　第 I 部　国際教育協力の理念・政策

こととなる。

（3）新 ODA 大綱と 2005 年 ODA 中期政策

　経済社会のグローバル化、9.11 米国同時多発テロ、国内紛争、環境問題・感染症をはじめとする地球規模課題等、複雑に問題が絡み合う状況に対応するため、日本政府は 2003 年 8 月、政府開発援助大綱を改定した。新大綱は、途上国の自助努力を引き続き重視したことに加え、「人間の安全保障」[注12]という概念を取り入れ、公平性、我が国の経験と知見の活用、国際社会における協調・連携とあわせて基本方針とした。また、貧困削減、持続的成長、地球規模問題への取り組み、平和構築を重点課題としている。教育に関連した記述は、貧困削減のためとして教育が、保健医療や水、農業などと並んで重視されているほか、人間開発、社会開発、持続的成長のための人づくり、留学生の受け入れ、研究協力などが言及されているにとどまっている。代わりに、日本国内における開発教育や、人材育成・開発研究を通じた国民参加の拡大を求めている（日本政府 2003）。

　この新大綱に沿って、2005 年 2 月には「政府開発援助に関する中期政策」が発表された。このなかでは、重点課題の 1 つ、貧困削減について、貧困層を対象とする直接的な支援として、「貧しい地域で建設された学校で井戸、トイレの設置により衛生状態の改善及び意識の向上を図るほか、給食を通じて児童の栄養改善を図る」としているほか、学校へのアクセス改善のためのインフラ整備にも触れている。また、2 つ目の重点課題、持続的成長に向けた人づくり支援として、段落を 1 つ割いて、「基礎教育、高等教育及び職業訓練の充実に向けた支援に加え、我が国の高等教育機関への留学生の受入れなどを通じた幅広い分野における人材育成のための支援を行う」と教育全般への支援を表明している。全体としては、「MDGs は、多くが教育・保健といった社会セクターに関する目標である」と意識しながらも、人間開発への言及は今回の中期政策にはみられず、成長に貢献する教育の役割を支援するとのメッセージが強くなっている。また、貧困の実態を理解するために「政府や NGO、大学、研究機関、民間企業等とのネットワークを強化する」一方で、現地 ODA タスクフォース[注13]を中心とした現地機能の強化、現地における国別援助計画や課題別方針策定への参画を目指すこと、無償資金協力、円借款、技術協力の連携モデ

ル案件の形成に努めることを促している（外務省 2005）。

（4）基礎教育支援体制拡充期（国内）

　これと前後し、政府は 2002 年 6 月の G8 カナナスキス・サミットで、留学生政策を除けば国際教育協力に関するはじめての政策となる「成長のための基礎教育イニシアティブ（BEGIN）」を発表した。サミットの冒頭では、小泉首相が 2001 年のジェノバ・サミットで紹介した「米百俵の精神」を掲げ、「自助努力に基づく教育への投資こそ、途上国の貧困を削減し、経済成長を促進する有効な手段である」と述べている。基礎教育を、人間開発の観点に加えて「国造りのための人造り」の点においても重要視し、またダカール行動枠組みや MDGs、人間の安全保障を踏まえて、途上国政府のコミットメント重視と自助努力支援、文化多様性の認識と相互理解の推進、国際社会との連携・協調、現地の地域社会参画とリソースの活用、他のセクターとの連携、日本の教育経験の活用を基本理念に置いている。教育の機会、質とマネジメントを支援の柱とし、機会確保については多様なニーズに配慮した学校関連施設、ジェンダー格差改善、ノンフォーマル教育、ICT の活用によって支援すること、質の向上については理数科教育、教員養成・訓練、学校管理運営能力の向上を支援すること、マネジメントに関しては教育政策・教育計画策定、教育行政システムの改善を支援の対象とすることを表明している。特に、世界銀行が主導する EFA-FTI への配慮、紛争後の教育支援など新しい取り組みも見据えながら、内容面でも、自助努力に必要な制度構築や人材育成、他者や異文化を理解する力、セクター・ワイド・アプローチへの対応など、従来の個別課題解決を目指した協力を越えた新しい視点、新しい取り組み方法を示す政策となっている（外務省 2002）。BEGIN の発表とあわせて、政府は低所得国向けに 5 年間で 2,500 億円以上の支援を教育分野（留学生支援や職業訓練など基礎教育以外も含む）に支援することを表明した。

　ODA による国際教育協力はこの間、それまで限定的だった基礎教育に対する支援が加速的に増加を続け、JICA による技術協力に限ってみれば 2000 年代中葉には、高等教育、職業訓練に匹敵する規模へと拡大した。

　こうしたなか、国内においても基礎教育を対象とする国際教育協力の制度強化が平行して進む。文部科学省では、前述の 1996 年懇談会報告書、2000 年国

64　　第 I 部　国際教育協力の理念・政策

際教育協力懇談会報告書に続いて、2002 年 7 月に国際教育協力懇談会の報告書が提出された。この 2002 年報告書は、ダカール行動枠組みに対する日本の対応として、日本の教育経験を生かし、現職教員の活用を促進しつつ、初等中等教育分野等の協力を強化する必要性を提言している。具体的には、①初等中等教育への協力を強化するための「拠点システム」の構築、②大学による組織的な国際開発協力プロジェクト受託を促進するためのサポート・センターの設置、③国際開発戦略研究センター（仮称）の設置を通じた国内体制の整備について提言に盛り込まれた（文部科学省 2002）。これを受けて 2003 年度からは「拠点システム」の運用が開始され、教育協力経験の共有化（8 事業）、現職教員の JOCV 派遣支援、協力経験の浅い分野への支援（7 事業）など 3 年間にわたる事業が展開された。

　続いて 2006 年度の国際教育協力懇談会報告、「大学発　知の ODA―知的国際貢献に向けて―」を受けて「国際協力イニシアティブ」が始まり、教育研究に関する我が国の経験の活用、「持続可能な開発のための教育」（ESD、後述）の推進、青年海外協力隊等派遣教員の支援、知的支援ネットワークの形成、関連情報の整備・管理、の 5 分野における事業が、大学をはじめとする機関によって 2010 年度まで実施されることになる（文部科学省 2006）。

　さらに国際教育協力実施に向けた制度構築としては、2008 年 10 月、独立行政法人国際協力機構法が一部改正され、国際協力銀行（JBIC）の海外経済協力部門を統合するとともに、従来外務省が実施していた無償資金協力業務のうち、外交政策上外務省が直接行うものを除いて JICA に継承された。これによって統合前は主に技術協力事業を担ってきた旧 JICA は新 JICA として、技術協力、有償資金協力、無償資金協力の 3 つの援助手法を一元的に実施する総合的な援助実施機関となった。

　2008 年にはまた、日本が G8 サミット議長国として洞爺湖サミットを 7 月に開催した。教育については、初等教育修了を優先課題とすることをはじめ、初等以降の教育とのバランス、アフリカの教育問題として教員の不足や学習成果、教員研修、学校保健と給食など、取り組み内容を列記し、紛争国、女児、疎外された人々への配慮と、EFA-FTI への支持など、2 つの段落にわたって首脳宣言で言及された。先立って 4 月には、G8 サミット議長国の年として日本はEFA-FTI の共同議長国を務め、外務省、早稲田大学、広島大学共催による

EFA 国際シンポジウム、ドナー技術会合を東京で開催した。

　また、この時期、特筆すべきは、日本が提案した「国連持続可能な開発のための教育の 10 年（United Nations Decade of Education for Sustainable Development: DESD）」（2005 年-2014 年）がユネスコを主導機関として始動したことである。日本ユネスコ国内委員会の提言によれば、持続可能な開発が必要とする、「社会経済システム全体の変革と同時に、一人一人の知識、技能、価値観、生活態度、生活様式の変革」を可能とするものとして ESD を位置づけている（日本ユネスコ国内委員会 2007）。のちに DESD 最終年の 2014 年、ESD に関するユネスコ世界会議が日本で開催され、その後 5 年間のグローバル・アクション・プログラムが採択されている。

3. 開発協力の裾野の広がりと SDGs 時代の国際教育協力政策

（1）高等教育の国際化の進展

　他方で 2008 年 7 月に政府は、留学生 10 万人計画[注 14]以来となる「留学生 30 万人計画」を発表している。日本を世界により開かれた国とし、アジア、世界のヒト・モノ・カネ、情報の流れを拡大する「グローバル戦略」を展開する一環として、2020 年を目途に 30 万人の留学生受け入れを目指している。単に受け入れ留学生を当時の 14 万人程度から倍増させるということにとどまらず、国際化の拠点大学の育成、英語のみによるコースの拡大、ダブルディグリーや短期留学の推進などを通じた大学のグローバル化を推進するとともに、卒業・修了した留学生の日本社会への受け入れを推進することで、日本社会のグローバル化を図ろうとしたものである（文部科学省ほか 2008）。

　また、地球温暖化や感染症への対策など、科学技術を生かした研究開発が特に途上国において強く求められていることを踏まえ、同じく 2008 年には地球規模課題対応国際科学技術協力プロジェクト（SATREPS）が、科学技術振興機構により日本医療研究開発機構及び JICA との共同で始動した。大学や研究機関による国際協力として、広い意味での国際教育協力のなかにとらえることができる。

66　　第 I 部　国際教育協力の理念・政策

（2）包括的な国際教育協力政策

　MDGs 時代の終盤加速期に入る 2010 年 9 月、国連は首脳会合において MDGs の進捗と 2015 年までの行動指針について協議するが、この場で日本の菅首相は 2011 年からの 5 年間に教育分野に対して 35 億ドル、保健医療分野に対しては 50 億ドルを支援する菅コミットメントを発表した。あわせて政府は「日本の教育協力政策 2011-2015　人間の安全保障の実現のための教育 —— 教育協力を通じた人づくり・国づくり・平和づくり」を発表した。この政策は、人間の安全保障を実現する上で、人権、開発、平和の統合的アプローチを通じた教育の推進を訴え、自助努力の支援と持続可能な開発、疎外された人々に届く支援、文化の多様性尊重と相互理解の増進を基本原則としている。伝統的に国連、ユネスコが重視する平和と人権のための教育と、経済成長のための人材育成の一環で論じられてきた開発のための教育が不可分の三面性を持つことを示している点では画期的である。重点分野には、スクール・フォー・オール・モデルによる包括的な学習環境改善と EFA-FTI 支援の強化、知識基盤社会に対応するための職業訓練と高等教育、そして平和と安全のための教育を掲げている。同モデルの下では、学習成果向上のための教員能力向上や授業研究にも触れ、安全な学習環境、学校運営改善、識字教育など地域に開かれた学校、そしてインクルーシブな教育を支援する。高等教育については、アセアン工学系高等教育ネットワークや、エジプト・日本科学技術大学のような日本の強みを生かした地域拠点大学の設立支援、アフリカ・アジアの研究者及び行政官のネットワークの促進を事例として示している。また現場の強みを生かし、教育政策策定のプロセスに参画し、他の開発セクターとの連携、南南協力の推進、オールジャパン体制による協力を強化することなどによって、支援効果を上げることを目指している（外務省 2011）。日本の教育協力政策としては、はじめて教育分野全体を対象としている点、また協力政策のモニタリングと評価について規定している点は注目される。

（3）日本再興への政策的関心の高まり

　2011 年 3 月、突如、東日本大震災が日本を襲う。国内経済の低迷が続くなか、2010 年の 6 月に閣議決定した「新成長戦略 ——『元気な日本』復活のシナリオ」に続き、2011 年 12 月には「日本再生の基本戦略」が閣議決定され、

さらに 2013 年 6 月には「日本再興戦略——Japan is Back」が発表されるなど、震災からの復興、原発事故からの再生、日本経済の成長が主要課題となる。このうち、「基本戦略」においては、「内向き志向からの脱却を図り、保健・医療、教育……等の我が国が有する優れたシステム・技術の海外への提供……等による積極的な国際貢献・国際協力を進め、世界におけるインクルーシブな成長を通じた『人間の安全保障』の実現に貢献する」と記されている（日本政府 2011）。

　これに呼応する形で、文部科学省は、2016 年、「日本型教育の海外展開推進事業（EDU-Port ニッポン）」を開始する。この事業は、外務省、経済産業省、JICA、独立行政法人日本貿易振興機構（Japan External Trade Organization: JETRO）、教育機関、民間企業、NGO などが協力、参加してオールジャパンでパイロット事業等を実施するもので、経費支援を伴う公認プロジェクト、経費支援を伴わない応援プロジェクトとあわせ、ODA を通じた従来の国際教育協力にみられない多様な事業者が活動を行っている（文部科学省 2016）。

（4）SDGs 時代の到来

　その一方で、MDGs に代わる国際開発の新しい枠組みが 2015 年 9 月の国連持続可能な開発サミットで「持続可能な開発のための 2030 アジェンダ」として採択され、同時に持続可能な開発目標（SDGs）が採択された。SDGs は 17 の目標、169 のターゲットが含まれていて、MDGs と比べても対象は広範にわたる。教育はその第 4 目標（SDG 4）に据えられ、「すべての人々に包摂的で公正な質の高い教育を確保し、生涯学習の機会を促進する」という全体ゴールの下に、7 つのターゲットと 3 つの実施手段を掲げた内容となっている。すなわち、無償、公正で質の高い初等教育及び中等教育を修了し、適切で効果的な学習成果につなげること（ターゲット 4.1）を筆頭に、乳幼児の発達・ケア及び就学前教育（ターゲット 4.2）、技術・職業ならびに高等教育への男女平等のアクセス（ターゲット 4.3）、雇用と働きがいのある人間らしい仕事（ターゲット 4.4）、すべての教育段階でジェンダー格差なく脆弱な人々によるアクセスを確保（ターゲット 4.5）、成人識字と基本的算数能力（ターゲット 4.6）、そして ESD、持続可能な生活スタイル、人権、男女平等、平和及び非暴力的文化、グローバル・シチズンシップ、文化多様性等のための教育など、持続可

能な開発の促進に必要な知識と技能の修得（ターゲット 4.7）の 7 つである（United Nations 2015）。

　SDGs の 1 つに教育目標が置かれたことによって、SDGs に共通の特徴である、野心的（aspirational）、普遍的（universal）、変革的（transformative）であることが必然的に教育目標にも求められることとなる。SDG 4 は、ダカール行動枠組み以上に踏み込んで学習成果を重視し、無償教育の対象の範囲を日本の高校レベルにまで拡大し、仕事とのつながりを含むすべての教育段階にわたって野心的でハードルの高い達成基準を示している。とりわけ、ターゲットの 4.7 は、教育が SDGs 全体の目標を達成する上での中核的な役割を果たすことともに、SDGs が求める方向性も指し示す内容となっていることは重要である。開発の意味のとらえ方、その達成に向けた日々の行動様式に至るまで、変革を促す内容であり、また途上国にとどまらずすべての国々、人々が取り組むべき普遍的な課題であるという基本に立っている。なかでも ESD はその中心的な意味づけを持っていることは特筆すべきである。SDG 4 はまた、2015 年 5 月に開催された世界教育フォーラムで採択したインチョン宣言、ならびにダカール行動枠組みを引き継いで同年 11 月に合意された「教育 2030 行動枠組み」と完全に整合性を持った内容である（UNESCO 2015）。開発枠組みである MDGs に含まれた教育関連目標と、ダカール行動枠組みという 2 つの似て非なる枠組みに依拠していたことがきたした 2000 年代の混乱を避けようとした結果である（吉田 2016）。

　SDGs 時代の国際教育協力はもう 1 つの意味で途上国に対して成果を求めている。それは、事前に合意された成果目標が、達成された対価として財政的な支援を提供する仕組み、すなわち RBF（results-based financing）の広まりである。インチョン世界教育フォーラムの場で世界銀行キム総裁は、向こう 5 年間で教育分野に対する RBF を 2 倍の 50 億ドルに増やすことを宣言した（World Bank 2015）。また、GPE も同じく 2015 年から、RBF を取り入れた支援方法を導入している。包摂性、公平性、質の高い学びという SDG 4 の成果目標と RBF が組み合わさることで、途上国の教育開発に向けた取り組みは難易度と切実さを増している。そして、ここにこそ、これらの目標をすでに達成していると考えられている日本が、国内においても全力で取り組み、その知見を国際教育協力に生かすことが強く期待されているのである。

(5) 開発協力大綱と新教育協力政策

　MDGs の下では、貧困削減、教育、保健といった人間・社会開発が前面に出された国際協力が国際的にも強化され、日本もこれに応じてきた。しかしその間、日本経済の停滞が続き、日本政府による ODA 予算は 1997 年のピーク時（1 兆 1,168 億円）から 2010 年にはほぼ半額の 6,187 億円にまで減少している。そうしたなか、日本政府は、ODA 以外の資金と活動の役割の増大や、ポスト 2015 年の開発アジェンダ、すなわち SDGs を見据え、多様な主体が参画する「開発協力大綱」を 2015 年 2 月に閣議決定した。非軍事的協力、人間の安全保障、自助努力支援と日本の経験と知見を踏まえた協力を基本方針とする点は従来から踏襲している。「強靱性」を備えた「質の高い成長」とそれを通じた貧困撲滅、普遍的価値の共有、地球規模課題への取り組みを重点課題に据えている。そして、「人々の基礎的生活を支える人間中心の開発を推進」するため、万人のための質の高い教育、格差是正など必要な支援を行うこととしている。大綱が「万人のための質の高い教育」に言及するのは今回が初めてである。また、日本の強みを生かすという観点では、「民間部門を始め様々な主体からの提案を積極的に取り入れるとともに、大学・研究機関等と連携することにより教育・学術研究の知見を活用」した協力を意図している（日本政府 2015）。

　この大綱に基づいて、政府は 2015 年 9 月には「平和と成長のための学びの戦略──学びあいを通じた質の高い教育の実現」と題する 2016 年から 2020 年までの 5 年間に関わる新しい国際教育協力政策を発表した。「みんなで支えるみんなの学び（Learning for All, All for Learning）」をビジョンとして、①包摂的かつ公正な質の高い学びに向けての教育協力、②産業・科学技術人材育成と持続可能な社会経済開発のための教育協力、③国際的・地域的な教育協力ネットワークの構築と拡大の 3 点を基本原則とした。第 1 の原則については、学校教育からノンフォーマル教育、生涯教育を視野に入れて、「質の高い教育」「安全な学習環境」「学校運営改善」「地域に開かれた学校」「インクルーシブ教育」の 5 つの項目を重視し、女子教育支援、紛争影響国や質の高い教育から疎外されている人々に対応した支援を行うこととしている。第 2 の原則については、初中高等教育支援の連続性、汎用性のあるスキルの習得、「アフリカの若者のための産業人材育成イニシアティブ（African Business Education Initiative for Youth：通称、ABE イニシアティブ）」[注15]等との連携、理数科、工学教育、ESD 推進などを行うこと、そしてこれらを実現するために、幅広いネットワーク構築、国際機関との連携、多様なアクターによる協力、他の開発セクターとの相互連携、政策―実施―成果の連結強化、の取り組みを重視する、と表明している。また、前回の政策と同様に、モニタリングと評価、情報提供と発信について記載している。

4. 考察——日本の国際教育協力政策策定の特徴

　国際教育協力を「教育分野に対する国際協力」ととらえるなら、それは1990 年代以降に確立したといえる。開発が主に経済協力であった人材育成支援から、人間開発を重視する教育協力へと潮目が変化していくのと時を一にしている。

　日本の ODA は、従来、経済協力の側面が強く、長らく通商産業省・経済産業省が主導的な役割を担っている期間が続いたが[注16]、その間、教育という分野を支援対象としてとらえるよりは産業経済発展を担う人材育成に対する支援が中心であった。その傾向に変化がみられるようになるのは、国際開発の思潮が経済成長中心から人間開発中心へと移った 1990 年代になってからである。この時期はまた、日本の ODA が拡充期を迎えた時期とも重なる。

　しかし、我が国の最初の ODA 大綱（1992 年）には、「人造り」の考え方が言及されているものの支援対象としての教育という文言は出てこない。TICA-D I（1993 年）の宣言においても、教育は人的資本への投資と位置づけられている。ところが、この間の国際開発の思潮がそれまでの経済成長から貧困削減、人間開発、社会開発に向かって大きく舵を切ったことを目の当たりにし、日本の対応にも変化がみられる。OECD/DAC による新開発戦略策定において日本が中心的な役割を果たしたこと、それを受けて TICAD II（1998 年）での行動計画、そして ODA 中期計画（1999 年）のいずれにおいても、初等教育、基礎教育の普及と改善が大きく取り上げられることとなる。

　JICA のなかでも教育分野、特に基礎教育を重視する動きが始まり、文部省は有識者を委員とする国際教育協力懇談会からの提言を受ける形で、専門的知見を有する大学の国際教育協力への参画を促す施策を実施した。文部科学省に

よる国際教育協力に関わる施策立案と実施のこの方式はその後も続く。

　日本の国際協力に関わる政策体系は、今日、ODA大綱、中期政策、国別方針、分野別政策で構成されている。2002年のBEGINは基礎教育に特化したもので、分野別政策として教育分野全般にまたがる方針が打ち出されたのは2010年のことである。現行の国際教育協力政策は、2015年に策定されている。それぞれG8カナナスキス・サミット（カナダ）、国連MDGsレビューサミット、国連持続可能な開発サミットという大きな発信力が期待できる機会に発表されている。ただし、国際的な新たな開発思潮であるSDGs、教育分野における国際的な枠組みであるSDG 4の策定、政府による大綱のそれぞれを踏まえた内容として、しかもそれらとタイミングを合わせて策定されたのは2015年の政策がはじめてである。

　これら3つの国際教育協力政策を策定するにあたって中心的な役割を果たしたのは、ODAの主務官庁である外務省である。一貫して基礎教育を重視する姿勢を保ちながら、スクール・フォー・オールや「みんなで支えるみんなの学び」といった表現で、教育協力の特徴的な取り組みに触れ、日本の経験や知見を生かそうとする内容となっている。その上で、対象範囲が教育全般となるにつれて、2015年政策では、SDG 4も意識しつつ、教育の成果、雇用や他分野との繋がりを強く意識して、技術教育・職業訓練（TVET）や高等教育についても踏み込んだ記述をしている（外務省 2015）。

　最初のBEGINが策定されたのは旧ODA大綱（1992年）から10年後の2002年、つまり2003年ODA大綱の前年のことである。ODA評価有識者会議によるBEGINの評価報告書では、BEGINが、1992年ODA大綱や1999年ODA中期政策が示す自助努力、人づくり、貧困削減、基礎教育と女性の支援という基本方針に沿って作成された、と分析している。また、2003年ODA大綱、2005年中期政策が掲げる貧困削減、教育重視の姿勢とも一貫している、としている。一方、「BEGINに対するフォローアップやモニタリングの活動は明示されなかった」こと、2005年中期政策にはBEGINの基本理念や重点分野が言及されていないことから、国別援助計画や援助実施機関の事業計画にはほとんど取り上げられていなかったと指摘している（外務省 2008）。

　教育協力政策2011-2015についても同様に第三者による評価が行われている。それによれば、ODA上位政策及びEFA、MDGsなどの国際的な開発枠組み

との整合性は認められ、援助実施機関 JICA の教育協力実施方針（国際協力機構 2010）もこの教育協力政策に沿ったものとなっている。政策が表明していた 5 年間の数値目標については、裨益人数 2,500 万人の目標に対して 2,786 万人、教育分野への支出額は目標 35 億ドルに対して 2011 年から 2014 年の 4 年間ですでに 36 億ドルを超えた。基礎教育関連の援助額は教育分野への二国間援助の約 15% 弱にのぼり、ここにきてようやく 1994 年の報告書で示した目標に達したことになる。

　しかし、同第三者評価によると、現地の ODA タスクフォースが置かれている国の在外公館に対する調査では、この政策を「日本の教育協力の上位政策として位置づけていない」と感じているとの回答が 3 分の 2 を超え、途上国政府や他のドナーにおける認知度も低かった（外務省 2016）。この政策評価がまとまる前に、すでに後続の教育協力政策が完成していたことは、評価の意味を考えれば改善の余地があったと思われる。教育協力政策 2011-2015 はまた、セクター・ワイド・アプローチや GPE が依拠するプログラム型支援に参画し、政策プロセスに日本が積極的に関与するように促している。実際に、バングラデシュやネパール、ザンビアでは、技術協力プロジェクトを基本としつつも財政支援も活用して援助協調を進めた。ただし、全体としては日本のプログラム型支援への取り組みは限定的で、国内でも広い支持を得るに至っていないことは、GPE 拠出額が他の先進国と比べて極端に小さいことにも現れている。

　国民の理解や支持が得られるよう我が国の「顔の見える援助」を積極的に展開（1999 年 ODA 中期政策）していく姿勢が、政策対話やプログラム型支援への参画を敬遠することに繋がっているとすれば、それは国際教育協力にとっても重要な機会を逸していることになる。SDG 4 時代の中心的目標である学習成果の獲得のためには、日本が築き上げた現場での実践知が極めて有効であり、その知見をてことして、RBF に傾く国際教育協力において、教育開発の政策と実践、成果を繋げる上で効果的な役割を果たすことができるはずだからである。それは、翻って、日本の教育の強みと課題を私たち自身が再認識し、対外的に説明することで新たな気づきを促すことにもなる。

表 2-1　1990 年以降の国際教育協力政策と主な関連事項

世界・援助潮流	日本政府	省庁等
〈開発パラダイムシフト〉 90 ジョムティエン EFA 世界会議 90 人間開発報告書発刊、世界開発報告書が貧困をテーマに 92 地球サミット 96 ドロール報告書 98 包括的開発枠組み（世界銀行） 99 貧困削減戦略文書（PRSP）	〈ODA 拡充期〉 89 世界最大の援助供与国になる（以降 90 年を除き 2000 年まで） 92.6 ODA 大綱 99.8 ODA 中期政策	〈基礎教育重視への舵取り〉 94 JICA 開発と教育：基礎教育 96 国際教育協力懇談会報告 97 教育開発国際協力研究センター（CICE*）広島大学に設立（以降農学、医学、工学）
〈援助協調の進展〜MDGs〉 00 ミレニアム開発目標採択 00 ダカール行動枠組み 01 米国同時多発テロ：貧困はテロの温床 02 EFA-FTI 立ち上げ 05 援助効果パリ宣言 　SWAPs/ プログラム型支援の興隆 　ユネスコ報告書の日本たたき	〈基礎教育支援強化〉 02.6 成長のための基礎教育イニシアティブ（BEGIN） 03.8 ODA 大綱改定 05.2 ODA 中期政策発表	〈大学の（基礎）教育協力拡大〉 02.7 国際教育協力懇談会報告 →初等中等教育分野の協力強化のための「拠点システム」とサポート・センター（〜2006 年度） 06.8 懇談会「大学発　知のODA」→07 国際協力イニシアティブ（〜2011 年度） 08 新 JICA 始動 08 G8/EFA-FTI 議長国
11 FTI、GPE へと機構改正 〈SDGs 時代〉 15 SDGs 採択 15 SDG 4 ＝ 教育 2030 として枠組み化	〈内向化・国益〉 10.6 新成長戦略 10 菅コミットメント発表 →政策 2011-2015 11.3.11 東日本大震災 →11.12「日本再生の基本戦略」保健・防災を重視 15.2 開発協力大綱 15.9 学びの戦略 2016-2020	〈高等教育への再傾斜？〉 08 留学生 30 万人計画 08 地球規模課題対応国際科学技術協力プログラム（SATREPS） 10 エジプト・日本科学技術大学（E-JUST*）、マレーシア日本国際工科院（MJIIT） 14 ABE イニシアティブ 14 ESD 世界会議 16 EDU-Port ニッポン

*CICE: Center for the Study of International Cooperation in Education, E-JUST: Egypt-Japan University of Science and Technology.

むすびにかえて

　このように、日本の国際教育協力政策は、途上国あるいは世界の開発に関する思潮、変化する途上国の教育開発のニーズ、日本の教育の強み、国内情勢、

74　第Ⅰ部　国際教育協力の理念・政策

そしてもちろんODA全般に対する日本の考え方に影響を受けつつ、策定され、また変化を遂げてきた。次第に包括的な内容として整備されつつも、日本独自の特徴的なアプローチを打ち出すことで、より効果的に国際社会の期待に応えるべく進展している。政策としては、こうした要因に触発され、また、効果的な教育協力の実践を認めたうえで、それまでの取り組みで明らかになった課題を克服するための方向づけをしてきたこともみて取れる。

その一方で、実際の協力現場における実践が、どの程度教育協力政策の意図を反映したものとして実施され、どのような成果を上げてきたかについては、さらに検証することは大いに意義がある。

注

[注1]　教育政策における言及の歴史は第1章に詳しいが、1979年大平首相演説以降、一貫して日本の国際教育協力政策の基調として受け継がれている。JICA報告書1994年「人づくり、国づくり、心のふれあい」、外務省ODA白書（2004年版ほか）等参照。

[注2]　このサミットで、途上国は国家予算の20％を、先進国はODAの20％を、それぞれ社会開発分野に充てる20：20構想について合意された。

[注3]　共催機関はユネスコ、ユニセフ、UNDP、世界銀行。のちに国連人口基金（United Nations Population Fund: UNFPA）も加わる。

[注4]　宣言はまず、世界人権宣言（1948年）の「すべての人々は教育の権利を有する」ことに言及している。

[注5]　原文（英語）では、"Countries may wish to set their own targets …… in terms of the following proposed dimensions."

[注6]　初等教育の普遍化が、その後もEFAの中心的目標と考えられていたことは、ユネスコ自身の報告書においても認められている（UNESCO 2015、p.6）。

[注7]　1978年7月に第1次中期目標を策定、3年間での倍増を目指す。

[注8]　OECD/DACがまとめ、その後のMDGs策定の原型とも言える内容で、その策定に日本は主導的な役割を果たした（日本政府 1999）。2015年までに、①極度な貧困人口の割合半減、②初等教育の普遍化、③ジェンダー平等と女性のエンパワーメント（初中等教育の男女間格差解消）、④乳幼児死亡率を3分の1に削減、⑤リプロダクティブ・ヘルスの普及、そして、⑥2005年までの持続可能な開発の国家戦略策定が掲げられている（OECD 1996）。

[注9]　外務省ホームページ、「日本の対アフリカ協力イニシアティブ」、https://www.mofa.go.jp/mofaj/area/africa/ja_ini.html（2018年6月30日）。

[注10]　第4目標は幼児死亡率の削減、第5目標は妊産婦の健康改善、第6目標は

HIV/AIDS、マラリア、その他の疾病蔓延の防止、第7目標は環境の持続可能性確保、第8目標は開発のためのグローバルパートナーシップの推進。

［注11］　OECD/DAC での議論に先立って、世界銀行内でも援助手法に対する反省的検証が行われた。ハロルドほかは、①セクター全体を対象とする、②統一性のあるセクター政策枠組み、③現地ステークホルダーの主体性、④すべての援助機関の同意、⑤共通の実施手順、⑥外国人コンサルタント長期使用の最少化、をアプローチの特徴に挙げている（Harold et al. 1995）。

［注12］　緒方貞子国連難民高等弁務官とアマルティア・センを共同議長とする「人間の安全保障委員会」が2003年5月に報告書を国連事務総長に提出している。報告書は人間の安全保障を「人間の生にとってかけがえのない中枢部分を守り、すべての人の自由と可能性を実現すること」と定義している（Commission on Human Security 2003）。

［注13］　大使館、JICA、JBIC を中心に、JETRO、NGO なども協議に加わり、現地における日本 ODA 現場主義を強化する狙いで設置されている。https://www.mofa.go.jp/mofaj/gaiko/oda/seisaku/taskforce.html（2018年6月30日）。

［注14］　昭和58年（1983年）「二十一世紀への留学生政策懇談会」報告書を受けたもので、2003年に達成。

［注15］　第5回アフリカ開発会議で安倍晋三首相が表明、5年間で1000人のアフリカの若者を大学院での教育と日本企業でのインターンシップを提供するもの（国際協力機構 2014）。

［注16］　『経済協力の現状と問題点』（経済協力白書）が1964年から2000年までの間、通商産業省の編纂で出版されていた。外務省が政府開発援助について年次報告書を発刊し始めるのは1997年から。2001年以降は ODA 白書として刊行され、2015年からは開発協力白書となっている。

参考文献

外務省、1998、「TICAD II 21世紀に向けたアフリカ開発東京行動計画」、https://www.mofa.go.jp/mofaj/area/ticad/kodo_1.html（2018年6月30日）。

外務省、2002、「成長のための基礎教育イニシアティブ（BEGIN）」、https://www.mofa.go.jp/mofaj/area/af_edu/initiative.html（2018年6月30日）。

外務省、2005、「政府開発援助に関する中期政策」、https://www.mofa.go.jp/mofaj/gaiko/oda/shiryo/hakusyo/06_hakusho/ODA2006/html/honbun/hp203020000.htm（2018年6月30日）。

外務省、2008、「平成19年度外務省第三者評価『成長のための基礎教育イニシアティブ（BEGIN）』に関する評価報告書」、https://www.mofa.go.jp/mofaj/gaiko/oda/shiryo/hyouka/kunibetu/gai/begin/jk07_01_index.html（2018年6月30日）。

外務省、2011、「日本の教育協力政策 2011-2015　人間の安全保障の実現のための教育——教育協力を通じた人づくり・国づくり・平和づくり」、https://www.mofa.go.jp/

mofaj/gaiko/oda/doukou/mdgs/pdfs/edu_pol_ful_jp.pdf（2018 年 6 月 30 日）。

外務省、2015、「平和と成長のための学びの戦略 —— 学び合いを通じた質の高い教育の実現」、https://www.mofa.go.jp/mofaj/gaiko/oda/bunya/education/pdfs/lspg_ful_jp.pdf（2018 年 6 月 30 日）。

外務省、2016、「平成 27 年度外務省 ODA 評価『日本の教育協力政策 2011-15』評価」（第三者評価）、https://www.mofa.go.jp/mofaj/gaiko/oda/files/000157390.pdf（2018 年 6 月 30 日）。

黒田則博、2005、「国際教育協力の現状と課題 —— 日本における国際教育協力研究の展望」『比較教育学研究』第 31 号、3-14 頁。

国際協力事業団、1994、「開発と教育 分野別援助研究会報告書」国際協力事業団。

国際協力機構、2010、「JICA の教育分野の協力 —— 現在と未来」国際協力機構。

国際協力機構、2014、ニュースリリース「アフリカの産業振興に向け、日本での修士号取得とインターンシップの機会を提供」、https://www.jica.go.jp/press/2014/2014082 1_01.html（2018 年 6 月 30 日）。

日本政府、1992、「政府開発援助大綱」、外務省『政府開発援助白書 2004 年版 —— 日本の ODA50 年の成果と歩み』、http://www.mofa.go.jp/mofaj/gaiko/oda/shiryo/haku syo/04_hakusho/ODA2004/html/honpen/hp203020000.htm（2018 年 6 月 30 日）。

日本政府、1999、「政府開発援助に関する中期政策」、外務省『政府開発援助白書 2004 年版 —— 日本の ODA50 年の成果と歩み』、http://www.mofa.go.jp/mofaj/gaiko/oda/ shiryo/hakusyo/04_hakusho/ODA2004/html/honpen/hp203030000.htm（2018 年 6 月 30 日）。

日本政府、2003、「政府開発援助大綱」、外務省『政府開発援助白書 2004 年版 —— 日本の ODA50 年の成果と歩み』、http://www.mofa.go.jp/mofaj/gaiko/oda/shiryo/haku syo/04_hakusho/ODA2004/html/honpen/hp203010000.htm（2018 年 6 月 30 日）。

日本政府、2011、「日本再生の基本戦略 —— 危機の克服とフロンティアへの挑戦」、http://www.kantei.go.jp/jp/singi/koyoutaiwa/dai7/siryou5.pdf（2018 年 6 月 30 日）。

日本政府、2015、「開発協力大綱 —— 平和、繁栄、そして、一人ひとりのより良き未来のために」、https://www.mofa.go.jp/mofaj/gaiko/oda/files/000072774.pdf（2018 年 6 月 30 日）。

日本ユネスコ国内委員会、2007、「『持続可能な開発のための教育の 10 年』の更なる推進に向けたユネスコへの提言」、http://www.mext.go.jp/unesco/002/004/07092802. htm（2018 年 6 月 30 日）。

文部科学省、1996、「時代に即応した国際教育協力の推進について —— 時代に即応した国際教育協力の在り方に関する懇談会報告」、http://www.mext.go.jp/a_menu/ kokusai/kyouiku/04-02.HTM（2018 年 6 月 30 日）。

文部科学省、2002、国際教育協力懇談会「最終報告」、http://www.mext.go.jp/b_ menu/shingi/chousa/kokusai/002/toushin/020801.htm（2018 年 6 月 30 日）。

文部科学省、2006、国際教育協力懇談会報告 2006「大学発 知の ODA —— 知的国際貢

献に向けて」、http://www.mext.go.jp/b_menu/shingi/chousa/kokusai/003/shiryou/ 06090103/001.htm（2018 年 6 月 30 日）。

文部科学省、2016、「日本型教育の海外展開事業（EDU-Port ニッポン）」、https:// www.eduport.mext.go.jp/（2018 年 6 月 30 日）。

文部科学省・外務省・法務省・厚生労働省・経済産業省・国土交通省、2008、「『留学生 30 万人計画』骨子」、http://www.kantei.go.jp/jp/tyoukanpress/rireki/2008/07/29ko ssi.pdf（2018 年 6 月 30 日）。

吉田和浩、2009、「新時代の国際教育協力と日本への期待――理念・理論・援助モダリ ティー」『国際教育協力論集』第 12 巻、第 2 号、129-142 頁。

吉田和浩、2016、「SDGs 時代における教育グローバル・ガバナンスの特徴と課題」『国 際開発研究』第 25 巻、第 1/2 号、5-16 頁。

Commission on Human Security. 2003. *Human Security Now: Protecting and Empowering People.* New York: Commission on Human Security.

Education for All Fast Track Initiative (EFA-FTI). 2004. *Education for All Fast Track Initiative: Accelerating progress toward quality universal primary education. Framework.* Washington, D.C.: EFA-FTI Secretariat.

Harold, P. and Associates. 1995. *The Broad Sector Approach to Investment Lending: Sector Investment Programs.* Washington, D.C.: World Bank.

OECD. 1996. *Shaping the 21ˢᵗ Century: The Contribution of Development Co-Operation.* Paris: OECD. https://www.oecd.org/dac/2508761.pdf（June 30, 2018）.

OECD. 2005. Paris Declaration on Aid Effectiveness. Reprinted as Paris Declaration on Aid Effectiveness and the Accra Agenda for Action. Paris: OECD. http://www.oecd. org/dac/effectiveness/34428351.pdf（June 30, 2018）.

Sen, Amartya. 1985. *Commodities and Capabilities.* Amsterdam: North-Holland.

UNDP. 1990. *Human Development Report.* New York, Oxford: Oxford University Press.

UNESCO. 1990. *World Declaration on Education for All and Framework for Action to Meet Basic Learning Needs.* Paris: UNESCO.

UNESCO. 1996. *Learning: the Treasure within.* Paris: UNESCO.

UNESCO. 2000. *The Dakar Framework for Action. Education for All: Meeting our Collective Commitments.* Paris: UNESCO.

UNESCO. 2004. *EFA Global Monitoring Report 2005: The Quality Imperative.* Paris: UNESCO Publishing.

UNESCO. 2005. *EFA Global Monitoring Report 2006: Literacy for Life.* Paris: UNESCO Publishing.

UNESCO. 2007. *EFA Global Monitoring Report 2008: Education for All by 2015 ― Will we make it?* Paris: UNESCO Publishing.

UNESCO. 2015. Education 2030: *Incheon Declaration and Framework for Action for the implementation of Sustainable Development Goal 4*. Paris: UNESCO.

UNICEF. 1987. *Adjustment with a Human Face. Volume I, Protecting the Vulnerable and Promoting Growth*.（G.A. Cornea et al. eds.）Oxford: Clarendon Press.

United Nations. 2001. Road map towards the implementation of the United Nations Millennium Declaration. Report of the Secretary-General. http://www.un.org/documents/ga/docs/56/a56326.pdf（June 30, 2018）.

United Nations. 2015. Transforming our world: the 2030 Agenda for Sustainable Development. A/RES/70/1. https://sustainabledevelopment.un.org/post2015/transformingourworld/publication（June 30, 2018）.

World Bank. 2015. World Bank Press Release: World Bank Group Doubles Results-Based Financing for Education to US$5 Billion over Next 5 Years. http://www.worldbank.org/en/news/press-release/2015/05/18/world-bank-group-doubles-results-based-financing-for-education-to-us5-billion-over-next-5-years（June 30, 2018）.

第Ⅱ部　基礎教育協力

第**3**章

学校建設
多様なニーズに応える学び舎づくりへの挑戦

興津　妙子

1. なぜ学校建設か

　途上国への教育協力を考えるとき、日本に住む多くの人がまず思い浮かべるのは、学校が不足している地域に学校を建てることではないだろうか。2014年に日本でも公開された「世界の果ての通学路」というドキュメンタリー映画では、道なき道を危険にさらされながらも何時間もかけて必死に通学するケニアやモロッコなどの子どもたちの様子が描かれた。実際に、開発途上国では、学校不足により2部制や3部制での授業を展開せざるを得ない、学校が近くにないために子どもを通わせることができない、校舎が老朽化していたり女子トイレがなかったりして子どもが学校に行きたがらない、学習環境が悪いので授業に身が入らない、などの様々な問題がある。学校建設は、これらの問題を解決し、1990年に採択された「万人のための教育（EFA）」の実現に貢献する1つの方策として、日本をはじめとする様々な援助機関がかねてから積極的に取り組んできた分野である。

　学校は、日々「学び」が展開される教育の「現場」であるだけではない。教師や友人との関わりなどのなかで人間性が形成される場でもあり、時には家や地域社会に居づらさを感じる子どもにとっての「居場所」機能を果たしたり、紛争の影響下にある国では日常を取り戻せる唯一の場であるかもしれない。そして、学校は、子どもには自分の世代よりも少しでも良い生活をと望む親たちの投資の対象であり、その夢が何等かの理由でかなえられなかったときには大きな失望の対象へと変貌する場所でもあるであろう。様々な目的のために様々な思いを抱いて子どもや若者が集い学び合う場所、それが学校である。

83

学校建設は、学校教育の「学びの現場」そのものの改善を対象としたアプローチであり、日本が1990年代以降EFAの実現に向けて基礎教育分野の協力に本格的に乗り出していくなかで、初期からその中核的地位を占めてきた。同時に、国内外の変化する援助環境のなかで、試行錯誤しながら経験を積み重ね発展してきた協力アプローチでもある。その経緯には、「住民参加」、「援助効果向上」、「セクター・ワイド・アプローチ（SWAPs）」などの共通したキーワードが深く関わっている。そこで、本章では、学校建設分野の日本の国際協力の変遷を概観し、その背景にある国内外の諸要因を考察するとともに、この分野における日本の国際協力の特徴と課題を描き出すことを目的とする。

　次節では、まず本章で対象とする学校建設分野の協力の定義を示す。次いで第3節では学校建設分野の日本の国際協力の時代的変遷とその諸要因を概観し、第4節で日本の協力の特徴と課題を考察する。

2. 本章で対象とする学校建設分野の協力の定義

　本章で分析対象とする学校建設分野の協力は、初等及び前期・後期中等段階すなわち、小・中・高校の学校施設の建設である。中等レベルであっても、主に職業技術訓練教育が行われている学校については分析対象から除外する。また、校舎の建設ではなく、机・椅子や黒板、放送教育機材など機材供与のみを実施している案件や、教員教育センターや教員養成大学・カレッジの建設案件も除外することとした。

3. 学校建設分野の協力事業の変遷と国内外の要因

（1）1980年代——「学校建設」協力萌芽期の到来

　今や日本の教育協力における代表的なアプローチの1つである小・中学校建設であるが、初めて日本の教育協力の歴史に実績が刻まれるのは日本の政府開発援助（ODA）による教育協力が開始されてから20年以上を経た1980年のことである。

　1980年まで日本のODAによる小・中・高校の学校建設分野の協力が皆無であった諸要因は、国内外に求めることができる。まず、第2次世界大戦後、

84　第Ⅱ部　基礎教育協力

「教育」は、国際的にも国内的にも新生独立国家を含む途上国世界の「近代化」や「経済発展」に資するものと位置づけられ、初等・中等教育よりも高度人材養成のため高等教育や技術職業教育分野、留学生支援が相対的に重視されていたことが挙げられる。日本の協力においても、文部省による国費留学生招致や高度医療人材育成、研究促進のため大学医学部への協力、工学系大学への支援等が具体的プロジェクトとして結実していたが（萱島 本書第8章）、少なくとも1960年代頃までは初等・中等教育分野の協力の可能性が議論されることはなかった（斉藤 2008）。

　この時期、初等・中等教育分野の協力が行われなかった国内的要因には、第1章で詳述されているとおり、外務省内で国家教育主権論の立場から初等・中等教育分野の援助に対する慎重な姿勢（「基礎教育タブー論」）が取られていたこともあった。しかしながら、1970年代に入り、日本の経済協力が国内外から見直しを迫られるようになるなか、1971年7月に政府対外経済協力審議会が発表した「開発途上国に対する技術協力拡充強化のための施策について」において、初めて一般的国民教育への協力への言及がなされ、具体的な提言として、教材開発と提供と学校施設や設備の提供を進めることが挙げられた。つまり、学校施設整備についてはいわば基礎教育協力のなかでも「例外」的アイテムとして進めても良いとのお墨付きが出されることとなった。これは、施設や設備といった「ハード」面での協力であれば、比較的「価値中立的」であるとみなされ、各国の教育主権やナショナリズムを侵害する恐れが低いとの判断があったためと推測される。

　実際には、この提言の具現化までに更に10年近くを擁し、初めて無償資金協力による「トンガ国小学校建設計画」と「モルディブ国学校建設計画（1-4期）」が実施されたのは1980年のことであった。これにより、日本政府による国際教育協力における学校建設は小規模ではあるが萌芽期を迎えることとなる（JICA 2015a）。その後、1986年にザンビアにおける「メヘバ難民キャンプ中学校建設計画」、続いて1987年には再びモルディブの「マレ初等学校建設計画」、1988年に台風被害を受けたフィリピン全土の初等・中等学校に対する「学校校舎建設計画」、次いで1989年にはザンビア「中学校建設計画」が日本の学校建設分野のいわば「草分け的」存在として実施された。しかし、当時は日本のODAにおいて、学校建設のノウハウは蓄積されておらず、実施はまさに手探

りの時代であった。

1970 年代に入ると、近代化のパラダイムに支えられた単線的発展神話が揺らぎはじめ、ベーシック・ヒューマン・ニーズ（BHN）の充足や、人々の自由と潜在能力などと関連の深い保健医療や基礎教育をはじめとする「人間開発」を開発の主題とすべきとの主張が主流化されていった。さらに、1980 年代半ばには、当時世界銀行の教育エコノミストであった G.サカロポロスにより初等教育の収益率が最も高いという議論が展開されると（Psacharopoulos and Woodhall 1985; Psacharopoulos 1994）、それまで中等教育や職業訓練、高等教育への融資が中心であった世界銀行も初等教育重視に転じるなど、国際教育開発において初等教育を相対的に重視する潮流は決定的となった。

折しも日本の ODA は、1980 年代に入り急速に量的拡大を遂げるようになっていた。1979 年 5 月大平正芳首相（当時）が国連貿易開発会議（UNCTAD）第 5 回総会における演説で、「人づくり」を重視し、そのために「学校建設などの教育協力」に力を入れることを発言するなど、小・中学校建設は少しずつ教育協力のなかで市民権を獲得しようとしていた。しかし、依然として、この時代の基礎教育支援は日本の ODA のなかでの主流ではなく、日本政府による学校建設への本格的な参入は、1990 年の「万人のための教育世界会議（ジョムティエン会議）」を待たねばならなかった。

一方、日本の NGO の活動に目を転じると、1980 年代前後からインドシナ難民への支援をきっかけに、いわゆる「第 2 世代」といわれる NGO が設立されてきていた。こうした第 2 世代の NGO が、緊急支援や物資提供を開始し、その後中長期的な現地ニーズの変化に応じて、現地コミュニティの支援を意図した開発協力へと活動の重点を移していく過程で、メコン諸国などにおける学校建設協力が少しずつ開始されていった（外務省・JANIC 2016）。

(2) 1990 年代――基礎教育重視への転換と学校建設拡大期

1990 年にタイのジョムティエンでユネスコ、ユニセフ、世界銀行、国連開発計画の国際機関等が「万人のための教育世界会議」を共催し、「初等教育の完全普及（UPE）」をはじめとする基礎教育の普及が国際的な達成目標として掲げられると、日本の国際教育協力も基礎教育重視に大きく舵を切ることになった。

また、この頃国内においては、外務省が 1992 年に「政府開発援助（ODA）大綱」を閣議決定し、「基礎教育」という用語は使われていないものの、重点分野として BHN 分野の援助が盛り込まれることとなった（詳細は第 2 章参照）。

　こうした国内外の変化を受けて、1990 年代は、これまで経験の乏しかった基礎教育に対する協力についても暗中模索しながら拡大していく時代となった。そして、そのなかで無償や有償資金協力による小・中学校建設は、理数科教育分野の技術協力と並んで中心的な協力アイテムとなっていった（澤村 1999）。1990 年代の日本の国際協力における「小・中学校建設」の急伸について、澤村（1999）は、基礎教育重視の政策を実現するために必要なソフト面での協力に対する国内の支援体制や人材育成が全く追い付かないなか、それまで日本が得意としてきた道路や橋、港湾などのインフラ整備の延長で初等教育に貢献することができる学校建設が「当時取り得る現実的なアプローチであった」と回顧している。こうした理由に加え、1994 年の JICA の「開発と教育 分野別援助研究会　報告書」に明示されているように、当時、初等教育については、量的拡充に重点的に取り組むべきであると認識されており（国際協力事業団 1994）、そうした認識も学校建設の重視につながっていたと考えられる。

　実際、1990 年にギニア「共和国地方小学校建設計画」基本設計調査団の派遣を皮切りに、初等・中等レベルでの就学率の向上や教育環境の改善のために小・中・高校の校舎を建設する案件が急増し、1990 年代後半には小・中学校建設が教育分野の無償資金協力の大部分を占めるまでに増加した（澤村 1999、JICA 2015a）[注1]。そして、それは単に全体としての案件数の飛躍的増加にとどまらず、地域的な広がりをも伴って発展し、アジアのみならず、アフリカや中米地域でも協力プロジェクトが蓄積されていった。特に、1990 年代後半より 2000 年代にかけては、EFA 達成に向けて初等教育就学率の低さが際立っていたサブサハラアフリカ諸国に対する支援が積み重ねられていき、現在に至るまで累積供与額はサブサハラアフリカ地域が突出している（図 3-2）。

　前述のとおり、折しも、1990 年代前半の日本では 80 年代からの ODA 拡大期が続いていた。そのような拡大路線のなかで、豊富な援助予算が小・中学校建設案件の急増の大きな追い風となった。

　1990 年代は、また、アジアを中心として、二国間政府貸付（円借款）を担っていた当時の海外経済協力基金（OECF）によって有償資金協力による小・

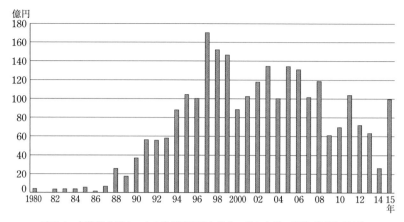

図 3-1　無償資金協力による学校建設協力案件　供与金額の推移（1980-2015）

（出典）「日本の国際教育協力——歴史と展望」検討委員会データより筆者作成。
（注）　学校建設プロジェクトの交換公文（E/N）に示された供与額を集計。

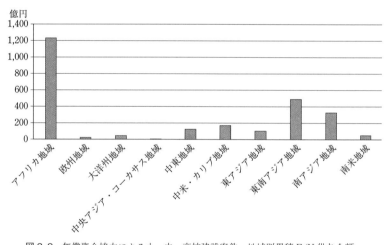

図 3-2　無償資金協力による小・中・高校建設案件　地域別累積 E/N 供与金額
　　　（E/N 年　1980-2015）

（出典）「日本の国際教育協力——歴史と展望」検討委員会データより筆者作成。
（注）　貧困削減支援無償（財政支援型）による学校建設は含まない。

中学校建設協力が増加した時代でもある（吉田 2002）。具体的には、1990 年代には、フィリピン（1991 年、1996 年、1999 年）、インドネシア（1995 年）、パキスタン（1996 年）、において初等・中等学校建設事業が行われている。これらのうち、フィリピンでは、1990 年代以降、1991 年に「初等教育事業」に対する約 200 億円の融資が開始され、1997 年には世界銀行との協調融資により初等教育事業が、次いで 1999 年にはアジア開発銀行（ADB）との協調融資により中等教育拡充事業が実施された。また、円借款による学校建設案件は、無償資金協力と異なり、学校施設の建設に留まらず、教育セクターの計画策定、教師教育、コミュニティの学校運営推進、カリキュラムや教科書の改善、地方行政官の能力向上等の「ソフト面の技術支援」を組み込んだ総合的で柔軟な初等教育強化協力であったことが特筆される。実際、フィリピンの「貧困地域初等教育事業」では、教員研修や教材の配布も同時に行い、教科書配布、教授法に係る教員研修、新規建設・改修等の総合的アプローチが児童の学力向上に有意に正の効果を及ぼしたことが確認されている。他方、有償資金協力による教育協力全体に占める初等・中等教育支援の割合は低く、この時代においても基礎教育に比べると、高等教育や留学借款の比率が圧倒的に高かったこともまた事実である（吉田 2002）。

　さらに、1989 年に外務省において創設された「小規模無償」が 1995 年に「草の根無償資金協力」と改称され、日本の在外公館が現地の NGO や学校法人に対しプロジェクト申請書の審査を経て直接小規模資金（1 件あたり上限 1,000 万円）を提供する形での学校建設も急増していった。このスキームは、審査が基本的には大使館限りで行われるため、申請から供与までにかかる時間が比較的短いという特徴がある。また、現地の施工業者の活用を原則としつつ、さらに保護者や住民から資機材や労務の提供を得た上で不足部分を援助資金で賄うといった柔軟な方法も可能であったことから、一般無償による学校建設に比べてその単価や工期が著しく少ないという機動性を有していた。なお、このスキームは、2003 年度に「人間の安全保障・草の根無償資金協力」と再び改称され、最大供与限度額も案件に応じて 1 件あたり 1 億円まで拡大されている。

　1999 年には ODA 中期政策が策定された。中期政策では、貧困削減や BHN 分野への協力を重点分野として掲げ、「校舎・資機材」供与をその具体策として言及しているが、同時に、「学校運営等の組織能力強化への支援、カリキュ

ラム・教材開発、教員教育など、教科教育行政両面にわたるソフト面での協力
強化」を初めて掲げている。つまり、小・中学校建設を継続して重視する姿勢
を示しつつも、学校建設というハード面での協力だけでなく、ソフト面での協
力も併せた総合的アプローチの必要性とそのための人材育成が喫緊の課題とし
て認識され始めたことを示唆している。

　1990年代はまた、日本のNGOによる学校建設協力も飛躍的に増加した時代
である。インドシナ難民支援により設立された多くのNGOが和平締結後のカ
ンボジアなどを中心として、学校建設を広く展開していった。カンボジアにつ
いては、特に多くの日本のNGOが学校建設事業を行っており、学校建設事業
を団体名に掲げたNGOも少なくない（例えば「カンボジアに学校を贈る会」）。
NGOによる学校建設は、地域住民と協働で行われ、学校建設のみならず、総
合的地域開発のほか、里親制度、奨学金制度、教育者の派遣・育成など日本と
の交流も重視した活動を開始している。また、1990年代後半からは日本から
は地理的に遠いアフリカにおいて学校建設事業を積極的に行う日本のNGOも
出現する。1998年には「CanDo（Community Action Development Organisa-
tion）―アフリカ地域開発市民の会」が設立され、ケニアの半乾燥地の村での
小学校建設協力が開始された。同NGOでは、モノやお金を与える援助ではな
く、外部者として地域社会に関わることをモットーに掲げ、外部からの投入を
最小限としつつ、住民参加型学校運営と教員の意欲向上、保護者のエンパワー
メント、保健衛生活動など多角的な教育環境改善に対する取組みが始められた。
また、1990年代後半には、中東などで緊急支援を行うNGOも増加した。2000
年にはジャパンプラットフォームが設立され、紛争や自然災害の影響を受けた
国の学校施設復旧事業を迅速に行える体制も徐々に整備されていった。

（3）2000年代――変化する国内外の援助環境と多様化する
##　　　学校建設ニーズに応える変革の時代

　「万人のための教育世界会議（EFA世界会議）」の10年後の2000年4月に、
セネガルのダカールにおいて「世界教育フォーラム（World Education Fo-
rum）」が開催され、UPEをはじめとする6つの国際目標から成る「ダカール
行動枠組み（Dakar Framework for Action）」が採択された（UNESCO 2000）。
同年には、国連総会で極度の貧困の撲滅などを掲げた「ミレニアム開発目標

90　　第Ⅱ部　基礎教育協力

（MDGs）」も採択され、ダカールで掲げられたUPEがその目標に取り入れられると、構造調整以降、初等教育の授業料徴収を再開していた国々における授業料無償化政策の導入が加速した。しかし、無償化政策により、初等教育就学者数が爆発的に増加したものの、教員や教室の整備が追い付かず、2部制や3部制の授業を取り入れざるを得ず授業時間が短縮されたり、1クラス100人を超える児童を抱えるクラスがあるなど、教育の質が危機的な状況を迎えた（Mundy 2008）。こうした状況下で、教育施設ニーズは更に増大した。

　この時期、援助潮流においては、SWAPsが、世界銀行をはじめとする国際機関や、英国や北欧、オランダ等の援助機関によりますます強化されていた（詳細は第2章参照）。経済協力開発機構開発援助委員会（OECD/DAC）でも「援助の調和化」が議論され一大潮流となっていくと、学校建設協力事業についても、個別の援助機関がプロジェクト型で実施することを控え、財政支援を通じて貢献することが求められるようになっていった。2002年にはこうした動きを加速させるため、途上国に対する多国間の国際的な資金供与の枠組みとして、世界銀行が主導して「万人のための教育ファスト・トラック・イニシアティブ（EFA-FTI）」が創設され、初等教育の完全修了（universal primary completion: UPC）実現のために示された規範的指標を参照して「適切」な教育セクター計画を作成すれば、その見返りに援助機関側が必要な資金を供与し、被援助国自身がその資金を活用して計画に沿って学校を建設していく仕組みも整備されていった（北村 2015）。

　2000年代に入ると急速に日本のODA予算が減少傾向を示していた。国際目標であるMDGs達成、アフリカ開発会議（TICAD）等で打ち出されるアフリカ支援強化、冷戦後頻発する国内紛争等による紛争後の教育支援や平和構築への協力ニーズなど、増加する援助ニーズに限られた予算のなかで応えていくために、援助の効率化が喫緊の課題となっていた。コスト削減による援助の効率化や援助協調の重要性は、2003年8月に改訂された新ODA大綱や2005年2月に発表された新ODA中期政策でも掲げられ、そうしたなか、外務省やJICA内で、無償資金協力の活用などを踏まえた、新たな時代における学校建設のあり方が真剣に議論されるようになっていった。次頁の表3-1は、日本による学校建設協力に活用されている主な無償資金協力制度の概要についてまとめたものである。

表 3-1　学校建設協力に活用される主な無償資金協力制度

制度名称	創設年	特　徴
一般プロジェクト無償	1969 年	主として日本の施工業者による耐久性の高い学校施設の建設。
コミュニティ開発支援無償＊	2006 年	現地業者・資機材を積極活用することにより比較的安価で多数の学校建設を実施。
防災・災害復興支援無償＊	2006 年	自然災害により被災した校舎の復旧や災害に強い学校施設の建設。
貧困削減戦略支援無償（ノン・プロジェクト方式）	2007 年	財政支援方式で被支援国に資金を支援し、被支援国自身が直接資金を一括管理してセクター計画に則り学校建設を実施。
緊急無償資金協力	1973 年	自然災害や紛争の影響下にある国や地域における復興支援の一環としての学校建設に対する協力で、被支援国や国連機関に供与。
草の根・人間の安全保障無償資金協力	1989 年	被支援国・地域で活動する現地の NGO や地方公共団体・学校組織等による小・中学校建設・修復等に対する比較的少額の資金協力。
日本 NGO 連携無償	2002 年	日本の NGO が開発途上国・地域で行う事業に対する資金協力の一環として学校建設を支援。

（出典）　筆者作成。
（注）　＊印は、当初一般プロジェクト無償のサブスキームとして創設されたが、2015 年 3 月にサブスキームという分類が廃止され、「施設・機材等調達無償資金協力」という名称に統一された。

　日本の一般無償資金協力による学校校舎建設の施工会社は日本法人に限定されていること、一般的に他援助機関が現地の施工会社と契約し現地の資機材を活用して建設する学校に比べて建築単価が格段に高いこと、限られたサイトに少数の学校しか建設できず、単年度での事業により施工管理が行いやすい幹線道路沿いなどアクセスの比較的良好な場所がサイトとして選択されてしまいがちであること、等の制度的制約を抱えていた（清水 2005）。

　国際的にも、OECD/DAC 上級会合で採択された「DAC 新戦略」において、貧困削減のため開発途上国自身のオーナーシップ（主体性）と先進国と途上国のパートナーシップが重視され、援助国が協力して限られた援助資源を効果的に投入し EFA や MDGs の実現に向け「援助効果」を高めるべきという意見が強まるなか、日本の学校建設は岐路に立たされるようになっていく。日本によって建てられた学校は、耐久性の高い立派なものではあるが、皮肉にもその高い品質故に援助効果という意味において「island of excellence」と称され、国際的に厳しく問われることとなったのである。

92　　第Ⅱ部　基礎教育協力

教室数不足をできるだけ速やかに多く解消するため質より量を求める声は他の援助機関や途上国自身だけでなく、国内の研究者や実務者からも徐々に聞かれるようになっていた（澤村 1999）。仕様や積算基準が異なるなかで単純な建設コストの比較はできないが、外務省は当時、『国際開発ジャーナル』（1997年7月号）の取材に応じ、「アフリカにおける建設単価は世銀方式よりも大幅に高い」と自省的に述べている。一方、日本の一般無償による学校建設は、後々の維持・管理面を考慮し、長期使用に耐え得るように設計されているため適正単価であるといった反論も行われるなど、建設単価の問題については激しい論争が展開された。

日本の一般無償資金協力による小・中学校建設に対する指摘は建設単価の問題だけでなく、学校という「ハード」の建設だけで保護者の意識などの需要側面への働きかけや教育の質的改善のための技術支援等を組み合わせられないという柔軟性の欠如の観点からも展開された[注2]。当時、既に、他ドナーやNGOが行う小学校建設にあたっては、保護者や地域住民自身のニーズの吸い上げを行った上で彼ら自身による基本的な資材や役務提供を取り入れ、時にはそうした住民参加が資金援助の必要条件とされるなど、参加型の学校建設が主流となっていた（清水 2005、石田 2007）。

実は、学校といういわゆる箱モノ単体では学校教育の改善が図れないという問題は、1970年代に世界銀行をはじめとする他の援助機関が学校建設案件を拡大するなかで既に経験済であった（澤村 1999）。当初は基礎教育分野の人材が十分育成されておらず、世界銀行やユネスコにおいても、学校建設は主に「建築家」の仕事とみなされていた（ibid.）。しかし、学校を建設すれば様々な教育指標が上向くという楽観的な観測が崩れ、就学率も教育の質的改善も大幅な改善が見られないなか、これらの機関においてもハード面だけではなく様々なソフト面での協力のノウハウを蓄積することが必要であるとの認識が深まりを見せていた（ibid.）[注3]。

日本国内でも、こうした問題への対応のため、1990年代後半から既に一般無償による小・中学校建設の基本設計調査部分での相手国ニーズの反映やソフト面での支援を組み合わせる努力が積み重ねられるようになっていた（外務省2005）。例えば、1997年以降の案件では、基本設計調査団員に施設設計だけでなく「教育計画／社会環境」といったソフト面を担当する団員が含まれ、支援

対象に教材や教具が含まれた。また、1998 年からは、本体事業に、施設の運営・維持管理について指導・啓蒙を行うソフト・コンポーネントを含めるなどの工夫がこらされた（澤村 1999）。しかし、日本の建設業者による施工を義務づける一般無償資金協力の根本的な制約を変えずに、急速に進展する SWAPs に対応した学校建設を展開することは困難であった。

　そのようななか、日本政府は 2002 年に政府として初の基礎教育分野に特化した援助政策「成長のための基礎教育イニシアティブ（BEGIN）」を策定し、2002 年 6 月のカナナスキス・サミットで発表した。BEGIN では、重点分野として、教育の機会の確保、質向上、政策・運営管理の改善が掲げられ、教育機会の確保については、「多様なニーズに配慮した学校関連施設の建設」のために「計画段階からの地域住民の積極的な参加促進」を重視すると明言された。

　さらに、2005 年 12 月には、外務省が「ODA の点検と改善——より質の高い ODA を目指して」と題する報告書を取りまとめ、そのなかで ODA の改善のための方策の 1 つとして効率性の向上（コスト縮減）や各援助手法間の連携強化が掲げられた。

　こうした国内の方針を受け、2006 年には無償資金協力のサブスキームとして「コミュニティ開発支援無償資金協力（以下、コミュニティ開発無償）」が創設された。この新しい制度により、セネガルでの学校建設案件を皮切りにアフリカ等の教室の絶対数が不足している地域を中心にしつつ、ラオスやネパールなどアジアの最貧国を含む様々な国で 2006 年から 2015 年までの間に 46 件も展開されてきており、それはこの時期の無償資金協力による学校建設案件数の 25% 以上を占めるに至っている（2007 年から 2009 年までの間に 18 件、2010 年から 2015 年までに 28 件）。この制度では、主契約者を日本企業に特定しないで現地仕様・設計に基づき現地業者や現地で調達される資機材を活用することが可能であり、学校建設に係るコストも一般無償に比べ大幅な縮減が期待できることから、広い範囲において多数の校舎建設を実現することに貢献している[注4]。また、古い校舎の取り壊しや整地事業等において、保護者や周辺地域住民の協力を得ることも可能となるとともに、実施の過程で現地の施工会社に対する安全管理や施工管理に関する能力強化も図られることとなった。一方で、現地施工業者の技術能力や資本力などが事業実施に直接影響を与えるため、事業が遅延したり、一定の品質、工期を保つため結果として日本人技術者

94　　第Ⅱ部　基礎教育協力

の直接的関与の度合いが高くなる場合もあるなどの問題も指摘されており、現地業者の能力を見極めながらの計画実施が課題となっている。

2008 年に開かれた TICAD IV では、日本は向う 5 か年で約 40 万人に裨益する小・中学校 1,000 校 5,500 教室の建設を表明した。このプレッジの実現に向けても、現地の資機材や施工業者を活用してコスト縮減を進めながら多数の学校を建設できるコミュニティ開発無償が大きな役割を担うこととなった。実際、アフリカ地域においては、1985 年の学校建設事業開始年より 2011 年までの間に計 25 か国において小学校・中学校併せて約 3,000 校が整備され、706 万人以上の子どもたちに裨益したと報告されている（JICA 2011）。また、学校の新設、老朽化した教室の建て替え、教室の増設、学校の安全性強化、トイレや井戸などの衛生施設の整備などを併せて行うことにより、子どもたちが安全で健康に学べる学習環境づくりを行うとともに、1 教室あたりの児童生徒の数の緩和により、学習意欲向上、保護者や地域住民の学校教育に対する意識関心の向上にも貢献している（ibid.）。

さらに、ルワンダ（2008 年）、ギニアビサウ（2009 年）、コンゴ民主共和国（2009 年）、スーダン（2009 年）、リベリア（2010 年）、アフガニスタン（2012 年）等においては、ユニセフなどの国際機関を通じた連携による学校建設事業も行われた。これらは特に、紛争の影響等で治安情勢等の関係から邦人プロジェクト関係者の立ち入りが制約されていたり、日本の在外公館や JICA の人員配置等実施体制が弱い地域における学校施設ニーズに対応することに貢献した。

また、2000 年代半ば頃までにタンザニアなど被支援国のなかでも直接財政支援しか受け入れないという態度を示す国が出現したことなども踏まえ、2007 年には、従来のノン・プロジェクト無償の内枠として、被支援国に直接財政支援を行うことのできる「貧困削減戦略支援無償資金協力（PRS 無償）」[注5] が創設された。このサブスキームにより、被支援国自身が管理する国庫に直接資金を投入する一般財政支援や、相手国が指定する特定セクターに対する支援に目的を限定したり、セクタープール基金などを開設して資金を管理する方法などが可能となり、相手国の優先順位に基づきこうした資金を活用した学校建設も可能となった。2006 年のセネガルでの実施を皮切りに、これまでにバングラデシュ、ザンビア、ネパール、ミャンマー、といったアジア、アフリカ地域のなかでも特に SWAPs が進む国において実施されている。PRS 無償は、単

なる資金協力により間接的に学校建設を支援するのではなく、被支援国との政策協議や現地の他ドナーとの密接な連携の下にセクター全体を包括的に支援することが可能となっている。

さらに、2000年代に入ると、こうしたSWAPs等の国際援助環境の変化に対応したスキーム変革だけでなく、アジアや中南米地域を中心として、地球環境問題の深刻化等に伴う台風、サイクロン、ハリケーン等災害の激化や地震等の自然災害による学校施設の被災に対する支援ニーズが高まり、「防災・災害復興支援無償資金協力」サブスキームが2006年に創設されている。この制度により、日本の防災・減災に関する経験を生かししつつ、被災した校舎の復旧や災害に強い教育施設の建設がバングラデシュ（2008年）、インドネシア（2009年）等で行われてきた（JICA 2015a）。

また、2000年代半ばから2010年までの間に「緊急無償」により、アフガニスタン、イラク、コンゴ民主共和国、スーダン、ブルンジ、リベリア、アンゴラ、ウガンダ等の紛争後の復興を目指す国々で、紛争により影響を受けた学校の再建に対する協力が数多く実施されてきた。これらの半数以上は、ユニセフや国連ハビタットといった国際機関を通じた支援であり、学校建設だけでなく、付属の給水施設や保健衛生、子どもの権利に関する啓蒙活動、建設された学校の維持管理に関する住民教育などのソフト面での協力も併せて実施されていることが特徴的である。

上記の多様な無償資金協力に加え、1990年代に引き続き、2000年代においても、スリランカやネパール、モロッコやアルジェリアなどの北アフリカ中所得国で円借款を活用した小・中学校建設が実施されてきている（表3-2）。スリランカでは学校運営改善に関するソフト面での支援が、また、アルジェリアの復興支援事業では、神戸市教育委員会の協力を得て日本の経験を踏まえて支援対象校全体に防災マニュアルを整備したり、震災セミナーや防災訓練などのソフト面での協力も併せた支援が行われている。このように、有償資金協力はソフト・コンポーネントを効果的に組み合わせることによって、インパクトをより確実に産出できる強みがある（JICA 2015a）。

また、2000年代に入ると新たに技術協力の枠組みのなかでも、エチオピアの住民参加型学校建設（「住民参加型初等教育改善プロジェクト」（通称、ManaBU プロジェクト））、ニジェール、ブルキナファソ、マリ、セネガル、

表 3-2　学校建設を含む円借款事業（1991-2015）

国　名	事　業　名	E/N 年	金額（単位：百万円）
フィリピン	初等教育事業	1991	20,020
インドネシア	中学校校舎整備事業	1995	20,876
フィリピン	貧困地域初等教育事業	1996	11,122
パキスタン	バロチスタン州中等教育強化改善事業	1996	3,917
フィリピン	貧困地域中等教育拡充事業	1999	7,210
スリランカ	小規模インフラ整備事業	2002	9,595
モロッコ	地方部中学校拡充事業	2003	8,935
スリランカ	小規模インフラ整備事業（II）	2004	11,776
アルジェリア	教育セクター震災復興事業	2005	1,943
モロッコ	基礎教育セクター支援事業	2013	8,899
ネパール	緊急学校復興事業	2015	14,000

（出典）「日本の国際教育協力──歴史と展望」検討委員会データより筆者作成。

マダガスカルにおけるみんなの学校プロジェクト群、ネパール、ラオスといったアジアにおける住民参加型学校運営プロジェクトにおいても住民参加型の学校建設が行われるようになっている。エチオピアの住民参加型学校建設（ManaBU プロジェクト）においては、どのようにして行政と住民が協働して建設地選定を行えばいいのか、建設過程の進捗管理や学校運営資金の調達・管理のための指針を具体事例を取り入れながらまとめている（清水 2005）。

　2000 年代は、NGO や市民社会との連携・パートナーシップの重要性が国内外で指摘され、また海外援助を行う日本の NGO も量・質ともに飛躍的に充実してきた時代でもある。2002 年に外務省内に日本 NGO 連携無償資金協力が、また同年 JICA においても草の根技術協力事業（草の根パートナー型）が創設され、日本の NGO による学校建設支援を ODA で支える仕組みも整備されてきた。例えば、外務省の日本 NGO 連携無償資金協力では、2014 年から 2015年にかけて、「国境なき子どもたち」がパキスタンにおいて地震で被災した学校の再建事業を実施したり、「ASAC カンボジアに学校を贈る会（Association of School Aid in Cambodia）」が小・中学校の新設による教室不足改善に取り組んでいる。また、JICA のスキームである草の根パートナー型事業については、ケニアにおいて 2009 年から「CanDo―アフリカ地域開発市民の会」が住民参加型の学校建設を実施するなどの実績がある。これらに共通している特徴

第 3 章　学校建設　　97

として、校舎というハードの整備だけでなく、保護者・住民が参加する学校運営委員会による校舎維持管理能力向上、教育への意識向上、教員研修、衛生教育など、児童生徒の学習環境や教育の質の改善などソフト面も含めた総合的なアプローチをとっていることや、山岳地帯の少数民族居住地などの政府の手が届きにくい僻地において多くの活動が行われている点があげられる。カンボジアに学校を贈る会では、日本の高校生による文具や日用品の寄付も併せて行うなど、日本との交流にも力を注いでいる様子が窺える。NGO による学校建設の場合は、支援者から資金調達をしながらの学校建設を行う場合も少なくないため、恒常的で持続的な資金確保が鍵となる。このため、最近は Readyfor などのクラウド・ファンディングや建設した学校の見学スタディ・ツアーを実施し、学校建設のための資金確保に努めている団体もある。更に、日本の NGO による学校建設においても経験が蓄積されていくなかで、例えば「民際センター」によるラオスでの学校建設では、日本で活躍する建築家の協力を得たり自然環境に優しいレンガ造りを採用するなどの取組みも行われており、同取組みは 2010 年の日本建築学会賞を受賞している。

　この時代、日本の企業も様々な形で途上国の学校建設事業に参画してきた。例えば、イオンやサーティーワンは日本ユニセフ協会への資金提供を通じ、カンボジアやブルキナファソにおいて子どもに優しい学校づくりを支援してきた。

　このように、国内外の状況やこれまでの学校建設事業の経験を踏まえ、ODA においては無償資金協力の様々なサブ・スキームが創設され、加えて、有償、技術協力、NGO との協力事業により多様なニーズに対応できる仕組み作りを強化してきたのが、2000 年代半ばから現在までの日本による学校建設協力の特徴であるといえよう。また、途上国における初等就学率の目覚ましい改善を踏まえ、初等修了者の受入先としての中等教育の施設の不足も大きな問題となってきている。このような状況を踏まえ、1990 年代以降、小学校建設を優先してきたサブサハラアフリカにおいても、近年は再び中学校、高校校舎建設案件も増えてきている。

4. 日本の学校建設分野の協力の特徴と今後の展望

　以上のように、日本の ODA による学校建設分野の協力は、日本が基礎教育

重視に舵を切った1990年代から一般無償資金協力と有償資金協力（プロジェクト型円借款）により急増し、教育協力の中核的位置を占めて今日に至っている。JICA（2015b）によれば、2000年から2015年までの期間に、JICAが実施する無償資金協力と有償資金協力により、46か国で5,500校以上の小・中学校校舎が建設されている。

　学校建設分野の協力は量的に拡充しただけでなく、建築コストの縮減や調達・実施体制の変革に向けて様々な検討が加えられ、協力メニューの多様化がなされてきた。そうした改革の動向には、援助の調和化と援助効果向上に関する国際協調の進展や、学校建設事業における保護者・住民参加アプローチの推進等の、教育援助を取り巻く国際環境の変化も大きく影響した。

　その結果、現在では、日本の施工会社による一括管理・施工を基本とする一般無償による学校建設、施工会社選定はアンタイドで総合的な取り組みを広範囲で行うことができる有償資金協力、日本のコンサルタントの実施監理の下で現地施工業者が施工を行う現地企業活用型無償資金協力、財政支援型のPRS無償（現、財政支援方式無償資金協力）、技術協力スキームによる住民参加型学校建設、ユニセフなどの国際機関を通じたマルチ─バイ連携型の協力、日本のNGOとの協力が可能な草の根技術協力、外務省が管轄する草の根・人間の安全保障無償など、日本のODAによる学校建設協力は、多様な協力スキームを擁している。更に、近年では、財政支援と並行して円借款により中学校建設が行われたり（モロッコ）、財政支援と並行してコミュニティ開発支援無償も実施される（ネパール）など、ハイブリッド型の支援も実施されてきている。

　日本のNGOによる学校建設も1990年代より本格化し、アジアを中心としつつアフリカでも貧困地域や山岳地帯など政府の提供が行き届かないところを中心に、住民参加型学校建設を地域開発のなかで総合的に位置づけて展開されている。また、日本の学校や支援者との交流事業を併せて行うなど、ODAの仕組みでは実施の難しいきめ細やかで総合的な支援が実現されている。

　昨今、大量の学校建設ニーズのある国においては、学校建設は、ドナー協調によるセクター財政支援のなかで実施される国が増加しているが、こうしたなかで相手国の教育発展段階やニーズ、要望に応じて以上のような豊富なメニューを有しているのが日本の協力の特徴と言える。

　例えば、一般無償による学校建設事業は、高コストで小サイト集中型ではあ

第3章　学校建設　　99

るが、過酷な気候風土においても防災拠点となるような品質の高い施設の建設を行うことに適している。そうした特性を生かし、サイクロンの襲来が頻発するバングラデシュでは、実際に、一般無償によって、サイクロンシェルターを兼ねた小学校を建設した。また日本の無償資金協力による協力は、調達方法の違いにより業務範囲や日本人技術者の関与の度合いが異なるものの、一般的に、実施機関となる教育省管理の下、プロジェクト専任の技術者を配置し、品質の確保、工期の遵守に重点を置き実施されている点も特徴的である（JICA 2015a）。その結果、日本の技術を生かした品質管理、安全管理、保守管理、工程管理など技術や習慣の移転も行われるなどの副次的効果もあがっている（外務省 2010）。また、ネパールに専門家を派遣し、日本の技術を生かして震災後に従来よりも高い耐震基準を定めた学校建築に関するガイドラインの策定を支援したり、標準設計が整備されていないマラウイでは、JICA の支援で採用された中学校施設が標準設計として政府に採択されるなどの間接的効果もあがっている（JICA 2015a）。

　一方で、課題もある。他ドナーは財政支援であれ、プロジェクト型支援であれ、ユニセフの child friendly school の建設のように、必ず学校運営に関する研修やその他の教育改善に関する協力を総合的に実施している。しかし、日本の一般無償資金協力による小学校校舎整備プロジェクトでは、単体では総合的アプローチが取りにくい。相手国側が維持管理の重要性を認識しておらず自治体維持管理予算が確保されていない場合、結果として保護者・住民組織が維持管理を担わなくてはならないケースもある（JICA 2015a）。有償資金協力では、ハードとソフトが連携した教育のアクセスと質の向上を同時に図ることができ、技術協力プロジェクトにおいても住民参加による学校建設と学校運営の改善が併わせて行われ総合的成果の導出につながっている。今後はハードとソフトの連携を一層進め、教育の質向上や公正性改善に具体的成果を構築していくことが課題であろう。

　1990 年以降の 20 年間に多くの開発途上国で初等教育就学率が 90％ を上回るようになった。そうしたなか、最も学校へのアクセスが困難な 5-10％ の就学が課題となっている。そうしたなか、日本は政府、非政府の取組みを通じ、障害児、僻地居住者、少数民族、女子、貧困層、紛争影響下の学習者など教育機会から取り残されている人々に対しいかにして効果的に質の高い学びの場を

100　　第Ⅱ部　基礎教育協力

提供していくかが問われている。SDGs や日本の新教育協力政策では、教育の公正性と質の向上が大きな課題として認識されており、これからの日本の学校建設もこうした課題への対応が求められる。

　名目上は学校に在籍していても、不定期にしか通学しない‘silent exclusion’状態にある小中学生も多くいるとされており、脆弱層のアクセスを阻害している要因を丁寧に読み解き、それらの課題にきめ細やかに配慮した学校建設やサイト選定が重要である。また、教育の質とアクセスとは表裏一体であり、学校建設だけを行っても教育の質が伴わなければ保護者や学習者の通学意欲はそがれてしまう。そうした意味においても、学校建設と教師教育、教材支援、保護者との協力等ハードとソフトの連携を一層進めていくことが望まれる。急激に変化する時代において、教育の ICT 化や双方向型の授業による 21 世紀型学力の習得が世界的な動向となるなか、こうした新しい時代に必要な授業環境の整備に対する協力ニーズも高まっていくと思われる。また、初等教育のアクセスが充足してきたことで多くの途上国では中等教育への就学圧力が高まっており、中等教育施設の拡充についても対応を強化してく必要がある。そうしたなか、これまで創設されてきた多様なメニューを相手国のニーズや状況に応じ論理的に使い分けつつ、NGO や企業との広範なパートナーシップにより如何にして効率的・効果的に実施していくかが今後の課題である。

　以上のように、本章では、日本の学校建設分野の国際協力の変遷や特徴を考察した。そこから浮かび上がってきたのは、変化する援助環境のなかで、日本が官民を挙げてそれぞれの強みを生かしつつ、試行錯誤しながら援助の枠組みを改善し続け、EFA に独自の貢献を積み重ねてきた姿である。教育の質の中身や教育の公正性が一層問われるなか、学校建設に対する日本の国際協力は更にアプローチを発展させながら今後も重要な役割を担っていくことが期待される。

注
［注 1］　澤村（1999）によれば、1990 年代前半は全世界で毎年 40〜50 億円程度の供与額であったものが、1996 年度には 91 億円、1997 年度には 153 億円というように実績が急伸した。1995 年以降、高等教育や職業訓練施設の建設はほとんど姿を消し、教育分野の無償資金協力はほとんどがこの種の小学校建設に関するものになっている。
［注 2］　ただし、一般無償でもネパールの案件のように、住民参加で建設するための資

第 3 章　学校建設　　101

機材供与案件も一部実施されていた。

［注3］ 1995 年に世界銀行が発表した 'Priorities and Strategies for Education' では、学校施設に過剰な投資を行うことを資源の「誤った配分」の代表例として取り上げている（澤村 1999）。

［注4］ 外務省による「点検と改善 2006」では、コミュニティ開発支援無償による学校建設については、平成 18 年（2006 年）度から 5 年間で平均 30% のコスト縮減を目指すとしている。

　　なお、コミュニティ開発支援無償は、2015 年 3 月に他の無償サブスキームとともに廃止となり、この名称が用いられているのは 2015 年 3 月以前に実施が決定した案件となっている。

［注5］ 「貧困削減戦略支援無償資金協力（PRS 無償）」は、2015 年に、「財政支援方式無償資金協力」と名称が改められた。

参考文献

石田洋子、2007、「教育分野における参加型開発支援プロジェクトの評価に関する基礎的考察」『日本評価研究』第 7 巻、第 1 号、61-71 頁。

外務省、2005、『平成 16 年度外務省第三者評価　教育関連 MDGs 達成に向けた日本の取組の評価　最終報告書』。

外務省、2006、「ODA 点検と改善 2006」。

外務省、2010、「コラム 2　アフリカの大地で学校建設に取り組む —— カメルーンの小学校建設支援」『2010 年度版 政府開発援助（ODA）白書』、50 頁。

外務省・JANIC、2016、「NGO データブック 2016 —— 数字で見る日本の NGO」外務省、特定非営利活動法人国際協力 NGO センター（JANIC）。

北村友人、2015、『国際教育開発の研究射程 —— 「持続可能な社会」のための比較教育学の最前線』東信堂。

国際開発ジャーナル、1997、「量から質へと向かう学校建設協力」1997 年 7 月号、国際開発ジャーナル社、58-66 頁。

国際協力事業団、1994、「開発と教育　分野別援助研究会　報告書」。

斉藤泰雄、2008、「わが国の基礎教育援助タブー論の歴史的ルーツ」『国際教育協力論集』第 11 巻、第 2 号、113-127 頁。

澤村信英、1999、「日本の基礎教育援助の経験と展望 —— 小学校建設計画を中心に」『国際教育協力論集』第 2 巻、第 1 号。

清水和樹、2005、「住民参加型小学校建設プロジェクト」JICA 研究所 客員研究員報告書。

吉田和浩、2002、「国際協力銀行から見る日本の教育協力と大学との連携」『国際教育協力論集』第 5 巻、第 1 号、61-67 頁。

JICA、2011、「アフリカにおける JICA の基礎教育協力 —— すべての子どもに、学ぶよろこびを」、https://www.jica.go.jp/activities/issues/education/ku57pq00000r11m0-att/

africa_BasicEducation.pdf（2018 年 6 月 29 日）。

JICA、2015a、「小中学校建設の付加価値向上　ドナー・スキーム比較分析　最終報告書」。

JICA、2015b、「JICA 教育協力ポジションペーパー」。

Mundy, K. 2008. Education for All, Africa and the Comparative Sociology of Schooling. K. Mundy, K. Bickmore, R. Hayhoe, M. Madden and K. Madjidi eds. *Comparative and International Education: Issues for Teachers.* Toronto: Canadian Scholars Press, pp. 49–75.

Psacharopoulos, G. and Woodhall, M. 1985. *Education for development: An Analysis of Investment Choices.* Washington, D.C.: Oxford University Press.

Psacharopoulos, G. 1994. Returns to investment in education: a global update. *World Development.* Vol. 22. No. 9. pp. 1325–43.

UNESCO. 2000. *The Dakar Framework for Action, Education for All: Meeting our Collective Commitments.* Paris: UNESCO.

第4章
教員の授業実践
子どもの学びの改善に向けての試行錯誤

石原伸一・川口　純

1．本章の目的と対象

（1）目　的

　世界では、長年、初等教育の完全普及といった量的拡大に重点が置かれてきたが、日本の国際教育協力は、早い時期から、初中等教育の質的向上が意識され、なかでも教員に焦点があてられてきた。日本では、近代学校教育の導入時から、教員は教育の質を左右するものとして重視されてきたが、国際教育協力においても、同様に、教員の授業実践を重視していた。1960年代半ばに始まった理科教育を中心とする専門家派遣事業の開始当初から、現地の教育者と協働で教室現場を重視し、教員の養成、能力強化に取り組んでいた。

　歴史を遡ると、1980年代以前は、理科教育を中心とする専門家派遣、学校現場への青年海外協力隊派遣などの取り組みに限られていた。1980年代になり、教科書印刷機材整備、教員養成・研修施設建設といったハード支援（無償資金協力）が開始され、1990年代半ばから、理数科教育分野で中期的なソフト支援（技術協力プロジェクト）が始まっている。1990年代から2000年代にかけて、多くの途上国では、教え込みの授業から、子どもが考える授業への転換を図っており、そうしたなかで、日本の国際教育協力は教員の授業実践の改善に向けて試行錯誤を重ねた。2000年代から、地域ごとに特徴のある協力アプローチがとられるようになり、全国展開、国を越えて地域で面的な拡がりをみせていった。一方で、こうした取り組みのなかで、多くの国で、カリキュラム、教科書、授業、アセスメントの一貫性の欠如に課題があることが認識されるようになり、2010年代から、教室の授業実践の改善と国の教育改革を構造

105

年度	1966	1970	1980	1990	2010	2015
専門家派遣						
青年海外協力隊						
無償資金協力						
技術協力プロジェクト						

図 4-1　教員の授業実践の改善のための協力事業の対象範囲

(出典)　筆者作成。
(注)　(―――― 　対象　…… 　部分的に対象)

的に捉え、子どもの学びの改善に向けて協力アプローチが多様化しつつある。教員の授業実践の歴史は、子どもの学びの改善に向けての試行錯誤の歴史とも言える。

　本章では、教育内容、教員分野の日本の国際教育協力の変遷を概観し、その背景にある要因を考察し、5つの時代（①1960年代半ば頃〜1970年代、②1980年代、③1990年代、④2000年代、⑤2010年度以降）に分けて、各時代の特徴、つながりを描きだすことを目的とする。

(2) 定義、対象事業の範囲

　教員の授業実践の改善のための協力を、「初中等教育段階の授業実践の改善に資する協力」と定義し、学校教育を対象とする。

　本章では、日本の国際教育協力の取り組みのなかでも、1966年度から2015年度までのJICAの教員の授業実践の改善のための協力事業[注1]を対象とする。具体的には、図4-1に示す通り、理科等教育協力事業（1966年度〜1989年度）を通じた専門家派遣、無償資金協力（1983年度〜2015年度）31件[注2](16か国)、技術協力プロジェクト（1994年度〜2015年度）99件[注3](41か国) を対象とする。技術協力プロジェクトは、教員養成、現職教員研修、教材開発、カリキュラム改訂、教科書改訂、アセスメント、特別支援教育を対象とする。授業実践の改善に資する活動が含まれている学校運営プロジェクトも対象とする。ただし、文中で言及するのは代表的な事例に絞る。無償資金協力は、プロジェクト型の教員養成・研修施設[注4]、教科書印刷機材整備、教材整備の案件、授業実践の改善に資する財政支援[注5]の案件を対象とする。青年海外協力隊は、第13章で取り上げられるが、本分野で技術協力と緊密につながっている部分があることから、部分的に触れる。円借款も一部あるが、第12章で取り上げられることから、ここでは対象外とする。

106　　第Ⅱ部　基礎教育協力

2. 1960年代半ば～1970年代　理数科教育協力の萌芽

（1）理科等教育協力事業開始——理科教育を中心とする専門家派遣

　第1章で触れられているが、1966年度から、アジア・アフリカ諸国から毎年5か国を選び、理科教育の専門家1名を各国に6か月間派遣する形で「理科等教育協力事業」が開始された。本事業の背景としては、1965年11月、バンコクで開催された第2回アジア地域ユネスコ加盟国文部大臣・経済企画担当会議で、「開発途上国にとって教育は社会経済開発のための基本的要件であり、なかでも農林水産工業の技術援助とその基礎である科学教育は特に開発との関連が深いとの観点から、理科教育について先進国の援助が必要である」[注6]点が強調されたことを受けて、1966年度から、文部省の委託事業費によって、海外技術協力事業団（OTCA）が理科教育を中心とする専門家を派遣することになった。その後、1975年度からは、専門家派遣、また、1976年度からは、機材供与についても、JICAの交付金によって実施されている（国際協力事業団 1981）。当初、タイ、マレーシア、インドネシア、ケニア、イランの5か国で開始され、その後、フィリピン、中華民国（台湾）、ビルマ、シンガポール等、アジアを中心に毎年5か国程度が選ばれ、理科教育を中心とする専門家が各国に1名（一部の国は2名）6か月間派遣された。対象国のなかには毎年、変更されるのではなく、継続的に派遣された国もある。例えば、タイには、ほぼ毎年、1～2名の専門家が10年以上にわたって派遣されている。イランは3年連続で対象国に選ばれ、1、2年目は理科教育の専門家、3年目は農業教育の専門家が派遣されている（国際協力事業団 1981）。アジアにおいては、対日賠償請求を放棄した国が優先的に対象国に選ばれている。台湾に対しては、1972年の日中友好条約締結前の僅かな期間のみに実施された技術協力であった。専門家の多くは、県の教育センター所員や大学・高校の教員であった。当該期間のみ、文部省の推薦を経てOTCAの専門家として派遣され、終了後は元の職場に復職する形であった。当時の派遣期間は短く、半年間のみであり、協力内容は高等教育機関における理科教員の養成や中等学校の理科教員に対する指導、助言が主であった。理科教育のなかでも、特に物理と化学の実験・観察指導が実施されており、専門家1人当たり、300万円相当の機器材が合わせて贈与されて

いる。「初等義務教育は、各国の国民統合にも密接に関係する国家の中核的な権限であり、そこに外国の公権力が介入することは教育主権の侵害である」という基礎教育タブー論が根強いなか、理科教育は「価値中立的な科目」であることが挙げられる（斉藤 2008a）。他には科学立国とされた当時の日本への期待値が高いこと、実験を主とするため語学が比較的不要であること等が指摘されている（斉藤 2011）。ただし、当時の専門家の報告書からは、海外の専門家が英語は出来るものの現地語を含めたコミュニケーションで苦労している点などの指摘もあり、業務上、語学力を伴う専門家の質の向上は早くから認識されていた（鈴木 1971、山本・山田 1986）。その他、機材が壊れるとまた直ぐに貰えると思い、修理しようとするものはいない（山名 1972）などの指摘もあり、機器材管理の徹底、協力事業の継続性、先方への責任委託の重要性が説かれている。当時から研修員の本邦への招聘に関する提言がなされており、その後の協力事業につながっている。

　第1章で指摘されたように、1971 年に文部省内に設置され、日本の国際協力の在り方を幅広く検討していた「アジア教育協力研究協議会」が 1972 年 3 月に公表した最終報告書では、「方法としては、相手国の教員の現職教育等に対し、実習指導やカリキュラム改善のための専門家を派遣したり、教育実習用の機材を供与するなどの方法が行われているが、協力の効果を高めるうえから、これらの方法を総合的に組み合わせて行うとか、継続的に協力してゆけるシステムを考える必要があり、このような拠点として、教育研修センターの設置供与を行うことも有効、適切と考えられる」として、教育（教員）研修センターの設置・供与をわが国の教育協力の柱、目玉とすることを提案していた。また、現地の研修センターの設立要請が多く上がっているが、文部省が構想していた教育（教員）研修センターについては、1974 年の国際協力事業団創設の際に文部省との関係が疎遠になったこともあり、実現はしなかった。

　派遣期間に関しては、「3 か月だけで十分であろう」（本多 1969）という意見や「他国の専門家が 2、3 年であるのに我が国だけ半年というのは短過ぎるのではないか」（稲垣 1969）という意見が示されている。なお、当時の「理科等教育協力事業」には、現在では異なるカテゴリーに区分されるイランの農業教育、スリランカの水産教育、ラオスの教育放送、インドネシア、パキスタンでの看護教育までも含まれ、各専門家がそれぞれ半年間の活動を実施している。

108　第Ⅱ部　基礎教育協力

いずれも「人づくり」がテーマに掲げられ、300万円相当の機器材の贈与を実施しているものの、カウンターパートと協働で現地の人材育成に主眼が置かれた活動を展開している。

（2）理数科教師隊員（青年海外協力隊）派遣開始

もう１つ忘れてはならないのは、学校現場へ派遣された青年海外協力隊の存在である。1966年度から始まる理数科教師隊員[注7]は2015年末まで累計2,671人を数える。1990年代以降の理数科教育分野の技術協力プロジェクトの専門家は、理数科教師隊員の経験者が多い。例えば、ケニア「中等理数科教育強化計画（Strengthening of Mathematics and Science in Secondary Education: SMASSE）」をはじめ、チーフアドバイザーとしてアフリカ理数科教育協力を牽引した元専門家の故杉山隆彦は、1969年にタンザニアに青年海外協力隊として派遣され、青年海外協力隊の任期が終わった後も、約40年にわたってアフリカの教育協力に生涯を捧げている。ケニアSMASSE[注8]に理科教育／アカデミックアドバイザーとして携わった元専門家の武村重和広島大学名誉教授は、「私を除いた他の４人は全て青年海外協力隊の元隊員たちでした。アフリカで苦労して、アフリカで戦い抜いた、アフリカが好きで仕方がない人たちです。（中略）専門家としては、やはりアフリカで仕事をしたことのある人が欲しいのです」（国際協力機構　2009、p.80）と語っている。このように、青年海外協力隊は、理数科教育分野の技術協力プロジェクト専門家リソースにつながっており、教員の授業実践の改善のための事業拡大に貢献している。

3. 1980年代　ハード支援（無償資金協力）開始

（1）理科等教育協力事業（1980年代）

1980年代に入ると専門家の派遣期間は半年だけではなく、１年、１年半と徐々に長くなり、複数の専門家が派遣されるようになった。例えば、タイやインドネシアにおいて、２名の専門家（物理、化学）が１年半、現地の教員養成大学に派遣され、活動している。活動内容は、他国のような実験道具の贈与が主な貢献ではなく、実験をしてみせることや講義が中心になっている。教員養成大学の教員や学生を相手に講義を実施し、その１年間の講義内容を基とした

教科書や参考書の作成を実施している。例えば、インドネシアに 1983 年から 1 年半、派遣された専門家である山本忠と山田和俊は、スラバヤ教員養成大学化学科所属の教員に毎週 1 回 120 分の講義をそれぞれ実施している。講義内容を紙に落とし、その講義録を基にカウンターパートと議論を重ね、インドネシア語に翻訳して、教科書として出版されている。書籍名は『インドネシア化学者のための量子化学』(1984)、『有機化学反応機構』(1985) など、大きなテーマの教科書が作成されている。作成された教科書はインドネシア国中の大学に配布されたようである（山本・山田 1986）。

　本事業を実施して 15 年間の節目となる 1981 年 11 月に、文部省初等中等教育局小学校教育科教科調査官を団長とし、文部省学術国際局ユネスコ国際部国際教育文化課、JICA を団員とする理科等教育協力事業評価調査が実施されており、タイ、マレーシア、フィリピンを訪問している。同評価時点の実績は、14 か国 83 名[注9] (1966-80 年度) の専門家を派遣している。本調査団は、日本人専門家が相手国から受け入れられ、全体的に効果的に実施されていると評価し、①今後、相手国のニーズ及び実情により即した、かつ、全国的に波及効果を上げうる事業内容・形態が各国とのより密接な連携・調整のもとに検討されなければならない、②各国においては、本事業を長期的展望のもとに自国の教育政策と関連させ実施することが重要、との提言を行っている。また、調査団は、フィリピンの理数科教育協力事業では、フィリピン大学科学教育センターの取り組みを評価しており、今後、数年間継続して協力を実施する必要があるとの見解が示されている（国際協力事業団 1981）。本事業が、後のフィリピンでの理数科教育分野の技術協力プロジェクトにつながる伏線になっていると推測される。

　本事業は 1989 年度頃まで継続されてきたようであり（澤村 1999）、1990 年代の理数科教育分野の技術協力プロジェクトの下地になったと考えられる。

(2) 教科書印刷施設・機材整備、教員養成・研修施設建設支援

　1983 年度にビルマ（現、ミャンマー）で無償資金協力による最初の本格的な教科書印刷機材支援が行われている。1971 年 7 月に「対外経済協力審議会」が発表した「開発途上国に対する技術協力の拡充強化のための施策について」の提言のなかに、現地における一般的国民教育の振興に対する協力を推進する

ため現地語教科書等の教材の開発と提供（印刷等への協力等を含む）が含まれており（斉藤 2008b）、こうした考えに基づいての支援であると考えられる。当時、日本では、初等教育は、相手国の国民形成、価値観、言語に関わる部分であり、内容面では関与すべきではないという考えがあったことから、日本の教科書支援は、教科書印刷の施設や機材の整備から開始したと考えられる。

　1984 年度にスリランカで無償資金協力による最初の本格的な教員養成校建設の支援が行われている。その後、スリランカでは、現職教員の有資格化の課題に対応するために、国立教育研修・研究所に対し、1989 年度に施設拡充支援が始まっている（国際協力事業団 1989）。フィリピンでは、1988 年度から、全国各地の理数科教員の研修のために理数科教師訓練センター建設支援が始まり、1990 年代の「初中等理数科教育向上パッケージ協力」へとつながっている。中米では、ホンジュラスで現職教員の質の向上のため、国立教育実践研究所建設の要請を受けて、1987 年に調査を行っているが、当時、青年海外協力隊 9 名が現職教員研修に携わっており、本施設建設と青年海外協力隊を中心とした技術協力の連携の可能性の検討が早い段階で行われている（国際協力事業団 1987）。1988 年の施設完成後、1989 年から青年海外協力隊員による初等算数科への協力が本格的に開始され、2002 年までの 13 年間で、延べ 58 人の小学校教諭隊員が派遣され、約 2 万人の教員への研修を行っている（国際協力機構 2006）。この活動の中心を担っていたのは、1987 年にホンジュラスに小学校教諭隊員として派遣されていた西方憲広（現、JICA 国際協力専門員）である。その後、2000 年代になってホンジュラスの専門家として活動し、中米の算数・数学教科書開発・普及につながっていく（西方 2017）。

　これら教員養成・研修施設支援については、1971 年の「開発途上国に対する技術協力の拡充強化のための施策について」のなかで、「開発途上国の教育計画に即応し、施設、設備、専門家等をパッケージした教育研修センターを設置することはきわめて効果的であると考えられる」とあり（斉藤 2008b、p. 160）、この提言の延長上にある支援と考えられる。前述した通り、1970 年代に教育（教員）研修センター設立の構想は実現しなかったが、1980 年代になってから、教員養成・研修施設のハード面が先行するかたちで支援が始まっている。

　1980 年代に開始した教員の授業実践の改善のための無償資金協力は、図 4-2 の通り、1990 年代までアジアを中心に支援が行われている。2000 年代は、ア

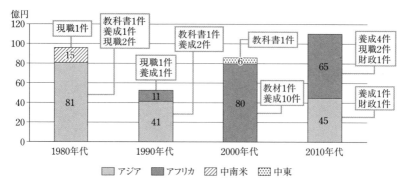

図4-2 教員の授業実践の改善のための無償資金協力金額・件数実績（地域別・年代別）
（出典）「日本の国際教育協力――歴史と展望」検討委員会調べデータをもとに筆者作成。
（注） 教員養成施設＝養成、現職教員研修施設＝現職、教科書印刷機材整備＝教科書、教材整備＝教材、財政支援＝財政。

フリカの教員養成施設が中心となっている。2010年代は、アジアとアフリカで教員養成・研修施設支援が行われているが、技術協力プロジェクトとの相乗効果をねらった案件が増えている。さらに、政府と援助機関が共同で策定した教育開発プログラムに対して、財政支援を行う形態の無償資金協力が始まっている。この財政支援については、後述するが、技術協力プロジェクトの成果の効果の向上が意図されている。

4. 1990年代 理数科教育プロジェクト（技術協力プロジェクト）開始

（1）理数科教育プロジェクト開始の経緯

1990年に、「万人のための教育（EFA）」の達成が国際目標として掲げられ、日本でも基礎教育への援助タブー論から脱却する機運が高まった。第2章で詳述されている1994年にJICAが取りまとめた「開発と教育 分野別援助研究会」報告書のなかで、「理数科は工学・理学のみならず、あらゆる科学の基礎となる学科であり、初等・中等教育において特に重視すべき領域」（国際協力事業団 1994、p.32）とし、理数科教育が重点分野の1つとして位置付けられた。具体的な援助内容として、教師の養成と質的向上、カリキュラム、教科書・教材開発が重点内容として打ち出された。

こうしたなか、1994年度に、基礎教育で初めての技術協力プロジェクトが

理数科教育改善を目的にフィリピンで始まった。フィリピンで開始された背景としては、第1に、無償資金協力により理数科教師訓練センターが設立され、学校現場レベルでは理数科教師隊員が派遣されており、既にハード面、ソフト面での支援が着手されていた。第2に、フィリピンの国家開発計画（1993-1998）のなかで、理数科教育の強化を挙げており、初中等教育理数科教育が最優先課題と位置付けられていた（国際協力機構 2004）。第3に、1991年に経済協力開発機構 開発援助委員会（OECD/DAC）が採択した「技術協力による新たな方向づけのための原則」で、特定分野での問題を包括的に捉えるプログラムアプローチによる援助の重要性が言及され、JICAは、これまでの形態別に実施してきた事業から、複数の事業形態を有機的に連携したプログラム援助の可能性を検討する必要性があった（国際協力事業団 1992）。こうしたことから、無償資金協力、青年海外協力隊、技術協力プロジェクト等、複数の形態を有機的に連携させた「初中等理数科教育向上パッケージ協力」として始まっている。これまでの個々の事業をつなげようとする試みであったと捉えられる。しかしながら、パッケージ協力の形成過程をみると、理数科教師訓練センター建設のハードが先行し、ソフト支援が後追いになっており、全体像を描いてからの計画作りが難しかったのではないかとの指摘がある（澤村 1999）。本協力の終了時評価調査では、「歴史・文化・社会や制度が異なる地方の教育現場の問題を的確に捉える調査・分析手法と、その結果に基づいて適切な協力計画を短期間にまとめあげる計画手法が、日本側教育専門家、あるいはJICA内部において十分に開発されていなかった」（JICA 1999、p.12）との指摘もあり、当初、期待された成果を挙げられなかったようである。一方で、本協力の教訓として、個別スキームを統合させた協力を行う前に、個別のスキームの投入を含めた、より詳細な協力計画を描く必要性を挙げており（国際協力事業団 1999）、その後の理数科教育協力の案件形成に多くの教訓を残している。

　フィリピンに続いて、エジプト小学校理数科（1997年度）、ケニア中等理数科（1998年度）、インドネシア初中等理数科（1998年度）、南アフリカ中等理数科（1999年度）、ガーナ小中学校理数科（1999年度）の分野で技術協力プロジェクトが開始されているが、全て理数科教育分野である。この理由としては、JICA「課題別指針 基礎教育」のなかで、「1990年以降の基礎教育重視の教育思潮のなかでJICAの基礎教育協力はハードからソフトへの協力分野の転換が

第4章　教員の授業実践　　113

求められていたこと、日本の理数科教育のレベルが国際的に見て高いこと、理数科教育は他教科に比べ言語や文化の壁を比較的乗り越えやすいと判断されたことなどがある」（国際協力機構　2005、pp. 27-28）と述べている。

　なお、アフリカで、中等教育を対象としているプロジェクトが多い理由としては、ケニアでは、初等教育に関するニーズも高かったが、初等では学校数が多すぎて効果的な協力が困難と判断されたこと、理数科隊員が中等で活動していたこと、かつ、英国が初等教育で既に協力を開始していたことから、ターゲットが中等教育に絞られている（国際協力機構　2004）。南アフリカでも、英国が初等教育（英語、算数、理科）で支援を行っていたことから、中等を対象としたプロジェクトが形成されている（国際協力事業団　1996）。

（2）理数科教育プロジェクトの特徴

①子ども中心の授業

　全ての理数科教育プロジェクトは、子ども中心[注10]の授業を意識した支援を行っていることが読み取れる。例えば、エジプトでは、知識注入型教育から技能獲得を目指す実践的教育への脱皮が重要な課題となっており、初等理数科分野における教員用授業改善・教材開発ガイドブックの編集を通じた教授法の改善を目的として支援を行っている（国際協力事業団　2000）。ケニアSMASSEの立上調査に携わった武村元専門家は、「ケニアではどこに行っても、教師が話し、生徒が書き取り、それを暗記する教育が行われていました。学習指導要領に掲げている『批判的に考え、証拠に基づき理由づけする』などの目標はまったく達成されていません。各地での基礎調査では、『教員研修がないので、その機会を作ってほしい』という強い要請がありました」（武村　2008、p. 44）と述べている。このような状況のなか、ケニアと日本の関係者が知恵を出し合い生徒中心の授業法・学習法を開発して、ASEI（activity 活動、student 生徒中心、experiment 実験、improvisation 工夫）という授業アプローチを導入している。これは、教員が前もって指導案を準備し、身近な材料や道具を使った実験や実習を取り入れることで、生徒が関心を持ち、自分で仮説を立て、検証し、結論を導くというアプローチである。さらに教員が授業計画を立て、実践し、生徒の理解度によって授業を改善していくPDSI（plan, do, see, improve）方式の定着に取り組んでいる（国際協力機構　2006）。

114　　第Ⅱ部　基礎教育協力

この背景としては、世界的に 1990 年代から 2000 年代にかけて、教師教育は伝達型（transmission-oriented）モデルから、構成主義（constructivism）に基づいたモデルにシフトしており（Villegas-Reimers 2003、p. 13）、途上国においても、教師中心から子ども中心の授業への転換が叫ばれるようになったことが影響していると考えられる。

②現職教員研修の制度化

　全ての理数科教育プロジェクトは、現職教員を対象に支援を行っている（インドネシアのみ現職教員に加えて教員養成課程学生も支援対象）。この理由として、1990 年代は、就学率の向上に伴い、途上国では、教員の供給が追いつかず、教員養成を十分受けないまま、多くの教員が採用され、現職教員の質の確保が喫緊の課題（Schwille and Dembélé 2007）となっていたことが考えられる。また、教員養成機関の卒業生のうちかなりの数の者が、教職に就くことなく、他の職業に流出してしまうという課題もあり、結果、現職教員研修の支援が中心になったと考えられる。

　フィリピン、ケニア、南アフリカ、ガーナでは、ドナーによる資金が確保できたときに散発的に現職教員研修が行われるという状況であったため、継続的に現職教員研修が受けられる仕組みの構築（制度化）に焦点があたっている（国際協力機構　2004）。

　例えば、フィリピン理数科教育向上パッケージ協力では、中央、地方、地区へと段階的に伝達講習型で研修していくカスケード方式による研修システムが採用されたが、本案件の終了時評価調査では、中央レベルではインパクトがある程度発現したものの、現場の教員に対するインパクトはあまり発現しなかったとされている（国際協力事業団　1999、国際協力機構　2004）。この教訓を踏まえて、1999-2001 年にフォローアップ活動に携わった専門家である原芳久、中井一芳によれば、現場の教員が自分たちで継続してできる研修活動として、日本の授業研究[注11]を応用した試みが行われている。フィリピンでは、以前、オーストラリアが持ち込んだ教員が集まるクラスター研修（近隣校の学校群）の枠組みがあったが、機能していなかった。この仕組みを活用し、パイロット的に 2000 年に授業研究会を開始している。それまでは研修は休日に行い、日当・宿泊がでるのが当たり前だったものを、月に一度、平日に近隣の学校で日

第 4 章　教員の授業実践　　115

当をださないで行う形式としたことから、日当への不満の声が多かったが、研修内容の質を高めていくことで、教員の態度に変化がみられるようになったと原は語っている（国際協力機構 2008）。こうした試行から、2002 年度に開始された後継プロジェクトでは、クラスター方式の研修の支援にシフトしている（国際協力機構 2004）。

　ケニアでは、中央集権が強く、中等理数科分野で現職教員研修を制度化していくため、中央、地方の 2 段階のカスケード方式を採用している。全国の教員が地方研修に参加（10 日間／年 1 回）できるよう、生徒 1 人当たりの授業料のおよそ 1% を使って研修のための基金として設け、日当は支払わないものの、交通費、食事を提供し、全寮制中等学校の生徒用宿泊施設を活用することで、持続性を確保する工夫を行っている（国際協力機構 2004）。武村元専門家は、「初めは研修参加者が日当を要求してきました。世界銀行も他ドナーも全部お金をだしているのだから JICA もお金を出せというのです。杉山リーダーや私に対するスト行為までありました。私たちは『宿泊費、旅費、食費は出している。何を言うんだ。もう満足だろう』と突っぱねました。彼らの継続性を考えたら、そうしていくことが最適だと思ったのです」（国際協力機構 2009、p.66）と当時を振り返っている。さらに、「専門職とは自ら自己実現をはかる職種をいい、授業改善への取り組みは、教職という専門職に就く者の義務である」（国際協力機構 2007b、p.26）と研修参加者に説いている。こうした考えは、ケニア側にも浸透しており、ケニア側のトップたちが前面にたって、研修参加者に呼びかけている（国際協力機構 2009）。ケニア側の SMASSE 初代責任者は、「いろいろなプロジェクトの研修に参加した際、日当を受領したが、日当をもらうために研修に参加したようなものだった。日当は一度渡すとどんどんエスカレートする。日当を支払わないことは自立発展性を確保するための 1 つの秘訣である」（国際協力機構 2007b、p.36）と語っている。

　このように、教員研修が散発的、かつ日当が慣習化しているという、日本とは大きく異なる環境のなかで、日本の専門職としての学び続ける教員のモデルを念頭におきながら、現地の文脈に即した研修の仕組みを構築すべく試行錯誤を行っている様子が窺える。

（3）ハード支援（無償資金協力）の特徴

　無償資金協力は教員養成・研修施設の建設、機材整備支援が中心となっている。フィリピンのパッケージ協力の教訓から、インドネシア、ケニアの理数科教育協力では、全体像を描いてから、技術協力プロジェクト、無償資金協力を設計し、ソフトとハード面を有機的に組み合わせた支援が行われている。インドネシアでは、理数科教育プロジェクトの拠点となる大学施設の拡張、実験室用機材の整備支援が行われ、ケニアでは、理数科教育プロジェクトの研修に必要な実験機材を整備している。一方、モザンビーク、パキスタンは無償資金協力による教員養成施設拡充のハード中心の支援となっている。両国とも、初等教育就学人口の増加により、教員不足が深刻化して教員養成が急務となり、教員養成施設拡張ニーズが高まったことを要請の理由として挙げている。モザンビークでは、内戦の影響により破壊された教員養成校の復旧支援を行い、パキスタンでは、女子教育拡充のために女子教育養成校設立の支援を行っている。支援側の視点からすると、多くの国で教員養成課程の制度、仕組みはあることから、現職教員研修施設と比較して、施設として運営上の懸念点は少ないこともあり、結果的に教員養成はハード中心の支援になったのではないかと考えられる。

5. 2000 年代　教員の授業実践

（1）技術協力プロジェクト急増の背景

　2000 年代に入ると、図 4-3 の通り、教員の授業実践の改善のための技術協力プロジェクトの件数が急増しているが、次の 3 つの要因があると考えられる。①政策面では、日本政府が 2002 年に発表した「成長のための基礎教育イニシアティブ（BEGIN）」のなかで、理数科教育、教員養成・訓練が重点分野として打ち出された。②実施体制面では、2003 年に JICA の独立行政法人化による組織改編にともない、基礎教育の技術協力を一元的に担当する部署が設置され、実施体制が整った。③事業面では、アジア・大洋州では、JICA が専門家を個別に個人契約によって派遣する直営方式から、企画競争（プロポーザル方式）によって実施する業務実施契約[注 12]（法人契約）によるプロジェクトが増加し、多様な協力に対応できるようになった。一方、アフリカ、中米では、拠

第 4 章　教員の授業実践　　117

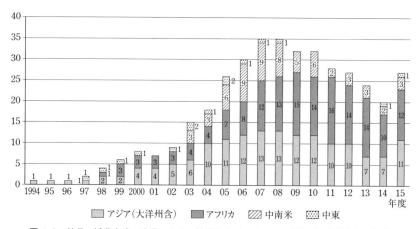

図 4-3 教員の授業実践の改善のための技術協力プロジェクト件数（実施件数）の推移
(出典) JICA ナレッジサイトのプロジェクト情報をもとに筆者作成。
(注) 技術協力プロジェクト 99 件の各案件の協力期間に基づいて各年度実施中の件数。

点となるプロジェクトで開発した教員研修モデルや教材を域内に普及する活動を促進し、小規模な類似案件が形成された（石原 2018、p.340）。これらの要因が組み合わさることで、プロジェクト形成が加速したと考えられる。

次に年代の特徴をみてみると、図 4-4 の通り、1990 年代は全地域で共通して教員の理数科指導力向上に焦点がおかれていたが、2000 年代は、地域ごとに特徴のある展開がみられるようになっている。アジアは理数科に加えて他教科支援も始まり、教師用指導書開発が最も多い。アフリカは理数科現職教員研修がアフリカ域内に拡大し、中南米は算数教科書開発が中米・カリブ地域で拡大している。以下、アジア、アフリカ、中南米の代表的な事例から、地域ごとの協力の特徴をみていく。

(2) アジア　教師用指導書

アジアでは、多様な協力アプローチがみられるが、教師用指導書開発[注13]に焦点をあてたプロジェクトが最も多い。アフガニスタン、モンゴル、ミャンマー、パキスタン、バングラデシュでは、従来の暗記型学習から、子どもの発想や思考を促す学習が求められるなか、現場の教員は授業実践に対応できないという問題がみられ、日々の授業実践に活用できるように教師用指導書開発の支援が行われている。例えば、ミャンマーでは、1998 年に問題解決型学習の

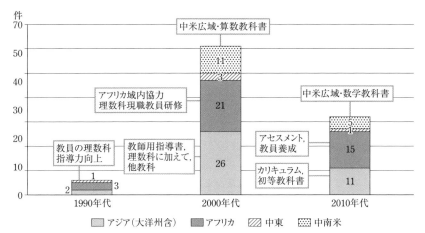

図 4-4 教員の授業実践の改善のための技術協力プロジェクト実績（年代別・地域別）、地域ごとの主な特徴　n=99

（出典）　JICA ナレッジサイトのプロジェクト情報をもとに筆者作成。
（注）　技術協力プロジェクトの開始年度をベースに年代別に分類。

実施を目的とした初等教育のカリキュラム改訂が行われ、理科（復活）、社会（地理と歴史を統合）、総合学習（新規）が導入され、これら 3 科目の新教科書、教員用マニュアルがミャンマー政府によって作成された。しかしながら、ミャンマーでは、カリキュラム全体を俯瞰するグランドデザインというものがなく（田中 2017、p.57）、教科書と教員用マニュアルが全てであり、何を教えるかはあるものの、現場レベルで問題解決型学習の運用に関する検討が抜け落ちており、現場の教員が実践できないという問題に直面していた（国際協力事業団 2001）。こうしたことから、教科書と授業実践の乖離を埋め合わせていくものとして、教師用指導書の必要性が認識され、2000 年度から、新たに導入された 3 科目で教師用指導書開発支援が始まっている。その後、2004 年度から 2011 年度まで、教師用指導書を用いてミャンマー教育省が進める児童中心型教育アプローチ（child-centered approach）の全国普及のための現職教員研修体制が構築され、教員養成への導入が図られていった。2011 年 12 月に実施された技術協力プロジェクトの終了時評価調査では、「調査団が視察した学校では、教材を使った授業展開とグループワークの採用がどの授業でも見られるようになってきている。これは理数科を中心としたアフリカ理数科教育計画プロジェクト群と同傾向である。教員の意識が変容しはじめた初期段階によく見ら

れるが、教員は自分の活動を変容させようとするのに精いっぱいであり、子ど
もの一人ひとりの学習にまで目が向きにくいという状況と考えられる」（国際
協力機構 2013、p. 27）との指摘があり、試行錯誤の様子が窺える。

（3）アフリカ　ソフト中心の理数科現職教員研修支援、
　　　ハード中心の教員養成支援

　アフリカでは、2000 年代、ケニア SMASSE の知見を活用し、12 か国[注14]
で理数科現職教員研修のプロジェクトが形成された。この背景には、ケニア
SMASSE とアフリカ各国の理数科教育関係者間の交流のなかで、ケニアの授
業改善アプローチ、現職教員研修の制度化の経験が、同様の課題を抱えるアフ
リカ域内の国々にも有益であることが認識されたことがある。ケニアを拠点と
して、アフリカ域内教育が展開されている。2001 年にアフリカ理数科教育域
内連携ネットワーク（Strengthening of Mathematics and Science Education―
Western, Eastern, Central, and Southern Africa: SMASE-WECSA）が設立さ
れ、アフリカ域内協力のプラットフォームとなっている（石原 2011、2014）。本
ネットワークを活用し、2003 年から 2009 年の間にアフリカ 28 か国 1,208 名が
ケニアの研修に参加し、16 か国がケニアからの技術支援を受けている（国際協
力機構 2010）。

　アフリカの多くの国で、ケニア SMASSE の経験・知見を活用しながら、プ
ロジェクトが形成されたが、各国の文脈に応じ、研修方法・内容が発展してい
る。例えば、2005 年度に開始したザンビアでは、ケニアが導入したカスケー
ド方式ではなく、校内研修に授業研究を導入している。ザンビアでは、1990
年代後半に他援助機関の支援により学校をベースとする現職教員研修制度が導
入されたが、具体的な研修内容が明確でなかったことから、形骸化してしまっ
た。そこで、ザンビアのプロジェクトでは、日本の授業研究の経験を活用し、
校内研修の具体的活動として授業研究を導入する試みを行った（国際協力機構
2007c）。

　本プロジェクトのユニークな点は、プロジェクト初期、ザンビアの中核人材
のフィリピン研修が組み込まれていることである。これは JICA の支援によっ
て授業研究が導入されたフィリピンの学校現場への訪問であり、フィリピンの
経験から学ぶことを意図している。ザンビアの中核人材は、授業研究を導入し

120　　第Ⅱ部　基礎教育協力

たフィリピン人教員の経験から、ザンビアに授業研究導入の有効性を確信し、授業研究の導入に拍車がかかったことを指摘している（Jung et al. 2016）。こうしたことが可能だったのは、フィリピンで授業研究の導入に携わった専門家の中井一芳が、ザンビアのプロジェクト専門家として携わっており、フィリピン、ザンビアの文脈を理解し、両国の橋渡しができる体制にあったことが大きいと考えられる。このように現場からの教訓を学び取る「百聞は一見にしかず」のアプローチが有効に機能しているが、SMASE-WECSA の枠組みを活用し、アフリカ域内のプロジェクト間の相互訪問、経験共有の学び合いが活発に行われた。

　一方で、課題としては、本プロジェクトに携わった広島大学馬場卓也と中井は、「ザンビアの授業研究において日本のそれとの顕著な違いは、授業研究を通じて目指すべき授業像が、教育関係者や教員に共通理解として存在していないという点にある。教育政策で示された子どもの様々な能力を育成する授業のイメージを、多くの教育関係者や教員が『子ども中心の授業である』と表現されるが、その授業がどのような授業なのか具体的に語ることのできる者がほとんどいない。このような状況の中で、教育省は授業研究を通じて、『現在の授業を子どもにとってより楽しくわかりやすい授業に変える』という指導を続けている」（馬場・中井 2009、p. 112）と描写し、教科教育研究の実践の弱さを指摘している。当時、筆者がアフリカの理数科教育プロジェクト形成・運営に携わっていた際、教科教育研究の実践、授業内容とグループ活動の関連付けの課題は、他の SMASE-WECSA 関連プロジェクトの日本人専門家からも多く聞かれ、アフリカで共通の課題として認識されていた。

　無償資金協力の案件をみると、教員養成施設支援が中心であり、アフリカに集中している。一部、理数科教員研修プロジェクトとの相乗効果を念頭に形成された案件（マラウイ、南スーダン）もあるが、多くの案件（レソト、セネガル、モザンビーク、マリ、ジブチ、ブルキナファソ）は、各国の教員養成のニーズに対応するため、施設拡充の支援が行われている。アフリカでは、2000年代、初等就学拡大に拍車がかかり、さらに、中等就学も拡大していったが、教員不足、無資格教員の課題が深刻化し、これらの課題に対応するために教員養成課程の拡充のニーズが高まったと考えられる。

第 4 章　教員の授業実践　　121

（4）中南米　中米算数教科書開発

　1990 年代後半のホンジュラスの教育について、当時、教育副大臣アドバイザーであった西方憲広は「これまでホンジュラスの学校教育では、知識を情報として教えていたが、これからは子どもが考える教育に変換しなければならない、ということが盛んに言われ始めた時期であった」（西方 2017、p.66）と語っている。ホンジュラスでは、「考える」カリキュラム改訂のために、世界銀行の融資で国内コンサルタント（主に大学教員）を雇用し、新カリキュラムを作成しているが、西方は、カリキュラム執筆者は数学者であり、教育者でなかったため、数学学習内容を盛り込みすぎており、理念との齟齬がみられることを指摘している（西方 2017）。

　こうしたなか、2003 年度から、算数の成績不振に起因する留年者の減少を目指し、教員が正確な内容の授業を適正な進度で行えるよう、新カリキュラムの内容に即した小学校全学年の算数の教師用指導書と児童用作業帳の開発を支援する技術協力プロジェクトを開始している。本プロジェクトは、ホンジュラスにおける青年海外協力隊による教育協力の経験を随所に生かしていること、戦後の代用教員の大量採用に伴う教育の質の低下への対応として生み出された「算数国定教科書教師用指導書」による教育の質の改善という日本の教育開発の経験をモデルとしていることを特徴として挙げている（国際協力機構 2003）。当初、教科書作成を想定していなかったが、プロジェクト開始後、1 年もたたないうちに、教育省から教科書開発の突然の申し入れがあり、プロジェクト途中で新カリキュラムに準拠した算数の教科書開発と教師用指導書をパッケージで引き受けることになっている（西方 2017）。2005 年に、国定の算数の教科書、教師用指導書として認定され、JICA で初の教科書開発支援となっている（国際協力機構 2007a）。

　中米各国でも、ホンジュラスと同様、「教え込み」から「考える」ことを重視した学力観が拡がり、その考え方を具体化していく教科書開発のニーズがあったことから、2003 年 11 月に中米文化大臣会合にホンジュラス教育大臣、西方が参加し、JICA の算数協力の教材開発の取り組みを、各国大臣に共有したところ、高い関心が寄せられ、エルサルバドル、グアテマラ、ニカラグアから、日本に算数教科書開発の要請がだされている（西方 2017）。2006 年度から、ホンジュラスでの算数教科書開発の知見を活用し、前述の中米 3 か国に加えて、

カリブのドミニカ共和国も加わり、中米カリブ算数広域協力は、JICAからの仕掛けによって始まっている。

（5）2000 年代の特徴

2000 年代は地域ごとに特色のある協力が展開されるが、共通しているのは教員の授業実践の向上が技術協力プロジェクト形成の出発点になっていることが、多くの報告書等から読み取れる。政策面においても、「日本の教育協力政策」（2010）の重点分野の1つである「質の高い教育」の項目のなかで、「教育の質の確保、特に子どもの学習成果向上のためには教員の能力向上がもっとも重要」とあり、教員の能力向上を重視している。また、「JICAの教育分野の協力」（2010）において、「教員研修を通じた教員の能力強化」を重点とし、教員は教育の質を決定付ける最も重要な要因としている。日本の継続的かつ段階的な教員の職能成長を促すための仕組みづくりの経験を参考にしながら、協力に取り組んでおり、教員の能力強化を重視し、教員研修、教師用指導書を中心に展開している。こうしたなか、中米では教師用指導書と組み合わせて教科書開発が行われ、子どもの学びに直接的な支援が始まった時期でもある。

6. 2010 年度以降　子どもの学びの改善に向けての授業実践

（1）国際的な潮流と教員の授業実践の改善のための協力傾向

2010 年代になってから、国際社会では、ポスト 2015 に向けて、教育の質、学び（learning）に焦点をあてた議論が活発となった。世界の約2億5,000万人の初等教育の学齢期の子どもが基礎的な読み書き計算能力を習得していないという学習の危機の報告（UNESCO 2014）は、国際社会に大きな衝撃を与えた。2015 年の持続可能な開発目標4（SDG 4）は「質の高い教育」が前面に押し出され、同時期に日本政府が発表した「平和と成長のための学びの戦略」において、教育の質の確保を「学びの改善」として捉え、「学び」に焦点があたるようになった。こうしたなかで、教員の授業実践の協力も、教員の能力向上から、子どもの学びの改善を中心に据えて、より総合的なアプローチがとられるようになってきた。

図 4-4 に示す通り、アジアでは、初等教科書開発のアプローチが増え、中米

第 4 章　教員の授業実践　　123

は初等算数教科書開発から、中等数学教科書開発へと次の教育段階に進んだ。アフリカでは、2013 年度にアフリカ域内協力を牽引してきたケニア SMASSE が終了し、それまでの理数科現職教員研修を中心としたアプローチだけでなく、アセスメント、教員養成の協力が出現してきた。

このように地域ごとに協力アプローチは異なるものの、カリキュラム、教科書、授業、アセスメントの一貫性を意識したアプローチがとられるようになってきている。また、教員養成課程強化の支援が増えつつある。さらに、援助手法の組み合わせも多様になり、包括的支援が行われるようになってきている。

(2) カリキュラム、教科書、授業、アセスメントの一貫性

教員の授業実践の改善のために支援を行ってきた国で、カリキュラム、教科書、授業、アセスメントの一貫性に課題があることが認識されるようになり、2010 年代になって、これらの一貫性を持たせていくために新たな支援の試みが始まっている。

例えば、ミャンマーでは、2014 年度から、初等全教科を対象に、カリキュラム、教科書、アセスメントを一体的に整備し、教員養成課程、学校現場への新カリキュラムの導入・実施を包括的に支援する技術協力プロジェクトが始まっている（国際協力機構 2016a）。本プロジェクトにつながっていく芽は、10 年以上にわたって児童中心型の授業アプローチを支援してきたプロジェクトにおいて、2011 年 12 月の終了時評価調査時に、ミャンマー教育省担当局長が調査団に向けた発言にみられる。「教師用指導書が開発され児童中心型アプローチも全国普及する。しかし、教育の根幹をなす肝心のカリキュラム、教科書が現在のままではいかにアプローチが普及しようとも根本的に教育改善が実施されたことにはならない。2014 年から初等教育のカリキュラム、教科書改訂に手を付けたいと考えているが、JICA の引き続きの支援をお願いできないか」（国際協力機構 2013、p.27）との発言記録が残されている。この背景には、これまで様々な方法で教員の指導力の改善に取り組んできたが、約 20 年前に作成された暗記型の教科書が改訂されない限り、教員の授業実践も子どもの学びも変化しないという問題意識がある。

また、バングラデシュでも、2000 年代、小学校理数科の教師用指導書、教員研修を通じ教員の授業実践の改善を支援してきたが、2012 年に初等カリキ

124　第Ⅱ部　基礎教育協力

ュラムが全面改訂となり、ミャンマーに先駆けて、小学校理科、算数の教科書、教師用指導書改訂を支援し、英国が他主要科目を支援している（国際協力機構 2017）。

　同じ頃、アフリカのエチオピアでは、JICA で初めてアセスメント分野に焦点をあてた技術協力プロジェクトが 2014 年度に始まっている。エチオピアでは、2011 年度から、ケニアの知見を活用し、初等 7-8 学年理数科教員を対象とする現職教員研修システムのモデル確立の支援を行い、子ども中心の教員の授業を促進してきたが、研修後に教員が学校に帰ってから授業実践が十分なされない問題に直面した。本プロジェクトに携わった専門家の豊間根則道は、この問題の原因は小学校卒業試験にあると指摘している。小学校卒業試験問題は全て四択問題で、ほぼ全て生徒の知識を試すだけの問題であり、生徒の興味をかき立てて思考力を養うようないい授業をいくらしても、その効果は全く測れない、あるいは認知されないことから、教員に、新しい授業をしようというインセンティブが湧かないことを指摘している（豊間根 2017）。子どもが学習を通じて獲得すべきスキルや技能がカリキュラムに明記されているものの、獲得した学力を測定する試験問題の内容とカリキュラム、授業実践との一貫性が欠如している課題である。こうした課題に対応するために、プロジェクトはカリキュラム戦略（カリキュラム―授業実践―学力評価）の強化のため、教育評価関係者の能力強化を支援の焦点においている（国際協力機構 2015a）。具体的には、①縦割りの試験局、カリキュラム局、教師教育局、州の専門家を試験問題作成科目ごとにワーキンググループを結成し、横のつながりを強化し、②具体例をもとに「良問」とは何かについて徹底的に議論し、③作成した試験問題を子どもに解いてもらい、その結果を分析し、試験問題の改善を試みている（豊間根 2017）。

　こうした動きを反映し、2015 年に策定した JICA 教育協力ポジションペーパーは、「子どもが基礎的な学力と、自ら学びを考える力を身につけられるよう、従来の教員能力強化中心のアプローチから、カリキュラム、教科書・学習教材、授業、学力評価（アセスメント）の一貫性を持たせ、学びの改善のための総合的なアプローチへ発展させる」（国際協力機構 2015b）としている。

第 4 章　教員の授業実践　　125

（3）包括的支援（技術協力と財政支援の組み合わせによる相乗効果）

アジア、アフリカにおいて、技術協力と財政支援を組み合わせた支援事例がでてきており、援助手法も多様になっている。

バングラデシュでは、各援助機関は初等教育計画開発プログラムに活動資金を拠出することが、全体計画に主体的に参加できる条件となっており、2010年代になって、財政支援の形態で支援を行う無償資金協力案件（2010、2012、2013、2015 年度の合計 19.9 億円）が実施されるようになっている。これにより、教育開発の専門家がバングラデシュの初等教育開発プログラムに主体的に参加することが可能となり、前述した技術協力プロジェクトの支援で開発した小学校理科、算数の教科書・教師用指導書の印刷、配布費の予算を本プログラムの資金から支出できるよう調整することで、全国配布へとつながっている（国際協力機構　2017）。

ザンビアでは既存の仕組みを活用し、2000 年代半ばから取り組んできた授業研究が、2015 年に全国 10 州に拡大している（国際協力機構　2016b）。それには、2010 年代になって、財政支援方式の無償資金協力（2011、2012 年度の合計 6 億円）を供与し、授業研究の技術的支援を行う全国の研修活動を中心に資金の使途を特定したことが貢献している。また、ザンビアの授業研究の事例は、2015 年にブルッキングス研究所が全世界を対象に学びに関するスケールアップ事例を分析した Millions Learning プロジェクトの有効事例 10 件の 1 つとして選定され、調査分析レポートが発刊されている。同レポートによれば、授業研究の全国普及の教訓として、①パイロットから段階を踏んで、10 年かけて取り組んできた JICA の長期間にわたるコミットメント、②教員を研修対象者ではなく「変革の当事者（agents of change）」としてみなしている、③授業研究を現地化した「柔軟性（flexibility）」、④授業研究の既存の政策・制度への統合、⑤ザンビア政府のオーナーシップと予算コミットメント（ザンビア側負担 9 割以上）などが挙げられている（Jung et al. 2016）。

（4）教員養成課程の強化

2000 年代は現職教員を支援対象とした技術協力プロジェクトが多かったが、2010 年代半ばから、教員養成課程に焦点をあて、現職教員研修と教員養成課程の連携強化を意識した支援がみられるようになった。

ザンビアでは、授業研究を通じ学校ベースの継続的職能開発として仕組み構築に大きな成果を挙げてきたが、質の面では、授業研究を促す役割を担う教員の教科内容知識が弱いことが指摘され、生徒の理解度に応じた課題提示、教える内容や教材に対する深い理解を促進するためには教材研究を一層強化する必要があるとの指摘がなされている（国際協力機構　2016b）。こうした課題に対応するために、ザンビアでは、2015年度から、教員養成校と学校現場が連携・協働し、教材研究を実践しながら、教員養成校教官と学校教員の教科知識と教授内容を結び付けて能力向上を図っていくプロジェクトが始まっている[注15]。また、ブルキナファソでも、2015年度から、過去に取り組んできた現職教員研修の知見を活用し、教員養成校の実践的な学習方法の支援の技術協力プロジェクトが始まっている。Akyeampong et al.（2013）のアフリカ6か国の初等教員を対象とした研究では、教員の授業観、授業実践に影響を与えるのは教員養成での学びが大きいことを指摘しており、アフリカの教員の授業実践に根本的に取り組んでいくには、教員養成と現職教員研修をリンクさせ、教員養成課程を強化していく必要があると考えられ、アフリカの教員養成プロジェクトが形成されている背景、課題と重なっている。

　アジアにおいても、ミャンマーでは、教育改革のなかで、2年制の教員養成校を4年制へ移行（大学に格上げ）することが検討されており（国際協力機構2016a、田中　2017）、前述したミャンマーの技術協力プロジェクトのなかで、教員養成カリキュラム改善の支援を行っている（国際協力機構　2016a）。また、ハード面でも、無償資金協力を通じ、モデル校となる教員養成校の建て替えの支援が行われている。同様に、カンボジアでも、教員養成校の大学化の動きがあり、2016年度から、教員養成制度設立のための基盤構築の支援を目的とした技術協力プロジェクトが始まっており、無償資金協力を通じ、教員養成大学開校に向けた建て替え支援が予定されている。

　このように、多くの国で、教員の授業実践の改善のためには、教員になる前の教員養成課程を強化していくことが重要であるとの認識が高まっていると考えられる。

むすび

1960年代半ばから今日まで、現場に立脚し、現地への文脈化、持続性、オーナーシップを重視する姿勢は脈々と受け継がれている。1960年代半ばから2010年度以降の各時代の特徴、つながりをまとめて、むすびとしたい。

1960年代半ばから1980年代は、専門家派遣、青年海外協力隊、無償資金協力の個々の事業が、一部の事例を除き、独自に展開した時期として捉えられる。一方で、理数科を中心に専門家、青年海外協力隊は途上国において授業実践の経験が蓄積され、また、教員養成・研修施設が建設され、1990年代以降の本格的な協力展開の下地になった時期でもあったと考えられる。

1990年代になって、基礎教育で初めての技術協力プロジェクトがフィリピンの理数科教育分野で始まり、本格的な協力が開始されている。フィリピンのパッケージ協力では、個々の事業を有機的につなぐ試みがなされ、多くの教訓を残した。協力の焦点は、教員になった後も研修を受けられる仕組みを構築し、実践的な授業改善法を開発することにあったが、学び続ける教員の意識付け、教員の態度変容への試行錯誤が行われている。

2000年代、子ども中心の授業の理念と授業実践の乖離を埋め合わせていくために、地域ごとに特徴のある協力が展開された。アジアでは、教員が日々の授業で活用できるよう教師用指導書の開発が多くの国でみられるようになった。アフリカでは、ケニアの授業改善アプローチ、現職教員研修の制度化の知見・経験を活用し、アフリカ域内協力が展開された。中米では、ホンジュラスの算数の教師用指導書、教科書開発の知見を活用し、中米カリブ算数広域協力が展開された。アフリカ、中米では、拠点となる国で開発した知見を活用し、各地域で面的に拡大していった点に特徴がある。この時期、グループ学習が取り入れられるなど教員の意識変容は垣間見られるようになったが、子どもの学びや授業を深めていく点で課題が挙げられるようになり、地域ごとに試行錯誤が行われた時期であると考えられる。

2010年度以降、多くの国で、カリキュラム、教科書、授業、アセスメントの一貫性を持たせていく重要性が認識されるようになり、子どもの学びの改善に向けて、カリキュラム、教科書、アセスメントなど国の教育の根幹部分への

支援が増えてきている。教科書、教師用指導書を組み合わせた支援が増えてきており、これまでの「教員の授業実践のための改善」（教員は何をどのように子どもに教えるのか）から、「子どもの学びの改善に向けての教員の授業実践」（子どもは何をどのように学び、教員は子どもの学びをどのように促すのか）のアプローチへとシフトしてきている。教育改革と連動し、教員になる前の教員養成段階の重要性の認識が高まり、近年、教員養成課程への支援も増えつつある。こうしたなかで、日本は、国の教育改革と教室での授業実践を構造的に捉え、それぞれの国自身が、このギャップを特定し、これらの一貫性を確保できるよう、後押ししていく役割が重要になってきていると考えられる。現場で試行・実証し、現場から政策レベルまでの関係者の能力強化を図りながら、全国展開へとつながる包括的な支援事例もみられるようになっており、今後、日本の国際教育協力には、益々、現場力と全体像を描いていく構想力が求められるであろう。

　本章では十分触れることはできなかったが、近年、障害のある子どもの発達支援などの取り組みも始まっており、授業実践に多様な子どもに対応するためのインクルーシブな視点を組み込んでいくことが重要になってくると考えられる。

　今後、カリキュラム、教科書、授業、アセスメントの一貫性を確保していく国の教育改革と教室の授業実践の改善を連動させ、子どもの学びの改善に向けての試行錯誤を続け、新たな歴史が切り拓かれていくことを期待したい。

注

［注1］　文部省から海外技術協力事業団（OTCA）への委託事業を含む。
［注2］　同一案件、内容で年度を複数回に分けて支援した案件は1件とカウントした。各年度に基づく交換公文（E/N）ベースでは40件。
［注3］　開発調査（ミャンマー、ヨルダン、スリランカ）、アフリカ理数科教育のプロジェクト型の現地国内研修（タンザニア、アンゴラ）を含む。
［注4］　教員養成施設（教員養成校、教員養成大学等）、現職教員研修施設の総称。
［注5］　包括的な経済・社会開発計画である貧困削減戦略の推進等のため、開発途上国に対して財政支援を行う形態の無償資金協力。①資金の使途や支出項目を特定しない一般財政支援、②資金の使途や支出項目を特定の分野に限定するセクター財政支援、③相手国政府や援助機関によって設けられた特別会計に対する財政支援を行うコモンファンド型財政支援の方法がある。https://www.jica.go.jp/activities/schemes/

grant_aid/type.html（2018 年 8 月 20 日）。

　　教育分野の実績は、②の教育分野のセクター財政支援が実施されている。スキームとしては、2007 年度に貧困削減戦略支援無償資金協力（PRS 無償）が導入され、実施されてきた。

［注 6］　山名修吉「開発途上国に対する教育協力活動の 10 年をふりかえりみて」『京都教育大学教育研究所報』第 22 号、1976 年、が引用されている。

［注 7］　職種名の変更があったため、理数科教師、数学教師、理科教師、理科教育、数学教育の累計数。JICA 提供データに基づく。

［注 8］　本章では、ケニアの一連の理数科教育プロジェクトをケニア SMASSE と表記する。SMASSE（1998-2003）、SMASSE フェーズ 2（2003-2008）、SMASE（Strengthening of Mathematics and Science Education）（2009-2013）。

［注 9］　タイ、インドネシア、マレーシア、イラン、ケニア、フィリピン、パキスタン、ビルマ、中華民国、シンガポール、ウガンダ、スリランカ、ベトナム、モルディブ。報告書の文中に 16 か国 80 名との記載があるが、内訳実績表の国・人数と齟齬があるため、内訳実績表に基づく。

［注 10］　本章では、「児童」「生徒」「学習者」「子ども」の表現を「子ども」に統一する。ただし、各国の文脈で用いる場合、各国の表記にあわせる。

［注 11］　授業研究とは、同僚とともに教材を研究し、授業を実践し、それについて討論し、次の教材研究に活かすという「計画―実施―評価（Plan-Do-See）」の原理が組み込まれた授業改善の方法である（国際協力機構 2007、p. 13）。教員が実際の授業もとに、教員同士で学び合うことで、教材をみる目や子どもをみる目が養われ、次第に授業が改善され、教員自身が常に学び続けることができる。研修方法としては、教員自身が同僚教員と、学校単位、あるいはクラスター（近隣校の学校群）単位で実施することが可能。

［注 12］　複数の業務従事者が団を構成して包括的に実施することが必要な業務を委託。https://www.jica.go.jp/announce/beginner/application/consultant/index.html#outline（2018 年 8 月 22 日）。

［注 13］　プロジェクトによって呼び方は異なるが、教師用指導書に表記を統一。ミャンマー、アフガニスタンは教師用指導書、パキスタンは教員用指導書、バングラデシュは教育パッケージ（テーチィングパッケージ）と呼称。

［注 14］　マラウイ、ウガンダ、ザンビア、モザンビーク、ナイジェリア、ニジェール、セネガル、ブルキナファソ、ルワンダ、タンザニア、アンゴラ、南スーダン。

［注 15］　ザンビア教員養成校と学校現場との連携による教育の質改善プロジェクトホームページ。https://www.jica.go.jp/project/zambia/009/index.html（2018 年 8 月 27 日）。

参考文献

石原伸一、2011、「アフリカ理数科教育域内連携（SMASE-WECSA）ネットワークの

設立期についての考察」『国際教育協力論集』第 14 巻、第 1 号、69-88 頁。

石原伸一、2014、「アフリカ理数科教育域内連携（SMASE-WECSA）ネットワークを通じたネットワーク型協力の考察」『SRID ジャーナル』第 7 号。

石原伸一、2018、「第 13 章　国際協力機構（JICA）による協力 —— 教員の授業実践の改善から子どもの学びの改善へ」、興津妙子・川口純編『教員政策と国際協力 —— 未来を拓く教育をすべての子どもに』明石書店、330-356 頁。

板屋源清、1969、「インドネシアの理科教育」『海外技術協力』Vol. 184、6 月号。

稲垣孝行 1969、「タイの理科教育」『海外技術協力』Vol. 183、5 月号。

大野正雄、1970、「イランにおける理科教育指導」『海外技術協力』Vol. 196、6 月号、海外技術協力事業団。

国際協力機構、2003、『ホンジュラス共和国 算数指導力向上プロジェクト　実施協議報告書』。

国際協力機構、2004、『評価結果の総合分析　初中等教育・理数科分野』。

国際協力機構、2005、『課題別指針　基礎教育』。

国際協力機構、2006、『日本の理数科教育協力 —— JICA の取り組み』。

国際協力機構、2007a、『理数科教育協力にかかる事業経験体系化 —— その理念とアプローチ』。

国際協力機構、2007b、『キャパシティ・ディベロップメントに関する事例分析　ケニア中等理数科教育強化計画プロジェクト』。

国際協力機構、2007c、『ザンビア共和国理科研究授業支援プロジェクト終了時評価調査報告書』。

国際協力機構、2008、『JICA プロフェッショナルの挑戦　シリーズ 4：フィリピン初中等理数科教員研修強化計画プロジェクト』。

国際協力機構、2009、『JICA プロフェッショナルの挑戦　シリーズ 4：ケニア「中等理数科教育強化計画」関連プロジェクト』。

国際協力機構、2010、『JICA の教育分野の協力 —— 現在と過去』。

国際協力機構、2013、『ミャンマー連邦共和国 児童中心型教育強化プロジェクトフェーズ II　終了時評価調査報告書』。

国際協力機構、2014、『プロジェクト研究「途上国における効果的な授業実践のための教員政策と支援のあり方」報告書』。

国際協力機構、2015a、『エチオピア連邦民主共和国 理数科教育アセスメント能力強化プロジェクト実施協議報告書』。

国際協力機構、2015b、『JICA 教育協力ポジションペーパー』。

国際協力機構、2016a、『ミャンマー連邦共和国 初等教育カリキュラム改訂プロジェクト　実施協議報告書』。

国際協力機構、2016b、『ザンビア共和国 授業実践能力強化プロジェクト　終了時評価調査報告書』。

国際協力機構、2017、『バングラデシュ人民共和国 小学校理数科教育強化計画フェーズ

2　終了時評価調査報告書』。

国際協力機構、2018、『JICA 教育協力のトレンドと実績』JICA 教育ナレッジマネジメ
　　ントネットワーク（KMN）。

国際協力事業団、1981、『理科等教育協力事業評価調査団報告書（タイ・マレイシア・
　　フィリピン）』。

国際協力事業団、1987、『ホンデュラス共和国　国立教育実践研究所建設計画　基本設計
　　調査報告書』。

国際協力事業団、1989、『スリランカ民主社会主義共和国　国立教育研修・研究所拡充計
　　画　基本設計調査報告書』。

国際協力事業団、1992、『フィリピン・プロジェクト形成調査（理数科教育）報告書』。

国際協力事業団、1994、『開発と教育　分野別援助研究会報告書』。

国際協力事業団、1996、『南アフリカ共和国　教育分野プロジェクト形成調査結果資料』。

国際協力事業団、1999、『フィリピン共和国　初中等理数科教育向上パッケージ協力・
　　理数科教師訓練センタープロジェクト終了時評価報告書』。

国際協力事業団、2000、『エジプト国「小学校理数科授業改善」プロジェクト終了時評
　　価報告書』。

国際協力事業団、2001、『ミャンマー国　基礎教育改善計画調査　事前調査報告書』。

国際協力事業団、2002、『ケニア共和国　中等理数科教育教科計画　終了時評価報告書』。

斉藤泰雄、2008a、「わが国の基礎教育援助タブー論の歴史的ルーツ」『国際教育協力論
　　集』第 11 巻、第 2 号、113-127 頁。

斉藤泰雄、2008b、「わが国の国際教育協力の理念及び政策の歴史的系譜――草創期か
　　ら 70 年代初頭まで」『国立教育政策研究所紀要』第 137 集、149-166 頁。

斉藤泰雄、2011、『わが国の国際教育協力の理念及び政策の歴史的系譜に関する研究』
　　（科研費補助金研究報告書）、国立教育政策研究所。

澤村信英、1999、「理数科教育分野の国際協力と日本の協力手法に関する予備的考察」
　　『国際教育協力論集』第 2 巻、第 2 号、173-181 頁。

鈴木和孝 1971、「ケニアの理科教育」『海外技術協力』Vol. 202、1 月号。

田中義隆、2017、『ミャンマーの教育』明石書店。

武村重和、2008、「SMASSE がアフリカの理数科教育を変える」『外交フォーラム』239
　　号、44-45 頁。

豊間根則道、2017、「エチオピアの試験問題をよくする」『IDCJ REGIONAL TREND』
　　No. 16、国際開発センター。

西方憲広、2017、『中米の子どもたちに算数・数学の学力向上を　算数教科書開発を通
　　じた国際協力 30 年の軌跡』佐伯印刷。

日本政府、2010、『日本の教育協力政策 2011-2015』。

日本政府、2015、『平和と成長のための学びの戦略――学び合いを通じた質の高い教育
　　の実現』。

馬場卓也・中井一芳、2009、「国際教育協力における授業研究アプローチの可能性――

ザンビアの事例をもとに」『国際教育協力論集』第 12 巻、第 2 号、107-118 頁。

本多良二、1969、「フィリピンの理科教育」『海外技術協力』Vol. 185、7 月号。

山名修吉、1972、「タイ国の理科教育を指導して」『海外技術協力』Vol. 222、11 月号。

山本忠・山田和俊、1986、「理科教育に関する専門家活動報告（インドネシア）」国際協力事業団国際協力総合研修所。

Akyeampong, A. Lussier, K. Pryor, J. and Westbrook, J. 2013. Improving teaching and learning of basic maths and reading in Africa: does teacher preparation count? *International Journal of Educational Development*. Vol. 33. No. 3. pp. 272-282.

Jung H. et al. 2016. *Lesson Study: Scaling Up Peer-to-Peer Learning for Teachers in Zambia*. Washington: The Brookings Institution, Center for Universal Education.

Shwille, J. and Dembêlê, M. 2007. *Global Perspectives on Teacher Learning: Improving Policy and Practice*. Paris: UNESCO, International Institute for Educational Planning.

UNESCO. 2014. *EFA Global Monitoring Report, Teaching and Learning: Achieving quality for all*. Paris: UNESCO.

Villegas-Reimers, E. 2003. *Teacher Professional development: an international review of the literature*. Paris: UNESCO, International Institute for Educational Planning.

第 **5** 章
行政能力強化と学校運営改善
国際教育協力を公正で質の高い学びの実現につなげるために

石田洋子・興津妙子

1. 教育行政と学校運営に対する支援はなぜ必要か

　本章では、途上国の教育開発を進める上で中心的役割を果たす「教育行政」と、教育現場において教員、子ども、保護者、地域住民等とともに教育実践活動に取り組む「学校運営」を対象に、これらの領域の能力向上・機能強化を目指す日本の国際教育協力を取り上げる。

　本章の副題にも示す通り、教育開発に必要な資源（人・モノ・金等）が限られている途上国では、教育政策や施策を実施して、各学校において公正で質の高い学びを実現するためには、援助機関から提供される資源を適切に配分し、効率的・効果的に活用することが不可欠である。第 3 章や第 4 章で解説する学校建設や教員研修、カリキュラム・教材開発などの教育協力プロジェクトによる介入を通して、学校レベルで教員や子どもたちに変化をもたらし、持続性のある成果を生み出すためには、教育行政と学校運営のどちらか一方ではなく、両方がそろって機能してこそ、重要な使命を果たすことが可能となる。

　基礎教育における日本の政府開発援助（ODA）を通した国際教育協力は、当初は、学校建設や教員研修などが中心であったが、1990 年代後半から、本章が対象とする行政能力強化や学校運営改善の技術協力プロジェクトが行われるようになった。関連プロジェクトによる活動や成果を振り返る前に、まず、どのような経緯で日本政府が行政能力強化や学校運営改善の支援に取り組むに至ったのかを理解するために、途上国における「教育行政」と「学校運営」の役割と課題、国際社会の動向を概説する。

（1）教育行政の役割と課題

　教育行政は、「国や地方公共団体が教育政策を実現するため、教育法規を基礎に教育制度を運営し、教育条件の整備と教育活動の規制・助成を行うこと」（三輪 1993）と定義される。地方分権の程度による差はあっても、多くの途上国において教育行政は、中央教育行政機関の教育省と地方自治体または地域教育事務所（教育省の出先機関）が担う[注1]。

　一般的に、教育行政の具体的な機能としては、教育政策・戦略策定と実施、予算プロセス、教育統計、情報処理、モニタリング評価、カリキュラム・教科書開発、教員教育・訓練、教育関連施設・機材整備・維持管理、財務・予算行政、人事管理、文書管理等が挙げられる。途上国の教育行政では、援助機関との調整も重要な機能である。教育省の権限や責任範囲の特徴の1つに、政府機構の中で最大クラスの予算を管理することが挙げられる。全国の国公立の学校を管理し、最多の公務員（または教職員）と不動産（行政関連機関や教育施設等）を抱え、全国に広がる様々なコミュニケーションや複雑な命令系統を有する。

　自国の教育のあり方を教育政策に示し、援助機関からの資源も活用しながら、政策実現のための戦略や取組を実施するという重要な役割を担う教育省であるが、多くの途上国において、教育省がその役割を適切に果たしているとは言い難い状況にある。

　教育に係る法制度が未整備であること、教育省の次官や局長などのトップ官僚は政治的ポストであり、政権が変わるたびに交代となって継続性がないこと、教育省行政官の多くは教員出身者であり、計画策定や実施などの教育行政に対して専門知識・経験を持っていないこと、中央の教育行政官が教育省トップや援助機関の対応に忙しく、物理的にも精神的にも教育現場から離れたところにいること、地方に人材が不足しており地域教育行政の組織体制が未整備であること、教育関連のデータや統計システムが未整備であること、モニタリング評価は適切に実施されず予算管理やプロジェクト管理の透明性・アカウンタビリティが低いこと、などが途上国に共通してみられる教育行政の主な課題である。

（2）学校運営の役割と課題

　学校運営は、「教育活動によって、子どもの発達をよりよく保障すべく、学

校の内的側面及び外的側面の条件整備を行うこと」と定義される。学校の内的
側面とは、学校で行われる教育活動（教育実践）であり、外的側面とは学校の
施設整備・人的配置である。さらに、学校運営では、学校と教育行政の関係、
学校内部の教職員間の関係、学校と地域・父母といった学校外との関係、そし
て何よりそこで学ぶ児童・生徒との関係を中心に据えなければならない。「学
校管理」や「学校経営」等の類似する用語もあるが、「学校運営」という用語
は上意下達のやり方ではなく、参加や合意を基本とした学校の組織・運営に力
点をおいた表現であるといえよう（三輪 1993）。

　学校運営は、教育政策や教育法制等のマクロ的な「制約」のある条件下で、
学校の目標や方針を実現するために、中央から配分された資源や自らが保有す
る資源（人的・物的・時間的・文化的条件）を活用して各学校が体系的・組織
的に取り組む教育実践活動である。政府がある教育政策を決定したとしても、
それを実践するのは教育活動の現場である学校の教職員たちであり、学校運営
全体のリーダーシップは校長が担う。

　教育現場である学校において教育開発の成果を生み出す、という極めて重要
な役割を担う学校運営であるが、途上国においては教育行政と同様に課題が多
い。例えば、校長や教職員が学校運営に関する知識やスキルを有していないこ
と、彼らの学校計画の策定や実施の能力が低いこと、教職員に対する給与等の
待遇が悪いこと、教員組合が未整備であるか、教員組合の政治的影響を受けや
すいこと、学校関連の統計や情報管理が適切に行われないこと、地域住民が学
校教育を十分に理解していないこと、などが主な課題として挙げられよう。

　学校では、授業、生活指導、行事など多様な活動が、校長以下、様々な教職
員によって協働で行われている。学校を基盤とした教育活動を円滑に効果的に
進めるためには、学校に係る様々な関係者がそれぞれの役割を果たし、共通の
目的の下に子どもの学びを支援していくことが求められている。近年は、教職
員だけでなく、保護者や地域住民が直接的に学校の運営や教育活動に参加する
ことが世界中で推進されてきている。

　こうした背景の下、途上国の教育開発においても、学校運営、とりわけ「参
加型学校運営」という用語が、1990 年代以降急速に市民権を得て、様々な国
際協力プロジェクトが行われるようになった。初等教育の無償化政策がとられ
る一方で、政府からの予算配分は限定的で、その配賦はタイムリーでないこと

第 5 章　行政能力強化と学校運営改善　　137

から、学校資金は大幅に不足していた。保護者や地域住民の参加を得ることで、彼らの学校教育に対する理解や関心を高めること、何らかの形で彼らとのコスト・シェアリングの体制を整えることなども、参加型学校運営を推進する動機の1つと考えられる。

(3) 背景としての国際社会の動向

1990年のジョムティエン会議と1996年の経済協力開発機構開発援助委員会（OECD/DAC）新開発戦略に沿って、国際社会において、基礎教育開発が重要課題として認識されるようになったこともあり、国際機関や二国間援助機関による教育分野への支援が拡大した。一方、二国間援助の北欧諸国やイギリス、オランダ、多国間援助の世界銀行や国連開発計画が、援助協調や援助の調和化を推進し、国際的には技術協力プロジェクトの持続可能性は幻想ではないかという援助評価も行われた。

途上国がセクター開発計画を策定し、その実施に必要な資金を途上国政府が負担し、不足分は援助機関が財政支援を通して提供するというセクター・ワイド・アプローチ（SWAPs）の援助形態が主流となった。2000年代に入ると、プロジェクト型の支援を否定し、財政支援を重視する流れはより強くなり、プロジェクト援助を基調としてきた日本の支援体制が苦境に立たされるケースも散見されるようになる（笹岡・西村 2008）。

こうした流れの中で、途上国の教育省には、自国の教育開発におけるリーダーシップを発揮して、万人のための教育（EFA）やミレニアム開発目標（MDGs）などの国際目標達成のための教育改革を計画・実施することが求められた。途上国政府は、これまでは援助機関に多くを頼ってきた教育開発について、自らが教育政策やプログラムを計画して、これまでより大きな規模の予算を管理し、執行しなくてはならなくなった。

しかし、教育行政機関は十分な経験を持っておらず、人材不足や行政能力が低いために、開発のための資源を効果的に運用・管理できず、計画を実施に移せないか、実施しても十分な成果があげられないというケースが多くみられた。なお、こうした事態に陥った原因は途上国側だけにあるのではなく、援助機関側にも責任はあった。これまでは、援助機関が途上国政府の政策の如何にかかわらず、自らの関心領域だけに支援を集中させ、政府の行政機構を軽視して独

自に運営組織を形成してプロジェクトを実施してきたことで、政府の能力や政策の一貫性を育てないばかりか、削いできた、という問題が指摘された（山田2015）。

遡って1980年代から、途上国に対する開発援助全体の議論の中で、ガバナンス、キャパシティ・デベロップメント（capacity development: CD）が徐々に重視されるようになった。開発援助の分野で使われる場合、ガバナンスは、途上国の政治機構や制度、またそれを運営する政府の能力といった意味で使われ、CDとはガバナンスを向上させるための中心的要素である人材の能力向上を指す。教育行政機関が、自らの業務である教育プログラムや政策、改革を効果的に計画し、実施して、成果をあげるために、中央政府から地方政府、行政官から教職員等の専門職員まで、様々な分野及びレベルにおいて、CDの重要性が高まっていった（山田 2015）。

民主化やニュー・パブリック・マネジメント（new public management: NPM）からの影響も見逃せない。1980年代以降の欧米諸国で形成されたNPMは国際協力や途上国政府にも影響をもたらし、行政改革や地方分権が進められ、援助における効率性や成果重視の考え方が取り入れられるようになった。1980年代後半にソビエト連邦が崩壊し、また、多くの途上国において独裁政権から民主主義政権への移行が実現した。こうして、人間開発や社会開発などの開発パラダイムの興隆の下で、様々なステークホルダーの参加が権利として主張されるようになり、参加型開発のアプローチが様々な分野において重視されるようになった。参加型のアプローチは、行政能力強化や学校運営改善の技術協力にも取り入れられた。

2. 行政能力強化と学校運営改善のための支援の概要

（1）技術協力プロジェクトが始まるまで

日本のODAを通じた教育分野への支援は、これまでの章にも書かれている通り、かつては高等教育や技術教育・職業訓練（TVET）に対するものが中心であった。第2次世界大戦後までの植民地や占領地における教育に対する反省、教育援助は途上国の近代化や経済発展に資するものであるべき、或いは一般国民教育への協力は相手国への内政干渉にあたるので慎重に行うべきというよう

な考え方から、基礎（特に初等）教育援助に対しては消極的姿勢が支配的な時期があった（斉藤 2008）。しかし、1990 年のジョムティエン会議以降における世界的な基礎教育援助重視の傾向を受けて、基礎教育分野への国際協力は徐々に拡大されていく。

こうした背景の下で、行政能力強化と学校運営改善のための技術協力が行われるようになった。その援助政策や方針の推移を以下に整理する。

1992 年に設置された国際協力事業団（JICA）「開発と教育　分野別援助研究会」が 1994 年に発表した「開発と教育　分野別援助研究会報告書」（国際協力事業団 1994）は、JICA の教育協力に関する最初の政策文書であり、基礎教育への支援開始に重要な役割を果たした（内海 2005）。同研究会報告書には、①教育援助の拡大を図ること、②基礎教育援助を重視すること、③教育開発の段階に応じた援助を実施することの 3 点が教育協力政策に係る提言の基本方針として示された。重点分野には、基礎教育における理数科教育、女子教育、社会的弱者に対する教育、ノンフォーマル教育と理工系の高等教育が、重点内容には教育行政の強化、教師養成、カリキュラム・教科書・教材開発、学校施設整備がそれぞれ掲げられた。ここで、基礎教育における教育行政強化が JICA の重点課題として初めて取り上げられた。

1998 年の JICA「DAC 新開発戦略援助研究会報告書」（国際協力事業団 1998）には、①教育開発を総合計画の一環として計画する、②教育財源の充実を図る、③教育行政の CD を重視する、④女性の社会参加の促進に貢献する教育を重視する、の 4 点を基本的視点とする提言が取りまとめられた。基礎教育開発を効果的に実施するためには政府の能力向上が不可欠であることから、ここでも教育行政の能力強化が JICA の政策文書において重点課題として取り上げられた（内海 2005）。

教育分野のみならず、JICA 全体として CD への関心は高まりをみせ、1990 年末からは JICA 国際協力総合研修所（当時）において CD に関する研究が進められた。同研究は、CD を「オーナーシップを原則に置き、途上国の課題対処能力の向上が、個人、組織、社会などの複数のレベルの総体として向上していくプロセス」と定義し、キャパシティは外から移転できる資本ではなく、途上国自身の努力によって継続的に伸ばしていく内発的なものであることを理解し、多様性を重視しながら包括的な支援によって CD を行うことが重要である

と訴え、JICA の技術協力の効果の向上に向けて、CD の考えをもとに自らの協力を再定義し、持つべき視点や目指すべき成果、そのためのアプローチを構築していく必要があると提言した。

それまでも JICA は教育行政の機能強化には着目し、個別専門家派遣や、日本での研修員や留学生受け入れなどのプロジェクトを通して、行政官個人に対する支援を行ってきた。例えば、1990 年代後半には南アフリカにおいてムプマランガ州教育省とプレトリア大学と共同して、同教育省に現職教員研修システム構築のための計画策定・実施、モニタリング評価体制を整備するための個別専門家派遣が行われるなどして、成果があげられた。

基礎教育開発における教育行政の重要性が JICA の援助方針に明記され、上記の通り CD に関する理解も高まったことから、個人ではなく、プロジェクトを通した行政能力強化を導入して、点から面へと支援による成果を拡充することが強く求められるようになった。

（2）技術協力プロジェクトの実施状況

1990 年代には、JICA のプロジェクト形式をとる技術協力は、技術協力プロジェクトと開発調査の 2 つの援助形態があった。開発調査では、相手国のカウンターパート機関とともに政策や開発計画の策定を協働し、計画の一部をパイロット事業として実践・検証するなどの活動を、相手国のニーズやキャパシティに応じて柔軟に行うことが可能であった。このため、基礎教育協力における行政能力強化への支援の立ち上げ時には、より適切な協力の方向性を探るため開発調査の援助形態が活用された。2003 年に JICA に人間開発部が設置されて以降は技術協力のあり方に対する検討が重ねられ、開発調査から技術協力プロジェクトによる協力に徐々に移行していった。こうした背景を踏まえて、以下の統計は開発調査と技術協力プロジェクトの両援助形態を併せて「技術協力プロジェクト（技プロ）」として示す。

1999 年にインドネシア「地域教育開発支援」及びタンザニア「地方教育行政強化計画」（両案件とも開発調査）が、それぞれ学校運営改善及び行政能力強化のための技プロ第 1 号として開始された。1991 年から 2015 年までに基礎教育分野で実施された技プロは 143 件あり、総額約 464 億円が投入された。このうち、行政能力強化を主な目的とした技プロは 23 件（基礎教育分野におけ

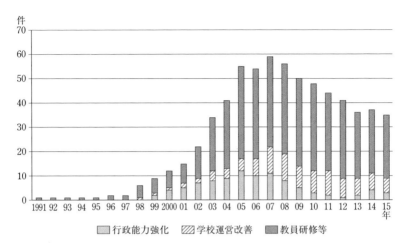

図 5-1　目的別技プロ案件数の推移（単位：件）
(出典)「日本の国際教育協力——歴史と展望」検討委員会のリストに基づき筆者作成。

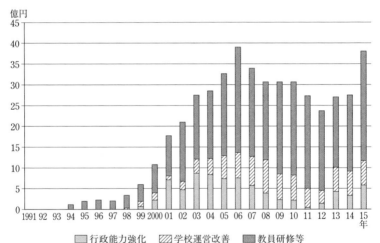

図 5-2　目的別技プロ投入金額の推移（単位：千円）
(出典)「日本の国際教育協力——歴史と展望」検討委員会のリストに基づき筆者作成。

る技プロ全体の 16.1％）で約 76 億円（同 16.3％）、学校運営改善を主な目的とした技プロは 22 件（同 15.4％）で約 78 億円（同 16.8％）であった。

図 5-1 及び図 5-2 に、目的別技プロ案件数及び投入金額の推移を示す。行政能力強化及び学校運営改善を主な目的とする技プロが 1990 年代後半から始まり、行政能力強化の案件数は 2003 年をピークとしてあとは限定的な実施に留

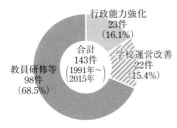

図5-3 目的別技プロ案件数の割合
（出典）「日本の国際教育協力──歴史と展望」検討委員会のリストに基づき筆者作成。

図5-4 目的別技プロ投入金額の割合
（出典）「日本の国際教育協力──歴史と展望」検討委員会のリストに基づき筆者作成。

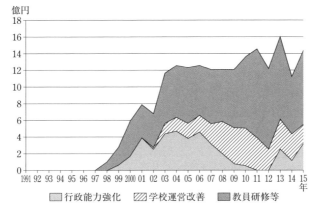

図5-5 アフリカにおける目的別技プロ投入金額の推移（単位：千円）
（出典）「日本の国際教育協力──歴史と展望」検討委員会リストに基づき筆者作成。

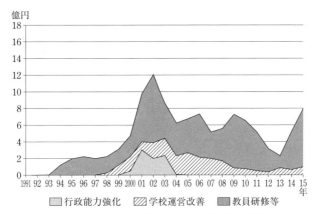

図5-6 東南アジアにおける目的別技プロ投入金額の割合の推移（単位：千円）
（出典）「日本の国際教育協力──歴史と展望」検討委員会リストに基づき筆者作成。

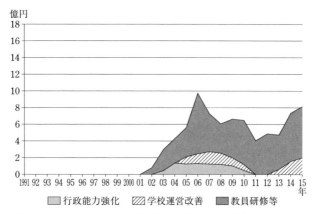

図 5-7 南アジアにおける目的別技プロ投入金額の推移（単位：千円）
（出典）「日本の国際教育協力——歴史と展望」検討委員会リストに基づき筆者作成。

まり、学校運営改善は 2008 年をピークに案件数が減るものの一定件数は実施されている。目的別割合（図 5-3 及び図 5-4）では、両者を合わせた案件数、投入金額は、基礎教育分野で実施された技プロ全体のほぼ 3 分の 1 で、残りの 3 分の 2 は教員研修等に関する技プロが占めている。

日本の基礎教育協力は、途上国側のニーズに沿って行われる。地域別では、基礎教育における開発ニーズの高さや日本とのこれまでの協力関係から、アフリカ、東南アジア、南アジアに対する割合が多い。図 5-5、図 5-6、図 5-7 に、アフリカ、東南アジア、南アジアにおける目的別技プロ投入金額の推移をそれぞれ示す。全体を通してアフリカへの投入が多いこと、教員研修等への投入が圧倒的に多いこと、東南アジアでは他の地域に先立って 1991 年から技プロ（教員研修等）への投入が始まっていることが理解される。

行政能力強化と学校運営改善に焦点を絞ると、アフリカへは 2000 年代以降、全体的に技プロへの投入金額が大きい中で、前半は行政能力強化への投入が多く全体の 5 割程度を占めているものの、2006 年以降は低下して 2011 年及び 2012 年には一旦投入ゼロとなる。一方、学校運営改善への投入は 2010 年にピークとなり、その後も年間 3〜4 億円の投入が継続的に行われている。東南アジアでは行政能力強化への投入は 2000 年代前半の 4 年間にみられるのみで、学校運営改善への投入は 2005 年をピークに減少し、現在は限定的な投入となっている。南アジアでは、行政能力強化は 2000 年代の全体にわたって行われ

たが、2011 年以降の投入はない。学校運営改善に対しては、2011 年から 2012 年の 2 年間は投入ゼロであったが、2013 年以降は年間 1〜2 億円程度の投入がみられる。

（3）技術協力プロジェクト実施体制の整備

1999 年度に教育分野の開発調査が始まるまでは、エンジニアリング中心の開発調査が大部分で、ソフト系のコンサルタントはほとんど育っていなかった。それまでの教育分野の技術協力では大学教員か省庁関係者が専門家として派遣されたため、民間コンサルタントには活躍の機会がなく、コンサルティング企業は案件受注機会の少ない教育分野の人材を雇用し、育てることに熱心ではなかった。このため、途上国からの要請に応える形で技術協力の案件数が増えても、対応可能なコンサルティング企業は限定的で、結果として、特定のコンサルティング企業に案件が集中する状況となった。さらに、日本には、教育分野の行政能力強化に携わった経験を持つコンサルタントはほとんどいなかったため、米国国際開発庁（USAID）案件などで教育開発の経験を有する米国のAcademy for Educational Development（AED）のコンサルタントをはじめとする外国人コンサルタントをプロジェクト・メンバーとし、彼らの持つノウハウをプロジェクトで活用しつつ、日本人コンサルタントが吸収するという対応もとられた。

1990 年代末からの教育分野における行政能力強化のための開発調査の実施は、教育分野への民間コンサルタント進出のきっかけとなった。2000 年代半ばからは、民間コンサルタントに委託して行われる技術協力プロジェクト（いわゆる民活技プロ）が、行政能力強化に係らず広く展開されるようになった。こうして教育分野における技プロが増加したことから、国内外の大学や大学院で教育分野の国際協力等を学んだ若手人材も含め、教育協力に携わる人材が多く育成され、基礎教育分野における技プロ実施を支える基盤整備につながった。

JICA は、基礎教育分野における開発調査を開始して 5 年目の 2003 年度に「『教育開発プロジェクト実施・評価体制改善』のためのプロジェクト研究」を実施して、同プロジェクト研究報告書「教育開発調査の経験と今後の教育開発プロジェクト」を取りまとめた。同報告書では、これらの開発調査から生み出された成果や問題点を分析の上、今後の教育開発プロジェクトの案件形成、実

施体制のあり方などに関する提言を示した。これらの開発調査による成果には差異があるものの、そのプロセスでは、能力開発に焦点を当て、ボトムアップの意思形成過程を重視し、過剰に内政干渉的な政策付帯条件（conditionality）政策を行わず、相手方の自助努力を要請するというアプローチがとられた。日本の他の分野の技術協力でも同様の特徴がみられ、日本の技術協力プロジェクトの「ユニークな良さ」と考えられる（笹岡・西村 2008）。

　遡って2002年5月、JICAは「開発課題に対する効果的アプローチ」（国際協力事業団国際協力総合研修所 2002）の中で基礎教育に対する効果的アプローチを発表し、①就学率向上、②質の向上、③男女格差の是正、④成人教育、⑤教育行政の強化の5つを重点分野として挙げた。これまでJICAの協力は無償資金協力による学校建設、技術協力による理数科教育、協力隊による中等教育支援が中心であったが、ここで教育行政強化や男女格差への対応を重点分野の1つに公式に掲げたことにより、基礎教育分野における教育協力のメニュー拡大が図られた（内海 2005）。

　2002年6月にカナダで開催されたカナナスキス・サミットで、日本政府はEFA実現に向けた日本の教育協力の取組として「成長のための基礎教育イニシアティブ（BEGIN）」を発表した。このBEGINでは、①教育の「機会」の確保に対する支援、②教育の「質」向上への支援に加えて、③教育の「マネジメント」の改善が重点分野として掲げられ、具体的には、教育政策及び教育計画策定への支援の強化、教育行政システム改善への支援を行うことが示された。これにより、行政能力強化支援の取組には、ますます重要な役割を果たすことが期待された。

　2003年にはJICAが独立行政法人として生まれ変わり、開発課題へのアプローチを強化するために課題部体制を導入し、教育開発を担う部署として人間開発部が設置された。これにより、途上国の課題解決のための個々の状況に応じた質の高い協力事業を実施することへの期待が高まった。また、JICA側の基本方針や戦略、プロジェクト現場の工夫や苦労に関する情報交換を行うことによって相互理解を深めるために、JICA人間開発部と開発コンサルティング企業の勉強会も開始された。こうして基礎教育分野における日本の国際教育協力では、日本政府初の教育援助政策BEGINが国際社会に発信され、JICAの体制も整い、コンサルタント人材が育成され始めた。さらに広島大学に設立さ

れた教育開発国際協力研究センター（Center for the Study of International Cooperation in Education: CICE）からは国際教育協力に関する実践的・学術的な研究成果が発信されるようになるなど、2000 年に採択された MDGs のゴール 2、及び EFA 達成を目指して、オールジャパンの実施体制が整いつつあった。

2005 年に発表された新 ODA 中期政策では、教育の量的拡大と質的改善を図る上で、行政、コミュニティ・レベルにも働きかけ総合的なアプローチによる改善を図っていくべきであるという日本の考え方が明示されるなど、学校運営や住民参加は政策上も日本の基礎教育協力の中核的アプローチの 1 つとして位置付けられるようになっていった。

2010 年代に入り、EFA や MDGs の達成期限が目前になるなか発表された「日本の教育協力政策 2011-2015」では、学校運営改善分野の協力について、教員研修とともに日本が生み出してきた現場で成果を生む実践的な成功モデルの 1 つであり、今後もこうした日本の強みを最大限生かした協力を行うと述べるなど、政策文書の上でも学校運営分野の協力は日本のお家芸として位置付けられることとなった（外務省 2011）。持続可能な開発目標（SDGs）に併せて発表された日本の教育援助政策「平和と成長のための学びの戦略——学び合いを通じた質の高い教育の実現」でも、学校運営改善に引き続き積極的に取り組んでいく姿勢を示している（外務省 2015）。

3. 具体的な支援内容と成果

（1）行政能力強化への支援

行政能力強化を主要目的とする技術協力の立ち上げ時は、アフリカ諸国を対象に、地方分権化や SWAPs が進む中で、地方教育計画策定能力の強化を目的とする開発調査が複数実施された。並行して、アジア諸国では、中央政府を対象とした国家教育開発計画の具体的行動計画の策定・実施に係る行政能力強化のための支援が行われた。2000 年代半ばからは、南アジアや中東諸国で識字や女子教育強化といった特定課題解決のための行政能力強化技プロが実施された。

1999 年に開始されたタンザニア「地方教育行政強化計画（フェーズ 1）」は、

行政能力強化のためのプロジェクト第1号であった。タンザニアの教育開発計画（Education Sector Development Plan: ESDP）は、地域や学校レベルのニーズやポテンシャルに合わせて教育開発を進めるために、地方レベルでの計画策定能力の向上を重点戦略とした。このため、タンザニア教育省は、スクールマッピング・マイクロプランニングを展開することとした。これは、スクールマッピングによって、全国の学校の位置と属性（生徒数、教員数、中退率など）を地図上に示し、マイクロプランニングによって地域ごとのニーズと教育サービスレベルのギャップを分析して地域別教育計画を作成する手法で、ユネスコによって地方教育行政能力強化のために開発された。タンザニア政府は、ユニセフ等の支援を受けて、全国114県のうち49県でスクールマッピング・マイクロプランニングを完了していた。フェーズ1では残り65県のうち33県を、フェーズ2では32県を対象にスクールマッピング・マイクロプランニング研修を企画・実施して、県・学校レベルの教育開発計画策定を支援した。地方レベルの教育開発計画を策定することは、タンザニアが重債務貧困国[注2]（heavily indebted poor countries: HIPC）の認定を受けて債務負担を引き下げてもらうための必須条件であり、同国の地方分権化を進める上でも貢献した。

　続いて2000年から実施されたマラウイにおける「全国スクールマッピング・マイクロプランニング（フェーズ1）」、「全国地方教育支援計画策定調査（フェーズ2）」、「国家県別教育開発計画実施支援」は、同国における地方分権を進めるために、全国33県の教育行政官や視学官を対象としたマイクロプランニング研修ワークショップの企画・実施支援を行った。当時、マラウイでは地方の教育計画策定能力向上のための支援を援助機関の連携を通して進めており、英国国際開発省（DfID）が中心となってスクールマッピングの構築を支援し、JICAはそれを活用してのマイクロプランニング実施を担当した。

　JICA支援プロジェクトでは、教育省の行政官を対象に指導員研修を実施して指導員チームを結成し、彼らとともに教材開発と研修準備を行った。地方行政官への研修ワークショップはこの指導員チームが中心となって行う体制を構築した。研修ワークショップでは、参加者たちは教育指標やデータへの理解を深め、国家目標とのギャップ分析を行って、担当県の優先教育課題を分析して、県教育開発計画及び予算計画と資金調達計画を策定した。援助機関やNGOを集めて、資金調達を目的とした県教育計画のマーケティング・ワークショップ

も開催された。さらに、パイロット 6 県に対して県教育開発計画の一部の活動を行うための資金を提供し、県行政官が、教室建設や教科書の購入・配布、教員再研修、HIV/AIDS に対する啓発などの活動を、計画するだけでなく、学校関係者や住民と協力して実施し、運営・管理する能力の強化も行った。マラウイでは、現在も県別教育開発計画は各県の教育事務所によって作成されており、資金調達や教育改善事業の実施に活用されている。

　2003 年開始の開発調査、モロッコ「地方基礎教育改善計画」では、教育格差是正のため、教育省と地方教育委員会の能力を強化し、施策の開発と実施を確実にすることを目指して、対象地域内における学習達成度、就学状況の学校間格差に取り組むための施策開発を支援し、他州・他県展開のための体制整備を支援した。この支援をベースに、2014 年からは教育へのアクセス拡充と教育の質の改善を目指す「公平な教育振興プロジェクト」が実施されている。セネガルでは、2005 年からの「地方教育行政強化計画」を通して、同国の教育開発計画（Programme Décennal de l'Education et de la Formation: PDEF）の優先課題である教育へのアクセス拡大を達成するために、地方教育行政強化のための支援が行われた。同国北部に位置するルーガ州をパイロット地域として、同州におけるマイクロプランニング研修と州教育計画策定を行い、それに基づいて地方教育行政強化モデルを開発するとともに、教員自主組織による現職教員研修のパイロット実施と実証調査などの活動を展開した。

　エチオピアで 2005 年から実施された開発調査「オロミア州初等教育アクセス向上計画」では、同国の教育開発計画 ESDP が重点戦略とする教育へのアクセス拡大のため、同国の教育統計データベースである教育マネジメント情報システム（EMIS）の拡充と地理情報システム（Geographic Information System: GIS）によるスクールマッピングの開発、さらにこれらを活用してのマイクロプランニング研修ワークショップの企画・実施を通して、ワレダ（郡）教育計画の作成を支援した。ガーナでも 2005 年から「教育政策向上支援」が実施された。同国の教育開発計画（Education Strategic Plan: ESP）実現へ向けて地方分権を進めるために、郡教育開発計画策定・実施・評価体制の整備と、ドナー協調に配慮した教育計画マネジメント能力の強化に対する支援が行われた。

　アジアでは、2001 年からのベトナム「初等教育セクタープログラム」を通

第 5 章　行政能力強化と学校運営改善　　149

して、教育省のセクタープログラム策定と更新、ドナー調整能力の向上、モニタリング評価体制の整備などが行われた。同じ 2001 年から、ミャンマーでは「基礎教育改善計画」が実施され、教育省を対象に、児童中心型アプローチを普及させるための指導書や教員研修強化などの基盤整備が支援された。

パキスタンでは 2004 年から「パンジャブ州識字行政改善」プロジェクトが実施された。地方分権が進められる中、同国最大の人口を抱えるパンジャブ州では低い識字率が大きな課題であり、州識字局の識字行政強化を目指して、識字マネジメント情報システム（Non-Formal Education Management Information System: NFEMIS）の構築、NFEMIS を活用した情報収集・蓄積・計画策定能力強化のための支援が行われた。2005 年から開始されたイエメン「タイズ州女子教育向上計画」では、地方行政、学校、コミュニティの 3 者が参画する参加型学校運営強化モデルの開発が支援された。同国において特に深刻な女子の就学率という課題の解決へ向けて、コミュニティ・レベルでの女子教育に関する啓発活動のほか、母親を対象とした成人教育プログラム（識字教育や職業教育）なども組み合わせて、コミュニティを基盤とした女子教育推進の総合的アプローチを展開し、州・郡の行政官や対象学校への研修が行われた。

（2）学校運営改善への支援

学校運営改善のためのプロジェクト第 1 号は、1999 年から開始された開発調査インドネシア「地域教育開発支援（The Study on the Regional Educational Development and Improvement Project: REDIP）」であった。同プロジェクトは、中等教育の就学率と教育の質の改善のための地方分権化の具体的モデル開発を目的として、対象郡の全中等学校に対して、計画策定支援、校長研修、保護者会活性化、教科書整備・管理、学校補助金配賦等、様々な活動を実施して、住民主体の学校経営による教育へのアクセス拡充や質の改善に対する効果の実証調査が行われた。続いて「地域教育開発支援フェーズ 2（Regional Educational Development and Improvement Program: REDIP2）」、「地方教育行政改善計画（REDIP3）」が実施され、全体で約 10 年の支援が行われた。これら一連のプロジェクトの成果を踏まえて、インドネシアでは授業研究等、教育の質の改善を目指す技プロが展開された。REDIP3 では、REDIP モデルの地域的拡大を図ったほか、REDIP で確立された参加型学校運営モデルと、同

150　　第Ⅱ部　基礎教育協力

国で別途実施されていた「初中等の理数科教育向上のための授業研究プロジェクト」で確立された授業研究強化モデルの融合的普及を目指し、「南スラウェシ州前期中等教育改善総合計画プロジェクト」や、「復興期の地域に開かれた学校づくり（マルク）プロジェクト」にもつながった。これらのプロジェクトは、REDIP で開発されたアプローチが、低開発地域での教育改善や紛争で被害を受けた地域社会の融和と教育の再建にも貢献し得ることを示す好事例となった。

　学校運営改善の技プロは、2000 年代半ばからアフリカ地域において大きな展開をみせる。

　2000 年代前半の基礎教育における協力萌芽期には、無償資金協力による学校建設案件のソフト・コンポーネントとして住民参加型学校運営に対して技術指導を行う試行的協力が行われるようになった。2003 年 4 月より西アフリカのニジェールにおける無償資金協力「ドッソ県、タウア県小学校建設計画」では、学校施設の持続的維持管理を目的とした住民参加型の「学校運営委員会（Le Projet d'appui aux Comites de gestion d'ecole: COGES）」の活性化を図る協力がソフト・コンポーネントとして取り入れられた。

　当時、世界的に「自律的な学校運営（SBM）」を強力に推進する世界銀行の影響もあり、ニジェールでは、全学校に COGES の設置が義務づけられていた（Honda and Kato 2013）。ニジェールでは、2000 年時点で初等就学率がわずか34% という深刻な状況にあった。学校不足に加え、COGES や保護者会が校長や地元の有力者などに独占され機能不全に陥り、保護者や住民の学校教育に対する無理解や不信感につながっていることが、低い就学率の背景にあることがJICA による事前調査で明らかになった（原 2011）。そこで JICA の協力ではCOGES 委員を無記名選挙で住民の中から民主的に選出し、保護者・地域住民を含む幅広い参加を得て、すべての情報を学校関係者の総意として可視化することで、学校への不信感を取り除き協力体制を強固にするという戦略が取られた。

　世界銀行の SBM を中心とするアプローチも JICA の学校運営改善も、保護者や地域住民が参加する「学校運営委員会」を導入し、学校委員会が参加型で学校計画を作成し、政府あるいは援助プロジェクトから学校に直接配賦される学校配賦金を有効活用して計画を実施するという制度改革を目指す点では同じ

である。しかし、世界銀行のアプローチは、まず「学校運営委員会の創設」といった制度整備を各国のセクター計画に落とし込むことを優先する傾向があるのに対し、日本のアプローチは徹底して「現場主義」であり、導入された制度をどう機能させ、さらにそれらの機能を持続させるか、という点を重視しているところに差異があった。2004年に技術協力プロジェクトとして始まったニジェールの「住民参加型基礎教育改善プロジェクト（みんなの学校）」では、COGES の活性化や実質的な機能強化が図られた。フェーズ1では、①無記名選挙による COGES 委員の民主的な選出、②幅広い保護者・住民の実質的参加による学校計画立案、③COGES を持続的に管理するモニタリング体制の構築を「ミニマム・パッケージ」として確立した。ミニマム・パッケージでは、外部資金が途絶えた後でも学校とコミュニティの協働により一定の教育改善活動ができるように、貧しいコミュニティでも無理をせずにできる範囲の学校改善計画を作成することを推奨するなど持続性の観点から様々な検討が加えられた（原 2011）。

　取組の持続性を高めるために、プロジェクト開始翌年に、モニタリングに係る行政官の負担を軽減するため COGES 連合が創設され、集会型モニタリングシステムである「フォーラム・アプローチ」が構築された。このアプローチでは、各学校の COGES が、相互に経験を共有し問題分析と解決策の提案を行い、地方行政に改善の申し入れをしたり、学校に持ち帰り自分たちでできる改善策に取り組むような仕組みが構築された（原 2011）。その後、同モデルは世界銀行の財政支援を受けて全国普及され、続いて実施された「みんなの学校フェーズ2」で全国的に COGES の機能強化が図られた。2008年には、ユニセフとの連携により、COGES を活用した住民参加型のコミュニティ幼稚園のモデルの構築支援を行うなど、国際機関との活発な連携が行われた。

　ニジェールで開発されたミニマム・パッケージは、2005年からはセネガル、2009年からはブルキナファソ、2011年からはマリという域内他国においても各国のコンテクストに即して改良した新たな学校運営改善のための技プロとして開始され、地域的拡がりをみせていった。「みんなの学校プロジェクト」群では、域内における類似プロジェクト間で問題や成果の共有を目的として、2006年より経験共有セミナーも定期的に開催され、先行する国の課題を共有することで、効率的かつ効果的な事業推進に役立てられている。2008年に発

152　　第Ⅱ部　基礎教育協力

表された第4回アフリカ開発会議（TICAD IV）横浜行動計画（外務省 2008）では、西アフリカにおいて「みんなの学校」モデルの普及を1万校に拡大することを謳っており、モデルの更なる改善に向けた他国との学び合いの促進のため、世界銀行内に設けられた日本社会開発基金（JSDF）に1000万米ドルの特別資金枠が設置された。

エチオピアでは、「みんなの学校プロジェクト」群とは流れを別にして、2000年代前半に行われた開発調査によるマイクロプランニングと低価格の住民参加型学校建設を主目的とした技術協力プロジェクトの成果を踏まえ、2008年から「学校運営住民参加型初等教育改善プロジェクト」が実施された。これは、就学率の低い女子に特にターゲットを絞った技術協力プロジェクトで、初等教育のアクセス向上や中退率の低減等のために地域住民を巻き込み、学校単位で問題解決を検討・実施する体制の強化に取り組んだ。さらにこのプロジェクトでは、同じ州で実施されていた「中等理数科教育強化計画（Strengthening of Mathematics and Science in Secondary Education: SMASSE）」との積極的な連携が模索され、授業研究をパイロット的に実施するなどの取組も行われた。

2000年代後半には、スリランカ、ラオス、ネパールというアジアの国々においても、住民参加型学校運営の機能強化を目指す技プロが行われた。

2005年から開始されたスリランカ「学校運営改善計画」では、理数科教育改善が主目的であった開発調査を発展させ、参加型学校運営と教育行政の改善の側面をより一層強化した技プロが実施された。この案件では、REDIP等先行する他国のプロジェクトのモデルも参照して、教育の質の改善を目標に各学校で100マス計算の導入や算数ドリルの導入といった具体的な教育改善活動も併せて行ったことが特筆される。

ラオスの「南部3県におけるコミュニティ・イニシアティブによる初等教育改善プロジェクト」は、2007年に開始された。同技プロの対象グループは、同時期に実施されていたコミュニティ開発無償による学校建設プロジェクトの対象校と重複しており、ハード型とソフト型の支援を一体的に行うことによる相乗効果が図られた。2010年以降は、教育のためのグローバル・パートナーシップ（GPE）との連携によってより広い範囲で研修が行われた（第10章参照）。

第5章　行政能力強化と学校運営改善　　153

ネパールでは、2008 年から「ネパール小学校運営改善支援プロジェクト（The Project for Support for Improvement of School Management in Nepal: SISM）」が開始された。同国では、全国の公立学校に学校運営委員会（school management committee: SMC）が設置されていたものの、機能していなかった。SMC が作成する学校改善計画（School Improvement Plan: SIP）は学校や地域のニーズを反映しておらず、SIP 実施のための予算は大幅に不足していることから、教員や子どもたち、保護者や住民は学校改善に無関心で SIP は実施されていなかった。このため、SISM フェーズ 1 では、中央及び地方教育行政官と協力して SMC や PTA の役割を見直し、お金をかけなくても、或いは少ない資金でも実施できる活動を盛り込んだ実質的 SIP を作成・実施する「住民参加型学校運営モデル」を開発し、パイロット事業による実証調査を行ってモデルの有効性を確認した。

2013 年から実施されたフェーズ 2 では、実証調査の結果を踏まえてモデルを改訂し、日本政府の貧困削減戦略支援無償資金協力（PRS 無償）による財政支援を活用して更新モデルの全国普及を行った。終了時評価のサンプル校調査では、多くの学校で SIP の 8 割近くの活動が実施され、児童や教員の出席率の向上、学校の情報公開と透明性強化、学校環境の改善などの成果が生まれていることがわかった。

2000 年代半ばから後半には、中南米地域でも取組が展開された。グアテマラで学校委員会の能力強化と学校計画策定支援が行われ、パラグアイでは校長研修を中心とした学校機能改善のプロジェクトが、そして多文化から成り立つペルーにおいては、校長の学校運営能力向上と、同国や近隣諸国で日本が実施してきた校内研修の手法を用いた学校レベルでの教員の指導技術向上に対する協力がなされた。これら中南米での協力案件は、グアテマラを除けば、校長の学校運営能力向上に主眼が置かれていることが特徴的である。

4. 日本の国際教育協力の特性と課題

本章の初めでも述べた通り、教育行政と学校運営は、途上国の教育開発を進める上で重要な役割を果たす。教育行政と学校運営のどちらか一方ではなく、両方がそろって機能してこそ、途上国の中央政府や地方政府が教育政策や施策

154　第Ⅱ部　基礎教育協力

を策定・実施し、政府や援助機関からの資源を適切に配分し、中央・地方レベルそれぞれの開発計画に沿って様々な活動を効率的・効果的に実施して、学校レベルで教員や子どもたちに変化をもたらすことが可能となる。

　日本の国際教育協力による行政能力強化のための開発調査はタンザニアで、学校運営改善のための開発調査はインドネシアで、それぞれ1999年に第1号のプロジェクトとして実施された。

　教育行政能力強化については、1999年から2012年までに全世界で開発調査を中心に12案件が実施された。以後は徐々に減少して、現在はモロッコ「公平な教育振興プロジェクト」1件が行われるのみである。これは、行政能力強化は依然として重要な課題であるが、人材育成や組織強化、制度整備など行政能力強化に関連する活動は、様々な教育課題解決を目指す技術協力プロジェクトの効率性や有効性、持続性を高めるためのコンポーネントとして盛り込まれることが多くなったためと考えられる。

　国際機関や他の二国間援助機関による行政能力強化支援には、グローバルな知見に基づく制度整備やCDのための政策提言を行うことに焦点を当てたものが多い。

　一方、日本の行政能力強化支援では、計画策定のプロセスや、日本と被援助国がともに作成した地方教育計画に沿って事業を実践するプロセスにおいて、中央及び地方行政官と現場で協働することを重視して技術移転を行い、その経験や成果を踏まえながら制度整備やCDへの政策提言を取りまとめるというアプローチが一般的である。また、教育分野に留まらずに経済や保健等、他分野の専門家もプロジェクト・チームに入れて総合的な取組を行ったり、日本人コンサルタントに加えて日本の有識者や日本人以外の人的資源（外国人コンサルタント等）もチームに加えるなどの工夫もなされてきた。

　行政能力強化に関する様々な活動を通して、日本と相手国との教育開発に関する相互理解が深まり、中央教育行政及び地方教育行政における人的ネットワークも拡充され、教育協力を進める上で基盤となる信頼関係の構築に貢献している。

　一方、学校運営改善のための技プロは、現在も継続的に実施されている。2010年代は、教育の質により焦点を絞った具体的活動が住民参加により学校単位で実施促進されたり、教育の質を単に学習成果と捉えるのではなく、地域

第5章　行政能力強化と学校運営改善　　155

ごとの特性を生かした教育の普及のための学校カリキュラム作成を支援するなど、支援内容の深化、多様化が進んでいる。本章3節（2）でも考察した通り、この分野の協力に対する世界銀行等、他の援助機関と日本のアプローチとの相違点は、世界銀行等のアプローチが、制度整備を各国のセクター計画に落とし込むことを優先する傾向があるのに対し、日本のアプローチは徹底した「現場主義」をとることにある。これは、行政能力強化のための支援にみられる傾向と類似している。

　また、世界銀行のSBMに対するアプローチは、教育サービスの「顧客」である保護者や地域住民が、「サービス提供者」である校長や教員を「監視」・「統制」することで、彼らの結果に対するアカウンタビリティを高め学習成果を発現するという市場原理に基づくNPM（new public management）型モデルに立脚している（World Bank 2003; Patrinos and Kagia 2007; Barrera-Osorio et al. 2009; Bruns et al. 2011）。しかし、学校運営への住民参加の仕組み自体が幅広い住民参加と学校のアカウンタビリティにつながるわけではなく、住民参加の実際の態様は、地域の経済資本や社会関係資本の多寡等の様々な条件から影響を受けることが、様々な先行研究から明らかになっている（Chikoko 2009; Essuman and Akyeampong 2011; Yamada 2014; Okitsu and Edwards 2017）。一方で、JICAのアプローチは、顧客とサービス提供者の対立の構図を強調するのではなく、いかにして両者が「子どもの学びの発展」という共通の目標に向かって「協働」できるかという視点を重視している（西村 2017）。

　JICAによる現場主義の視点に基づくアプローチは、無記名選挙によるリーダーの民主的選出、情報共有の徹底による相互不信感の払しょく、短期間で目にみえる結果を提示すること、などの実践を生み出し、それは保護者・住民の参加意欲と校長や教員の応答意欲の双方を引き出すことに成功している。この一例からも、世界銀行のSBMが保護者・住民による教員の「監視」モデルであるのに対して、JICAのアプローチは様々な関係者間の「信頼」をもとにする「協働」を重視したものであったといえよう。

　ただし、日本のアプローチは、持続性と公正性などの観点で、今後、更なる取組が求められる余地もある。

　まず、JICAが支援するプロジェクトにおいて実際に行われている住民参加の中身は、財政難による政府の教育予算の不足を補うための学校に対する労務

や資金の提供も多い。つまり、Rose（2003）やMundy（2008）が指摘するように、公式には無償化されている公教育において、実態として費用分担（コスト・シェアリング）を促進してしまっている側面もある。学校環境整備のために必要な費用を捻出できる学校とそうでない学校、あるいは同一学校内でも補習授業などの費用を負担できる者と負担できない者との間で、享受できる教育サービスの差異が生まれてしまうリスクを未然に防ぐために、より一層公正性の側面に対する配慮が求められる。また、学校の管理・運営コスト（財、時間、労力）を保護者や地域住民が負担することで、教育の結果が行政の責任ではなく個々の学校や保護者に転嫁される危険性もある（Rose 2003）。こうしたことを踏まえれば、質の高い公教育の公正な提供という政府の役割を監督・強化していくための協力も併せて行っていく必要があるのではないだろうか。

　また、保護者や地域住民の意見や要求の多様性に配慮せず、暗黙裡に一部の意見が「総意」であるとの前提に立ってプロジェクトを実施すれば、声を発せられない者あるいは、時間や財の不足から参加したくても参加できない層の意見を排除してしまうリスクがある（大桃 2000）。JICAでは現場から導き出された「無記名投票」といったアプローチ等により、住民の信頼を得たリーダーを選出し、併せて徹底した情報共有を行うことで民主的な学校運営を推進しており大きな効果を出している。しかし、弱者の声が真に反映されているかについて成果指標に公正性の視点を盛り込むなど、より一層きめ細やかな対応が検討され得る可能性があると思われる。また、先進国の事例からは、一部の保護者や地域住民の「私事化」された要求に対してどう対処するかという懸念があげられており、国際協力においても今後そうした懸念に対する方策も検討していくべきであろう（大桃 2000）。

　技術協力プロジェクトは、その予算や対象地域が限られることから、どうしても受益者層に偏りを生じてしまう。しかし、プロジェクトの試行錯誤の結果を政策として将来的に全国展開する目的を持って、パイロット・ツールとして活動を行う場合には十分に対象地域の限定性を正当化できる。また、日本のODAによる援助では、援助形態によってアプローチや投入・活動が異なるスキーム分断的側面があり、技術協力プロジェクト、国別研修、長期研修、専門家派遣などが存在し、援助の現場では必ずしも整合的に調整されてこなかった経緯がある（笹岡・西村 2008）。こうした現状を改善すべく、総合的プログラム

第5章　行政能力強化と学校運営改善　　157

援助の導入、異なる援助形態プロジェクトやプログラムとの連携などの可能性が模索されている。

前出のネパール「小学校運営改善支援プロジェクト・フェーズ1（SISM）」及び「同フェーズ2（SISM2）」では、学校運営改善の技プロ（SISM及びSISM2）を中軸として、コミュニティ開発無償プロジェクトを通して、住民参加で策定した学校改善計画に基づいて学校建設が行われた。並行して、技プロ「学校保健・栄養改善プロジェクト」を実施して、子どもの健康改善への理解を深め、学校へのレディネスと出席率の改善を目指した。そして、JICA、日本大使館、教育アドバイザーの尽力により、2014年度からネパールのセクタープログラムに対してPRS無償のスキームを利用して財政支援が行われた。これにより、ネパール75郡のうち32郡の予算は技プロが、残り33郡はネパール政府（財政支援を行ったセクタープログラム予算）がカバーして、SISM（学校運営改善）モデルの全国普及が実現した。

ネパール教育省からは、CICEで実施されるJICA課題別研修「教育政策策定及び効果の分析に係る能力開発」に、毎年1〜2名の行政官が参加しており、これらの行政官の中には技プロのカウンターパートも含まれ、研修を通じた能力強化に加え、日本への理解を深めることにも貢献している。人材育成奨学計画（JDS）を利用した行政官の留学制度にも同様の成果が期待される。また、学校レベルの活動は青年海外協力隊員によってもフォローされ、地方行政官対象のセミナーでは、現職教員の協力隊員によって日本の教育制度や課題等に関するプレゼンテーションも行われた。また、2015年4月の地震を受け、学校改善計画の中に防災活動が取り込まれるよう学校運営委員会の研修マニュアルに防災の観点を盛り込むなど柔軟な対応をとっている。

教育協力は、効果が出るまでに時間がかかり、様々な要因が関係することから、プロジェクトの因果関係を明らかにすることは難しいが、上記のように様々なリソースを活用してより包括的なプログラム型援助を実現することによって、変化やその因果関係がわかりやすくなるのではないか。その場合、ノウハウ及びリソースを有する技術協力プロジェクトが総合的アプローチを進める核となって、シナリオを描き、実践していくことが重要と考える。

援助協調や援助の調和化が推進される今こそ、日本の技術協力が持つ「現場主義」に基づく「ユニークな良さ」を生かしながら、日本の行政能力強化支援

において技術協力が果たせる、或いは果たすべき役割を検討し、評価の枠組みも併せて、技プロ、財政支援等の戦略的な活用を積極的に進めることが求められる。

注

［注1］　教育行政を担当する中央政府機関は日本では文部科学省である。国によって教育を担当する中央政府機関の権限や責任範囲は異なり、その名称も教育省、教育スポーツ省、教育科学技術省など様々である。地方教育行政を担う機関も、教育省の地域事務所であったり、地方自治体の教育担当部署であったりと国によって異なる。このため、本章では中央教育行政機関は教育省、地方教育行政機関は地域教育事務所と総称する。

［注2］　HIPC（重債務貧困国）イニシアティブとは、1996年に世界銀行・国際通貨基金（IMF）によって提唱され、各国政府によって合意された重債務貧困国を対象とした債務救済計画。

参考文献

石田洋子、2007、「教育分野における参加型開発プロジェクトの評価に関する基礎的考察」『日本評価研究』第7巻、第1号、61-71頁。

内海成治、2005、「JICAの教育協力について　これまでの取り組みと今後の課題」『開発教育』第52号、60-69頁。

大桃敏行、2000、「地方分権の推進と公教育概念の変容」『教育学研究』第67巻、第3号、291-301頁。

小川啓一・江連眞・川嶋太津夫、2008、「20世紀の基礎教育支援と国際的な動向」、小川啓一・西村幹子編著『途上国における基礎教育支援――国際的潮流と日本の援助』上巻、学文社、1-24頁。

小川正人、2016a、「戦後教育行政と学校経営の展開――沿革と課題」、小川正人・勝野正章編『改訂版　教育行政と学校経営』放送大学教育振興会、10-26頁。

小川正人、2016b、「国の教育行政機関と教育政策過程」、小川正人・勝野正章編『改訂版　教育行政と学校経営』放送大学教育振興会、27-46頁。

小川正人、2016c、「国と地方の教育行財政制度」、小川正人・勝野正章編『改訂版　教育行政と学校経営』放送大学教育振興会、47-63頁。

小川正人、2016d、「教育課程行政と新学力育成の課題」、小川正人・勝野正章編『改訂版　教育行政と学校経営』放送大学教育振興会、113-131頁。

糟谷正彦、1997、「教育行政の組織と運営」、菱村幸彦編『人事院公務員研修書簡集公務員研修双書　教育行政』ぎょうせい、17-70頁。

外務省、2005、「平成16年度外務省第三者評価　教育関連MDGs達成に向けた日本の取組の評価　最終報告書」。

外務省、2006、「ODA 点検と改善 2006」。

外務省、2007、「無償資金協力実施適正会議（平成 19 年度第 5 回会合）議事録」。

外務省、2008、「TICAD IV 横浜行動計画」。

外務省、2010、「コラム 2　アフリカの大地で学校建設に取り組む —— カメルーンの小学校建設支援」『2010 年度版 政府開発援助（ODA）白書』、50 頁。

外務省、2011、「日本の教育協力政策 2011-2015」。

外務省、2015、「平和と成長のための学びの戦略 —— 学び合いを通じた質の高い教育の実現」。

外務省・JANIC、2016、「NGO データブック 2016 —— 数字で見る日本の NGO」外務省、特定非営利法人国際協力 NGO センター（JANIC）。

勝野正章、2016、「第 15 章　学校のガバナンスと経営」『教育行政と学校経営』放送大学教育振興会、272-285 頁。

勝野正章・藤本典裕、2008、『教育行政学 改訂版』学文社、7-30 頁、133-150 頁。

北村友人、2015、『国際教育開発の研究射程 —— 『持続可能な社会』のための比較教育学の最前線』東信堂。

黒田一雄、2002、「外務省有識者評価調査報告書 —— 教育セクターへの協力（フィリピン）」。

国際開発センター（IDCJ）・コーエイ総合研究所（KRI）、2004、「『教育開発プロジェクト実施・評価体制改善』のためのプロジェクト研究　教育開発調査の経験と今後の教育開発プロジェクト」国際協力機構。

IDCJ・KRI、2004、「統合型技術協力による教育開発プロジェクトの方向性と留意点 —— これまでの教育開発調査の経緯から」「『教育開発プロジェクト実施・評価体制改善』のためのプロジェクト研究　教育開発調査の経験と今後の教育開発プロジェクト」別冊、国際協力機構。

国際協力機構、2015、『みんなでみんなの学校だより』2015 年 7 月号。

国際協力事業団、1994、「開発と教育　分野別援助研究会報告書」。

国際協力事業団、1997、「教育援助に係る基礎研究 —— 基礎教育分野を中心として　報告書」。

国際協力事業団、1998、「DAC 新開発戦略援助研究会報告書　第 2 巻〈分野別検討〉」。

国際協力事業団国際協力総合研修所、2002、「開発課題に対する効果的アプローチ」。

国際協力事業団国際協力総合研修所、2005、『日本の教育経験 —— 途上国の教育開発を考える』東信堂。

小林忠資・北村友人、2008、「基礎教育支援の援助アプローチをめぐるグローバル・トレンド —— 主流化するプログラム型援助」、廣里恭史・北村友人編『途上国における基礎教育支援　国際的なアプローチと実践』下巻、学文社、62-81 頁。

小松太郎、2006、「紛争後地域における教育行政分権化政策と地方教育行政」『国際教育協力論集』第 9 巻、第 2 号、15-25 頁。

斉藤泰雄、2008、「わが国の基礎教育援助タブー論の歴史的ルーツ」『国際教育協力論

集』第 11 巻、第 2 号、113-127 頁。

笹岡雄一・西村幹子、2007、「低所得国における教育の地方分権化——初等教育普遍化（UPE）政策との矛盾」『国際開発研究』第 16 巻、第 2 号、21-33 頁。

笹岡雄一・西村幹子、2008、「日本の EFA 支援の制度改革の課題」、小川啓一・西村幹子編著『途上国における基礎教育支援　国際的潮流と日本の援助』上巻、学文社、74-100 頁。

対外経済協力審議会、1971、「開発途上国に対する技術協力拡充強化のための施策について」。

西村幹子、2017、「途上国の教育課題」『SRID ジャーナル』第 14 号、1-6 頁。

原雅裕、2011、『西アフリカの教育を変えた日本発の技術協力——ニジェールで花開いた「みんなの学校プロジェクト」の歩み』ダイヤモンド社。

羽谷沙織、2008、「国際援助機関の EFA 達成をめぐる戦略とポリティクス」、廣里恭史・北村友人編『途上国における基礎教育支援　国際的なアプローチと実践』下巻、学文社、82-118 頁。

菱村幸彦、1997、「教育行政の意義と基本原則」、菱村幸彦編『人事院公務員研修所監修公務員研修双書　教育行政』ぎょうせい、1-16 頁。

廣里恭史・北村友人、2008、「開発途上国における基礎教育開発と国際的な支援の枠組み——国際教育協力『融合モデル』と能力開発」、廣里恭史・北村友人編『途上国における基礎教育支援　国際的なアプローチと実践』下巻、学文社、1-29 頁。

水野敬子、2008、「基礎教育に対する日本の援助政策の変遷」、小川啓一・西村幹子編著『途上国における基礎教育支援　国際的潮流と日本の援助』上巻、学文社、46-72 頁。

三輪定宣、1993、『教育行政学』八千代出版。

山田肖子訳・解説、2015、「教育省のガバナンス」、Sack, R. and Saïdi, M. 1997. Functional analysis (management audits) of the organization of ministries of education. 黒田一雄・北村友人編『ユネスコ国際教育政策叢書』No. 11.

吉田和浩、2002、「国際協力銀行から見る日本の教育協力と大学との連携」『国際教育協力論集』第 5 巻、第 1 号、61-67 頁。

Barrera-Osorio, F. et al. 2009. *Decentralized Decision-Making in Schools: The Theory and Evidence on School-Based Management.* Washington, D.C.: World Bank.

Bray, M. 1985. Education and decentralization in less developed countries: A comment on general issues and problems, with particular reference to Papua New Guinea. *Comparative Education.* Vol. 21. No. 2. pp. 183–195.

Brunes, B., Filmer, D. and Patrinos, H. A. 2011. *Making Schools Work: New Evidence on Accountability Reforms.* Washington, D.C.: World Bank.

Chikoko, V. 2009. The role of parent governors in school governance in Zimbabwe: perceptions of school heads, teachers and parent governors. *International Review of Education.* Vol. 54. pp. 243–263.

Essuman, K. and Akyeampong, K. 2011. Decentralisation policy and practice in Ghana:

the promise and reality of community participation in education in rural communities. *Journal of Education Policy*. Vol. 26. No. 4. pp. 513–527.

Honda, S. and Kato, H. 2013. Scaling Up in Education: School-Based Management in Niger. L. Chandy, H. Akio, H. Kharas, and J. Linn, eds. *Getting to Scale: How to Bring Development Solutions to Millions of Poor People*. Washington, D.C.: Brookings Institution.

Mundy, K. 2008. Civil Society and Its Role in the Achievement and Governance of Education for All. *Background Paper Prepared for the Education for All Global Monitoring Report 2009*.

Okitsu, T. and Edwards, Jr., D. B. 2017. Policy promise and the reality of community involvement in school-based management in Zambia: Can the rural poor hold schools and teachers to account? *International Journal of Educational Development*. Vol. 56. pp. 28–41.

Patrinos, H. A. and Kagia, R. 2007. Maximizing the performance of education systems: the case of teacher absenteeism. Campos, E., Pradhan, S., eds., *The Many Faces of Corruption: Tracking Vulnerabilities at the Sector Level*. Washington, D.C.: World Bank. pp. 63–87.

Rose, P. 2003. Community Participation in School Policy and Practice in Malawi; balancing local knowledge, national policies and international agency priorities. *Compare*. Vol. 33. No. 1. pp. 47–64.

Sack, R. and Saïdi, M. 1997. Functional analysis (management audits) of the organization of ministries of education. *Fundamentals of educational Planning* 54. Paris: UNESCO International Institute for Educational Planning.

World Bank. 2003. *The World Development Report 2004*. Washington, D.C.: World Bank.

Yamada, S. 2014. Determinants of 'community participation': the tradition of local initiatives and the institutionalization of school management committees in Oromia region, Ethiopia. *Compare*. Vol. 44. No. 2. pp. 162–185.

第Ⅲ部　技術教育・職業訓練（TVET）協力

第6章

JICA の産業人材育成
日本の人づくり協力の源流とその展開

山田肖子・辻本温史・島津侑希

1. 日本の「人づくり」協力と技術教育・職業訓練（TVET）

（1）TVET から日本の教育協力をとらえる意義

　1950 年代から始まる日本の技術教育・職業訓練（TVET）支援は、本書の
テーマである日本の国際教育協力の中では最も歴史が古い。日本が 1954 年に
コロンボ・プランに加盟し、援助国の仲間入りをした 6 年後の 1960 年には、
早くもタイで電気通信に関わる職業教育センター設立のための事業を開始して
いる。これは、1980 年代になってようやく学校建設支援が始まり、1990 年代
になって教師教育など教育の内容に関わる事業が行われるようになった基礎教
育分野とは対照的である。TVET 支援に次いで歴史が長いのは高等教育支援
で、1960 年代から、TVET が対象とするレベルよりも高度な職業人材を養成
することを目的に支援がスタートしている（第8章参照）。

　これら日本の政府開発援助（ODA）史の中でも古くから実施されていた
TVET 及び高等教育支援には、共通して国家や社会の成長に貢献する技能を
もった人材を育てるという目的があった。こうした、社会の成長をけん引する
人材をつくる、という発想は、日本の援助理念の根幹にある「人づくり」と密
接に関わっており、TVET 支援は、その理念を具現化しようとする中で生ま
れたものだと言えるだろう。つまり、TVET 支援の歴史を紐解くことは、日
本の ODA が目指してきたこと、そして時代の変遷とともに影響を与えてきた
要因を理解することにつながるのである。

　本章の分析が示すように、初期の日本の TVET 支援は、途上国の成長に貢
献する人材を育成するという目的とほぼ並行して、日本企業の投資先での現地

人材を育成するというニーズに対応していた。国際協力事業に、援助する側である日本の国益や民間企業の利益を絡めてはいけない、という考え方は、日本が経済協力開発機構開発援助委員会（OECD/DAC）をはじめとする欧米援助国から批判を受けるようになった1980年代以降のものである。初期の日本のODAにおいて、西欧のボランタリズムと異なる相互扶助の発想から、支援対象国の成長がODAによって供与側にも利益をもたらすと考えられていたことは、近年の中国をはじめとするBRICS（Brazil, Russia, India, China, South Africa）などの新興国による南南協力に近い性格のものだったことを示しているといえる。

　日本が次第にグローバルな国際協力の議論に参加し、その理念枠組みに調和していくにつれ、1990年代以降、日本の教育協力は基礎教育に大きく重点が移り、伝統的な「人づくり」の性格をもつ職業訓練校・センターへの支援は退潮していった。しかし、この10年ぐらいは、国際的な潮流が、産業人材育成の包括的な制度改革を支援する方向に転換し、伝統的なTVET支援とは異なる新しいタイプの事業も出てきている。

　TVET支援を分析する意義は、その長い歴史と関係するアクターの多さから、日本の伝統的な「人づくり」哲学が、海外投資する民間企業のニーズや国際協力の潮流などとせめぎ合い、共存している様を、歴史的、空間的広がりの中でとらえられることにある。そうした特徴を照らし出すため、第Ⅲ部では技術教育・職業訓練（6章、7章）を通して、以下のような構成で議論を進めたい。

　まず、6章はTVET支援に関わるODAの中でも人材育成の拠点づくりやシステム改革などに、技術協力や無償・有償の資金協力を通じて包括的に取り組んできたJICAを取り上げる。第1節に続き、第2節では、日本の国内と国際的な政策環境の歴史を概観する。そのうえで、第3節では、JICAが1950年代から実施したプロジェクトの実績から、その支援の分野、地域、支援形態の特徴を示し、人づくり支援の理念がJICAの支援にどのように反映されたかを議論したい。

　続く7章では、JICA以外の機関として、海外投資している民間企業の人材育成ニーズに応えるために官民連携的な研修事業を行ってきた一般財団法人海外産業人材育成協会（AOTS）を取り上げ、JICAとの比較によって、政府に

よる外交及び国際協力という観点と民間セクター振興という観点での事業展開にどのような相違点と類似点があったのかを示すこととする。

（2）本章における TVET の定義

日本では、藩校や寺子屋が全国にあったことからも分かるように、伝統的に教育を重視する傾向があったが、その「教育」には、職業や生活に直結した実学的な側面と、国家や社会の一員としての道徳教育が一体となった「人づくり」観が通底している（Yamada 2016）。したがって、日本において「職業教育」は人格形成も伴った技能者の育成であり、単に技術を教えるだけの「職業訓練」とは明確に区別されてきた（寺田 2009、p.4）。また、実用性の高い知識や技術の習得と人格形成のための「人づくり」は、学校という場に限らず、技術伝達がある場面では必ず発生するとも言える。日本の ODA の「人づくり」議論は、実学的であるがゆえに、職業教育と密接に関係しながら発展した。同時に「人づくり」は、世界の戦後国際協力史の中で、長らく学校教育の一形態として扱われてきた TVET よりはかなり広い領域にわたるものである。日本の技術協力事業において、日本人専門家が現地に赴き、特定の技術だけでなく、それを使ううえでの勤勉さや正確さといった職業道徳的なものを伝えようとしたり、そうした「人づくり」観に基づいて現地スタッフに研修を行ったりしたことを含めれば、ほとんどの ODA 事業は「人づくり」事業と言えることになる。

本章においては、近年の国際社会での通例に従い、TVET という用語を用いるが、分析の対象とする「TVET プロジェクト」の範囲をどのように設定するかは大きな課題であった。つまり、欧米的な概念枠組みである TVET の中で、どこまで日本の職業教育的、あるいは「人づくり」的な活動を切り取るか、という問題である。

国際社会においては、TVET は個人の能力開発として定義されることが多い。例えば、2015 年第 38 回ユネスコ総会で採択された「技術教育及び訓練並びに職業教育及び訓練（TVET）に関する勧告」では、「幅広い職業分野、生産、サービス及び生計に関連する教育、訓練及び技能の開発から成るもの」[注1]、「TVET は、生涯学習の一環として、中等の学習段階、中等の後の学習段階及び高等の学習段階で行うことができるものであり、資格につながり

得る職場に基礎を置く学習及び継続的な訓練並びに職能開発を含む」[注2]とされており、主に個人の広範な能力開発として理解されている。こうした定義にみられる学校教育の段階や資格取得といった要素は、TVET を制度化された教育課程ととらえている点で、日本の人づくり観とは異なる。

　TVET はその概念が広範にわたるため、様々に分類されている。例えば、教育・訓練の提供されるタイミングにより、就業前（pre-service）TVET、就業後（in-service）TVET と呼ばれる。前者は主に技術高校、ポリテクニック、職業訓練校などの教育・訓練機関によって提供される TVET を指すのに対し、後者は主に企業内で実施される教育・訓練のことを指す。また教育・訓練の形態によって、フォーマル／ノンフォーマル／インフォーマルで分類されることもあれば、ターゲットとする技術レベルに応じて職人（Artisan）／テクニシャン／エンジニアといった分類をされることもある。対象とする産業も多岐にわたり、農業／漁業／製造業／サービス業／保健・医療分野などあらゆる業種が含まれる。

　このように、日本の「人づくり」の多様さに加え、TVET 自体が実施場所や教育段階、技術分野やレベルによって細分化していることから、TVET 協力を明確に定義することは難しい。したがって、本章第2節では「人づくり」支援全体の変遷を概観するために TVET をやや広くとらえ、人材育成にかかわる国際協力全体について述べている。一方、本章の第3節の TVET プロジェクトの分析については、日本の協力の特徴も勘案し、産業人材育成に資するプロジェクトを中心に TVET 行政に協力したプロジェクト、教育・訓練機関の強化に協力したプロジェクトを選定した。また、それらに加えて特定のターゲットのエンパワメントの手段として職業訓練や技能訓練を提供したプロジェクトも選定している。

（3）本章の概要

　本章が扱う内容は表6-1 の通りである。日本の経済政策の一環として始まった日本の TVET 協力は、日本の経済成長に伴い国際社会への貢献や援助の受け手との関係などが意識されるようになった。さらに、1990 年以降、日本の政策はより国際社会の潮流の影響を受けるようになった。国際的な潮流においては、職業教育と教養教育という両極の間で、重点が常に移ってきた。日本の

表6-1　TVET を取り巻く政策環境の変化と JICA の協力の傾向

		1950-1960 年代	1970-1980 年代初期	1980 年代	1990-2000 年代半ば	2000 年代半ば以降
日本	政策環境	日本の経済成長 日本の輸出拡大	国際社会への貢献 国際的地位向上 援助の受け手との友好関係構築	経済開発に資する技術者育成	「人づくり」の拡大（基礎教育への注目）	「人づくり」の更なる拡大（地域的拡大および対象の拡大）
国際社会	開発目的	経済成長	ベーシック・ヒューマン・ニーズ（BHN）の達成	マクロ経済政策の再建	基礎的な社会サービスへのアクセス	持続可能な開発
	教育プログラムの重点	高等教育 中等 TVET	ノンフォーマル教育 成人識字教育 農村教育	政府関与の減少	初等・前期中等教育へのアクセス拡大 女子教育	学習成果 ライフスキル ディーセントワークのための技能
	TVET の重点	計画的な専門家育成	関心低下	中等教育の職業化（vocationalization）	関心低下	コンピテンシーに基づく訓練（CBT）
JICA	協力傾向	中堅以下の技術者育成	技術協力／無償資金協力の拡大	ASEAN 人造りセンター、技術分野以外の人材育成	モデル校支援と成果の普及、ビジネス人材育成	社会的弱者支援、アフリカでのプロジェクトの増加

（出典）　Yamada 2018 に基づき加筆。

TVET 協力の傾向をみると、これら国内外の政策環境と呼応する部分とそうでない部分があることが明らかになった。次節以降でこれらの詳細について議論したい。

2. 政策環境の変化

（1）日本の政策環境

「人づくり」という言葉が初めて対外的に公式に表明されるのは、1979 年に大平正芳首相が第 5 回国連貿易開発会議（UNCTAD）総会で発表した声明においてである。それを受け 1981 年には鈴木善幸首相によって「ASEAN 人造り構想」が発表され、1980 年代に日本の人づくり協力は大きく拡大した。1990 年代に入ると万人のための教育（EFA）の影響を受け、基礎教育支援も人づくり協力として扱われるようになった。また、TVET 協力においても、2000 年以降は紛争影響国や脆弱国の支援のニーズが増大した。

　本項では日本の人づくり協力の源流から、2000 年以降の多様なニーズに応

第 6 章　JICA の産業人材育成　　169

じた TVET 協力まで、日本の政策やその背景にあった協力に対する考え方の
変遷を概観する。

①1950-1960 年代 —— 人づくり協力前史

1950 年代の日本の ODA は、コロンボ・プラン、アメリカ国際協力庁（International Cooperation Agency: ICA）、国際機関の要請に基づく研修員の受入れが中心であり、受入れ分野においても、農林水産業の割合が高かった[注3]。しかし、これらの協力は受動的であり、必ずしも日本の意図は反映されていなかった。この時期の研修受入れ分野に対する不満は、経済協力の白書である当時の「我が国の経済協力の現状と問題点」からも読み取ることができる。

> コロンボ計画は、先進国との共同計画であるためにわが国にとっては不利な点も多い。すなわち、わが国に対する研修の要請は、わが国が技術的にもすぐれ、伝統もある農林水産業が中心となり、輸出振興に深い関係を有する鉱工業の分野については、数が少いだけでなく、研修生の質の面からいっても優秀な研修生は欧米先進国に奪われがちであるという問題がある。（通商産業省 1959、p. 46）

受動的な協力からの転換点となったのは 1958 年の円借款の供与開始である。これは、日本独自の経済協力[注4]政策として「賠償という他動的、戦後処理的な債務の支払いとは異なり、わが政府の意思に基づいて実行され」（鹿島平和研究所 1973、p. 41）たものであった。

当時の日本の経済協力を規定していたのは、日本の国益、特に経済と連動した国益であり、経済協力は、輸出振興を最重要課題としていた当時の経済政策に組み込まれた。特に当時は全てがタイド（ひも付き）援助だったため、円借款を中心とした資金協力は「直接に外貨流失をもたらすことなく、わが国貨物の輸出という形で実現」（通商産業省 1963、p. 26）された。つまり、資金協力により機械類やプラント類の輸出を増大させ、日本の経済成長に貢献することが、当時の経済協力の政策的な意図であった。

このような中、研修や専門家派遣による技術協力も資金協力と同様に輸出振興に貢献することが求められた。技術協力は、「低開発国に対しては技術面から経済開発に大きく貢献して、乏しい資本を節約し、その効率を高める上に極

170　　第Ⅲ部　技術教育・職業訓練（TVET）協力

めて重要な役割を演じており、同時にわが国にとつてはこれを媒介として、機械類の輸出伸長を促進する効果を招来」（通商産業省 1958、p. 17）するとされており、資金協力を補完するのみならず、輸出振興のいわば呼び水と考えられていた。このため、技術協力においても、農業機械、漁業、電気、通信といった特に日本が輸出を狙う分野により重点が置かれた。

1959 年には日本での研修だけではなく、海外技術協力センター事業を開始し、現地での技術協力が本格化した。海外技術協力センター事業は技術協力の一形態であり、現地の要請に従って中堅以下の技術者育成を目的としたセンターを設置するもので、現在の技術協力プロジェクト[注5]の原型となったものである。この事業は、1957 年に岸信介首相が東南アジアを歴訪した際に、インド、パキスタン、セイロン（現、スリランカ）、ビルマ（現、ミャンマー）、タイ、中華民国（台湾）の各国で技術訓練センターを設置することを提案し、各国首脳の賛同をえたことに端を発している（海外技術協力事業団 1964、p. 1）。そのねらいについて、岸本人が帰国直後に行われた『週刊朝日』の「徳川夢声連載対談、問答有用」で以下のように述べている。

　　私の考えかたの根本は、こういうことなんです。経済的な基盤をかためていくのにはですよ、なんというても、経済開発をやらなきゃいかん。それを遂行するのに、たりないものは、かねと技術だ。技術は先進国へいってまなべばいいが、同時に、下士官級の技術者がたくさん必要だ。先進国へいくというたって、なかなか費用も出ない。だから、技術のトレーニング・センターを各国で作って、技術者を養成することにしようというわけです。（岸ほか 1981、p. 166）

このように海外技術協力センター事業は、下士官級、つまり中堅以下の技術者を多く育てるためには、日本で研修をするよりも現地で養成したほうが効率的、という考え方に基づいて進められた事業であった。またそれだけでなく、「これらの技能者に対して、わが国の機械になじませること、およびその運転操作に習熟させ、さらに特定機械のみに関する熟練工に仕上げることに成功すれば、研修終了後彼等が実務について機械設備を輸入する際わが国のものを選択するに当って大きな効果をもたらすことも考慮される」（通商産業省 1959、p. 204）とあるように、引き続き輸出振興もそのねらいの 1 つであった。この

第 6 章　JICA の産業人材育成　　171

ように、この時期の日本の技術協力は、必ずしも個人の就業能力の向上を目的とした「職業訓練」を意図していたわけではなく、「国の発展のための人材育成」という考え方と当時の日本の国益が結びついた人材育成協力だった。しかし、これらの事業の実際の協力分野、内容に鑑みると、主に職業訓練への協力であり、これが日本のTVET協力の源流だったと言える。

1960年代後半になると、日本の経済成長も相まって、援助国としての日本の国際的地位に対する関心がより高まった。1964年に経済協力開発機構（OECD）の正式加盟国となってからは、OECD/DACの対日年次審査が行われるようになり、他のOECD/DACメンバー国との比較において「①援助量の拡大」及び「②援助条件の緩和」について議論されるようになった。

一方、当時の日本のマクロ経済は、常に国際収支バランス（経常収支のマイナス）を気にかけながら運営されていた（尾髙 2013、p. 49）。援助量の拡大と援助条件の緩和を同時に進めると、国際収支を悪化させる効果を持つことになるため、当時の日本にとって難しい課題であった。なぜなら、援助条件の緩和によりアンタイド率を向上させ、それを量的に拡大するということは、外貨の流出を拡大させることになるためである。そこで、技術協力への期待が高まることになる。技術協力は「資本協力と比べるとそれに要する金額は僅かであるが、その効果は極めて大きく、ひとづくりやコンサルティングを通じて相手国の技術水準を向上させ、その経済開発に資するとともに、わが国の技術の海外への普及を通じ、長い目でみてわが国企業の海外進出やプラント輸出の拡大のための先駆的役割をも果たすことになる」（通商産業省 1964、p. 46）とされた。ただし、「専門家補充の困難」、「言語上の制約」（通商産業省 1966、p. 50）など、技術協力拡充のための日本側の体制が整っていないという問題もあった。

②1970-80年代 ―― 経済開発のための人材育成

1970年代に入ると日本を取り巻く国際状況が変化してきた。東南アジア諸国では、日本の輸出振興と結びついた経済協力に対する反発が表面化し、1974年1月に田中角栄首相が東南アジアを歴訪した際、各地で暴動や抗議行動が起きた（外務省 1974、p. 22）。さらに、次節で記載する国際的な潮流も、経済成長を重視する援助から途上国の貧困対策へ目を向けた援助へと転換した。これらの変化を受け、日本国内でも日本の経済協力のあり方について議論が活発に行

われるようになった。特に技術協力の拡充は重要なテーマであり、その中で教育協力についても議論された。1969年に改組再発足した対外経済協力審議会は、1970年から1971年の間に7つの答申・意見を出し政府の援助政策策定に貢献した（鹿島平和研究所1973、p. 49）。そのうちの1つ、「開発途上国に対する技術協力拡充強化のための施策について（答申）（1971年9月9日）」では、「技術協力をこれからのわが国の対外開発協力の重要な柱とし、資金協力特に無償の資金供与、超ソフト・ローン供与と一体化した経済協力を推進する等、新しい対外開発協力の構想が必要である」とされた。同答申では「教育、文化、医療等の協力について」という章が設けられたが、それまで行われてきた人的資源に対する技術協力は教育協力には含められなかった。答申に先立ち、1971年7月に同名の報告書が公表され、その直後に、文部省が主導して組織された「アジア教育協力研究会」で教育協力に関する議論が開始された。しかし、それに先んじて外務省が「わが国教育協力の進め方について」という文書を発表した。これらの経緯は、本書1章で斉藤が詳述しているが、後者の外務省文書中で、「職業訓練」については「狭義の教育協力には入らないが、従来から海外技術協力事業団ベースその他の技術協力により多くの実績を有するので、今後もその拡充をはかる」とされており、この時点で外務省は、それまでの技術協力で行われてきた人的資源に対する協力を「職業訓練」とみなしていた。

　1970年代初頭に、技術協力の拡充に関する議論が高まりをみせ、1974年に技術協力を専門に担う機関として国際協力事業団（JICA）が設立されると、技術協力は急速に拡大した。本書1章で斉藤が指摘する通り、この時期のJICAの教育協力は外務省の教育協力観を反映したものとなり、高等教育と併せて職業訓練に重点がおかれることになった。さらに1978年7月には、3年間でODAの倍増を目指すとした第1次中期目標が策定され、それ以後、ODA予算も急速に拡大することとなった。

　このような背景のもと、1979年5月、マニラで開催された第5回UNCTAD総会での大平首相の声明では、人づくりを重視する援助戦略が提唱された。声明では、国づくりをより効果的に推進するためには人材育成が重要であることが強調された。「人づくりは国づくりの基本」という考え方は日本自身の開発経験に基づいており、途上国の開発問題を解決するためにはその国の自助努力が必要で、自助努力を期待するためには優れた人材が必要であるという

ものである。声明では「人づくり」として、1）基礎教育の一層の充実と、2）開発の直接の担い手となる専門技術者の育成が急務とされた。これ以降、「人づくり」は日本の開発援助の主軸の1つとなった。

　さらに、1981年1月に鈴木善幸首相がASEAN5か国を訪問した際に、バンコクで行った政策演説で「ASEAN人造り構想」が発表された。同構想の基本的枠組みは、技術協力と無償資金協力を結びつけた協力方式によって各国に拠点となる「ASEAN人造りセンター」を設立し、域内に開放することで、日本とASEANの人的交流をはかるというものであった。この構想をもとに1982年にはASEAN人造り協力事業が開始され、ASEAN各国に職業訓練指導員育成（インドネシア：職業訓練指導員・小規模工業普及員養成センター）、上級技能訓練の普及（マレーシア：職業訓練指導員・上級技能者養成センター）、農村地域開発の指導者養成（フィリピン：人造りセンター）、プライマリー・ヘルスケア推進のための人材育成（タイ：プライマリー・ヘルスケア訓練センター）、労働生産性向上のための人材育成（シンガポール：生産性向上プロジェクト）を目的としたセンターが建設された。

　この時期の「人づくり」は、大平首相が当初に基礎教育まで含めて提唱したものよりも、狭義なものとして扱われた。1983年5月、ASEAN歴訪中にクアラルンプールで中曾根康弘首相が行った演説では、「人造り」は経済協力の中の重点分野と位置づけられており、高度な技術を持つ人材育成へと的が絞られている（外務省1984、p.401）。また、経済発展に貢献する人材育成が重視されたことで、急成長を遂げるASEAN諸国の産業構造の変化に合わせることが強調されるようになり、この時期にJICAによって発表された「人造り研究報告書」でも、産業別・業種別の人材需給ギャップについての調査が実施されている（国際協力事業団1987）。

　1980年代の終わりになると、「人づくり」の考え方に再び変化が生じ始める。1989年に衆議院本会議において「国際開発協力に関する国会決議」がなされ、貧困の克服等や基本的な生活向上に重点が置かれると、特に女性及び子どもに配慮することが国際開発協力の基本的原則の1つとして認識された。すると「人づくり」も、経済開発志向の協力から徐々に視野を拡大する動きが出てくるようになる。

③1990-2000 年代半ば――「人づくり」の拡大

　1990 年代に入ってからも「人づくり」は日本の開発援助の重点分野であった。1992 年に閣議決定された政府開発援助大綱では重点事項の中に「長期的視野に立った自助努力の最も重要な要素であり、国造りの基本となる人造り分野での支援を重視する」と明記されており、「人づくりは国づくりの基本」という考え方は脈々と受け継がれてきた。

　この時期の「人づくり」の主流は引き続き途上国の経済開発に貢献する技術移転であった。1993 年に発表された第 5 次 ODA 中間目標でも開発途上国の国家建設と経済開発を行っていくための人材育成が最も重要な要素であるとされ、そのために開発途上国の発展段階に応じた技術を移転することが目標の 1 つとされた。さらに同年には技能実習制度推進事業等運営基本方針が厚生労働省によって公示されているが、技能実習生制度の目的も「技能、技術又は知識の開発途上国等への移転を図り、開発途上国等の経済発展を担う『人づくり』に協力すること」であるとされた。ただし、技能実習生制度はもともと、外国人の不法就労等のいわゆる外国人労働者問題に対応するためにつくられた制度（閣議決定 1992）であり、日本が伝統的に行ってきた人材育成協力とは成り立ちが大きく異なる。

　1990 年代半ばになると「人づくり」という言葉をさらに広い意味で使う動きが強くなってきた。例えば 1995 年 3 月、村山富市首相が社会開発サミットにおいて行った演説では、人づくりは国づくりのために「障害者等社会的に不利な立場にある人々も含めた、市民一人一人の能力を開発」することであるとされた。また、開発途上国の教育や職業訓練を日本が引き続き直接支援していくことに加え、経験のある開発途上国の技術や知識を他の開発途上国の社会開発に役立てる「南南協力」の促進も支援すると明言された。

　さらに、人づくり協力は地理的にも拡大した。1996 年 4 月、第 9 回 UNCTAD 総会における池田行彦外務大臣の一般討論演説では、アフリカへの人づくり協力として、3 年間で 3,000 名程度の技術研修生をアフリカから受け入れることが表明された。また、同演説では「2015 年までにアフリカ諸国のすべての子どもが初等教育を受けられるようにすることを国際社会の目標とすることを支持」する形で、アフリカにおける人づくり協力として初等教育の量的拡大を支援することが約束された。さらに、アジア・アフリカ協力を含む南南協

力の推進のために人づくり開発基金を活用する方針であることも明らかにされた。

　2000年代に入ると「人づくり」はさらに多様な使われ方をするようになった。2001年のODA白書でも、これまでと同様に「人づくりは国づくりの基本」であるとされているが、人づくりの1つ目として記載されるのは技術者の育成ではなく基礎教育である。基礎教育の内容としては、読み・書き・計算だけでなく、社会の中で生きていくために必要な能力向上（エンパワメント）に焦点を当てるとされ、経済発展の基礎となる実務者・技術者等の人材育成を進める上で、特に理数科教育が重要であることも言及されている。人づくりの2つ目には産業人材育成があるが、中小企業の振興や人材育成機関の機能強化などであり、以前までの技術者育成とは別の視点であると言える。さらに、これまでたびたび言及されてきた人づくりに関する「南南協力」の他にも、近隣諸国間における国境をまたいだ「広域協力」を推進していくことも明記されている。2003年のODA大綱では、人づくり協力には「知的財産権の適切な保護や標準化を含む貿易・投資分野の協力、情報通信技術（ICT）の分野における協力、留学生の受入れ、研究協力なども含まれる」とされ、あらゆる分野での人材育成の重要性が強調された。

　1960-1970年代にかけて経済協力政策として位置づけられたTVET協力は、1980年代に政策的に打ち出された「人づくり」協力の基礎となった。それ以降、「人づくり」は日本の開発援助の主軸となり、1990年ごろまで、その中心にあったのは経済開発のための技術者養成を目的としたTVET協力であった。しかし、1990年代半ば以降、開発ニーズが多様化する中で、「人づくり」はより広い意味で使われるようになった。2000年代には、これまでの直接的な技術移転ではなく、ネットワーク構築や環境整備、技術移転ができる基礎人材育成などが主流となった。

（2）国際的な潮流

　第2次世界大戦以後、国際機関や援助国は、それぞれに異なった時代背景や理論枠組みに基づき、国際的な潮流を形成してきた。こうした潮流は、日本の国際協力事業の方針にも直接、間接に影響を与えてきている。そこで、本項では、戦後、国際機関などが設立され、多国間協力の枠組みが確立した1950年

176　　第Ⅲ部　技術教育・職業訓練（TVET）協力

代以降における TVET に関する言説と、それによる教育分野全体の中での当該分野への資金配分の変化を概観する。

TVET は、特に ODA 資金の配分が乱高下してきた分野である。マンパワー論を背景とした高等教育及び職業訓練への支援が教育協力の大部分を占めていた 1950-1960 年代には教育セクターへの ODA の 3 割を占めていたが、その後、ベーシック・ヒューマン・ニーズ（BHN）重視の 1970 年代、構造調整プログラムが支配的であった 1980 年代、EFA 運動が高まった 1990-2000 年代には長い低調期にあった。1980-1990 年代に、中等教育の職業教育化（vocationalization）の議論があり、一時期 TVET への関心が高まったものの、1960 年代以降、教育セクターでは、中心的なテーマとして扱われない時期が長かった。しかし、2000 年代半ばごろから、基礎教育の修了者の失業対策や経済発展による産業人材需要を背景として、職業技術教育が大幅に復調してきている。

本項では、日本の当該分野での支援との相関や相違とその原因を探るために、こうした国際的な TVET の必要性に関する議論の変遷を追う。

①1950-1960 年代――マンパワー計画と人的資源論

TVET と高等教育への国際的な関心の高まりは、植民地時代後期に端を発している。独立運動が高まってきた植民地期末期には、宗主国の統治を正当化するため、植民地が自治できるようになるまでの時限的に統治を任されている、という「信託統治」の理念が広く用いられるようになった。その流れで、ヨーロッパ人の代わりに行政や様々な分野を主導できる専門家やリーダーを養成することが、植民地教育の重点とされたのである。そして、当時もてはやされた科学的な手法に基づくマンパワー計画により、高等教育や高度専門職教育に重点が置かれるようになった。

第 2 次大戦が終わると、旧植民地が次々に独立を果たした。1950-1960 年代には、多くの国際機関が設立されたが、これら新興独立国に対する支援政策は、植民地時代のそれを踏襲していった。例えば、1964-1969 年の間、中等段階の TVET は、世界銀行の教育借款の 20% を占め、2 番目に大きい分野だった（World Bank 1995）[注6]。他方、中等普通教育は次第に縮小した。

国際機関の教育援助の方針を正当化するために使われてきたのが人的資源論である。この経済理論は、教育への個人及び社会の投資を卒業後の個人収入、

第 6 章　JICA の産業人材育成　　177

GNP と比較して費用対効果を測るもので、収益率（rate of return）が高い教育部門は労働需要に合った人材を効果的に輩出しているとされる。1970 年代までは、国際機関は中等 TVET への費用対効果は高いと主張していた（World Bank 1963）。

②1970-1980 年代 —— 市場原理と中等教育の職業教育化

　1970 年代になると、教育開発プログラムの重点は、職業技術課程のみならず、中等・高等教育そのものから離れていくようになる。この頃、BHN を満たすことの重要性が謳われるようになり、農村部の零細農民など、貧しい人々が社会開発プログラムの中心とされた。教育分野でも、基礎的な読み書きが出来ない人々を優先し、初等教育や成人識字教育に焦点があてられた。この時期、途上国の中・高等教育機関では、国外からの支援も政府の資金も限られていたことから、施設の補修もままならない場合がみられた。途上国の歴史ある大学でも、1970-1980 年代の蔵書が欠落していることは少なくない。

　1970 年代後半から 1980 年代の初めにかけて行われた世界銀行主導のタンザニアとコロンビアの中等職業教育の収益率の調査は、1960 年代の同種の調査とは異なる結果を提示した。すなわち、技術科目導入には教養科目よりコストがかかるにもかかわらず、中等職業技術課程の卒業者は普通課程の卒業者より早く就業もせず、収入も多くないというのである。つまり、中等 TVET に対する投資は、それに見合った結果につながらないという調査結果であった（Psacharopoulos 1988、p. 275）。TVET は、一般に、機材の費用が高く、専攻が特化しているため、教師対生徒比率も低く、普通課程と比べると投入は格段に大きいのは事実である。また、産業界での技術変化が速いのに対し、学校の機材やカリキュラムが陳腐化しやすいことも広く指摘されることとなった（Verner 1999）。

　また、平等主義の観点からも、職業課程と普通課程を分離させることは、社会、経済的不平等を増大させると批判され始めた（Benavot 1983、p. 73）。つまり、職業技術課程の生徒は、普通科の生徒よりも学業成績が低く、能力的に劣っているのではないか、という大衆心理が存在し、そのため、雇用者は普通課程卒業者を好み、また給与も普通課程卒業者の方が高くなる傾向がある。したがって、職業課程と普通課程が分離していること自体が不平等の原因となると

178　　第Ⅲ部　技術教育・職業訓練（TVET）協力

いうのである（Lauglo and Lillis 1988、p. 11）。

このような批判を受け、1980年代以降、国際的な潮流は普通課程と職業課程の差を無くす方向に進んだ。普通課程のカリキュラムはより多様な科目を導入し、職業課程では教養科目の比重を増大させたのである。この時期の流行は、就業に特化した技術の訓練は、教育制度外の民間訓練機関や雇用主に任せ、学校教育ではより一般的な就業準備を行うというものであった。民間の訓練者を活用することで、TVETは、労働需要に対してより柔軟に対応できるようになると考えられたのである（Atchoarena and Caillods 1999、pp. 76-80、Fluitman 1992、p. 5、McGrath and King 1999、p. 216）。

1980年代には、開発援助の借款の返済が滞ったまま重債務に苦しむ途上国が多くなっていた。そこで、世界銀行と国際通貨基金（IMF）を中心とする援助国・機関は、その債務を帳消しにし、新たに低金利の借款を受けるための条件として、構造調整を行うことを要求したのである。財政不均衡を是正するため、構造調整プログラム（structural adjustment programmes: SAPs）は、債務国に公共支出の削減と市場原理の導入を求めた。民営化と規制緩和を進めるSAPsが教育や保健といった社会サービスに及ぼした影響は甚大であった。教育は、公共財ではなく、消費財とみなされ、初等教育段階から授業料が課されるようになった。これにより、貧困層や脆弱層の教育機会が奪われたとの批判が高まった。TVETにおいて、学校では特化した技術を教えず、民間を活用するという方法が奨励されたのも、市場原理に任せることで、自然に需要と供給が均衡するというSAPsの発想が反映されている。

③1990-2000年代半ば──EFAの隆盛

他章でも議論されているように、1990年に始まる「EFA」パラダイムは、SAPsへの反省に基づいている。過度の市場主義から一転し、貧困層、脆弱層を優先する介入主義が全体を貫いていた。本書第2章でも記載されている通り、EFAの導入以降、教育協力の焦点は、教育サービスの恩恵が受けられない人々をなくすため、初等教育に大幅に移行した。

世界銀行のTVETへの支援金額は、1960年代から1990年の間に半減している（表6-2）。特に、中等TVETでの減少が著しい。更に1992年には、TVET全体で世界銀行の教育予算の6％にまで減額されている。その一方、

表6-2 世界銀行のサブセクター別教育事業投資 1963-1990

(単位:100万USドル)

	1963-76		1977-86		1990	
	金額	%	金額	%	金額	%
普通教育	963	42	6,171	52	1,222	64
初等	134	6	2,580	22	456	24
中等	461	20	1,176	10	163	8
ノンフォーマル	30	1	48	0	--	0
中等以上	89	4	1,615	14	323	17
教師教育	251	11	752	6	280	15
TVET	1,150	51	5,220	44	489	25
中等	511	23	706	6	69	4
中等以上	367	16	2,810	24	302	16
ノンフォーマル	249	11	1,579	13	45	2
教師教育	23	1	124	1	73	4
その他	153	7	368	3	207	11
合計	2,266	100	11,759	100	1,918	100

(出典) Jones 1992、p.182。

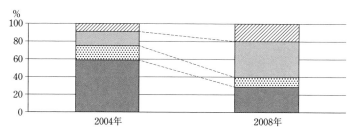

図6-1 DACメンバー国のサブセクター別教育ODA (2004年及び2008年)
(出典) OECD 2005 and 2009。

普通教育での予算拡大はほとんど初等段階で起きている。

　極度の初等教育集中は、2000年代に入っても続いた。しかし、この傾向は、2000年代半ばに転換し始める。図6-1では、短い期間でOECD/DACメンバー国の教育ODAの構成が大きく変化していることを示している。この背景には、ほとんどの途上国が総就学率100%を達成した結果、中・高等教育段階でのTVET、科学技術教育が再び舞台の中央に戻ってきていることがある。

④近年の TVET の再評価とコンピテンシーに基づく訓練

　学校に通う機会を増やすことが貧困削減に貢献するという、やや単純化された論旨で展開された基礎教育普遍化政策は、学習達成度の向上にも、雇用拡大にも、貧困削減にも明示的な効果はもたらさなかった。安定した仕事を得たり、生活を向上させたりするにも、知識・技能があることが前提であるが、それは、学校に通うことや教科書に書いてあることをそのまま覚えることからだけでは直接的には得られない。そのため、実際に使える知識・技能を身につけて、仕事を得るために「学校から仕事への移行（school to work transition）」が重要だと指摘されるようになった（King and Palmer 2013、UNESCO 2012）。こうした議論を受け、TVET のカリキュラムに学校内での実習や企業研修を増やすなど、実際の場で使える職業技術を形成することを目指した TVET 改革が導入された。このように、様々な国で実施された改革に共通する特徴は、第 1 に、教育・訓練機関での狭義の TVET だけでなく、ノンフォーマル教育や企業内研修、徒弟制度といった多様な教育・訓練の場を視野に入れ、更に、中・高等レベルの技術者の養成に偏りがちだった従来と異なり、インフォーマル・セクターなどの低所得者の貧困削減に資する、より広い内容を含めた技能形成を行おうとしている点である。また、様々な形での民間セクターとの連携が提唱されることも特徴である。

　政府は、職業人材育成への直接関与を極力減らし、人材を雇用する産業界、人材を育成する教育界、関連する複数の省庁を調整し、企業が労働者を訓練に参加させる場合の補助金や TVET 機関が産業界の需要に応えて新しい教育プログラムを開発するための奨励金を出すなどして、技能形成を活発化する触媒機能を重視する。同時に、産業人材訓練市場に民間の教育・訓練機関を積極的に参入させ、競争的市場を形成することで訓練の質を高め、政府のコスト負担を軽減させようという考えである（Eichhorst et al. 2012、pp. 4-9、山田 2008、p. 45）。

　こうした趣旨に照らし、職業人材育成の調整機関を設置すること、産業界の意見を取り入れ、「実際の仕事の場で使える」ということを基準に、従来の教える側の視点に立ったカリキュラムを抜本的に修正し、学習者の資格認定枠組みや TVET 教育機関の認可基準もそれに準じて変更することなどが、多くの国で推奨された。こうしたアプローチは、仕事の場での適格性を育成する、と

いう意味で、コンピテンシーに基づく訓練（competency based training: CBT）と総称されている。

⑤TVET に関する議論の経年傾向

　TVET を促進する動きは、戦後の教育開発の歴史の中で繰り返し起きている。途上国の教育開発に限らず、20 世紀の教育議論の中では、職業教育と教養教育という両極の間で、重点が常に移ってきたと言える。この 2 つの教育アプローチは、ゼロサムの関係にあるわけではなく、どこでバランスを取るかの問題である。教養教育に傾きすぎると揺り戻しが来て、その逆も起きてきた。

　教育は、学習者のニーズと背景に適応（レレバント）されなければならない、という議論は常に行われてきた。近年の CBT は、生徒が卒業後の仕事に使える能力を身につけることに重点を置いたものである。他方、職業教育を教養教育と切り離した課程とすることによる、制度的不平等や階級再生産の問題もしばしば指摘されてきた。また、TVET 校の施設やカリキュラムが労働市場のニーズの変化に対応しきれないという批判もあることは既に述べた通りである。

　こうした批判と再評価は植民地時代から繰り返され、必ず振り子が戻るように職業教育が焦点化される時期が訪れる。大まかにいえば、職業教育に関心が集まるのは、教育に対して、経済成長や国家形成に貢献する人材を輩出するという直接的な期待が生まれる社会的、政治的、経済的背景があるときである。植民地時代末期から 1960 年代に、新興独立国の指導者や専門家が求められたり、2000 年代半ばから、資源輸出が好調になり、多くの途上国の経済が上向いたことと無関係ではない。

（3）日本の政策環境と国際的な政策環境の関係

　日本の初期の TVET 協力は、日本の経済政策の一環として推進されてきたため、国際的な政策環境の影響というよりも、日本独自の哲学に基づいて支援を展開した。1964 年に OECD/DAC に加盟して以後は、他の加盟国との比較の中で、援助量の拡大及び援助条件の緩和に取り組んできた。しかし、これらはそれまでの日本の援助に対する国際社会からの批判への対応であり、日本の TVET 協力は国際的な潮流の影響をあまり受けていない。例えば 1980 年代、国際的には中等教育の職業教育化が進行し、TVET への支援が減少する中で、

日本は「人づくり」を大きく打ち出し、ASEAN 各国で人造りセンターによる職業訓練を中心とした人材育成協力を実施していた。

1990 年代以降は日本の政策も国際的な潮流の影響をより強く受けるようになり、「人づくり」の主役は基礎教育に変わった。しかし、「人づくりは国づくりの基本」という考え方は脈々と受け継がれてきた。次節では、これらの政策環境が協力実践にどのような影響を与えてきたのか、JICA が実施してきた協力プロジェクトを分析する。

3. JICA の TVET プロジェクトにみる支援傾向

TVET 支援をめぐる国内及び国際的な政策環境は、時代とともに大きく変化してきた。その中で、日本の TVET 支援の傾向は、国際的な潮流の影響も受けてきたものの、必ずしもそれだけでは説明ができない。TVET は、1950 年代から一貫して日本の教育協力の柱の 1 つとして実施されてきており、その固有性と歴史の長さから、日本の ODA の本質的特性を秘めた分野であるといえる。

そこで、本節では、JICA が実際に行ってきたプロジェクトの傾向を分析することにより、国内、国外の環境要因を背景としつつ、ODA 事業の中で TVET 支援がどのように行われてきたかを検証する。これは、単に ODA 実践の経年変化を記録するというだけでなく、政策がどのように解釈され、実際の国際協力事業という形に具現化されたかを明らかにすることである。それによって政策と実践の間の複雑な関係性が垣間みえるのではないだろうか。

(1) プロジェクト実績の経年分析

1 節の (2) で述べた通り、TVET の概念は広範にわたるため、分析の対象とする TVET プロジェクトの範囲の設定は容易ではなかった。特に JICA の技術協力プロジェクトは、その多くがカウンターパートへの技術移転やカウンターパートによる研修が含まれているため、広く設定すると、ほぼすべての技術協力プロジェクトが TVET プロジェクトとなる。しかし、今回の分析のために選定した TVET プロジェクトリストでは、国際協力の分野で TVET とみなすことに異論が少ない範囲に限定している。したがって、産業分野の人材育

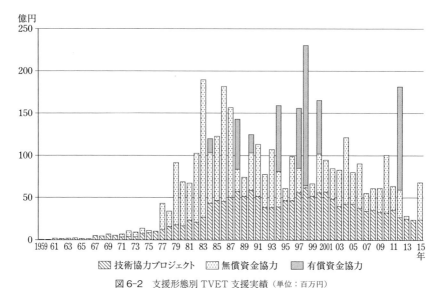

図 6-2　支援形態別 TVET 支援実績（単位：百万円）

（出典）「日本の国際教育協力——歴史と展望」検討委員会作成のプロジェクトリストに基づいて筆者作成。

成であっても教育・訓練機関以外の場所で教育・訓練に関する活動が行われているプロジェクトは除外した。また、教育・訓練機関の強化に協力するプロジェクトであっても、公務員の研修、保健分野の人材育成、農業普及員の育成など、公的セクターの人材育成プロジェクトも除外している。その結果、本節で取り上げたプロジェクトは、産業人材育成に資するプロジェクトを中心に、支援対象国のTVET行政の向上を目指したプロジェクト、TVETに関する教育・訓練機関の強化を目指したプロジェクトを選定した。またそれに加えて、特定の社会グループ（女性や紛争の被害者などの社会的脆弱層）を対象としたエンパワメント（能力強化や自律的な行動促進）の手段として職業や生活のための技能訓練を行ったプロジェクトも選定した。また膨大なプロジェクトの中からTVETプロジェクトを抽出するに当たって、全てのプロジェクトの内容を確認することは難しく、最初の段階でプロジェクト名から対象外と想像されるものはリストに入れていない。このように初期に対象から外したものの中に、TVETに該当するものが含まれていた可能性は否定できないが、そもそもTVETの対象が捉えにくく、また、日本のODA史の中でも継続的にデータの蓄積がなされてこなかった分野であることから、制約はあるものの、現時点

では最も正確なデータであると考えられる。

　分析対象となっているのは、技術協力プロジェクト 245 件、無償資金協力プロジェクト 221 件、有償資金協力（円借款）9 件である。これらのプロジェクトの支援形態別実績金額の経年変化を示したものが図 6-2 である。

　日本のプロジェクト型の TVET 協力は、1960 年にタイで電気通信施設の設置、操作及び保守の分野の人材養成を行うセンターへの協力から開始し、1960 年代は主に海外技術協力センター事業による人材育成協力が行われた。1970 年代に入ると無償資金協力による教育訓練機関の施設整備、機材供与なども行われるようになり、1970 年代後半から ODA 予算の拡大に合わせて、技術協力、無償資金協力ともに急激に拡大した。特に 1981 年に「ASEAN 人造り構想」が表明されると、技術協力プロジェクトでも無償資金協力でも同構想に基づく大型プロジェクトが相次いで実施された。

　無償資金協力については、1980 年代には 83 件（支援総額、約 768 億円）ものプロジェクトが実施されるが、1990 年代には 46 件（支援総額、約 370 億円）とほぼ半減した。しかし 2000 年代には 51 件（支援総額、約 408 億円）と一定規模の支援が続いていることがうかがえる。

　それに対し、技術協力プロジェクトは 1980 年代の ASEAN 人造り構想に基づくプロジェクトが 1990 年代初頭に終了し、1990 年代前半に支援金額は一時的に落ち込む。1990 年代以降はほぼ ODA 予算の増減に呼応し、1990 年代後半をピークに増加から減少に転じる実績となっている。

　有償資金協力については、9 件と数は少ないが、プロジェクトの規模が大きく、複数の教育訓練機関を対象に施設整備、機材供与、研修（留学）などを組み合わせたプロジェクトが多い。例えば、タイの「職業教育短大強化事業（1994 年度、78 億円）」では、工業短大 20 校及び教員研修所を対象に、施設整備・機材供与及び教員研修を実施した。

（2）技術協力プロジェクトの地域別の傾向

　次にプロジェクトの傾向をより詳細にみるため、技術協力プロジェクトの分析を行う。図 6-3 は技術協力の 245 プロジェクトを地域別にグラフにしたものである。東南アジアのプロジェクトが最も多く、全体の 29.0% を占めている。次いでアフリカ（18.0%）、中東（12.2%）、南米（9.0%）の順に多い。東南ア

第 6 章　JICA の産業人材育成　　185

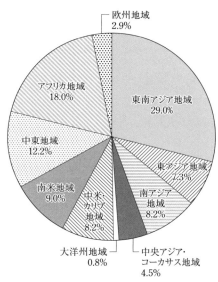

図 6-3　地域別 TVET プロジェクト数
（出典）「日本の国際教育協力――歴史と展望」検討委員会のプロジェクトリストに基づいて筆者作成。

ジア（29.0％）、南アジア（8.2％）、東アジア（7.3％）、中央アジア・コーカサス（4.5％）を合わせると、アジアを対象としたプロジェクトが、全プロジェクトのほぼ半数近くを占めており、TVET 分野でもアジアを重視した協力を進めてきたことがわかる。

　図 6-4 は、245 プロジェクトの支出実績について、地域別の経年変化をグラフにしたものである。1960 年代はアジアを中心に海外技術協力センター事業が展開される一方、小規模ながらイラン、ブラジル、ガーナ、ケニアといった中東、南米、アフリカでも海外技術協力センターが設立された。1970 年代にはイラク、エジプト、サウジアラビア等の中東で大型プロジェクトが開始され、1970 年代後半からは中南米への協力も増大する。アフリカはやや遅れて 1980 年代後半ごろから支援量が増大した。1980 年代のアジアでは、ASEAN 人造り構想に基づく事業が実施されたため、アジアへの協力が大きく膨らんでいる。1990 年代、2000 年代は ODA 全体の増減に合わせて、アフリカを除くすべての地域で支援額が変動している。それに対して、アフリカに対する TVET 支援は 2010 年から急激に増加した。これは 2008 年の第 4 回アフリカ開発会議

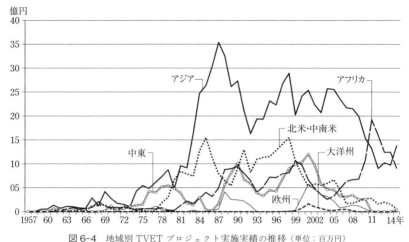

図 6-4　地域別 TVET プロジェクト実施実績の推移（単位：百万円）
(出典)「日本の国際教育協力——歴史と展望」検討委員会のプロジェクトリストに基づいて筆者作成。

(TICAD IV)で福田康夫首相が 2012 年までに対アフリカ向け ODA を倍増すると表明したこと、内戦を経て 2011 年に独立した南スーダン及びスーダン向け支援が増大したことが影響していると考えられる。

(3) 年代ごとの実施プロジェクトの特徴

次に JICA が実施してきた TVET プロジェクトの特徴の変遷を大まかにとらえるため、各年代で実施されたプロジェクトの特徴を述べる。

①1950-1970 年代

プロジェクト型の TVET 協力は、2 節の (1) ①で述べた通り海外技術協力センター事業から始まった。この協力は、経済開発に必要な中堅以下の技術者を多く養成することを基本的な目的としている。それぞれのプロジェクトの成り立ちや特徴は異なるものの、共通しているのは、「技術」に主眼があったことである。電気通信、中小規模工業、漁業、水産加工といった分野で、近代的知識や技能を身につけた技能者や経営者の養成を行った。また、船員養成校への支援も 1970 年代に始まっている。

②1980-1990 年代

　1980 年代に入ると ODA 予算の増大に応じて、技術協力、無償資金協力ともに急拡大する。この時期は、ASEAN 人造り構想による協力を中心に、引き続き中堅以下の技術者を養成する人材育成協力が TVET 協力の中心を占めたが、より高いレベルの技術者の育成に加え、技術教育を行う指導員、中小企業の経営者など、技術者以外の人材育成にも取り組まれるようになった。例えば、マレーシアの「職業訓練指導員・上級技能者養成センター（1982-1990 年度）」プロジェクトでは、マレーシアの産業の高度化に伴って労働市場で技術者に求められる技能のレベルが高まったことから、TVET 機関で養成できる技能レベルとのギャップが生まれたため、より高い技術を教えられる指導員及び監督者を育成する訓練センターの設立を支援した。また、インドネシアの「職業訓練指導員・小規模工業普及員養成センター（1981-1990 年度）」プロジェクトでは、インドネシア政府の小規模工業指導開発計画に基づき、職業訓練指導員及び小規模工業普及員の養成を目的としたセンターの設立を支援している。さらに、中華人民共和国「企業管理研修センター（1983-1991 年度）」やフィリピン「貿易研修センター（1986-1992 年度）」といったプロジェクトでは、中小企業の管理者向けの研修を行うセンターを支援しているが、研修の内容は、製造業の特定技術ではなく、生産性向上や貿易実務など、管理者向けの内容であった。

　中堅以下の技術者の育成から始まった日本の TVET 協力は、徐々に育成する人材が多様化し、それに伴い特定分野の技術者以外の人材育成も行うようになった。また職業訓練校に対する支援についても、直接的な技術者養成だけでなく、職業訓練指導員の養成センターへの支援も行われるようになった。ただし、基本的には職業訓練校等の教育・訓練機関を支援したプロジェクトが主なもので、TVET 政策や制度の支援はほとんど行われていない。

③2000 年代以降

　TVET 分野の技術協力プロジェクトの支援額は、1998 年（約 62 億円）をピークに緩やかに減少していき、2015 年には 24 億円とピーク時の半分以下となった。この時期、伝統的な産業分野の技術者育成プロジェクトが大きく減少したものの、職業訓練校や高等専門学校といった TVET 機関の能力強化を図る

プロジェクトは一定の規模で継続的に実施された。加えて、新しいタイプのプロジェクトが登場し、日本の TVET 支援はさらに多様化した。1 つは、日本センター事業に代表されるビジネス人材を育成するプロジェクトである。日本センターは、2000 年以降、ビジネス人材育成と日本との人脈形成の拠点を形成するために取り組まれた事業で、中央アジア、東南アジア地域等 9 か国に 10 センターが設置された。また、紛争経験国における除隊兵士の職業訓練や、貧困層、女性、障がい者などに対する基礎的技能訓練も行われるようになった。例えば、アフガニスタンの「基礎職業訓練プロジェクト」は元兵士の社会復帰のための技能訓練を実施し、後に訓練対象を難民、国内避難民、若年失業者といった社会的弱者に拡大した。

また、拠点となる TVET 機関を支援するだけでなく、TVET の制度や「モデル校」の成果普及を目指すプロジェクトが増加した。例えば、マレーシアの「産業界のニーズに応えてゆくための職業訓練システム向上プロジェクト」においては、モデル職業訓練校の就職支援、産業連携機能を強化し、その成果を人的資源省から他の職業訓練校へ普及することを目指した。また、ガーナの「技術教育制度化支援プロジェクト（2007-2010 年度）」は、CBT 方式の実施体制を確立することを目的にした挑戦的なプロジェクトであり、日本の伝統的な TVET 支援と、TVET の新しい潮流である CBT がせめぎ合ったプロジェクトだった。通常、CBT の導入においては、まず中心となる調整機関において教育界と産業界が共同で技能標準を作成し、それに基づいて評価や訓練の方法や枠組みが策定される。しかし、このプロジェクトでは、当初、CBT の「試行校」で、指導員がカリキュラム等の訓練パッケージを開発するなど、日本の伝統的 TVET 支援に近い活動を行った。その後、プロジェクトの中間評価の際に、プロジェクトの実施体制が見直され、CBT アプローチが活動に組み込まれることになった。最終的には、このプロジェクトを通じて作成した試行プログラムが、ガーナ政府の統一 CBT 手法を用いた最初のプログラムとして認定・実施された。

4. 日本の TVET 協力をめぐる政策環境と実践

日本の政策環境と国際社会の政策環境は、時代に応じてそれぞれ変化してき

た。しかし、職業訓練校や高等専門学校など TVET 機関の拠点を支援するプロジェクトは、年代に関係なく、日本の ODA の歴史を通じて長く実施されてきた。これらのプロジェクトは、この間の政策環境の変化の大きさに比して、それほど強く政策環境の影響を受けてこなかったと考えられる。一方、それぞれの時代ごとの特徴もみられた。

1950 年代から 1960 年代の日本の支援は、経済政策に位置づけられ、東南アジア諸国への日本企業の進出と輸出の拡大に伴い、中堅以下の技術者の育成に集中した。JICA のプロジェクトも東南アジアにおける海外技術協力センター事業による協力が大半を占めている。その背景には、経済成長に貢献する産業技術者を育成することに加え、東南アジアに進出する日本の民間企業が必要とする現地人材の育成を通じて日本の国益にも貢献するという発想があったと言えるだろう。

1970 年代から 1980 年代にかけては、国際社会では TVET への関心が低下し、予算配分もなされない時期であった。しかし、日本は「ASEAN 人造り構想」による協力を通じて東南アジアの TVET 支援を拡大した。当時日本政府は、「援助量の拡大」、「援助条件の緩和」といった OECD/DAC からの要請、東南アジアの対日批判といった日本の ODA を取り巻く環境に対応し、「人づくり」をかかげ技術協力の拡大を進めようとした。特に 1964 年に OECD/DAC に加盟してからは、日本は国際的な援助業界の影響を受けるようになったが、積極的に国際社会に参加したというより、日本の急速な経済成長に伴う国際社会からの圧力への対応だった。また、1980 年代以降は、それまでの伝統的な産業分野の技術者育成のみならず、指導員の養成などを通じて、職業教育訓練の制度づくりが意識されるようになった。さらに、生産管理や貿易実務など、直接的な産業技術だけでなく、管理運営の人材育成も行うようになった。

1990 年代に入ると、国際社会の影響をさらに強く受けるようになる。国際社会で基本的社会サービスの普及が開発支援の主要な目的と位置づけられるにつれて、日本でも「人づくり」が、社会的弱者も含めた市民一人一人の能力開発と位置づけられるようになった。

2000 年代以降は、伝統的な拠点校における産業分野の技術者育成プロジェクトは減少していく一方で、「モデル校の成果の普及」といった、より TVET 制度全体に対する支援が意識されるようになり、また、ビジネス人材の育成、

除隊兵士や障がい者などを対象とした職業訓練なども新しく行われるようになり、TVET 協力は多様化した。プロジェクト実施地域も東南アジアからアフリカへと移行していった。特にアフリカでは新しいタイプのプロジェクトが多く、これらのプロジェクトは、政策環境の影響を受けつつも、現地のより多様な開発ニーズに対応しているのではないかと考えられる。

　1990 年以前の日本の TVET 支援は、日本固有の状況や「人づくり」の理念と、被支援国との関係性によって育まれてきた面が大きく、国際的な潮流の影響は必ずしも強くなかった。1990 年以降、国際的に開発目標が共有され、日本もそれらへの貢献が求められるようになると、国際的な潮流の影響が強まり「人づくり」という言葉はその時々の文脈に応じて、幅広い意味を持たせながら柔軟に用いられてきた。本章では、「人づくり」と TVET を取り巻く日本と国際社会の政策環境と、JICA が 1950 年代から実施した協力の実績から、政策環境が実践にどのように反映されてきたのかを議論してきた。政策と実践は、ある程度呼応していることは確認できたが、それだけでは説明できないことも多い。実際のプロジェクトの形成は現地のニーズや文脈に基づく部分も大きく、またプロジェクトの実践にあたっては、関係する多様なアクターの考え方や信念などの影響も大きいため、議論を深めるためには、それらについてもさらに丁寧に調べる必要があるだろう。

注

［注1］　文部科学省仮訳、http://www.mext.go.jp/unesco/009/1387293.htm（2018 年 1月 31 日）による。

［注2］　同上。

［注3］　1954-1960 年に受け入れた政府ベースの研修員は、2,732 人であり、農林水産業で 1,037 人（約 38％）と最も多く受け入れている（通商産業省 1961、p. 275）。

［注4］　1950-1970 年代頃までは、「国際協力」より「経済協力」という言葉の方がより一般的に使われていた。本章では、その時代ごとの文脈に合わせて「経済協力」という言葉も用いる。

［注5］　「技術協力プロジェクトは、JICA の専門家の派遣、研修員の受入れ、機材の供与という 3 つの協力手段（協力ツール）を組み合わせ、一つのプロジェクトとして一定の期間に実施される事業」、JICA ウェブサイト https://www.jica.go.jp/activities/schemes/tech_pro/summary.html（2018 年 3 月 5 日）。

［注6］　当時、世界銀行の教育セクター政策では、当該分野での喫緊の需要は、（1）

TVET、(2) 中等教育だと指摘されている（World Bank 1963）。

参考文献

尾髙煌之助、2013、『通商産業政策史1　総論』財団法人経済産業調査会。

海外技術協力事業団、1964、「海外技術訓練センターの概要」。

外務省、1957-1986、「わが外交の近況　昭和32年度版〜昭和61年度版」。

閣議決定、1992、「平成5年度に講ずべき措置を中心とする行政改革の実施方針について」平成4年12月26日閣議決定、国際研修協力機構（1993）「JITCO資料集1993年版──技能実習制度特集」に収録。

鹿島平和研究所、1973、『対外経済協力大系5　日本の経済協力』鹿島研究所出版会。

岸信介・矢次一夫・伊藤隆、1981、『岸信介の回想』文藝春秋。

国際協力事業団、1987、「人づくり協力研究報告書」。

通商産業省、1958〜2001「わが国の経済協力の現状と問題点1958-1964、1965-1989、平成3年度版〜平成12年度版」※平成12年度版は経済産業省発行。

寺田盛紀、2009、『日本の職業教育』晃洋書房。

山田肖子、2008、「第二章　途上国の産業スキルディベロプメントへの国際協力──歴史と現在の方向」、岡田亜弥・山田肖子・吉田和浩編『産業スキルディベロプメント──グローバル化と途上国の人材育成』日本評論社。

Atchoarena, D. and Caillods, F. 1999. Technical Education: A Dead End or Adapting to Change? *Prospects*. Vol. 29. No. 1. pp. 67-87.

Benavot, A. 1983. The Rise and Decline of Vocational Education. *Sociology of Education*. Vol. 56, No. April. pp. 63-76.

Eichhorst, W., Rodriguez-Planas, N., Schmidl, R. and Zimmermann, K. F. 2012. *A Roadmap to Vocational Education and Training Systems Around the World*. IZA Discussion Paper Series No. 7110. Bonn: IZA.

Fluitman, F. 1992. *Traditional Apprenticeship in West Africa: Recent Evidence and Policy Options*. Discussion Paper No. 34. Geneva: ILO.

Jones, P. W. 1992. *World Bank Financing of Education: Lending, Learning and Development*. New York: Routledge.

King, K. and Palmer, R. 2013. *Education and Skills Post 2015: What Evidence, Whose Perspectives?* NORRAG Discussion Paper No. 6. Geneva: NORRAG.

Lauglo, J. and Lillis, K. 1988. 'Vocationalization' in International Perspective. Lauglo, J. and Lillis, K. eds. *Vocationalizing Education: An International Perspective*. Oxford: Pergamon Press.

McGrath, S. and King, K. 1999. Enterprise in Africa: New Contexts renewed Challenges. King, K. and McGrath, S. eds. *Enterprise in Africa: Between Poverty and Growth*. London: Intermediate Technology Publications, Ltd.

Organization for Economic Co-operation and Development（OECD）. 2005. *Develop-*

ment Aid at a Glance 2005. Paris: OECD.

Organization for Economic Co-operation and Development (OECD). 2009. *Development Aid at a Glance 2009*. Paris: OECD.

Psacharopoulos, G. 1988. Curriculum Diversification, Cognitive Achievement and Economic Performance: Evidence from Tanzania and Columbia. Lauglo, J. and Lillis, K. eds. *Vocationalizing Education: An International Perspective*. Oxford: Pergamon Press.

UNESCO. 2011. International Standard Classification of Education 2011. UNESCO Institute for Statistics. http://uis.unesco.org/en/topic/international-standard-classification-education-isced (January 26, 2018)

UNESCO. 2012. *Youth and Skills: Global Monitoring Report 2012*. Paris: UNESCO.

UNESCO. 2015. Recommendation concerning Technical and Vocational Education and Training (TVET). United Nations Educational, Scientific and Cultural Organization. http://portal.unesco.org/en/ev.php-URL_ID=49355&URL_DO=DO_TOPIC&URL_SECTION=201.html (January 26, 2018)

Verner, D. 1999. *Wage and Productivity Gaps: Evidence from Ghana*. Policy Research Working Paper 2168. Washington, D.C.: The World Bank.

World Bank. 1963. *Proposed Bank/IDA policies in the field of education*. Washington, D.C.: The World Bank.

World Bank. 1995. *Priorities and strategies for education*. Washington, D.C.: The World Bank.

Yamada, S. 2016. Asian Regionality and Post-2015 Consultation: Donors' Self-Images and the Discourse. Yamada, S. ed. *Post-Education-Forall and Sustainable Development Paradigm: Structural Changes with Diversifying Actors and Norms*. London: Emerald Publishing Co.

Yamada, S. 2018. '*Dignity of Labour*' *for African Leaders: The Formation of Education Policy in British Colonial Office and Achimota School on the Gold Coast*. Bamenda: Langaa publishing.

第**7**章

官民連携による民間の産業人材育成
海外産業人材育成協会（AOTS）による研修事業

島津侑希・辻本温史・山田肖子

1. 産業人材育成支援を実施する団体とその特徴

　第6章では日本政府が実施してきた TVET 支援について、JICA の事業を中心に分析したが、開発途上国の産業人材育成については日本の民間が貢献してきた部分も大きい。産業人材全体を考えると、その大半は民間に存在していると言える。JICA は政府ベースの二国間援助の実施機関であるため、途上国の民間人材を直接支援することは難しかった。このため、1950 年代から日本の多くの団体が産業人材育成を行ってきたのである。

　表 7-1 は、1950 年から 1980 年までに設立された産業人材育成にかかる研修や専門家派遣を実施している団体を通商産業省発行の『経済協力の現状と問題点』から抜き出して一覧にしたものである。前章で取り上げたとおり、JICAの事業が急速に拡大したのは、1979 年に大平首相によって「人づくりは国づくりの基本」という考えが対外的に明確に表明されてからである。その後、1982 年に ASEAN 人造り協力事業が開始されると、人造りセンターがASEAN 各国に設立され、1990 年代以降は、技術者の育成のみならず、基礎教育の拡大や社会的弱者への支援なども含めて、広い意味での「人づくり」が実施されてきている。一方、表 7-1 にみることができるように、JICA の事業が拡大する以前から、日本の多くの団体が産業人材育成を行ってきている。それらの団体の設立時期や活動目的は多様であるが、一様に発展途上国の産業人材育成のために研修や専門家派遣を行っている。それらが途上国の産業人材育成に関わる目的を大きく分類すると、1）国際協力という観点から、途上国の人づくりに貢献することを目的に掲げているもの、2）日本と特定国・地域と

195

表 7-1 1950 年から 1980 年までに設立された産業人材育成にかかる研修事業及び専門家派遣を実施している団体

団体名称	設立年	目的
日本生産性本部	1955	経済政策、社会政策、福祉政策等に係る諸課題の解決に資するための国民的な合意形成に努めるとともに、国民経済の生産性の向上を図り、もって我が国経済の発展、国民生活の向上及び国際社会への貢献に寄与する。
海外建設協会 (OCAJI)	1955	海外での建設事業に対して我が国建設業者の協力を推進する。
日本プラント協会 (JCI)	1955	海外諸国のプラント建設に対するコンサルティング業務の提供などを行うことにより、海外諸国における経済・社会開発の推進に協力するとともに、プラント建設を通じて我が国経済及び世界経済の発展に貢献する。
海外産業人材育成協会 (AOTS)	1959	産業国際化の推進、貿易の振興、投資活動の促進および国際経済協力に関する事業を行い、もって日本と海外諸国の相互の経済発展および友好関係の増進に寄与する。
オイスカ (OISCA)	1969	開発途上国に対する産業開発協力事業の推進を図り、併せてこれら諸国との友好親善に寄与する。
国際開発センター (IDCJ)	1971	発展途上国の開発に参画し得る人材の育成、確保ならびに発展途上国の開発計画に関連する総合的な調査研究を行い、我が国の開発援助事業に協力するとともに、民間による援助活動を支援し、もって発展途上国の発展に寄与する。
日・タイ経済協力協会	1972	タイに対する経済協力を推進し、同国の経済・技術の発展に貢献するとともに、我が国との友好関係の増進に寄与する。
海外運輸協力会 (JTCA)	1973	海外における運輸部門全般にわたる総合的なコンサルティング活動を促進し、併せて運輸分野国際協力の総合的な推進を図ることにより、開発途上国の社会・経済の発展に寄与する。
日本在外企業協会 (JOEA)	1974	我が国企業の海外事業活動の円滑化に資することにより、国際協力の推進に寄与する。

(出典)『経済協力の現状と問題点』より筆者まとめ。

の友好関係の構築を目指すもの、3) 日本の経済発展や企業の海外進出を促進するという観点から、現地側の人材育成と交流を図ろうとするもの、が挙げられる。多くの場合、これらの目的は相互に絡み合って提示されており、これらの財団や協会の設立に関わった人々には、友好・交流や国際協力は企業の途上国での活動や経済的ニーズと不可分なものとして認識されていたことが伺える。

このように、産業人材育成は、JICA を通じた政府開発援助（ODA）の中で古い歴史があるだけでなく、参加してきた団体も多様である。また、完全に民間企業や NGO が主導するもの以外にも、様々な省庁の認可を受けた財団や協

196　　第Ⅲ部　技術協力・職業訓練（TVET）協力

会といった外郭団体による、いわば半官半民の関与が多いことにも特徴がある。

　例えば、1950年代に設立された日本生産性本部、海外建設協会（The Overseas Construction Association of Japan, Inc.: OCAJI）、日本プラント協会（Japan Consulting Institute: JCI）、海外産業人材育成協会（AOTS）は、全て日本の産業界との関係が深く、その設立に日本の省庁が関与した半官半民の組織である。日本生産性本部は1950年代にヨーロッパで起こった生産性運動の影響を受け、1955年3月に経営者、労働者、及び学識経験者の三者構成で「国民経済の生産性の向上を図る」ことを目的として設立された。日本生産性本部はシンクタンクとして調査研究、コンサルティングに加え、研修を通じた人材育成も実施している。OCAJIとJCIについては、両団体ともコンサルティングサービスを主な活動としてきた団体である。前者は建設業界の海外展開、後者はプラント輸出を目的としており、それぞれ業界団体としての特色を持っている。これに対して、AOTSは、設立から現在まで、日本企業の現地人材育成ニーズに基づいて、途上国の民間人材育成を目的に活動を行ってきた団体である。

　本章では多様な外郭団体の中から、前述したAOTSに焦点を当てる。AOTSは民間のニーズにより設立された日本最大の民間技術協力機関であり、1959年の設立から50年以上にわたり研修や専門家派遣を行っている。本章でAOTSを取り上げる最も大きな理由は、表7-1に示した他の団体と比較して事業規模が格段に大きく、産業人材育成分野で多くの実績を残してきたことである。これまでAOTSが受け入れてきた研修生の数はのべ18万人を超えており、研修生は自国に帰国した後も積極的にAOTSの活動に参加している。よって、AOTSは日本の産業人材育成を分析するうえで重要な役割をになう団体であると言える。他にも、その事業の歴史を、JICAを通じた産業人材育成とほぼ並行して、1950年代末まで遡ることができることが理由として挙げられる。AOTSが産業人材育成に関わった期間はJICAと相似している一方で、外務省所管のJICAとは異なり、AOTSでは日本の民間企業の海外進出促進及び輸出の振興を図る経済産業省の観点に立って支援が行われてきている。そうした、産業人材育成を外交・国際協力とみなす立場と、投資・貿易促進の方途ととらえる立場にある両者を比較することは、日本のODAを通じた人づくりにおいて異なる潮流があったことを示すことにつながる。AOTSには、派

遣・受入れや実施された訓練に関する詳細なデータが設立時から残されていたことも、本章で AOTS を取り上げる重要な背景である。人材派遣と受入れを中心とする AOTS は、技術協力事業や無償資金協力といった事業形態をとる JICA とアプローチは異なるものの、支援対象地域や焦点を当てる業種など、共通の枠組みで比較できる部分が少なくない。

　そこで本章では、まず AOTS の組織と歴史を概観し、第 6 章で取り上げた JICA による産業人材育成支援との比較を行う。そのうえで、民間企業の投資や貿易促進の観点から行われてきた支援と JICA による国際協力の観点から行われてきた支援の 2 つの流れが、日本の人づくり支援の特徴をどのように示しているかを論じたい。

2. AOTS の組織と沿革

　AOTS の事業には、国庫補助金事業、国庫等受託事業、新国際協力事業があるが、50 年の歴史を通じて、最も予算額が多いのは国庫補助金事業である。図 7-1 に示すように、国庫補助金事業には、受入研修、海外研修、専門家派遣の 3 つが含まれる。受入研修はさらに 2 種類の研修にわけることができ、1 つ目は AOTS 研修センターで一般研修（日本語教育、日本文化紹介など）を実施した後に日本の受入れ企業で専門分野の実地研修を行う「技術研修（平均 3 か月〜4 か月）」[注1]、もう 1 つは AOTS 研修センター内でのみ日本の経営・管理技術などを学ぶ「管理研修（約 2 週間）」である。海外研修は 1970 年代後半から開始されたもので、研修生を日本へ招聘するのではなく、海外へ講師や専門家を派遣し、現地で研修を実施するものである。

　研修は日系企業とその連携先企業・取引企業・顧客企業などが AOTS に申し込む形で実施されており、研修費用の一部は企業が負担している。特に技術研修に関しては、AOTS 内で実施される一般研修は、語学や文化を学ぶ導入であり、企業での実地研修が重要な役割を果たしている。そのため AOTS の研修は、日本の民間企業と共につくり上げ、実施してきたものであると言える。また、これまで AOTS で実施されてきた過去 50 年以上の研修データからは、研修生の出身国や実地研修の受入れ企業の業種などを知ることが可能であるため、各年代でどのような国・業種で人材育成が必要とされていたのかを辿るこ

198　　第Ⅲ部　技術協力・職業訓練（TVET）協力

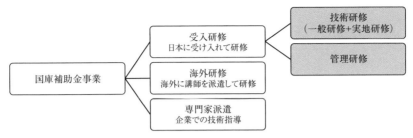

図7-1　AOTSの国庫補助金事業内容
(出典)　海外産業人材育成協会 2017 をもとに筆者作成。

とができる。そこで、本章第3節では、この技術研修を中心に、管理研修も含めた日本での受入研修のデータを用いて、JICAによる支援の歴史的展開との比較を行うこととする。

その比較を行う前に、まずはAOTSが設立されるに至った背景についてまとめ、50年以上実施されてきた研修が時代と共にどのように変化してきたのかを辿る。

(1) 1950年代──AOTS設立前史

1950年代後半、日本機械工業連合会、通商産業省（通産省）、アジア学生文化協会という3つの団体がそれぞれ異なる事情により、人材育成に関わり始めたことがきっかけとなり、1959年に現在のAOTSの前身となる、海外技術者研修協会（The Association for Overseas Technical Scholarship）が設立された。それは後に関係者の座談会で「研修協会という発想はヒョウタンから駒が出たようなものです」（座談会 協会創立前後の回顧 1967）[注2]と語られるように、思わぬ偶然が重なったものであった。本節ではそれぞれの団体が人材育成に関わり始めた背景を辿り、AOTS設立の経緯をまとめる。

①日本機械工業連合会の動き

1949年に民間貿易が再開されると、機械工業メーカーは国内需要が伸び悩んだことから、開発途上国を機械工業の輸出市場として注目し始めるようになる。しかし、日本の機械輸出を妨げる2つの大きな課題が存在した。

1つ目は、当時の日本製品には海外での実績が無く、「安かろう・悪かろう」というイメージが定着していたことである。そこで、機械工業メーカーは品質

表 7-2　民間による鉱工業技術研修生受入れ実績（1954-1958 年）

	東南アジア	中近東	中南米	その他	合計
1954	64	4	3	2	73
1955	90	4	1	1	96
1956	114	1	2	1	118
1957	42	22	3	3	70
1958	38	5	18	0	61

（出典）　通商産業省 1959、p. 177。

改善を進めるのみならず、各自で広告作成、技術者派遣、技術者招聘などを行い、日本製品の品質と日本の技術力を各国にアピールしていった。その結果、徐々に日本製品は認められ、輸出量も増加していった。しかし、そこでもう 1 つの課題が顕著になった。それは開発途上国の技術水準の低さである。商談が成立したとしても、輸出した機械の操作や保守ができる技術者がいないため、販売先から技術者を招聘して日本で研修をしなければならず、多額の費用が必要であった。メーカーは独自に予算を確保して研修を実施していたが、輸出が増加するにつれて研修生の数は増加し、独自財源で実施するのは困難になっていった。表 7-2 でも 1956 年をピークに受入れ数は減少しており、企業の業界団体の活動の一部として行っていた研修事業の運営は、すぐに困難に直面したことが伺える。

　そのため、1954 年に設立した日本機械工業連合会（日機連）は、1957 年に機械輸出振興対策案の一部として、通産省へ「海外からの技術者の養成のための受入れ体制を整備充実する措置をとること」を建議した（海外産業人材育成協会 1970、p. 5）。

②通商産業省の動き

　第 6 章で述べている通り、1950 年代、日本はコロンボ・プラン、アメリカ国際協力庁（International Cooperation Agency: ICA）、国際機関の要請に基づき、開発途上国の経済発展・貧困削減を達成することを目的として、外務省を中心に研修生の受入れを実施していた。

　しかし、日本の産業構造が高度化するにつれ、経済協力の焦点は、対象国の発展や貧困削減だけではなく、日本にとっての「資源確保」と「輸出振興」にシフトしていった。1958 年の『経済協力の現状と問題点』の初号でも、開発

途上国への協力を実施する際には、日本への経済効果を考える必要性が強調されている。こうした背景から、通産省はそれまでの研修生の受入れとは目的を異にした研修生の受入れを目指した。それは民間企業を中心とし、「開発途上国の技術向上」と「日本製品への認識を深めること」を通して、将来的に日本製品の輸出拡大に繋げることを目的としたものであった。さらに、その時期に日本国内で実施されていた受入研修への要請は農林水産業が多く、工業技術者の育成は欧米諸国から遅れをとっていたこと、工業関係の研修生受入れを実施できるような公立機関がなかったことから、民間企業の協力が必要不可欠であると判断されたことも関係している。

　1957年、通産省は日本機械工業連合会を通して、研修生の受入れに関して企業への聞き取りを実施した。その結果、1）受入れ旅費を政府の負担とする、2）工場の実地研修に入る前に技術の予備研修を行う、3）日本産業の現状・日本地誌・日本語などの一般事項に関する集中的研修を行う、4）専用宿舎を設ける、という4つの側面において、ODAによる支援が必要であると指摘された（海外産業人材育成協会 1970、p.6）。

③アジア学生文化協会の動き

　こうしたやり取りが日本機械工業連合会と通産省の間で行われていた頃、アジア学生文化協会も課題に直面していた。アジア学生文化協会は文部省所管の財団法人であり、1957年に「日本とアジア諸国の青年学生が共同生活を通じて、人間的和合と学術、文化および経済の交流をはかることにより、アジアの親善と世界の平和に貢献することを目的とする」として学生寮「新星学寮」の主宰者であった穂積五一によって設立された。

　当時は国費外国人学生招致制度がスタートして間もないころであり、留学生が日本で生活するうえで、文化・習慣の違いや、日本語の修得の難しさなど、様々な問題に直面していた。また、穂積は当時の日本人について「視野が狭く、眼前の利害に眩み易く、歴史を見透す力に欠けて、大局を誤る欠点をもっている」（穂積 1983、p.16）として日本の将来を危惧し、若者が「内容ゆたかな、実践力ある自主性」（前掲、p.16）を持つことが日本の道をひらいていく鍵であると考えていた。さらに、これまで新星学寮の運営を通して、日本人学生と留学生が共同生活することは、相互の友好と文化経済の交流に貢献するだけでなく、

「日本人の欧米を重んじアジア友邦を軽んずる従来の傾向を省み、また、かれらの心奥の戦禍による消し難い痛手にふれ」（前掲、p. 55）ることにもなるとして、その効果を高く評価していた。しかし建物は小さく、冷暖房設備もなく、収容人数も限られていた。そのため、1958年、留学生を支援すると同時に、より多くの日本人の若者が、世界の若者と様々な課題について話し合い、学び合うための場として「アジア文化会館」を建設することを決定したのである。

④AOTS 設立

　1958 年 10 月の朝日新聞の論壇に、通産省の「技術輸出公社を実現せよ」が掲載されたことが、AOTS 設立のきっかけとなる。その記事を目にしたアジア学生文化協会の職員が通産省を訪問し、計画中だったアジア文化会館に技術研修生を受け入れることが提案された。技術研修生に対しては、アジア学生文化協会の穂積も「留学生や研修生は、いづれもその母国の命運の担ひ手である。かれらがわが国において良友を得、勉学の成果をあげて帰国することは、将来にわたる彼我の交流に重要な使命を果たし、政治、経済、文化各般の協力の中核をなす」（前掲、pp. 60-61）として、非常に期待していた。研修生の宿舎は、日本機械工業連合会への聞き取りでも必要であると指摘されていたため、通産省では前向きに検討されるようになった。

　しかし、留学生の受入れを目的とする文部省関係の団体が、通産省の補助金で招聘する技術研修生を受け入れるのは定款からいっても不可能であった。検討の結果、技術研修生の受入れを実施する別団体を作って、その団体がアジア文化会館を使用することで落ち着いた。その結果、資金及び代表者・役員を、日本機械工業連合会とアジア学生文化協会の両者から出した財団法人を設立する運びとなった（海外技術者研修協会 2010、p. 5）。

　1959 年、通産省から設立許可が下り、民間のニーズに合わせて、官民協力の下に海外技術者の研修事業を行う機関として、財団法人海外技術者研修協会（AOTS）が発足した。同年には初年度の研修が開始され、最初の一般研修（実地研修前の導入研修）はインドと台湾からの車両・工作機械・通信機械分野の研修生 4 名が参加した 2 日間のコースとして実施された。その後、受入れ企業と協議しつつ 11 日間のコースなども用意され、最終的に初年度の一般研修では 12 コース（平均 5.3 日間）で 43 名を受け入れた。この時期の一般研修

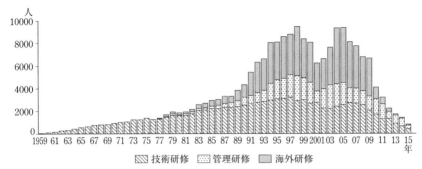

図7-2 AOTSによる技術研修、管理研修、海外研修への参加者数（単位：人）
（出典）海外産業人材育成協会提供データより筆者作成。

には、日本語の授業を行ったコースと行わなかったコースがあり、講義や工場見学の回数も異なっていた。講義内容には日本紹介、日本工業紹介、関連産業紹介などが含まれた（海外技術者研修協会 1990、p.31）。

(2) 1960年代──高度経済成長に伴う研修事業の拡大

1960年代、日本は高度経済成長期を迎えた。貿易収支も黒字となり、1人当たりのGDPは17万2,000円（1960年）から10年間で70万8,000円（1970年）まで増加した（内閣府 2017、p.261）。1964年には経済協力開発機構（OECD）に加盟し、経済協力も年平均10億ドルを超えるようになった。

高度経済成長に伴って、技術研修の受入れ人数は年々増加した（図7-2）。その結果、研修センターの数を増やすこととなり、1963年には横浜と大阪で建設が開始され、1967年にはアジア文化会館の増築も開始された。また、前章でも記載した通り、この時期には政府も、技術協力は資本協力よりも少ない金額で大きな効果を生み、相手国の技術水準を向上させ、日本の技術の海外への普及を通じて、将来的に日本企業の海外進出やプラント輸出拡大に資するとして期待していた（通商産業省 1964、p.46）。よって、1960年代は、高度経済成長期に、政府の技術協力への期待感も相まって、AOTSの事業が順調に成長していったと考えられる。

一般研修の期間は、初年度は10日間が基準とされたが、1960年には3週間が基準となり、1961年には5週間に延長された。これは、実地研修の受入れ企業からの要望によって、日本語ができない研修生の会話能力を、日常会話が

第7章 官民連携による民間の産業人材育成　203

可能なレベルまで上げることを目的としたためである。1964 年以降には「日本語会話ができる研修生向けの 10 日間コース」と「日本語会話ができない研修生向けの 5 週間コース」が二本柱として定着した。コースの内容は、大学の教授や専門家に主任講師として協力を依頼し、AOTS が独自に作成したものであった（海外技術者研修協会 2016、p.71）。このころ、研修生が急増したことにより、出身国も多様化していた。その結果、中国語・タイ語・韓国語・スペイン語での講義や通訳の必要性が生じるようになった（海外技術者研修協会 1990、p.68）。

(3) 1970-1980 年代——管理研修、海外研修の開始

1970 年代の世界経済は 2 度のオイルショックの影響によって低迷したが、日本経済は引き続き安定して成長していた。1972 年に海外投資が完全に自由化されると、日本企業の海外進出はアジアを中心として急増した。第 6 章でも述べた通り、日本企業の進出に不安を覚えた現地の人々によって、主に東南アジア諸国で反日運動が繰り広げられたのもこの時期であった。

1970 年代は、国際連合で「第 2 次開発の 10 年」の戦略目標が採択され、ODA の努力目標金額が国民総所得の 0.7% に設定されたことにより、日本のODA が急増した年代である。実際、1970 年の二国間 ODA の支出総額は年間4.4 億ドルであったが、1980 年には年間 22.6 億ドルに達している（外務省 2017、p.2）。この当時、AOTS の事業に使用された国庫補助金もすべて ODA の一部として計上された。しかし、1970-1980 年の ODA 額の増加率と AOTS の研修生数の増加率は必ずしも一致しない。これは AOTS の研修実施は民間企業の負担もあり、ODA 額の増加が必ずしも研修生数の増加に直接つながらなかったためであると考えられる。また、1974 年には JICA が設立され、日本の技術協力は急速に拡大したが、AOTS の事業には急激な変化はみられない。このことからも、ODA 全体の動向と連動する JICA の支援とは異なる要因が影響することがわかる。

1977 年には、それまで実施してきた技術研修だけでなく、企業における中級管理者及び上級管理者の育成を目標とした管理研修が開始された[注3]。これは、開発途上国に進出した日系企業が、数年間の事業を経て現地化を推進するようになり、現地での幹部が必要になったことに応える研修である。管理研修

204　第Ⅲ部　技術協力・職業訓練（TVET）協力

は企業の要望に沿って徐々にコース数を増やし、その対象も中堅からその少し上、部長、取締役などへと拡大していった（海外技術者研修協会 2016、p. 84）。この時期には技術研修も順調に増加しており、研修生の増加に対応するため、協力企業からも寄付を募り、東京に新センターも建設されることとなった。しかしながら、研修生の急増に予算、宿泊施設、受入れ企業の確保が追い付かなくなっていく。その結果、1978 年には海外研修も実施されるようになった。海外研修は研修生を日本に招聘するのではなく、現地に講師を派遣して集団研修を実施するため、少ない予算でより多くの人々に研修の機会を提供することが可能となった。このように、1970 年代の AOTS の事業は、政策環境の変化に影響を受けたというよりは、開発途上国に進出した日本企業からの研修ニーズの変化や、増加する研修生の数に対応できないという課題に対処してきた結果として、拡大に繋がったと言える。

　1980 年代に入ると、特定の国向け（主に中国向け）の管理研修が開始された。それまでの管理研修が開発途上国一般を対象としたものであるのに対し、さらに踏み込んで、特定の国の事情を考慮した研修内容を提供してほしいという要望が増えてきたことを背景としている。さらに 1985 年には、開発途上国に進出している日本企業の関係者からではなく、最初の AOTS 同窓会の要請に基づく管理研修である、韓国中小企業経営者研修コースが開始された。この中小企業経営者研修コースへの需要は高く、1986 年にはインド、1987 年には中国とタイ向けにも開始されるようになった（海外技術者研修協会 2010、p. 42）。

（4）1990-2000 年代──研修事業最盛期とその後の縮小

　日本では 1990 年初頭にバブルが崩壊したことにより、一気に経済が低迷した。また、1990 年代は、世界的な潮流を受けて政府の教育支援も初等教育に向いたことから、JICA の TVET 案件が減少し始めたころである。しかし AOTS では、1990 年代に研修生の数が急増している。特に管理研修が著しい増加をみせているが、これは主任講師や通産省からの助言をもとに、AOTS によって新規のコースが積極的に開発され、特に参加者の母国語への逐次通訳付きの国別及び地域別のコースが急増したためである。国別コースは、1980 年代後半から中小企業経営者研修コースなどがすでに開始されていたが、1990 年代に入ると品質経営研修コース、企業経営研修コース、生産管理研修コース

などにも広がった。また、研修内容自体を国の状況に合わせた管理研修も、中国向けを中心として増加した（海外技術者研修協会 2010、p.45）。

　さらに、技術研修の受入れ人数も順調に伸びていった。これは、バブル崩壊前の、日本経済が好調であった時期に海外進出した日系企業が、人材育成に力を入れ始めたためである。管理研修と技術研修、両方で増加する研修生を受け入れるため、1990 年代には新関西研修センターと新中部研修センターが建設された。さらに、研修生を日本へ招聘するのではなく、海外で必要な研修を実施する海外研修が急激に拡大したのも 1990 年代である。これは、受入研修と同様に、1980 年代後半に海外進出した日系企業からのニーズに応えようとしたものである。

　つまり、世界的に教育への支援が基礎教育へ傾いていた 1990 年代においては、日本の ODA、特に外交的判断や国際潮流の影響を受けやすい JICA では、TVET 支援への関心は薄かった。しかし、海外の日系企業からの人材育成ニーズは増加する一方であった。そのような中で、日本の産業人材育成は、民間企業と、そのニーズを受けて官民連携で事業を行う AOTS のような外郭団体の手に委ねられてきたのだと言える。

　その後、1997 年をピークとして、AOTS の研修生数は減少を始める。これは 1997 年に始まったアジア通貨危機の影響を受けたためである。特に AOTS は対象国がアジアに集中しているため影響は大きかった。しかし、技術研修、管理研修での受入れ人数は大きく減少しているものの、1998 年には経済危機を受けて立ち上げられた特別事業であるアジア緊急支援研修生受入事業として 983 名を、1999 年には緊急経済対策支援事業として 153 名を単年度事業として受け入れており、一見事業を縮小したかにみえて、AOTS は産業人材育成の視点からアジア通貨危機に対しての援助を行っていたことがわかる（海外産業人材育成協会 2017）。

　2000 年代に入ると、米国同時多発テロ、イラク戦争など、様々な問題が AOTS の研修事業にも影響する。研修生の受入れ人数は、アジア通貨危機の影響ですでに減少を始めていたが、2001 年の米国同時多発テロの際に日本企業が社員の渡航を自粛するなど、海外拠点での活動を控えたことがさらに追い打ちをかけた。この時期には日本の海外直接投資も急激な落ち込みをみせており、日本企業の海外でのビジネスが停滞した期間でもある。2001 年には 2,756

名であった技術研修生は、翌年には 2,245 名まで減少した（海外産業人材育成協会 2017）。

　一方で、2002 年からは TV 会議システム、ホームページ、CD-ROM などを利用して実施する遠隔研修事業が開始され、2010 年までに 5 万 5,870 名が参加している（海外産業人材育成協会 2017）。ICT 技術の普及によって、ニーズに合わせた多様な研修形態が生まれたのは 2000 年代の特徴であると言える。

　2003 年より徐々に技術研修生の数は回復し、特に海外研修は一時急増した。しかし、政府の政策とも相まって、研修の重点対象が「大企業から中小企業」に移行し、また民間の研修ニーズも「製造業からサービス業」へと移行したことから、研修生の数も減少していった[注4]。さらに 2010 年以降は、研修生の数が急激に減少する。これは、世界的な金融危機を引き起こしたリーマンショックや、予算編成のために民主党政権が導入した事業仕分けなどが影響したと考えられる。現在、AOTS の受入研修生は全盛期の 7 分の 1 程度となっている[注5]。

　2012 年、AOTS は、海外の日系企業などへ専門家を派遣して技術移転を実施してきた財団法人海外貿易開発協会（Japan Overseas Development Corporation: JODC）と合併して財団法人海外産業人材育成協会（The Overseas Human Resources and Industry Development Association: HIDA）となった。JODC も 1970 年の設立以来、世界各国に 7,100 名以上の専門家を派遣しており、産業人材育成に貢献してきた団体である。HIDA となった後には日本人を対象にグローバル人材育成を目的としたインターンシップ研修や、中小サービス業等海外現地人材研修支援事業などを開始し、研修の対象者が拡大した。しかし、これまでの活動が海外で認知されていることもあり、英語名称が再び AOTS になるよう、2017 年に英語名称を The Association for Overseas Technical Cooperation and Sustainable Partnerships に変更している。

（5）AOTS 研修事業から広がるネットワーク

　2000 年代以降、時代の流れと共に AOTS の研修事業は縮小を余儀なくされた。しかし元研修生のネットワークはいまも各国で拡大しており、AOTS の活動は元研修生たちによって受け継がれていると言える。2018 年 4 月現在、43 か国 71 か所に「AOTS 同窓会」が結成されており、自国の経済産業発展・

第 7 章　官民連携による民間の産業人材育成　207

地域社会への貢献・日本及び諸外国との友好関係増進のために活動が続けられている。AOTS同窓会は、自国の同窓会員間の親睦を深めるだけでなく、4年に一度のAOTS同窓会代表者会議での情報交換、AOTSと協力として実施する研修生の募集や日本人講師派遣による巡回セミナー、さらには国際協力活動にも力を入れている。

　AOTS同窓会による国際協力活動の1つがWorld Network of Friendship（WNF）である。WNFは「AOTS同窓会から自主的に提唱された開発途上国の自助努力と相互協力による南南協力活動」（海外産業人材育成協会 2013）であり、同窓会員・AOTS職員・一般からの寄付を財源としたWNF基金によってAOTS同窓会間の研修生相互交換を推進している。例えば、インド（ケララ市）の同窓会が主催してガーナとスーダンの同窓会員が参加する研修プログラムなどの「アフリカ―インド間」の案件は毎年のように実施されている。また、エジプトの同窓会がマレーシアの同窓会から専門家を招聘し、アフリカ同窓会連合、東南アジア同窓会連合、南アジア同窓会連合が参加する専門家招聘研修プログラムを実施するなど、同窓会の地域連合単位の案件もみられる。研修の目的も技術移転に留まらず、文化、社会、経済、環境などの領域での相互理解や、友好関係の構築を含んでいる。しかしAOTSは、あくまで同窓会の委任を受けてWNF基金の管理とプログラム実施に協力（案件募集など）をしているにすぎないという姿勢であるため、WNFの案件はAOTS事業実績とみなされていない。

　さらに、同窓会の活動は日系企業や現地産業にも影響を与えている。例えば、多くの同窓会員が日系企業で活躍し、重要なポストに就くなど、現地産業をけん引する存在となっている。タイでは同窓会員が中心となって人材育成が広がり、大学の開校へとつながった例もある。1966年、AOTSの元研修生とアジア文化会館の元留学生がABK-AOTS同窓会を設立し、1973年に日本からタイへの技術移転と人材育成を行うための非営利団体として泰日経済技術振興協会（Technology Promotion Association（Thailand-Japan）: TPA）を設立した。さらにTPAによって2007年には泰日工業大学（Thai-Nichi Institute of Technology: TNI）が開校され、日本のものづくりの考えに基づいた技術移転および産業人材育成を行っている。TNIからは、これまでに多くの卒業生が日系企業に就職しており、タイでの日本企業の活動に大きく貢献してきたと言える。

このように、近年の研修生の数のみをみると AOTS の研修事業は日本国内では縮小の一途を辿っているようにみえる。しかし世界に目を向けると、AOTS 同窓会および元研修生を中心として、むしろ拡大していると言えるのかもしれない。

3. JICA と AOTS の支援傾向との比較

　本節では、JICA と AOTS の支援傾向の違いを比較する。AOTS については、受入研修である技術研修と管理研修に注目する。まずは JICA と AOTS の支援対象地域を比較し、次に業種を比較する。最後にそれぞれの支援傾向に影響を与えたであろう要因を分析する。

　JICA については、第 6 章でも用いた技術協力案件のデータ（「日本の国際教育協力──歴史と展望」検討委員会調べ）を用い、TVET 分野に分類された案件数に基づいて比較を行った。AOTS については、AOTS 事業報告書に収録されている受入研修生数（図 7-2 の「技術研修」と「管理研修」）の実績データを用いた。機関によって、蓄積されたデータ内容は異なっており、かつ、50 年以上にわたる期間を通じて同じカテゴリーでデータが存在している必要があったため、JICA は案件数、AOTS は研修生数のデータを用いざるを得なかった。したがって、本章で示す分析は、統計学的に踏み込んだものにはなり得ず、度数の分布による大まかな傾向の比較になっている。

　また、研修や技術協力事業が行われた技術分野についても分類の仕方が異なっていたが、日本標準産業分類（平成 25 年 10 月改定版）を参考として、「電気・電子」、「機械」、「輸送機器」、「金属」、「その他製造業」、「農林水産」、「その他」の 7 業種を設定し、JICA、AOTS それぞれの実績を分類した。また、JICA の技術協力事業においては、複数業種にまたがるものが多いことから、1 つの事業を複数業種に分類している場合がある。さらに、地域傾向の比較に当たっては、JICA の教育協力プロジェクトリストの地域分類に従っている。

（1）地域傾向
①年代、地域の変化
　JICA と AOTS の支援対象地域をまとめると図 7-3 のようになる。

第 7 章　官民連携による民間の産業人材育成　　209

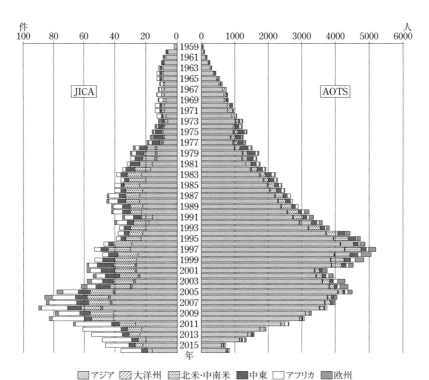

図7-3 JICA技術協力プロジェクト地域別TVET案件数(単位:件)と
AOTS受入研修生数(単位:人)の比較

(出典)「日本の国際教育協力——歴史と展望」データ及び海外産業人材育成協会提供データより筆者作成。

　前章でも記載した通り、JICAは1960年代にはアジア(特に東南アジア)への支援が5割前後だったが、1970年代から2000年代にかけて徐々に中東や北米・中南米への支援が増加している。特に2010年からはアフリカへの支援が増加しており、全体の3割程度を占めるようになっている。よって、JICAの支援はどこか1つの地域に集中するのではなく、幅広い地域をカバーしていること、世界的な潮流や日本の政策環境に合わせて徐々に対象地域が移行していることがわかる。また、案件数をみると、JICAのTVET案件数が増加したのは1980年代と2005-2010年である。これは前章で記載した通り、1980年代にASEAN人造りセンターの設立によって案件数が増えたこと、2000年以降は小型化したプロジェクトを多数実施する傾向にあり、1件ごとの費用は少ないが、案件数が増加したことが理由として考えられる。

一方、AOTS の支援対象地域はアジアがほぼ常に 7 割以上を占めており、「アジア集中型」であることがわかる。特に東南アジアと東アジアは全体の 43％ と 28％ を占めている。アジアの次に多いのは北米・中南米だが、アジアとの差は大きい。また JICA の場合は、最近になるほどアフリカが増加する傾向にあるが、AOTS の場合は、逆に 2000 年代に入って以降の方がアジアへ集中する傾向が強くなっている。つまり、AOTS は JICA のように世界的な潮流や日本の政策環境の影響を大きく受けて研修事業を実施してきたのではないと考えられる。AOTS の研修生受入れ人数のピークは JICA の案件が増加する以前、1990 年代である。これは前節でも記載した通り、1980 年代のバブル期に海外進出した日本企業からの現地人材育成ニーズがバブル崩壊後には逆に増加したため、それに応えようとしたものであると考えられる。さらに 1978 年に海外研修を実施するようになると、現地で研修を実施することで、日本に招聘するよりも 1 人当たりの研修費用が安くなり、多くの研修参加者を確保できるようになった。そのため、多くの企業が受入研修ではなく、海外研修を採用するようになったことも要因の 1 つと考えられる。

②対象となるアジア諸国の変化

　前節では、JICA も AOTS もアジアを中心に支援を実施してきたことがわかった。では、JICA と AOTS はそれぞれアジアのどの国に焦点を当ててきたのであろうか。そこで、両機関に共通して支援実績が多い対象国の中から、中国、韓国、ベトナム、タイの 4 か国を選んで比較した（図 7-4）。地域別で比較した際には JICA と AOTS には顕著な支援傾向の違いがみられたが、このアジア 4 か国に対する支援には、共通する傾向もみて取れる。

　まず、タイへの支援は両機関ともに 1960 年代当初に始まっている。JICA は早い段階から案件を同国で実施してきた。AOTS も当初から研修生を受け入れているが、研修生数が大きく増加するのは 1980 年代後半以降である。しかし、2006 年には JICA の同国に対する案件は実施されなくなり、AOTS でも同じ時期から受入れ人数が減少している。

　次にベトナムは、両者ともに 1990 年代半ば以降に事業が拡大した国である。特に近年では、多くの TVET 案件が同国で実施されており、JICA が産業人材育成分野で最も力を入れている国の 1 つとなっている。

第 7 章　官民連携による民間の産業人材育成　　211

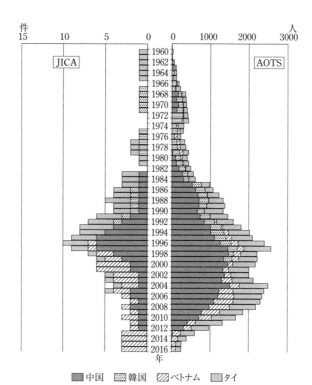

図7-4　支援件数が多いアジア4か国におけるJICA技術協力プロジェクトTVET案件数（単位：件）とAOTS受入研修生数（単位：人）の比較
（出典）「日本の国際教育協力――歴史と展望」データ及び海外産業人材育成協会提供データより筆者作成。

2000年代から注目が集まってきたベトナムとは反対に、韓国では1960-1990年代までしか案件や研修生受入れが実施されなかった。AOTSは1999年までは受入研修を続けていたが、2000年代に入ると実施しなくなっている。

最後に中国は、両者とも1980年代に入ってから急速に拡大した。しかしJICA案件は1995-1997年をピークに減少する。AOTSはJICAよりも変化が緩やかであり、2010年代初頭まで研修生受入れを続けてきたが、近年では受入れを行っていない。

（2）業種傾向

次に業種を比較する。まずは1959-2016年までのJICA技術協力プロジェクトTVET案件数とAOTS研修生受入れ人数の分野別の合計を比較する。両機

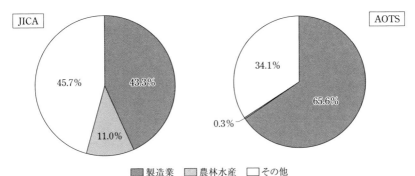

図 7-5　JICA 技術協力プロジェクト TVET 案件数と AOTS 受入研修生数の分野比較
(出典)「日本の国際教育協力——歴史と展望」データ及び海外産業人材育成協会提供データより筆者作成。

関の対比を明確にするため、本節では、7業種に分類したデータのうち、「電気・電子」、「機械」、「輸送機器」、「金属」、「その他製造業」をまとめて「製造業」とし、「農林水産」、「その他」と3つの分野で比較した（図7-5）。

　すると、JICAは製造業とその他が4割あまり、農林水産が1割を占めているが、AOTSは製造業のみで6割以上を占めており、農林水産はほぼみられなかった。よって、JICAは支援地域と同様に、支援する業種も製造業には限らず、多岐にわたっているが、一方、AOTSは「アジア集中型」であり、同時に「製造業重視型」であることがわかる。これは、AOTSの設立の背景に日本機械工業連合会からの要望があり、その後も、民間企業の需要に応えた研修を提供し続けてきたためであると考えられる。そもそもの設立目的が、日本製品輸出増加と日本企業の海外進出に資する人材育成であったため、製造業に焦点を当ててきたと考えられる[注6]。

　「その他」の項目には、JICAは経営・生産管理、ビジネス、物流、貿易、業種不特定の訓練運営など、様々な内容が含まれているが、AOTSはそのうち約半数が経営・生産管理、品質管理などである。

　さらに、製造業の内訳をみると図7-6のように、JICAとAOTSでは焦点を当てている製造業が異なっていることがわかる。JICA、AOTSともに「電気・電子」がそれぞれ約3割を占めているが、JICAの案件では「機械」「金属」も大きな割合を占めているのに対し、AOTSは自動車などの「輸送機器」が最も大きな割合を占めている。つまり、JICAはいろいろな産業に展開する可能性がある基礎的な技術分野で、現地の産業人材の底上げに貢献するような

第7章　官民連携による民間の産業人材育成　213

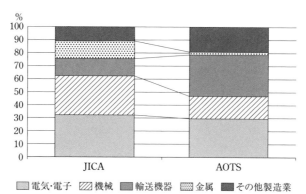

図 7-6　JICA 技術協力プロジェクト TVET 案件数と
AOTS 研修生受入れ人数の製造業の内訳

(出典)「日本の国際教育協力──歴史と展望」データ及び海外産業人材育成協会提供データより筆者作成。

案件を実施しているのに対し、AOTS はより特化して、進出企業の専門とする分野に直結する実用的な内容の研修を実施してきたとも言える。

　また、AOTS の実地研修の受入れ企業を確認すると、「電気・電子」は自動車向けの装飾品や半導体などを製造している企業が占めている。よって、AOTS の研修は製造業の中でも、特に自動車産業の人材育成ニーズに応えてきた部分が大きいということがわかる。

(3) 影響を与えた要因

　最後に、JICA と AOTS、それぞれに影響を与えた要因について考察する。まずそれぞれの地域傾向及び業種傾向をまとめると表 7-3 のようになる。

　地域傾向については、JICA の場合、前章でも言及した通り日本の援助政策及び国際的援助潮流が大きく影響している。1980 年代までの東南アジアへの注目については、戦後賠償の一環としての ODA、東南アジアの対日批判、日本製品の輸出促進などがあったが、近年では TVET 支援の目的が、除隊兵士や移民、女性などにも拡大したことに伴って、東南アジアからアフリカへと広がりをみせている。また、1993 年以降に日本政府主導で開催されているアフリカ開発会議（TICAD）の影響もあると考えられる。さらに、相手国の政策や、相手国の労働市場においてどのような人材が必要とされているのかも関係している。

　一方、AOTS は日本経済の状況や開発途上国に進出している日本企業、特

表 7-3　JICA と AOTS の傾向比較

	地域傾向	業種傾向
JICA	• アジアが 4〜6 割 • 中東や北米・中南米も一定の割合で存在 • 近年ではアフリカが急増 • アジアの中では以下の傾向 　➤　タイへの継続した支援 　➤　韓国は 1990 年初頭まで 　➤　中国は 1990 年代前後に急増 　➤　ベトナムは 2000 年代から増加	• 製造業とその他が 4 割あまり、農林水産が 1 割 •「その他」には経営・生産管理、ビジネス、物流、貿易、業種不特定の訓練運営などが含まれる • 製造業では電気・電子、機械が多い
AOTS	• アジアが 7〜9 割 • 近年ではさらにアジアへ集中する傾向 • アジアの中での傾向は JICA と似ている	• 製造業が 6 割以上を占める • 農林水産分野はほぼ無い •「その他」の約半数は経営・生産管理、品質管理など • 製造業では電気・電子、輸送機器が多い

に自動車関連の製造業関係の動向を強く反映する。これは、AOTS 設立の背景及びその目的が日本企業および日本製品の海外進出を念頭に置いたものであることから明らかである。そのため、日本企業が多く進出しているアジアを対象とした研修が多くなる。また、世界経済に影響を与えるような出来事（経済危機やテロなど）にも影響を受けている。これは、世界経済の状況によって日本企業の事業内容にも変化が生じ、それに合わせて人材育成ニーズも変わっていくためであると考えられる。

　先ほどの AOTS の研修事業への参加者数（図 7-2）にアジアへの直接投資（foreign direct investment: FDI）の額のグラフを重ねると、AOTS の研修生数が FDI の推移から数年遅れでほぼ一致することがわかる[注7]（図 7-7）。アジアへの FDI の多くは製造業の生産拠点の設立またはそれに伴うインフラ整備に関連している。そのため、FDI によって海外に工場などを建設した製造業の日系企業から現地人材の育成ニーズが高まり、製造業重視で事業展開を行ってきた AOTS が、企業のニーズに沿った研修を実施するという形であることがわかる。

　アジアへの FDI の国別の内訳をみると、1980 年代前半まではアジアへの FDI は新興工業経済地域（NIEs）[注8]向けであった。しかし、1980 年代後半からは、1985 年のプラザ合意後の円高で日本国内での生産費用が上昇した結果、安価な労働力を求めて日本企業が徐々に ASEAN 諸国へ進出していき、1990

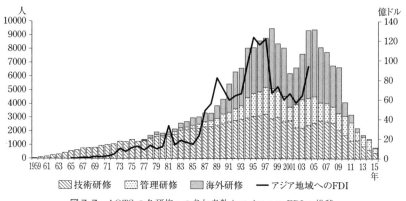

図 7-7　AOTS の各研修への参加者数とアジアへの FDI の推移
(出典)　海外産業人材育成協会提供データ及び日本貿易振興機構 2004 より筆者作成。

年代に入ると日本からアジアへの FDI の多くを中国が占めるようになる。これは 1992 年に鄧小平が、積極的に改革開放政策を続けると宣言したことによるもので、多くの日本企業が自由化への期待を持って進出したためである。中国は 2001 年には世界貿易機関（World Trade Organization: WTO）へも加盟している。一方で、1997 年のアジア通貨危機の影響は大きく、特に ASEAN 地域への FDI が急激に減少する。しかし、2000 年代に入ると順調に回復している。

　上記の FDI の変遷は、AOTS のアジアの国別研修生受入れ人数にも一致している。本章で例として挙げた、中国、韓国、ベトナム、タイをみてみても、NIEs の 1 つである韓国からの受入れが 1980-1990 年代ごろをピークとして減少していくこと、中国からの受入れが 1990 年代後半から急増すること、2000 年代にはタイやベトナムからの受入れも増加することなど、FDI の推移から数年程度遅れてほぼ一致するものであり、「日本企業の進出→人材育成ニーズ→研修実施」という流れであることがわかる。JICA のアジア諸国での案件数も AOTS と似た形になっているが、JICA の場合は日本企業の意向だけではなく、相手国政府の要望に応えようとしている部分も大きいと言える。

　一方で、アジア以外を対象とした AOTS の研修は、日本の FDI の傾向と必ずしも一致するとは限らない。例えば、図 7-8 はアジアと中南米地域への FDI の推移を表したものである。中南米への FDI は 1980 年代後半に急増し、1990 年代前半には減少するが、2000 年代はアジアと変わらない額を保ってい

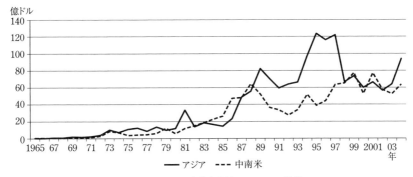

図 7-8　アジアと中南米地域への FDI の推移
(出典)　日本貿易振興機構 2004 より筆者作成。

る。しかし、AOTS の中南米地域からの研修生数はアジアの 10 分の 1 以下であり、FDI 額の変化とは一致しない。

　一致しない要因の 1 つとしては、中南米への FDI は非製造業が多くを占めていることが考えられる。また、中南米とアジアでは FDI の形態が異なることも理由として考えられる。開発金融研究所が 2003 年に実施した調査では、FDI を行っている日系企業に、現地での事業の強化・拡大分野について聞いている。すると、中国や ASEAN 諸国へ進出した日系企業は、現地法人の「生産」機能を強化していきたいと回答しているが、中南米に進出した日系企業では「生産」と「販売」がほぼ同数であり、中国や ASEAN 諸国の方が生産に特化していることが伺える（丸上ほか 2003、p. 32）。そのため、中南米よりも中国や ASEAN 諸国の方が技術者育成に焦点を当ててきたと考えられる。

4. AOTS が産業人材育成に果たした役割

　本章では、AOTS の研修事業を通して、官民連携による民間の産業人材育成の変遷を辿った。第 6 章で焦点を当てた JICA の事業は、日本の政策及び国際的な潮流の影響を大きく受けてきた。一方、AOTS は、日本企業の海外進出と軌を一にして途上国の産業人材育成に貢献してきたと言える。初期の AOTS は、日本製品の輸出量増加に伴い、「日本製品の操作や保守」ができる技術者育成を目標として事業を開始した。その後、日本企業が製造拠点を海外に移すようになると、海外進出した企業から「製造」に携わることができる人

材育成への需要が増加し、ニーズに沿った多様な技術研修を実施するようになる。さらに現地工場の運営を現地の人々に任せる企業が増加するに従い、「品質管理」や「経営」に関する知識の提供を目的とした管理研修も開始する。このように、AOTS は日本企業の段階的な海外進出を 50 年以上に渡って支えてきたと言える。

　第 6 章で述べたように、初期の日本の TVET 支援は日本企業の投資先での現地人材を育成するというニーズに対応していたが、1980 年代以降は、国際社会からの批判もあり、徐々に日本の国益や民間企業の利益といった言説は影をひそめていった。さらに 2000 年以降は国際的な潮流により、TVET 支援も現地での産業人材育成のみならず包括的な制度改革を目的とするものや貧困削減に資する技能訓練といった多様な案件に取り組むようになった。日本国内の政策、外交及び国際協力という観点に沿って案件を実施してきた JICA 事業の変遷は、まさにこの流れに一致すると言える。しかし、1950 年代に日本機械工業連合会をはじめとした日本企業からのニーズによって設立され、日本企業と共に歩んできた AOTS は、当初の目的そのままに、民間セクター振興のために尽力してきた。

　さらに、本章では、JICA と AOTS が支援を実施してきた業種についても比較した。その結果、JICA は公的セクターへの支援を通じて、様々な産業に発展する可能性のある幅広い技術分野において現地の産業人材の底上げに貢献してきた。それに対して AOTS は、民間セクターへの支援を通じて、海外進出した日本企業の専門分野に直結する実用的な技術の伝承を行ってきたことが明らかになった。つまり、日本の TVET 支援は、公的セクターへの支援と民間セクターへの支援が互いに補完し合う関係にあったと言える。

　近年、AOTS の研修生数は減少傾向にある。しかし過去の研修生が加入している AOTS 同窓会の活動をみると、同窓会のネットワークは日本企業と現地企業の架け橋として重要な役割を果たしており、現地人材の育成にも大きく貢献していると言える。同窓会は南南協力活動も自主的に推進しており、同窓会ネットワークは世界各国で広がっている。よって AOTS がこれまで実施してきた研修は、場所を変え、形を変え、今も、そしてこれからも、日本企業および各国の産業を支え続けて行くと言えるだろう。

注

［注1］　一般研修には9日間／6週間／13週間のコースがあるが、その後の実地研修の期間は受入れ先によって1か月〜1年間と幅広い。

［注2］　海外技術者研修協会（1970）『海外技術者研修協会十年史』に収録。

［注3］　1977年以前から、1968年に国連工業開発機関（United Nations Industrial Development Organization: UNIDO）の委託を受けて開始した「生産管理研修コース」、「輸出工業振興研修コース」、「品質改善研修コース」、また、1974年にアジア生産性機構（Asian Productivity Organization: APO）から委託された「インダストリアル・アンド・システムズ・エンジニアリング研修コース」、「生産機能分野における問題解決コース」、「経営意思決定手法研修コース」、「生産管理情報システム研修コース」などのマネジメント研修が実施されていた（AOTS 2016, p. 80）。

［注4］　中小企業の補助率を優遇することで、中小企業の海外展開を支援するようになったが、中小企業の現地人材の研修ニーズは大企業ほどには大きくなかったことが、研修生数の減少の一因となったと考えらえる。また、製造業では工場で働く多くの工員を育成するニーズがあったことに対し、サービス業では製造業ほど研修ニーズが大きくなかったことも、研修生数の減少の要因の1つだと考えられる。

［注5］　しかしながら、1990年代後半からは、前述した1997年のアジア緊急支援研修生受入事業や開発途上国政府からの受託である単年度の国庫補助事業、もしくは単年〜数年間の国庫受託事業及び国際機関などからの受託事業の数が増加しており、全盛期には及ばないが、AOTS全体としての受入れ人数は2016年時点で3,000名を超えている。

［注6］　農林水産業そのものは日本企業の関与の対象にはなっていないものの、農産物、水産物加工に関する研修は、「製造業」に含まれている。

［注7］　2005年以降は日本貿易振興機構（Japan External Trade Organization: JETRO）のデータの形式が違うためグラフに反映することができなかった。しかし、経済産業省の政策に従い、AOTSの研修も「大企業から中小企業」「製造業からサービス業」へ移行していったことや事業仕分けによる影響を考えると、近年はAOTSの研修生数とアジアへのFDIとは一致しない可能性が高い。

［注8］　韓国、台湾、シンガポール、香港が含まれる。

参考文献

海外技術者研修協会、1970、『海外技術者研修協会十年史』。

海外技術者研修協会、1990、『海外技術者研修協会30年史』。

海外技術者研修協会、2010、『AOTS 50年史』。

海外技術者研修協会、2016、『AOTS外史——民間ベース国際協力の原点』。

海外産業人材育成協会、2013、「WNF基金とWNFプログラム」、https://www.aots.jp/jp/network/alumni/wnf.html（2018年6月2日）。

海外産業人材育成協会、2017、「研修事業［1959年度（昭和34年度）〜2016年度（平成

28 年度）〕事業別実績人数」、http://www.aots.jp/hida/jp/about/record.html（2018年 1 月 20 日）。

外務省、2017、『2016 年版開発協力　参考資料集』。

通商産業省、1958-2001、「わが国の経済協力の現状と問題点 1958-1964、1965-1989、平成 3 年度版—平成 12 年度版」※平成 12 年度版は経済産業省発行。

内閣府、2017、『平成 29 年度　年次経済財政報告（経済財政政策担当大臣報告）——技術革新と働き方改革がもたらす新たな成長』。

日本貿易振興機構、2004、「直接投資統計　日本の直接投資（報告・届出ベース）」、https://www.jetro.go.jp/world/japan/stats/fdi.html（2018 年 1 月 20 日）。

穂積五一、1983、『内観禄　穂積五一遺稿』穂積五一先生追悼出版記念委員会。

丸上貴司・豊田健・春日剛・鈴木まゆみ、2003、「わが国製造業企業の海外事業展開に関する調査報告——2002 年度海外直接投資アンケート調査結果（第 14 回）」。

第Ⅳ部　高等教育協力

第8章
高等教育機関の設立・育成
途上国に大学をつくり、育てる

萱島　信子

　途上国の大学の設立や育成のための高等教育協力は、日本が政府開発援助（ODA）開始の初期の段階から取り組んできた国際協力事業のひとつであった。たとえば、1961 年に日本の ODA により開校したタイのノンタブリ電気通信訓練センターは、1964 年に短期大学に昇格し、1971 年にモンクット王工科大学に改組され、さらにその後も発展を続けて、現在は博士課程までもつタイでもトップクラスの大学になった。その間、日本は、47 億円を投じて大学の施設や機材を整備し、日本から延べ約 350 人の大学教員や技術者などを派遣して教育課程の整備や教員の育成にあたり、さらに同大学から延べ約 90 人の教員を短期研修や長期留学のために日本に招へいするなどして、同大学の成長に貢献してきた（国際協力機構 2009）。本章では、こうした ODA による高等教育機関の設立や育成のための協力事業をとりあげる。

1. 高等教育機関設立・育成のための国際協力とは

　大学は教育・研究・社会貢献の３つの機能を持っている（岩永 2014）。開発途上国の大学は、これらの３つの機能をつうじて、その国の経済社会開発に重要な役割を果たしてきた。大学の教育は知識や技術や思想を人々に伝えて国や地域の開発に必要な人材を育成し、大学の研究は開発に必要な知識や技術を海外から受け入れ現地に適応させるとともに、知識や技術を新たに発見し開発する役割を担っている。さらに、大学は、通常の教育や研究活動に加えて、社会人向けの技術研修や地域社会の開発事業などの地域社会に直接貢献する活動もおこなっている。日本の ODA は、開発に必要な人材育成をおこなうために途上国の大学の教育活動を支援し、さらに、さまざまな分野の開発事業のために

223

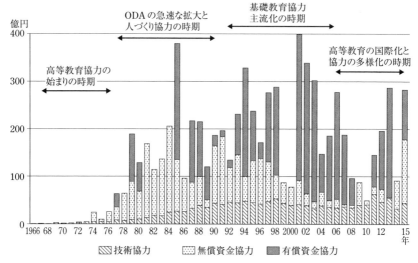

図 8-1　JICA 高等教育機関設立・育成プロジェクトの事業量の推移（協力実績額）

（出典）　筆者作成。

（注）　「日本の国際教育協力―歴史と展望」検討委員会が作成した教育協力案件リストから、筆者が高等教育機関設立・育成案件を抽出して示した。対象案件の範囲は次のとおり。
・高等教育機関設立・育成プロジェクトは、高等教育機関（UNESCO の ISCED レベル 5 以上）の設立／強化を目的とする事業。高等教育機関の研究活動や社会貢献活動の強化をつうじて、高等教育以外のセクターの開発に貢献するプロジェクトを含む。留学事業を主体とするプロジェクトは含まない。
・技術協力は JICA（およびその前身の組織）が実施した技術協力プロジェクト（プロジェクト方式技術協力等の旧呼称のものを含む）。
・無償資金協力は、外務省／JICA が実施した無償資金協力プロジェクトであり、1 億円未満の案件は含まない。
・有償資金協力は OECF／JBIC／JICA が実施した円借款プロジェクトであり、海外投融資案件は含まない。なお、円借款プロジェクトのなかには、複数のセクターやサブセクターにまたがり、高等教育分野に加えてその他のコンポーネントを含む複合型のプロジェクトがあるが、コンポーネント毎の協力約束額が不明であるので、複合型のプロジェクトについてはプロジェクトの全額を示している。

大学の研究機能や社会貢献機能を活用してきた。途上国の大学の研究機能や社会貢献機能を活用する例としては、途上国の大学とともに新たな農業品種を開発して農民への普及活動をおこなうプロジェクトや、途上国の大学のリソースを活用して現職公務員や社会人向けの専門研修をおこなうプロジェクトなどがあげられる。これらの ODA プロジェクトの目的は大学そのものを育成するというよりは、特定のセクターの技術開発や地域の開発課題の解決であるので、日本の援助実績において高等教育協力事業には分類されていないことが多い。しかしながら、これらのプロジェクトも結果としては、途上国の大学の研究機能や社会貢献機能の強化に貢献している。そこで、本章では、大学設立や大学

拡充そのものを目的とする協力プロジェクトにくわえて、大学をプロジェクトのカウンターパート（協力プロジェクトの相手方）とし、その研究機能や社会貢献機能を活用してさまざまなセクターの開発を目指す事業も分析対象とした。また、日本の ODA で支援した高等教育機関は大学が主であるが、大学以外にもポリテクニック、短期大学、高等専門学校、教員養成校などへの協力もおこなわれた。本章では、大学にくわえて、これらの高等教育機関（ユネスコの国際標準教育分類 ISCED のレベル 5 以上）を対象としたプロジェクトも分析対象としている。

　ODA が開始した 1954 年度から 2015 年度までに、JICA が実施した高等教育機関設立・育成のプロジェクトを、上述の定義に基づいて集計すると、技術協力が 241 件・約 1,400 億円、無償資金協力が 282 件・約 2,500 億円、有償資金協力（円借款）が 58 件・約 3,600 億円となる（図 8-1 参照）。これらの協力によって支援した途上国の高等教育機関の数は、技術協力によるものが約 180 校、無償資金協力によるものが約 170 校、有償資金協力（円借款）によるものが約 300 校にのぼり（一部に重複あり）、全世界で計約 550 校の高等教育機関に対して日本の教育協力がおこなわれたことになる。

2. 高等教育機関設立・育成のための協力の歴史的変遷

（1）高等教育協力の始まりの時期（1960 年代～1970 年代中頃）

　日本の ODA は、1954 年のコロンボ・プラン加盟によって始まり、その翌年から専門家の派遣や研修員の受入れといった技術協力が開始された。保健医療分野では ODA の初期の段階から、途上国に医師や看護師の巡回診療団が派遣されて、無医村地帯での診療活動などがおこなわれていたが、一過性ではない持続的な協力をおこなうためには現地の病院、医科大学、研究所などへの協力の必要性が認識され、1965 年頃から大学の医学部や大学付属の医学研究所を対象としたプロジェクト型の技術協力がおこなわれるようになった（海外技術協力事業団 1973）。こうした医学系大学への支援が、開発途上国の大学を対象とする ODA プロジェクトの最初のものであった。多くの途上国は、1960 年代から 1970 年代の独立後間もない時期で、医学教育や医学研究の施設も人材も極めて貧弱な状況であった。タイ「マヒドン医科大学熱帯医学部プロジェク

第 8 章　高等教育機関の設立・育成　　225

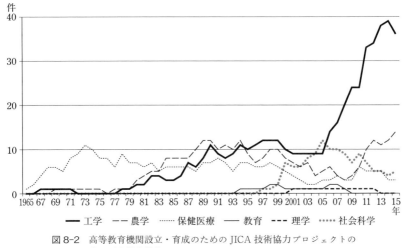

図 8-2　高等教育機関設立・育成のための JICA 技術協力プロジェクトの分野別案件数推移

(出典)　筆者作成。
(注)　図 8-1 の注に同じ。

ト」(1965-1971 年度) やインドネシア「パジャジャラン大学歯学部プロジェクト」(1966-1971 年度) を始めとするこれらの協力では、派遣された日本人専門家は、医学教育のカリキュラムを作成し、教員へ授業や研究の指導をおこない、自ら教壇に立って教鞭をとり、附属病院を整備して診療にあたるなど、医学教育の基礎を築くことに貢献した。また、途上国に特有の感染症や寄生虫病の研究に取り組むプロジェクトもあった。こうした医学教育プロジェクトや医学研究プロジェクトには、継続的な日本国内の協力体制が必要であり、「インドネシアに対する神戸大学医学部、イランに対する岐阜大学医学部、ガーナに対する福島医科大学、ケニアに対する長崎大学医学部、タイのウイルス・センターに対する大阪大学医学部」など (館 1976、p. 157)、国際協力に関心を持つ日本の大学医学部の協力を得てプロジェクトが実施された。医学分野の途上国援助は、日本の大学医学部にとっては、見返りを求めない国際貢献活動であると同時に、熱帯医学の新たな研究素材や研究フィールドなどの学術的なメリットをもたらすことも多かった[注1]。

　1960 年代中頃から 1970 年代中頃までは、高等教育機関設立・育成のための ODA 事業の黎明期であり、まだ協力規模は小さかった。1965-1974 年度の 10 年間に開始された技術協力プロジェクトはわずかに 17 件、無償資金協力プロ

ジェクトは 4 件のみであり、この間の協力実績は計約 40 億円であった（図 8-1 参照）。また、この時期に始まった技術協力プロジェクト 17 件のうち、医学分野のプロジェクトが 14 件であるのに対し、残りは工学分野、農学分野、海事分野がそれぞれ 1 件ずつで、医学分野の大学支援プロジェクトがほとんどであったことがわかる（図 8-2 参照）。

この時期の高等教育機関設立・育成のための協力事業は、日本の開発協力政策や教育協力政策のなかでどのように位置づけられていたのだろうか。首相の諮問機関である対外経済協力審議会の技術援助部会は 1971 年に「開発途上国に対する技術協力の拡充強化のための施策について」の答申を提出している。この答申では技術協力の一層の拡充を謳ったうえで、今後の重点分野として、①医療協力と、②教育・学術研究・文化協力のふたつをあげている。②のなかの教育協力の項目では留学生受入れと初中等教育改善のための協力（教員研修、教科書作成など）を取り上げているが、高等教育機関への支援については言及していない。その一方で、①の医療協力の項目では、大学医学部や大学付属の研究所への協力を医療協力の具体的な方法としてあげている。このことからもわかるように、当時は、大学医学部への支援は、医療協力の一環としておこなわれ、教育協力として認識されることはなかった。

（2）ODA の急速な拡大と人づくり協力の時期（1970 年代中頃〜1980 年代）

1970 年代後半から、日本の ODA は本格的な拡大の時期にはいった。すでに高度経済成長をとげて、GNP 世界第 2 位の経済大国になっていた日本は経済力にみあう国際貢献を求められるようになり、1978 年から 1993 年まで 5 次にわたる ODA 中期目標を設定して、ODA を大幅に増加した。これにともない、高等教育機関を支援する協力も拡大した。特に、大学の施設や機材を整備する無償資金協力や有償資金協力（円借款）が大きく伸びた（図 8-1 参照）。

無償資金協力は、途上国に資金を無償で提供し、医療・保健、教育・研究、農業、民生・環境改善、通信・運輸などの経済的収益性の低い分野の社会基盤を整備する事業である。この時期には、途上国の大学整備の膨大なニーズに応える多くの無償資金協力案件が実施された。代表的なプロジェクトとしては、インドネシアの「電子工学ポリテクニック建設計画」（1986 年度）や「ザンビア大学獣医学部建設計画」（1983-84 年度）などがあげられる。これらのプロ

第 8 章　高等教育機関の設立・育成　　227

ジェクトでは、大学キャンパスの校舎が建設され、実験・実習や研究のための機材が整備された。また、大学附属の教育病院を建設する案件も多く実施された（たとえば、エジプト「カイロ大学付属小児病院建設計画」、1980-81年度）。案件数は多くないが、遠隔教育をおこなう通信大学の施設や機材を整備する案件（たとえば、タイの「スコタイ・タマティラート放送大学番組制作センター建設計画」、1982年度）なども、途上国の拡大する高等教育ニーズに応えるためにおこなわれた。こうした高等教育機関整備のための無償資金協力は、1975-1989年度の15年間で108件（計約1,100億円）にのぼる。前述の黎明期の4件（1965-1974年度の10年間で計約20億円）に比べると、金額ベースで約35倍の規模に拡大した。

　この時期にはまた、大学整備のための円借款も開始された。開発途上国向けの円借款供与は1958年に始まり、主に電力・運輸・通信、鉱工業等の大規模なインフラ整備への支援がおこなわれていたが、1970年代にはいり、教育や保健等の社会開発分野の融資もおこなわれるようになった（国際協力銀行2003）。1975-1989年度の間に実施された高等教育機関設立・育成のための円借款事業は10件（計約750億円）[注2]で、韓国のプロジェクト6件とインドネシアのプロジェクト4件からなる。これらの円借款事業は、1プロジェクトの融資金額が50-150億円にのぼる巨大なもので、ひとつのプロジェクトで複数の大学の施設機材整備がおこなわれることが多かった。

　技術協力においても、高等教育機関設立・育成のためのプロジェクトは増加した。この前の時期の1965-1974年度に開始した技術協力プロジェクトは17件であったのに対し、1975-1989年度には40件の技術協力プロジェクトが始まった。この時期の特徴としては、工学教育や農学教育のプロジェクトが増加したことがあげられる（図8-2参照）。開始した40件のうち、医学教育分野13件、農学教育分野15件、工学教育分野11件、海事教育分野2件で[注3]、工学分野と農学分野の高等教育プロジェクトが急増した。そして1980年代後半には、実施中のプロジェクト件数では、工学や農学の分野が医学分野を上回った。そのなかには、代表的な高等教育協力プロジェクトとしてその後常に言及されるようになるケニアの「ジョモ・ケニヤッタ農工大学プロジェクト」（1980-1990年度）やタイの「モンクット王工科大学プロジェクト」（1978-1983年度）などが含まれる。1954年のODA開始直後から、工業開発や農業振興のため

228　　第Ⅳ部　高等教育協力

の人材育成はおこなわれてきたが、当初は現場型の中級以下の技術者の大量養成に重点がおかれ（国際協力事業団 1997a）、高等教育機関ではなく職業訓練機関への協力が中心であった。しかし 1980 年代になると、途上国の工業や農業の産業人材ニーズが徐々に高度化するとともに、大学などの高等教育機関も順次開設され、その結果、大学の工学部や農学部を支援するプロジェクトが増えていったのである。

　1980 年代は、日本の ODA が急速な量的拡大を経験した時期であるが、同時に、「国づくりの基礎は人づくりにある」といった表現とともに、「人づくり」の言葉が ODA の重点としてたびたび登場するようになった時期でもある[注4]。こうした人づくり重視の国際協力政策は、途上国の高等教育機関設立・育成の協力にどのような影響を及ぼしたのだろうか。1979 年の第 5 回国連貿易開発会議（UNCTAD）総会で大平正芳首相は、「『人造り』のための国際協力こそ今世紀に残された 20 年間にとって極めて大きな歴史的意義を有するものである」と述べ、「教育協力の充実、専門技術者の育成、人的文化的国際交流の強化等を通じ、開発途上国の人的資源の開発に貢献する決意」を表した（外務省 1980、pp. 358-359）。また、1981 年に鈴木善幸首相は、東南アジア歴訪時のバンコクでの演説で、アセアン諸国への経済協力の重点分野として、第 1 に農村開発と農業振興、第 2 にエネルギー開発、第 3 に「人造り」の推進、第 4 に中小企業振興をあげたうえで、「農村・農業開発、エネルギー開発や、更には、工業化を進めるにあたっては、これ等の開発の担い手を育成する『人造り』の推進が不可欠」であるとして、1 億ドルにのぼるアセアン人づくり構想を表明した[注5]（外務省 1981、p. 400）。このほかにも、ODA に関して人づくりの重要性に言及した政府の演説は数多い。しかしながら、それらのいずれにおいても途上国の大学の育成には触れられていない。対外経済協力審議会は、1979 年に、「開発途上国の人造りに対する協力の推進とこの協力に従事する我が国の人材の養成確保について」の意見書を提出している。そこでは、人づくり協力の対象と進め方を、①技術者、技能者、経営管理者、行政官等の養成（技術協力による現職人材育成や無償資金協力による教育訓練施設への支援の一層の拡充）、②教育協力（基礎教育の施設機材整備）及び学術・研究協力（大学間の学術交流）、③各界指導者層の形成（指導者層の日本への招へい）、の 3 種類に分けて詳しく論じているが（対外経済協力審議会 1979）、途上国の大

学がその国の人材育成において果たす役割や途上国の大学を育成する必要性などについては特に言及していない。1980年代の政策文書や政府演説で語られる人づくり重視の援助政策は、上述の①にみられるような、開発事業を担う技術者や技能者や行政官などの人材育成の重要性を謳ったものが多く、その対象は技術協力全般を含む幅広いものであった。そしてそれが具体的な事業として結実したアセアン人づくり構想では、主に職業訓練や行政官研修などがおこなわれ、大学教育は含まれなかった。1970年代後半から1980年代にかけて、日本のODAによる高等教育機関設立・育成プロジェクトは増加したが、それらは必ずしも人づくり協力の一環として推進されたわけではなかった。

　この時期の新たな取り組みとして、ODAによる大学間の学術交流の開始についても言及しておきたい。1978年に始まった拠点大学交流事業は、文部省所管のODA予算により日本学術振興会が実施する事業で、日本と東南アジアの間で研究分野ごとの拠点大学を定めて、研究者交流や国際共同研究などの学術交流を促進した（日本学術振興会 2005）。対象分野は工学、理学、農学、医学などの自然科学系の分野が多かった。この拠点大学交流事業を提唱した1977年の学術審議会建議「発展途上国との学術交流の推進について」は、これまでの国際的な学術交流は先進国との交流に偏ってきたが、今後はグローバルな課題が増加するなか途上国との学術交流を一層推進すべきであること、「更に、発展途上国においては、熱帯医学、熱帯農業、地域研究等の分野で既にみられるように、日本あるいは先進国における社会経済条件あるいは自然環境の下では考えられないざん新な研究課題を発見することもできる」ことなどを述べている（学術審議会 1977, p. 278）。こうした日本と途上国との学術交流は、途上国の大学や研究機関を育成する国際協力の意義とともに、日本の大学に新たな研究対象をもたらす学術的な意義をもっていた。拠点大学交流事業の開始とほぼ同時期の1977年には、JICAにおいても専門家派遣事業の一形態として研究協力が開始された。これは日本の研究者グループを途上国の大学や研究機関に派遣して共同研究をおこなうもので、相手国の研究能力の育成とともに共同研究をつうじて新たな研究成果を得ることを目指すものであった（国際協力事業団 1997b）。このように1970年代後半に、相次いで途上国との共同研究型のODA事業が開始されたが、その背景には、上記の1977年学術審議会建議にみられるように、日本の研究者の学術関心が徐々に途上国にむいていったこと

があると思われる。

（3）基礎教育協力主流化の時期（1990-2000 年代中頃）

　1990 年の「万人のための教育世界会議」では、基礎教育の普及が幅広い経済社会開発の礎となるのみならず、すべての人々に保障されるべき基本的な人権であるとして、その普及が強く訴えられた。これを契機として、世界の教育開発思潮は基礎教育重視へ大きく舵をきり、1990 年代をとおして多くのドナーは高等教育分野の援助を減少させた（Task Force on Higher Education and Society 2000）。こうした国際的な教育協力思潮の変化を受けて、1992 年に JICA に設置された「開発と教育　分野別援助研究会」は、①ODA における教育援助比率を 15% 程度にまで拡大すること、②これまであまりおこなわれてこなかった基礎教育援助を重視すること、③教育開発の段階に応じた援助を実施すること、の 3 点を提言した。③の提言のなかでは、「国際機関や援助国は、基礎教育重視の姿勢を強め、これまでの職業技術教育・高等教育から基礎教育へ、急速に援助対象領域をシフトする傾向にある。しかし、基礎教育、職業技術教育、高等教育の 3 つの領域は教育開発における 3 本の柱であり、この 3 つの領域のバランスを考え、被援助国の教育開発全体を視野にいれ、各国の教育開発の段階に応じた援助を実施すべきである」と述べて（国際協力事業団 1994、p. 31）、基礎教育協力を重視するものの、過度の基礎教育協力へのシフトを批判し、各途上国の状況に応じて高等教育協力も実施されるべきであると主張した。これは、当時、日本の教育援助実績は高等教育と技術教育・職業訓練（TVET）の協力が主であったため、ただちに日本が基礎教育協力に全面的に転換するのは現実的でなかったことや、日本の最大の援助対象地域である東南アジアや東アジアでは高等教育分野や TVET 分野の援助ニーズが大きかったことなどが背景にある。いずれにしても、他のドナー国の多くが高等教育協力からの撤退を表明したり、高等教育協力の実績を大きく減らしたりするのとは異なる考え方であった。

　日本の ODA は 1980 年代に急速な量的拡大をみたが、1990 年代には ODA の進め方についての政策文書がつくられるようになり、1980 年代の量的拡大から 1990 年代の質的深化へ変化した。外務省は 1993 年に政府開発援助大綱を策定したのちに、1999 年には ODA 中期政策を作成し、援助の重点課題とし

て基礎教育分野を大きくとりあげた。高等教育協力については、人材育成の項目で、「人造りを国造りの基本と捉え、開発途上国による自助努力への支援を援助の基本理念とする我が国は、引き続き開発途上国の経済・社会開発に必要とされる人材育成を格別に重視し、……高等教育を含む教育部門や、職業訓練分野での支援を重視する」と述べて、かろうじて高等教育協力に言及しているのみである（外務省 1999）。ODA 中期政策では上記の JICA「開発と教育 分野別援助研究会」報告書よりも一層基礎教育重視が鮮明である。

　文部科学省は 1990 年代後半から国際教育協力に関する累次の懇談会を開催し、教育協力のあり方についての報告書を発表した[注6]。1996 年に時代に即応した国際教育協力の在り方に関する懇談会が出した報告「時代に即応した国際教育協力の推進について」（1996 年）では、基礎教育協力の拡充を謳いつつ、「なお、高等教育レベルでの協力については、学術協力も含めその内容の一層の充実が望まれ」ると付言している（文部省 1996、p.4）。その後の 2000 年、2002 年、2006 年の懇談会報告でもほぼ同様の提言が出されている。さらに、文部科学省のこれらの懇談会報告で特徴的であるのは、そのいずれにおいても、日本の大学が国際教育協力に参加することは大学国際化にプラスの効果をもたらすものであり、日本の高等教育の国際化のためにも、教育協力を推進すべきであると主張していることである（文部省 1996、2000a；文部科学省 2002、2006）。

　ここまで、1990 年代の JICA、外務省、文部科学省の教育協力政策についてみてきた。1990 年代は世界の教育協力思潮が基礎教育に大きく舵をきった時期であり、その影響を受けて、上記の 3 つの組織のいずれも、それまであまりおこなわれてこなかった基礎教育協力重視の方向性を明確に打ち出している。その一方で、多くの他ドナーの援助方針とは異なり、高等教育協力にも引き続き取り組んでいくことを表明している。興味深いのは、1990 年代になり、日本の援助政策において基礎教育重視が打ち出されていくなかで、高等教育協力についての言及も増えていくことである。1980 年代以前においても、途上国の高等教育機関設立・育成を支援する日本の ODA プロジェクトは数多く存在したが、それらが高等教育協力であるとの認識は薄く、高等教育協力のあり方について語られることはほとんどなかった。しかし、1990 年代に基礎教育が注目され教育協力についての議論がおこなわれるようになると、太陽の存在によって月の姿が浮かび上がるように、基礎教育だけでなく、高等教育協力の姿

もあわせて明確に認識されるようになっていった。

　では、こうした援助政策のもとで高等教育機関設立・育成の協力事業はどのような変化をたどったのだろうか。図8-1が示すように、1990年代も2000年代も、高等教育機関の設立・育成プロジェクトの全体の実施規模は大きい。技術協力、無償資金協力、有償資金協力を足し合わせた全体の事業規模は、1980年代が約1,800億円、1990年代が約2,100億円、2000年代が約2,100億円で、1980年代に比べて、1990年代と2000年代はむしろ微増している。多くのドナーがおこなったような1990年代以降の高等教育協力の縮小はここではみられない。しかし、これを事業の種類別にみてみると、技術協力は1980年代が約240億円、1990年代が約460億円、2000年代が約370億円で、2000年代には若干減少している[注7]。無償資金協力においても、1980年代が約920億円、1990年代が約850億円、2000年代が約250億円で、2000年代にはその前の時期の3分の1の規模に縮小している。技術協力と無償資金協力に関しては、2000年代に基礎教育重視の援助政策のもとで、明らかに高等教育機関設立・育成のための事業規模は縮小した。その一方で、有償資金協力は1980年代が約620億円、1990年代が約830億円、2000年代が約1,480億円で、10年ごとに1.3倍、1.8倍に拡大し、2000年代の無償資金協力と技術協力の落ち込みを補っている。円借款事業では、この時期にどのような教育協力の方針のもとに、どのような事業が実施されたのだろうか。

　途上国の高等教育を支援する円借款事業は1970年代に始まったが、1980年代まではまだその数は多くなかった。しかし1990年代には特にアセアン諸国でのニーズの高まりを受けて、日本政府は1995年のアジア太平洋経済協力会議（Asia Pacific Economic Cooperation: APEC）大阪会議でアジアの人材育成のための人的支援などを表明し、さらに、1997年のアセアン首脳会議では、留学事業や高等教育機関の施設整備費用などの人材育成支援円借款に関して優遇特別金利条件（金利0.75％、据え置き期間10年を含む償還期間40年）を適用することを発表した（国際協力銀行 2003）。その結果、大学整備のための円借款事業は、急速に拡大した。特に、2000年代の中国向けの人材育成借款は、その規模において特筆に値する。この事業では、2001-2006年度の間に全部で22件、計約1,000億円の円借款が供与され、主として内陸部の22省・市・自治区の主要大学約200校の校舎や設備の整備がおこなわれた[注8]（国際協力機構

2016）。これは、中国の急速に拡大する高等教育ニーズに応えるもので、最も多い年では対中円借款の4分の1を占めていた。

（4）高等教育の国際化と協力の多様化の時期（2000年代中頃～）

　国際社会が共通に目指すべき目標として、2000年にミレニアム開発目標（MDGs）が、2015年には持続可能な開発目標（SDGs）が国際社会の合意のもとに設定された。2000年のMDGsにおける教育開発目標は、初等教育の完全普及や男女格差の解消など基礎教育に関するものであったが、2015年のSDGsでは無償で質の高い初中等教育、幼児教育の保障や成人識字などに加えて、大学を含む高等教育への平等なアクセスの必要性が謳われるなど、基礎教育から高等教育まで幅広い目標を含むものになった。その背景には、2000年前後からの高等教育の再評価がある。たとえば、ユネスコと世界銀行が共同で設置した高等教育開発についてのタスク・フォースは2000年に *Higher Education in Developing Countries: Peril and Promise* を出版し（Task Force on Higher Education and Society 2000）、ユネスコは1998年と2009年に大規模な高等教育世界会議を開催した（UNESCO 1998、2009）。それらのいずれも、知識基盤社会化やグローバル化の急速な進展のもとで高等教育の役割と重要性を見直すことを強く訴えている。知識基盤社会では、知識の創造や活用、普及が社会経済開発の鍵であり、途上国でも知識を活用できる人材が求められるようになったこと、また、高等教育が国際化して研究者や学生を含めた世界的な頭脳獲得競争が起きていることが、こうした高等教育再評価の背景にあった。

　この時期に、日本政府は2回にわたって教育協力政策を発表している。ひとつは2010年の「日本の教育協力政策2011-2015」であり、もうひとつは2015年の「平和と成長のための学びの戦略—学び合いを通じた質の高い教育の実現」である。これらの教育協力政策では、1998年のODA中期政策に比べて、基礎教育と高等教育がよりバランスの取れた形で扱われている。たとえば2010年の教育協力政策は、①質の高い基礎教育、②知識基盤社会に対応するための高等教育とTVET、③紛争や災害後の教育支援、の3点を重点分野にあげ（外務省 2010）、2015年の教育協力政策では、①基礎教育を中心とした包摂的で公正な質の高い学び、②産業・科学技術人材育成（主に高等教育とTVET）、③国際的・地域的な教育協力ネットワークの3つを重点的な取り組

234　第Ⅳ部　高等教育協力

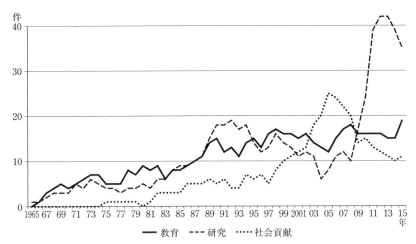

図 8-3　高等教育機関設立・育成のための JICA 技術協力プロジェクトの
活動内容別案件数推移
(出典)　筆者作成。
(注)　図 8-1 の注に同じ。

みとしている（外務省 2015）。これからもわかるとおり、この 2 つの政策では、基礎教育と高等教育や職業訓練が同様に重視されており、2000 年以降の高等教育を再評価する国際的な援助思潮が影響していると思われる。

　高等教育協力の再評価を受けて、2008 年頃から JICA の高等教育機関設立・育成プロジェクトの案件数は増加に転じている。特に技術協力プロジェクトの増加は著しく、1995-2004 年度の 10 年間に開始されたプロジェクトの件数が 46 件であるのに対し、2005-2014 年度の 10 年間には 2 倍以上の 104 件のプロジェクトが開始された。1990-2000 年代は実施中のプロジェクト数は常時 20-40 件であったのに対し、2010 年代には常時 50 件を超えるプロジェクトが実施されるようになった。図 8-2 は技術協力プロジェクトの協力対象分野の推移を示しているが、工学分野の協力が 2005 年を過ぎた頃から急増していることがわかる。多くの途上国では活発な産業活動にともなって、工学系人材のニーズが一層高まっていた。また、技術協力プロジェクトの協力内容の変化を示す図 8-3 からは、研究型の技術協力プロジェクトが急増していることがみてとれる。これは 2008 年から、技術協力の一環として途上国の大学や研究機関と共同研究をおこなう新たな協力事業「地球規模課題対応国際科学技術協力プログラム（SATREPS）」が始まったことと関係している。次に SATREPS につ

いて触れたい。

内閣府におかれた総合科学技術会議は 2008 年に報告書「科学技術外交の強化に向けて」を取りまとめて、初めて「科学技術外交」という新たな政策概念を提案した。そこでは、日本の優れた科学技術の蓄積をグローバルな課題の解決に役立てることや、科学技術と外交の連携を強化することなどが謳われた（総合科学技術会議 2008）。この報告を受けて新たに開始された事業が SA-TREPS である。SATREPS は、環境・エネルギー／生物資源／防災／感染症などの地球規模課題に関し、日本の研究機関と途上国の研究機関で国際共同研究をおこなうもので、それにより、グローバルな課題の解決につながる知見を獲得し、あわせて途上国の大学や研究機関の研究能力を一層向上させることを目指す事業である。SATREPS の特徴は、それまでの技術協力プロジェクトに比べて、はるかに先端的な内容の研究がおこなわれていることである。近年、途上国の大学の成長は目覚ましく、日本の大学や研究機関との国際共同研究が可能な大学が増えたことも SATREPS の実施を可能にした。途上国との共同研究型の事業としては、1970 年代末に日本学術振興会が開始した拠点大学交流事業や JICA が専門家派遣の一形態としておこなった研究協力などが存在したが、SATREPS はこの流れをくむものであり、日本の大学の研究者の研究活動の一環として取り組まれていることが多い。途上国の大学をカウンターパートとした SATREPS は、2010 年代には常時 30 件程度が実施されている。

2000 年代中頃からの高等教育機関設立・育成プロジェクトのもうひとつの特徴は協力事業の多様化である。それ以前のプロジェクトはどれも、途上国の人材育成ニーズに応えるために、大学や短期大学などの高等教育機関を設立・強化し、教育課程の整備を通じて研究活動を促進し、場合によってはアウトリーチ活動にも取り組むというタイプのプロジェクトだった。そこでは、それぞれの国の中核的な大学をつくりあげることを目指して協力がおこなわれ、各国の国内に限定された協力であることが多かった。しかし、2000 年を過ぎた頃から、新しいタイプのネットワーク型のプロジェクトが始まっている。たとえば、2002 年に開始した「アセアン工学系高等教育ネットワークプロジェクト」（2002-2007 年度：第 1 フェーズ、2007-2012 年度：第 2 フェーズ、2012-2017 年度：第 3 フェーズ、2017 年度〜：第 4 フェーズ）は、アセアンの代表的な 26 の大学の工学部を日本の大学とネットワーク化し、大学間の留学や共同研

究を大規模におこなうことで、アセアン全体の工学教育・研究の質の向上を目指している。「アフリカ型イノベーション振興・JKUAT/PAU/AU ネットワークプロジェクト」[注9]（2014-2019 年度）は、アフリカ連合委員会が開設した汎アフリカ大学（Pan African University）を構成する 5 つの教育研究拠点のうち、ジョモ・ケニヤッタ農工大学に設置された科学技術分野の教育研究拠点を支援するもので、アフリカ 54 か国から選抜された留学生を汎アフリカ大学の大学院課程に受け入れて、各国の社会経済発展に貢献する高度人材を育成している。これらは、2000 年頃までの各国内に閉じたプロジェクトとは異なり、地域のなかで複数の大学をむすび留学や共同研究をおこなったり、地域で共有する大学を地域の力で設立するといった、国境を越えた高等教育のあり方をベースにした協力事業である。今世紀初頭から高等教育のグローバル化は途上国を巻き込んで進展しているが、そのことを強く実感させられるプロジェクトである。

　もうひとつの新たなタイプの取り組みは、日本と相手国とが共同で大学や研究科を新設する共同設置型の大学プロジェクトである。「エジプト日本科学技術大学プロジェクト」（2008-2013 年度：第 1 フェーズ、2013-2018 年度：第 2 フェーズ）、「マレーシア日本国際工科院整備プロジェクト」（2013-2018 年度）、ベトナム「日越大学修士課程設立プロジェクト」（2015-2019 年度）では、それぞれ、日本と相手国の国名を冠した大学や研究科―エジプト日本科学技術大学（Egypt-Japan University of Science and Technology）、マレーシア日本国際工科院（Malaysia-Japan International Institute of Technology）、日越大学（Vietnam-Japan University）―が新設され、その教育活動や研究活動の立ち上げへの支援がおこなわれている。これまでも大学や研究科を新設し、大規模で長期の協力によりその国有数の大学―ケニアのジョモ・ケニヤッタ農工大学やタイのモンクット王工科大学など―に育てあげたプロジェクトの例は少なくない。しかし、前世紀においては、それらの大学に日本の名前が冠されることはなかった。また、日本人専門家は、教育や研究の指導が主で大学運営にかかわることは少なかった。一方、2000 年以降のこうした共同設置型の大学プロジェクトでは、日本の複数の大学が比較的大規模なコンソーシアムを組んで基本構想の検討の段階から参加し、日本側が副学長や理事会委員などの大学執行部や経営職のポストの一部を担うなど、大学運営により深くかかわっている。

第 8 章　高等教育機関の設立・育成　　237

こうした新しいタイプの高等教育プロジェクトが次々と実施される背景として、国境を超える高等教育のあり方が世界で急速に広がっており[注10] (Knight 2014、2015)、日本と途上国の双方にこうした新たな高等教育機関のニーズが大きいことがあげられる。さらに、日本にとっては途上国の知識基盤の核となる大学育成により深くかかわることへの外交的な期待もあるものと思われる。共同設置型の大学プロジェクトでは、単に援助国として途上国の大学設立に協力するのではなく、将来にわたって日本とその国をつなぐ国際的な高等教育機関をODAによってつくることが試みられている。

3. 高等教育機関設立・育成のための協力の特徴

ここまで高等教育機関設立・育成のためのODA事業の歴史的変遷についてみてきた。1960年代から2010年代までの半世紀にわたるその道のりは、さまざまな変化に満ちていたが、ここでは、その変遷のなかでも特徴的な次の4点を記しておきたい。

1点目は、高等教育機関設立・育成のための協力はODA開始直後の1960年代に始まり、2010年代にいたるまで継続的に実施されてきたことである。それは、医学分野、農学分野、工学分野などの専門的な人材育成を目的に、それぞれ医療協力、農業協力、産業協力として取り組まれてきた。それらは1990年代以前は教育協力と呼ばれることは稀であったが、1990年代に基礎教育協力が教育開発の焦点となると、それと対をなすものとして高等教育協力と認識されるようになった。時代によりこうした認識の変化があったものの、高等教育機関設立・育成協力の事業量は全体では常に一定のボリュームがあり、日本の教育分野の協力の重要な一部をなしてきた。

歴史的推移の2点目の特徴は、2000年を過ぎた頃から、高等教育の国際化が先進国と途上国を問わず進展し、それが高等教育機関設立・育成協力にも大きな変化をもたらしていることである。具体的には、アセアンやアフリカなどの地域のなかで国境を越えて大学間の学術交流を図る協力や日本と相手国との間で大学を共同で設置する協力などが始まった。さらに、日本の大学のODAへの関心が高まり、高等教育機関設立・育成事業に積極的に協力する大学がふえたことなども（次節参照）、高等教育国際化の影響の一端と推察される。現在

238　第Ⅳ部　高等教育協力

もこうした高等教育の国際化は一層進展し、海外のブランチ・キャンパスは言うに及ばず、IT技術を活用したバーチャル大学なども出現している。今後もこうした新たな形態の高等教育は日本の高等教育協力に少なからぬ影響を与えることが予想される。

　3点目は、日本の高等教育機関設立・育成の事業は、大学や短期大学などの教育機関単体への支援がほとんどであり、それらの高等教育機関をとりまく高等教育政策や環境を対象とする協力はほぼ皆無だったことである。日本の協力は、途上国の特に中核的な大学を対象に、その教員の育成と施設機材の整備に重点をおいて実施されてきた。途上国では個別の大学を越えた、その国の高等教育政策や高等教育システムにも課題は多かったが、日本はそれらの改善にはほとんど取り組んでこなかった[注11]。一方、高等教育協力の最大のドナーのひとつである世界銀行では、1994年の高等教育に関する報告書のなかで、高等教育機関への支援を「アカデミック・オアシス」を生みだすのみと批判し（斉藤 2011）、実際、1990年代には競争的資金配分メカニズムの導入や質保証制度の整備などの高等教育システムの改善事業を主流化させた（興津ほか2017）。日本の高等教育機関への支援のあり方は、こうした世界銀行の協力方針や援助実績と対照的である。

　日本の高等教育機関設立・育成事業の4点目の特徴は、長期にわたる協力や、技術協力と資金協力を組み合わせた協力が多いこと、その結果、大規模な支援が多いことである。たとえば、インドネシアのボゴール農科大学への協力は1977年開始の「ボゴール農科大学農産加工プロジェクト」（技術協力）に始まり、現在までに6件の技術協力プロジェクト、1件の無償資金協力プロジェクト、4件の円借款プロジェクトが実施され、現在もSATREPSのプロジェクトが継続中である。また、ガーナ大学への医療分野の協力は、1968年に技術協力プロジェクトが開始したのち、ほぼ継続的に6件の技術協力が実施され、その間に3件の無償資金協力プロジェクトにより医学関係の施設が整備され、現在もSATREPSのプロジェクトが進行中である。これまで日本が技術協力により支援してきた175校の高等教育機関についてみると、約半分の82校では複数の技術協力プロジェクトが実施され、また25校では4件以上の技術協力プロジェクトが時期やテーマを変えながらおこなわれてきた。また技術協力がおこなわれた175校の半数に近い75校では、無償資金協力や有償資金協力に

第8章　高等教育機関の設立・育成　　239

よるキャンパス整備や教育研究機材の供与がおこなわれ、技術協力と資金協力の連携が図られた。このように長期にわたり数次のプロジェクトがおこなわれる間に、支援対象の教育レベルがディプロマ（短大）レベルから学部レベル、大学院レベルと変化し、最終的には先端技術の研究開発に協力内容が発展することも多い。また長期間の大規模な協力では、多くの場合日本の特定の大学が継続的に支援している。そうした支援においては、日本と相手国の間で研究者間の太い人脈や、大学間の組織的な交流関係につながっているケースも多くみられる。こうした ODA から出発した日本と途上国の間の大学間の交流について次に述べたい。

4. 日本の大学の ODA 参加

　途上国の高等教育機関を設立・育成するための技術協力の多くは、日本の大学教員の協力を得ておこなわれてきた。高等教育分野のプロジェクトの実施には日本の大学教員の専門的な知識と大学運営の経験が必要であり、プロジェクトの成否を左右してきたのは彼らの専門能力の高さと国際協力への熱意であったといっても過言ではない。JICA の技術協力プロジェクトの実施にあたってはプロジェクト運営の司令塔となる国内支援委員会が組織される場合が多いが[注12]（国際協力事業団 2003）、その主要なメンバーは日本の大学教員であった。そして、国内支援委員会の協力を得てリクルートされた大学教員が、技術協力専門家として途上国の大学に赴き、教育カリキュラムやシラバスの作成、カウンターパートの教員への授業指導や研究指導、大学運営や研究室運営への助言、産学連携への取り組み、共同研究の実施など、支援先の大学の教育研究活動を改善するための指導をおこなった。また、日本の自分の研究室に途上国の大学の教員を留学生や研修員として受け入れて指導にあたった。高等教育機関設立・育成プロジェクトに派遣された日本の大学教員は、1990-2013 年度の間だけで約 200 の大学の延べ約 5,000 人にのぼる。工学、農学、医学分野の大学教員が全体の 9 割を占め、1990 年代以降は工学系のプロジェクトが増加したため特に工学系教員の派遣人数が多い。派遣人数が多い大学は、工学分野では東京工業大学、豊橋技術科学大学、九州大学など、農学分野では九州大学、岡山大学、東京大学など、医学分野では東京大学、慶應義塾大学、富山大学などで

ある（萱島 2019）。

　高等教育行政をつかさどる文部科学省では、1990年代後半から2000年代初めにかけて、大学の国際協力参加についての議論が盛んにおこなわれた。本章の2節3項で述べた国際教育協力に関する4次にわたる懇談会（1996-2006年）は、国際教育協力のあり方に加えて日本の大学のODA参加についても検討し、日本の大学は国際協力にもっと積極的に参加すべきだと強く訴えている。そこでは、次の3点について論じている。1つ目の論点は、大学はその知的蓄積を途上国の開発に活かす能力を持ち、また活かす責務があるというもの、2つ目の論点は、国際協力への大学の参加は大学の教育研究活動の充実に貢献し、さらに大学の国際化に直結するというもの、3つ目の論点は、教員個人の協力活動から大学組織の協力活動への転換が必要だというものである（文部省 1996、2000a；文部科学省 2002、2006）。こうした提言に基づき、1997年から2002年にかけて、大学による教育協力を推進するための6つの分野別教育協力研究センターが5つの国立大学に設置された[注13]。これらのセンターは、その後、各大学の国際協力の活動の重要な拠点となるとともに、個別の大学の枠を超えて、他の大学と連携し分野別の国際協力ネットワークを構築している例もある。こうした大学のODA参加への関心の高まりの背景には何があるのだろうか。大学側の要因としては、高等教育の国際化にともない大学には国際的通用性の向上や国際競争力の強化、国際的に活躍できるグローバル人材の育成などが求められるようになり、そのためには、国際的な教育研究のネットワークの構築が不可欠になっていったことがあげられる（二宮 2000、太田 2006、藤山 2009）。今世紀にはいる頃から日本の大学は国際化を迫られるようになるが、ODA事業への参加は大学の国際活動のひとつとして取り組みやすいだけでなく、その後の学術交流や留学生の受入れなどに展開する可能性を持っていた。また、かつては日本の大学の学術交流のパートナーは先進国や中国・韓国の大学が多かったが、特に2000年頃から途上国でもパートナーとなりうるレベルの大学が増加したことも、日本の大学が国際協力に目を向けることにつながった。2000年の大学審議会答申「グローバル化時代に求められる高等教育の在り方について」は、日本で高等教育の国際化を正面からとりあげた最初の政策文書であったが、そこでも、学生・教員等の国際的流動性を向上させるための方策のひとつとして、「大学教員が開発途上国における人材育成に進んで参画し協力する」

べきであることに触れている（文部省 2000b）。

　筆者は、日本の大学の ODA 参加のイニシアティブとインパクトを明らかにするために、2014-2017 年に、JICA の工学系高等教育協力を担ってきた主要な大学の事例研究をおこなった（萱島 2016、2019）[注14]。それによると、ODA プロジェクトへの参加は、教員個人には国際的な共同研究の機会や外国人留学生の増加などのメリットをもたらし、大学組織にとっては海外拠点設置、共同教育プログラム構築、学術交流協定締結、日本人学生の海外派遣といった国際的な活動の増加や外国人留学生の増加などのメリットにつながっていることがわかった。また、日本の大学の ODA 参加には教員グループのイニシアティブによっておこなわれる場合と、大学の経営層や執行部のイニシアティブでおこなわれる場合があること、大学の教員と経営層では ODA 参加に異なる動機があること、近年、大学国際化の必要性が強まるなかでいずれの大学でもより組織的な ODA 参加が進んでいることなども明らかになった。

　2000 年代以前は、国際協力に関心を持つ大学教員は必ずしも多くなかったので、援助機関の職員は ODA プロジェクトに協力してくれる教員を苦労して探さなければならなかった。しかし、高等教育の国際化が進むなかで、途上国に関心を持つ日本の大学の数も格段に増えた。同時に、グローバル化や知識基盤社会化の進展のもとで、途上国でも大学の果たす役割が増大し高等教育開発ニーズが拡大している。日本がこのニーズに応え、途上国の高等教育協力の質を高めるためには、協力の最も重要な担い手である日本の大学教員の一層の参加を図る必要がある。そのためには、日本の大学の国際化のニーズを、日本の高等教育援助の拡大や質の向上のために積極的に活用すべきであり、また、日本の大学の国際化も視野においた高等教育協力の展開を模索することが重要であろう。

注

［注1］　岐阜大学医学部教授の館正知は「岐阜大学医学部は、イランに対する医療協力の協力要請に対し学内で協議した結果、①イランに対する医療協力のプロジェクトのすべての情報を提供してくれること、②そのなかで岐阜大学医学部の教育・研究活動にプラスになると認められる事業についてのみ協力すること、……などを条件にOTCA〔海外技術協力事業団〕に協力することになった」と記している（館 1976、p. 157）。

［注2］　1975-1989 年度に実施された大学整備のための円借款案件の事業費合計約 750 億円は、同期間の全円借款事業費合計の 1％ 弱であり、円借款事業全体に占める割合は極めて小さかった。

［注3］　ケニアの「ジョモ・ケニヤッタ農工大学プロジェクト」は、農学教育と工学教育の両方に重複カウントしている。

［注4］　「人づくり」または「人造り」の言葉は、人材育成の意味で古くから日本で広く一般的に使われてきた言葉である。1970 年代中頃以前でも、国際協力において人材育成の重要性を述べるくだりで「人づくり」の言葉が用いられることがないわけではなかった。しかし、国会での外交演説や国際会議での外務大臣演説などで日本の ODA の重点として、農業農村開発、エネルギー問題、人道援助等とともに常に人づくりへの協力が明示的に述べられるようになるのは、1978 年頃からである（外務省 1979〜1991）。

［注5］　アセアン人づくり構想に基づいて、インドネシア「職業訓練指導員・小規模工業普及訓練センター」、マレーシア「職業訓練指導員・上級技能訓練センター」、フィリピン「人造りセンター」、タイ「プライマリー・ヘルス・ケア訓練センター」、シンガポール「生産性向上プロジェクト」の 5 つのプロジェクトが実施された。このうち、タイ「プライマリー・ヘルス・ケア訓練センター」は、マヒドン大学内に訓練センターを設置して公衆衛生分野の研究と研修活動をおこなうものであり、アセアン人づくり構想のうち、大学をカウンターパートとする唯一のプロジェクトであった。

［注6］　1996 年の「時代に即応した国際教育協力の推進について」（時代に即応した国際教育協力の在り方に関する懇談会報告）、2000 年の「開発途上国への教育協力方策について」（第 1 次国際教育協力懇談会報告）、2002 年の「第 2 次国際教育協力懇談会最終報告」、2006 年の「大学発 知の ODA―知的国際貢献に向けて」（第 3 次国際教育協力懇談会報告）。

［注7］　基礎教育協力へのシフトが技術協力の事業実績として現れるのは 1990 年代末ごろからである。これは、日本の ODA において基礎教育重視が明確に表明されたのは 1995 年頃からであることと、さらに技術協力プロジェクトは 5 年程度の協力期間を定めておこなう協力のため方針の転換が事業実績に現れるのにタイムラグが生じるためである。

［注8］　中国人材育成借款では、中国の約 200 の大学の施設機材整備に加えて、これらの大学の教職員を日本に短期招へいしての研修もおこなわれた。訪日研修の費用は、全事業費の 5％ 弱（約 50 億円）であったが、この事業によって来日した中国の大学の教職員は約 5,000 人にのぼった（国際協力機構 2016）。

［注9］　JKUAT, PAU, AU は、それぞれ次を表す。JKUAT：Jomo Kenyatta University of Agriculture and Technology、PAU：Pan African University、AU：African Union。

［注10］　Knight は国境を越えた教育（transnational education：TNE）として、第 1 世代 TNE（留学や国際共同研究などの国際的な活動）、第 2 世代 TNE（海外に設置

第 8 章　高等教育機関の設立・育成　　243

される海外分校、サテライト・キャンパス、海外拠点など）とともに、第3世代TNE として国際共同設置型の大学（internationally co-funded/co-developed universities）が増加していることを指摘している（Knight 2014、2015）。ここで紹介したエジプト日本科学技術大学、マレーシア日本国際工科院、日越大学などは第3世代TNE に該当する取り組みである。

［注11］　日本の ODA が高等教育機関への支援ではなく高等教育システムへの支援をおこなった数少ない事例としては、インドネシア「エンジニアリング教育認定機構設立プロジェクト」（2014-2019年度、技術協力プロジェクト）があげられる。このプロジェクトでは、国際的な工学教育認証評価協定であるワシントン協定への加盟を目指してインドネシアのエンジニアリング教育認定機構（Indonesia Accreditation Board for Engineering Education：IABEE）の設立とその審査・認定業務立ち上げの支援が、日本技術者教育認定機構（Japan Accreditation Board for Engineering Education：JABEE）の協力を得ておこなわれている。

［注12］　2000年代以降は、コンサルティング会社／民間企業／大学等と JICA の間で契約を結び、技術協力プロジェクトの実施を一括して委託する方式が開始された。高等教育機関設立・育成プロジェクトに関しても、一括委託契約により大学に実施が委託されているものもある。

［注13］　1997年に広島大学に教育分野の、1999年に名古屋大学に農学分野の、2000年に東京大学に医学分野の、2001年に豊橋技術科学大学に工学分野の、2002年に筑波大学に教育分野の、2002年に名古屋大学に法政分野の国際教育協力研究センターが設置された。

［注14］　事例研究では、東京工業大学、豊橋技術科学大学、東海大学を対象に1990-2014年の間の ODA 参加について、学内のどのようなイニシアティブによって ODA 参加がおこなわれ、ODA 参加がもたらしたインパクトはどのようなものであったのかを、文献調査とインタビュー調査から得られたデータに基づいて明らかにした。

参考文献

岩永雅也、2014、「社会的活動の評価」、山野井敦徳・清水一彦編『大学評価の展開』東信堂。

太田浩、2006、「国際協力における大学とわが国援助機関との連携」、有馬朗人編著『これからの大学等研究施設　第3編環境科学編』文教施設協会、316-322頁。

興津妙子・梅宮直樹・萱島信子、2017、「世界銀行による高等教育支援の変遷——支援内容の変化と政策パラダイムとの関連性に着目して」『アジア太平洋討究』第29巻、53-70頁。

海外技術協力事業団、1973、「海外技術協力事業団10年の歩み」。

外務省、1979～1986、「わが外交の近況　昭和54年版～昭和61年版」。

外務省、1987～1991、「外交青書　昭和62年版～平成3年版」。

外務省、1999、「我が国の政府開発援助の実施状況（1998年度）に関する年次報告」。

244　第Ⅳ部　高等教育協力

外務省、2010、「日本の教育協力政策 2011-2015」。

外務省、2015、「平和と成長のための学びの戦略——学び合いを通じた質の高い教育の実現」。

学術審議会、1977、「発展途上国との学術交流の推進について（建議）」『学術月報』第30 巻、第 4 号、277-291 頁。

萱島信子、2016、「日本の大学による国際協力への参加に関する研究——1990 年代以降の工学系高等教育協力を事例として」『国際開発研究フォーラム』第 47 巻、第 4 号。

萱島信子、2019、『大学の国際化と ODA 参加』玉川大学出版部。

国際協力機構、2009、「評価結果の総合分析 長期間にわたる技術協力——技術教育分野」。

国際協力機構、2016、「中国・人材育成事業フォローアップ会合」、国際協力機構ホームページ、https://www.jica.go.jp/information/seminar/2016/20161108_01.html（2018年 5 月 18 日）。

国際協力銀行、2003、「海外経済協力基金史」。

国際協力事業団、1994、「開発と教育 分野別援助研究会報告書」。

国際協力事業団、1997a、「人造り協力研究のあり方に関する基礎研究」。

国際協力事業団、1997b、「研究協力事業に関する総合的事例研究報告書」。

国際協力事業団、2003、「日本型国際協力の有効性と課題」。

斉藤泰雄、2011、「開発途上国の高等教育と国際的援助——世界銀行政策文書の分析」『国立教育政策研究所紀要』第 140 巻、283-298 頁。

総合科学技術会議、2008、「科学技術外交の強化に向けて」。

対外経済協力審議会、1979、「開発途上国の人造りに対する協力の推進とこの協力に従事する我が国の人材の養成確保について」。

館正知、1976、「イランへの我が国の医療協力」『臨床科学』第 12 巻、第 8 号、156-163 頁。

二宮皓、2000、「大学における国際教育協力の現状と課題」、日本教育経営学会編『大学・高等教育の経営戦略』玉川大学出版部、299-316 頁。

日本学術振興会、2005、「JSPS アジア諸国との拠点大学交流事業」。

藤山一郎、2009、「大学による国際協力事業展開の要因——ODA の国民参加と大学の『第 3 の使命』」『立命館国際地域研究』第 30 巻、47-61 頁。

文部科学省、2002、「第 2 次国際教育協力懇談会最終報告」。

文部科学省、2006、「大学発 知の ODA——知的国際貢献に向けて（第 3 次国際教育協力懇談会報告）」。

文部省、1996、「時代に即応した国際教育協力の推進について」。

文部省、2000a、「開発途上国への教育協力方策について（第 1 次国際教育協力懇談会報告）」。

文部省、2000b、「グローバル化時代に求められる高等教育の在り方について（大学審議会答申）」。

Knight, J. 2014. What is an International University? Glasse, A. ed., *The State of Higher Education 2014*, pp. 139–144.

Knight, J. 2015. International Universities: Misunderstandings and Emerging Models? *Journal of Studies in International Education*. Vol. 19. No. 2. pp. 107–121.

Task Force on Higher Education and Society. 2000. *Higher Education in Developing Countries: Peril and Promise.*

UNESCO. 1998. *World Declaration on Higher Education for the Twenty-first Century: Vision and Action.*

UNESCO. 2009. *World Conference on Higher Education 2009 Final Report.*

World Bank. 1994. *Higher Education: Lessons of Experience.*

第**9**章

留学生招へい
途上国の人材育成支援と戦略的支援への展開

杉村美紀・萱島信子

1. 本章の目的と対象

　本章では、政府開発援助（ODA）予算によって実施されてきた日本の海外留学生の招へい事業に焦点をあて、受入れ政策の歴史的展開と特徴をふまえたうえで、招へい事業の意義と方向性について整理、分析することを目的とする。国際教育協力のなかで留学生招へい事業を取り上げるのは、同事業が、当初は留学生受入れによる途上国人材の育成と支援を目指すものであったのが、時代の変遷とともに知的国際貢献として国際社会における日本の役割づけという意味ももつようになり、さらに今日では高度人材の確保という視点も加わることで、機能が変化してきたためである。そこには、本章の最後でもまとめるように、他の国際教育協力の各分野と同様に国益や国際化を反映した政策特徴をみてとることができる。今日、留学生受入れは、各国において人材獲得競争として捉えられ、民間セクターの高等教育への参入とともに戦略的に展開されている。こうしたなかで、本章では、ODA予算による留学生招へい事業が、どのような政策的特徴をもってきたかを経年変化をふまえて分析することにより、日本の国際教育協力の今日的意義を明らかにする。

　日本の留学生招へい事業について、1950年代から2016年までの動向を概観すると、大きく3つの時期に分けることができる（図9-1）。第1期は、第2次世界大戦後、招へい事業が開始された1950年代から1982年まで、第2期は1983年から10万人計画が達成された2003年まで、さらに第3期は2004年以降、「留学生受入れ30万人計画」が展開されてきた現在に至る時期である。この時期区分は、単に数値目標の違いによるものではなく、留学生全体の受入れ

247

図 9-1 国費留学生事業と JICA 留学生事業の主要な出来事

	第1期(1950年代～1982年)			第2期(1983年～2003年)			第3期(2004年～)
	1950－59	1960－69	1970－79	1980－89	1990－99	2000－09	2010－16
留学生招へい事業や背景	友好促進・途上国援助 →				知的国際貢献 / 大学国際化・高度人材確保		
留学生招へい事業を取り巻く環境	1954コロンボ・プラン加盟/ODA開始		70年代-経済摩擦 1978-日中平和友好条約締結 1981-マレーシアルック・イースト政策 80年代-ODA予算拡大			2003 留学生10万人達成 2000年代-ODA予算縮小	2010年頃-大学国際化のための施策(競争的資金)
留学生政策	1954-国費外国人留学生招致制度			1983 留学生10万人計画		2008 留学生30万人計画	
文部科学省国費留学生(賠償留学生含む)	1954-研究留学生 1954-学部留学生	1960-65インドネシア賠償留学生	1974-大学推薦制度開始 1978-私費外国人留学生学習奨励費支給開始 1978-国内採用制度開始 1979-日本語・日本文化研修留学生 1980-教員研修留学生 1982-高等専門学校留学生 1982-専修学校留学生		2001-ヤング・リーダーズ・プログラム 2002-短期留学生		
JICA留学生				1988-円借款留学生	1999-長期研修員(技術協力) 1999-JDS留学生(無償資金協力)		
留学生招へいに関する政策文書	53「留学生招へい」に関する日本ユネスコ国内委員会の建議 / 54 国費外国人留学生招致制度創設 / 56「教育・学術・文化のための国際交流の促進に関する」(中教審答申)		71「開発途上国に対する技術協力の拡充強化のための施策について」(対外経済協力審議会技術援助部会答申) / 72「教育・学術・文化における国際交流」(中教審答申)	83「21世紀への留学生政策に関する提言」(留学生10万人計画) / 84「21世紀への留学生政策の展開について」(文部省)	97「今後の留学生政策の基本的方向について」(留学生懇談会第1次報告) / 99「知的国際貢献時代に求められる高等教育の展開を目指して-ポスト2000年の留学生政策」	00「新たな留学生政策の展開について」-「グローバル化時代に求められる高等教育のあり方について」(中教審答申) / 03「アジア・ゲートウェイ構想」(留学生30万人計画) / 0708	11 13 15 16「高等教育機関における外国人留学生の受入れ推進に関する有識者会議報告」「平和と成長のための学びの戦略」「世界の成長を取り込むための外国人留学生の受入れ戦略(報告書)」「日本の教育協力政策」

(出典) 筆者作成。

政策とは区別して、日本政府による留学生招へい事業の展開を時系列でみた場合の方向性の特徴を反映したものとなっている。以下では、1) 公費による留学生招へいの最も中心的な事業である文部科学省の国費外国人留学生招へい事業と、2) 日本の二国間援助機関である JICA（海外経済協力基金（OECF）および国際協力銀行（JBIC）を含む）が実施する留学制度を活用した人材育成制度を取り上げる。特に後者については、無償資金協力による人材育成奨学計画（JDS）、有償資金協力による留学生借款、技術協力による長期研修を対象とし、事業の政策的特徴とその今日的意義を分析する。

2. 留学生政策と留学生招へい事業の変遷

(1) 国費留学生受入れ中心の時代（1950 年代〜1982 年）

　第 1 期（1950 年代〜1982 年）は、1954 年に開始された ODA 事業による国費留学生の受入れが中心であった。川上（2016）によれば、第 2 次世界大戦後の新たな留学生受入れは、1951 年のサンフランシスコ講和条約により 1952 年に日本が主権を回復した後に始まったとされ、1953 年ごろから私費留学生の受入れが開始された。しかしながら私費留学生の増加はまだそれほど大きくはなかった。これに対して国費留学生については、1953 年に日本ユネスコ国内委員会が当時の文部大臣に「外国人留学生の受入れ体制の強化に関する建議」や「外国人留学生に対する奨学資金の提供に関する建議」および「外国人留学生（技術留学生、技術実習生を含む）に対する奨学金の提供について」を提出したことを受け、1954 年に「国費外国人留学生招致制度」が創設され、同年には研究留学生および学部留学生の受入れが始まった。武田（2006、pp.77-88）の分析によれば、「同制度は、①東南アジア・中近東の新興独立諸国の留学生招致、②学部留学生招致を重点とし、初年度に 11 か国 23 人の留学生を受け入れた。その内訳は 17 人が東南アジアからの学部留学生、残り 6 人が欧米からの研究留学生」であった。また 1956 年には「教育・学術・文化に関する国際交流の促進について」という中央教育審議会の答申が出され、招へい事業の理念として、特にアジアを中心とした友好関係促進という意義づけと「留学生交流の課題」が確認された。

　1960 年から 1965 年までインドネシアの賠償留学生の受入れが展開されたことは、同時期の留学生受入れが経済・文化交流を軸とした友好関係促進を目的としていた具体例である（佐藤 1962）。同事業は当初、毎年、留学生 100 人を 5 年間にわたり招へいし、1 年の準備教育と 4 年から 6 年の間（大学において漁業および航海は 6 年間・医学は 7 年間）に自然科学分野を中心とした教育を行うという計画であった。また、留学生とともに毎年約 250 人の技術研修生を 5 年間にわたり最長 2 年半にわたり受け入れることも併せて予定され、インドネシアに対する賠償額の約 7% に当たる 45 億円を付与する事業として計画された（外務省賠償部監修・賠償問題研究会編 1963）。準備教育を担当した国際学友

会によれば5年間に384人（実績値）の賠償留学生を受け入れた（財団法人国際学友会 1986）。その後、国費留学生の枠組みは1974年に大学推薦制度が開始されるが、その過程では、留学生に対する教育の在り方や選考方法、受入れ体制としての待遇や宿舎、アドバイジング、日本語教育、さらに日本社会の閉鎖性の問題など様々な課題があったことが指摘されている（川上 2016、堀江 2002、pp. 324-325）。中央教育審議会が1956年に示した国際交流に関する答申（前出）に続き、再度諮問を受け1974年に答申した「教育・学術・文化における国際交流」においても、同様の課題が指摘されており、外国人受入れ制度の改善、渡日前の問題、大学における教育指導体制、宿舎等生活環境および帰国後の問題の改善が挙げられている（宮山・山代 1976、中央教育審議会 1974）。

1970年代はODA予算の集計が始まった時期であり、文部省の国費外国人留学生経費も、途上国の人づくり支援を理念としていたため、ODA予算としてカウントされることになった（菊地 1978）。1971年には対外経済協力審議会技術援助部会答申として、「開発途上国に対する技術協力の拡充強化のための施策について」が示され、教育、学術研究、文化、医療等の社会開発分野での技術協力強化を求め、国費留学生についても教育協力としての側面が注目されるようになった。また1978年には私費外国人留学生に対する学習奨励費支給の開始や、同年の国費留学生の国内採用制度の導入に続き、日本語・日本文化研修留学生の招へい（1979年）、教員研修留学生（1980年）、高等専門学校留学生（1982年）、専修学校留学生（1982年）の招へいとその対象も多様化していった。

留学生招へいの第1期（1950年代〜1982年）においては、まず、戦後の極めて早い時期であるにもかかわらず、国費留学生招致制度が開始され、やがて1980年前後には上述したような多様な対象者に制度が拡大された。この時期の国費留学生招へいの実績は、制度が開始した1954年に23人を受け入れたのち、1961年に受入れ人数が100人を超え、さらに1964年には200人を超えるなど順調に増加していった（日本国際教育協会 1972）。しかし、その後の第2期（1983-2003年）の急激な拡大に比べると、1982年の時点で日本の高等教育機関に在籍する国費留学生は2,000人に満たない小さな規模にとどまっていた（図9-2参照）。留学生数を出身地域別にみると、第1期の全期間を通じて東南アジア地域出身者が30〜50%を占めて最も多い（図9-3参照）。しかし、1978

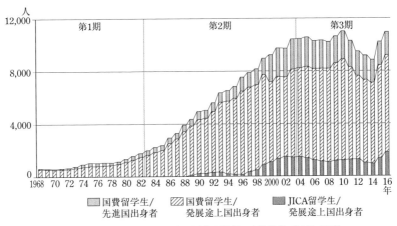

図 9-2　国費留学生と JICA 留学生/長期研修員の人数推移（1968-2016）

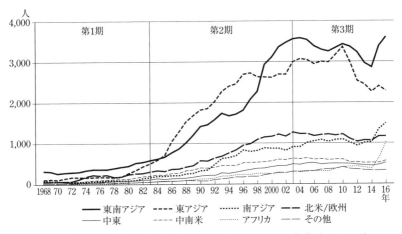

図 9-3　国費留学生と JICA 留学生/長期研修員の地域別人数の推移（1968-2016）

（図 9-2 と 9-3 の注/出典）
・図 9-2 と図 9-3 の国費留学生数は、日本の大学学部と大学院に各年度の 5 月 1 日に在籍する国費留学生数（短大在籍者は含む、高等専門学校在籍者は除く）であり、学校基本調査のデータから筆者が作成した。
・学校基本調査の出典　https://www.e-stat.go.jp/stat-search/files?page=1&toukei=00400001&tstat=000001011528&second=1（2018 年 8 月 28 日）。
・図 9-2 と図 9-3 の JICA 留学生/長期研修員数は、日本の大学学部と大学院に各年度の 5 月 1 日に在籍する円借款留学生（有償資金協力）、JDS 留学生（無償資金協力）、長期研修員（技術協力）の合計数であり、JICA 事業統計や事業報告書のデータから筆者が作成した。一部に推計値を含む。
・なお、円借款留学生数は、主要な留学生借款案件であるインドネシア「科学技術振興プログラム」、インドネシア「高等人材開発事業Ⅰ～Ⅳ」、マレーシア「高等教育基金借款Ⅰ～Ⅲ」、マレーシア「東方政策」、モンゴル「工学系高等教育支援事業」の各事業における学位取得目的の日本留学生数であり、短期研修のための来日者数は含んでいない。

第 9 章　留学生招へい

年の日中平和友好条約締結以降、急速に中国からの国費留学生が増えて、第1期終了時には東アジア出身者数が東南アジア出身者数に迫る勢いであった。なお、この時期には、JICAの留学生事業はまだ始まっていないので、これらの実績はすべて文部省の外国人国費留学生招致制度の実績である。

（2）受入れの量的拡大とJICA留学生・長期研修事業の展開（1983-2003年）

第2期（1983-2003年）は、第1期の特徴が友好促進・途上国援助という方向性であったのに加え、留学生数の確保と量的拡大の促進に特徴づけられる。この変化の背景には、第1期の1970年代半ば以降、東南アジア諸国連合（アセアン）諸国等で繰り広げられた反日デモに象徴される対日批判問題や、諸外国との経済摩擦を意識し、対外関係と対日意識の好転を図ることが企図されたことがある。折しも、1978年の日中平和友好条約締結に代表される国際関係の変化や、1981年に始まったマレーシア政府による東方政策（ルック・イースト政策）など外国政府の人材育成方針の進展なども追い風となり、第2期を迎えた1983年に「21世紀への留学生政策懇談会」が答申した「21世紀への留学生政策に関する提言」で、留学生政策を総合的に推進する「留学生受入れ10万人計画」が提言された。これは、21世紀初頭において提言当時のフランス並み（約10万人）の留学生を受け入れることを狙いとするものであり、翌1984年には文部科学省が「21世紀への留学生政策の展開について」でその長期的指針をとりまとめた。これにともない、国費留学生の受入れにおいても一定の増加がみられた（文部科学省「留学生政策に関する各種提言等」参照）。当時はまだ高等教育の国際化ということが言われる前であったが、イギリスでは1970年代に留学生が急増したことを受け、当時のサッチャー政権のもとで1979年に留学生に経費の全額負担を求める政策が実行されたり、オーストラリアでも特に私費留学生に対して費用負担を求めたりするようになっていった時期であった。

他方、1980年代はODA事業全体においても、日本経済の進展にともないその事業規模が拡大した時期であったが、同時期にだされたODAの第1次（1978-80）〜第5次（1993-97）の中期目標には、量的目標は示されているものの留学事業の内容については言及されておらず、1993年のODA大綱にも留学に関する記載はない。1999年のODA中期目標になってようやく留学生

252　　第IV部　高等教育協力

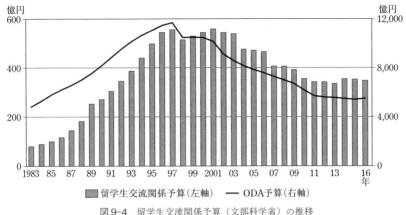

図9-4 留学生交流関係予算（文部科学省）の推移

(出典) 次の資料から筆者作成。
1983-2006年度の留学生交流関係予算：文部科学省、我が国の留学生制度の概要―受入れおよび派遣平成18年度版。
2006-2016年度の留学生交流関係予算：文部科学省ホームページ、http://www.mext.go.jp/a_menu/kai-kei/index.htm（2018年8月28日）。
1983-2016年度のODA予算：外務省ホームページ、http://www.mofa.go.jp/mofaj/gaiko/oda/shiryo/yo-san.html（2018年8月28日）。

受入れ10万人計画に基づく体制の拡充に言及している。

1990年代にはいり、1992年に文部省（現、文部科学省）は10万人計画の中間年にあたり留学政策の中間評価とその後の在り方について調査研究を実施した。また1995年には「短期留学推進制度」のプログラムを発足させ、文部科学省の留学生関係予算はODA予算の活用により大幅に増大した（図9-4参照）。しかしながら栖原（2002、p.185）は、1996年度には1983年度と比べて7倍近くの予算（544億1,300万円）を使いながらも、「留学希望者の日本離れが進行していった」ことを指摘している。こうした状況を受け、1997年には留学生懇談会が第1次報告として、「今後の留学生政策の基本的方向について」を取りまとめ、10万人計画の歴史的意義や取り組みをふまえて目標を維持することを提言した。1997年には、当時の橋本内閣の「6つの改革」のうち、教育改革のなかの5つの柱の1つに「留学生交流等国際化の推進」が謳われ、また翌1998年には当時の小渕内閣の初閣議で要請された4つの事項のなかで、「海外からの留学生については、受入れ体制の一体化と留学環境の充実と人員の増加を行う」旨が謳われるなど積極的な動きがみられた。

この方向性は、1999年に留学生政策懇談会によって発表された「知的国際

貢献の発展と新たな留学生政策の展開を目指して――ポスト 2000 年の留学生政策」という報告にも引き継がれた。同報告では、21 世紀の日本の留学生政策を「知的国際貢献」として位置づけ、諸外国の人材育成に寄与するとともに、日本の安全保障と平和の維持、国際的な知的影響力の強化などの面で重要な意義があることを明確にした。また 10 万人計画の目標堅持とその達成に向けた取り組みが求められるとともに、欧米諸国等の大学との国際競争が進むなか、量的なだけではなく一人一人を大事にする質的充実の強化が量的拡大につながるとした。そして、今後の重点施策として、①大学の質的充実のための構造改革の推進、②世界に開かれた留学生制度の構築、③官民一体となった留学生支援の充実を図ることの 3 つの柱が示された（留学生政策懇談会 1999）。2000 年にはまた、大学審議会による「グローバル化時代に求められる高等教育の在り方について」が答申され、学生や教員等の国際的流動性の向上が求められた。ここでは日本人学生や若手教員との海外派遣とともに、留学生の受入れや大学間交流の推進の重要性が示され、国際的な通用性と国際競争力の強化に向けた大学改革の推進が指摘され、留学生受入れの拡大がそれを促進することにつながるとされた（大学審議会 2000）。2000 年には 4 月に開催された G8 教育大臣会合において、学生や教員、研究者、行政官の流動性を今後 10 年間で倍増することが合意され、同年 7 月の九州・沖縄サミットで再確認されたほか、翌 2001 年には経済財政諮問会議が留学生支援の充実や宿舎等受入れ体制の実施を掲げた。さらに 2002 年には「経済財政運営と構造改革に関する基本方針 2002」において、留学生交流や外国人留学生に対する支援の推進がグローバル化戦略の 1 つに挙げられている。

　さらに、国費留学生についても従来型の幅広い分野からの招へいに加え、政策的に特化した招へい事業が開始された。たとえば、アジア諸国等の指導者として活躍が期待される行政官、経済人等の若手指導者を、日本の大学院等に招へいし、1 年程度の短期間で学位を授与するヤング・リーダーズ・プログラムが 2001 年に開始されたほか、2002 年には国費による短期留学生の招へいも新設されたことで、国費留学生そのものも、1950 年代の設立当初の在り方から方向性が多様化していったことがわかる。

　留学生招へいの第 2 期（1983-2003 年）は、文部省による国費留学生が大きく拡大したが、同時に、ODA 事業の一環として、OECF による留学生借款が

開始された時期でもある。1988 年度に貸付契約が締結されたインドネシア
「科学技術振興プログラム」を初めとして、2002 年までにインドネシア「高等
人材開発事業Ⅰ」（1990 年度）と「同Ⅱ」（1995 年度）、マレーシア「高等教育
基金借款Ⅰ」（1992 年度）と「同Ⅱ」（1999 年度）、マレーシア「東方政策」
（1998 年度）などの留学生借款が次々と実施された。これらのプロジェクトで
は、相手国の要請に基づいて、人材育成のための留学資金が日本の ODA の円
借款事業として貸し付けられ、多くの留学生が日本の大学に留学した。たとえ
ば、留学生借款の第 1 号であるインドネシア「科学技術振興プログラム」では、
インドネシアの科学技術分野の 6 つの政府系研究機関の若手研究者の人材育成
のために、日本や欧米への海外留学資金が提供され、これらの研究機関の約
250 人の研究者が日本に留学した（国際協力銀行 2001a）。それに続くインドネ
シアの「高等人材開発事業Ⅰ」と「同Ⅱ」は、科学技術・金融・財務等を担う
中央政府の公務員と地方公務員、大学教員の能力強化のために、彼らを国内外
の大学で留学・研修させるもので、この 2 つのプロジェクトを通じて日本の大
学に留学したインドネシアの公務員や大学教員の数はそれぞれ約 300 人と約
500 人にのぼる（国際協力銀行 2001b、国際協力機構 2006、アジア科学教育経済発展
機構 2018）。

　こうした留学生借款事業と国費外国人留学生招致事業との違いは、国費留学
生招致制度が多くの国を対象に毎年継続的に実施されるものであるのに対し、
留学生借款事業は途上国の特定の開発事業——たとえば、研究機関や大学の研
究教育能力の向上や公務員の人材育成のためのプログラム、もしくは科学技術
分野の人材育成のための理工学分野に限定した留学プログラム——として実施
されるものであることである。したがって、留学生借款では対象となる国や分
野、留学生、実施期間などが限定されている。1980 年代末に、こうした大規
模な留学プログラムへの円借款融資が始まった背景には、①途上国側には、経
済成長のための留学を通じた人材育成のニーズや留学先国としての日本への期
待の高まりがあったことに加えて、②日本側には、それまで大規模インフラ開
発が中心であった円借款事業において人材育成などのソフト面の支援強化を図
る必要性が認識されるようになったことや（国際協力銀行 2003）、③留学生 10
万人計画に代表される留学生受入れ促進の国内政策があったと思われる。こう
した環境のもとで、円借款事業においては、1997 年に人材育成借款（日本へ

の留学・研修費用、日本からの専門家派遣、これらにともなう研修、研究、高等教育等設備の整備費用）に優遇条件（金利 0.75％、据え置き期間 10 年を含む償還期間 40 年）を適用することが決定され（国際協力銀行 2003）、円借款による留学生事業が一層促進された。

　1983 年から 2003 年の留学生招へい第 2 期には、留学生借款に加えて、ODA の無償資金協力による留学生受入れと技術協力による長期研修制度も開始された。無償資金協力については、1999 年に人材育成奨学計画（JDS）の制度がつくられた。これは、アジアの市場経済移行国を主な対象国として途上国の行政能力強化のために、若手行政官を日本の大学の主に修士課程に留学させるもので、2000 年にウズベキスタンとラオスを対象に開始し、2002 年には 7 か国に対象国が拡大した（国際協力機構 2015）。技術協力のもとでは、JDS と同じく 1999 年に大学の学位課程に就学する長期研修が開始された。日本における研修事業は、JICA の技術協力の一環として 1 年未満の短期の滞日研修がそれまでも大規模に行われていたが、長期研修制度は、研修事業の一環として 1999 年になって整備された。この長期研修制度のもとでは、主に技術協力プロジェクトのカウンターパート（プロジェクトの技術移転の対象となる相手国の行政官／技術者／研究者など）を日本に招へいして、日本の修士課程や博士課程で学ばせることが多かった。これらの無償資金協力と技術協力による留学事業や研修事業は、上述の留学生借款と同様に、対象国、対象機関、対象事業、対象者等を限定した、具体的な開発目的——たとえば、ある国の特定の省庁の行政官の能力向上や実施中の協力プロジェクトの従事者の能力向上など——のための事業であった。このように、1990 年代末以降、技術協力による長期研修員の受入れや無償資金協力による JDS 留学生事業が一気に拡大していった背景には、開発援助機関や途上国政府の双方に、行政機関や大学の強化には高位学位の取得を通じた高度人材の育成が重要であるとの認識が高まっていったことが挙げられる。また、同時に、日本の高等教育行政や高等教育機関における留学生政策の積極的な検討や大学のグローバル化への関心の高まりもこの動きを後押しした。

　1990 年代後半からの時期には、海外においても、旧来から留学生を多く受け入れてきたアメリカ、イギリス、カナダ、フランス、ドイツといった欧米先進国に加えて、アジア太平洋の国々が、それぞれの高等教育のグローバル化を

加速させた。たとえばマレーシアは、オーストラリアのモナシュ大学の海外分校を受入れ、英語による様々なクロスボーダー・プログラムを導入することで留学生招へいに乗りだした。他方、シンガポールは高度人材の獲得による「アカデミック・ハブ」を目指し、世界トップクラスの大学に特化した連携を進めた。

　留学生招へいの第2期（1983-2003年）は、留学生数の確保と量的拡大の促進に特徴づけられる時期であり、文部省の国費外国人留学生招致制度に加えて、JICAや外務省の留学生借款・JDS無償・長期研修などの多様な留学事業や長期研修事業が開始した時期である。この間の招へい人数推移をみると（図9-2参照）、1983年に2,000人弱であったものが2003年には1万人を超えて5倍に増えた。このうち約8割は、途上国出身の留学生であり、この間の大幅な増加は途上国出身の留学生招へいに負っていたことがわかる。図9-3は、地域別の留学生数推移を示しているが、最も人数が伸びているのは東アジアと東南アジアからの留学生であり、この両地域で全体の6割強を占めている。1980年代から1990年代前半に中国や韓国からの国費留学生が増加したため　1985年には東アジアの留学生数が東南アジアからの留学生数を上回った。しかし、1999年には再び東南アジアからの留学生が最大となった。これは1990年代からインドネシアやマレーシアを対象に大規模な留学生借款事業が行われて、この両国からの留学生が急増したためである。1989年以降、JICA事業による留学や長期研修の受入れが始まったことにより、2000年頃にはJICA事業による招へい者数が全体の10-15%程度を占めるようになっていた。

　こうした国費留学生事業およびJICA留学・長期研修事業双方の展開のなかで、2003年には1983年から目標とされてきた留学生受入れ10万人という数値目標がついに達成された。もっとも、全体の約9割は私費留学生であり、その多くは中国や韓国などアジア諸国からの留学生で占められていたことも留意しておく必要がある。特に1990年代には、中国の留学生政策の転換とそれにともなう中国人私費留学生の増加がみられ、あわせて日本側の入国管理政策において、1996年の入国・在留の保証人制度の廃止や、2000年から実施された外国人登録法による指紋押捺制度の全面的廃止（なお、2007年以降は「出入国管理及び難民認定法」の改正により、外国人に指紋と顔写真の提供を義務化）、2001年から実施された審査書類の大幅削減と受入れ教育機関への入国・

第9章　留学生招へい　　257

在留審査の委任といった措置が、日本の 10 万人計画達成にも影響を与えたといえる。

（3）国際化のもとでの高度人材確保と招へい事業の新たな方向性（2004 年〜現在）

　第 2 期に知的国際貢献という位置づけのもとで留学生数の拡大や途上国支援を軸に展開されてきた留学生招へい事業は、第 3 期（2004 年〜現在）になると、高等教育の国際化や高度人材確保という国際社会における状況変化のなかで新たな局面を迎えた。この時期は、留学生招へい事業が留学生政策として特化されて展開されてきた従来とは異なり、国内外の高等教育の国際化の進展のもと、留学生政策においても、他国の人材育成政策の展開を考慮にいれながら、高等教育における人材獲得競争のなかで、招へい事業の新たな方向性が摸索されるようになった。

　第 3 期は、2003 年に中央教育審議会答申が示した「新たな留学生政策の展開について」を皮切りとして、留学生受入れ 10 万人計画の達成後の施策を模索することから始まった。同答申では、留学生交流の意義を諸外国との相互理解や国際的視野をもった日本人学生の育成、日本の大学の国際化および国際競争力の強化、知的国際貢献として掲げるとともに、留学生受入れの問題点を指摘した。そのうえで、大学等における受入れ体制の質的充実と国際競争力の強化、多様な教育・研究に対するニーズに応じた海外留学の支援を掲げ、特に留学生受入れに対しては、渡日前から帰国後に至る体系的な留学生受入れ支援体制の充実を掲げた。同じく中教審の答申には、①留学生の質の重視、②日本学生支援機構の設立、③海外での情報提供、相談機能の充実、④日本語教育機関等に対する支援等、⑤渡日前入学強化の推進など入学者選抜の改善、⑥国費外国人留学生制度の在り方と今後の方向、⑦私費留学生支援制度等の在り方と今後の方向、⑧留学生宿舎の整備の在り方と今後の方向、⑨留学生と地域社会との交流、⑩セイフティー・ネットの充実、⑪留学生に対する帰国後の支援の充実、⑫留学生の卒業、修了後の就労、が挙げられた。

　2007 年に第 1 次安倍内閣の際に首相が戦略会議議長をつとめてまとめた「アジア・ゲートウェイ構想」では、アジアとの経済関係強化や人的・知的・文化的交流は政治外交的にも重要であるという認識のもとに「アジア高度人材

ネットワークのハブを目指した留学生政策の再構築」と「世界に開かれた大学づくり」が目標とされ、留学生受入れ、産学連携の推進、海外現地機能の強化、さらに大学の国際化とともに提案された（アジア・ゲートウェイ戦略会議 2007）。この戦略構想で示された全世界における留学生の受入れシェア率 5％ により、留学生受入れの新たな目標として設定されたのが 2008 年に発表された「留学生受入れ 30 万人計画」である。本計画は 2020 年を処に留学生を 30 万人受け入れることを目標としている。この背後には、国際社会における人材獲得競争が展開され、シンガポールやマレーシア、韓国等がそれぞれ留学生受入れ計画を掲げるなか、留学生の獲得競争が過熱した状況がある。

「留学生受入れ 30 万人計画」を達成するために、翌 2009 年には、文部科学省により「国際化拠点整備事業（大学の国際化のためのネットワーク形成支援事業）」が 2014 年までの 5 年間の予定で開始された。通称「グローバル 30」とよばれる同事業では、高等教育の国際化を目指す 13 の拠点大学が選ばれ、英語により学位が取得できるコースの拡充、日本留学に対するサポート、日本語・日本文化に対する学習機会の提供、インターンシッププログラムによる日本企業での就業体験、海外大学共同利用事務所の設置を通じた留学生受入れ体制の拡充が進められた。

また「グローバル 30」終了後、2014 年からは「スーパーグローバル大学創成支援事業」が開始された。同事業は 2023 年までの 10 年間にわたる事業であり、世界レベルの教育研究を行い世界ランキング 100 位以内を目指すタイプ A の 13 大学と、先導的試行に挑戦し国際化を牽引する活動が求められるタイプ B の 37 大学が選ばれた。同事業でも国際化関連成果指標のなかに、留学生受入れに関連し、外国語による授業科目や外国語のみで卒業できるコース、外国人留学生の割合などが盛り込まれている。これに加え、2011 年から特定国や地域を対象に実施されている「大学の世界展開力強化事業」でも、日本からの留学生送り出しと外国人留学生受入れの双方向のモビリティが重視されており、スーパーグローバル大学事業とともにこれらの採択校には一定数の国費留学生枠が付与されている。さらに受入れ促進という点では、従来、「留学」ビザと「就学」ビザが分けられていたのを 2010 年 7 月より「留学」ビザに一本化したことも留学生数の増加に影響を及ぼした。

他方、1997 年をピークに以降 2000 年代は ODA 予算が縮小されてきた時期

第 9 章　留学生招へい　　259

でもある。こうしたなかで、国際教育協力の分野においては、2011 年に「日本の教育協力政策」が示された。ここでは、知識基盤社会に対応するための教育として留学生受入れが大きく取り上げられ、留学生受入れ 30 万人計画や質保証、大学間交流、人材交流、高度専門人材、日本語教育、専修学校への留学について言及されている。また 2015 年には日本政府によって「平和と成長のための学びの戦略——学び合いを通じた質の高い教育の実現」が発表され、開発途上国と先進国双方の発展の基盤となる高度人材育成の必要性と、そのための支援として長期研修制度や技能実習制度との連携強化が指摘され、日本が強みをもつ質の高い教育の提供について述べられている（日本国政府 2015）。ここで示された指針は、日本にとっての高度人材の確保と、途上国を含む相手国の人材育成を共に視野にいれた国際教育協力を展開しようとする方向性である。

　留学生招へいの第 3 期（2004 年〜）において、JICA は、第 2 期に始めた留学生借款（有償資金協力）、JDS（無償資金協力、2016 年には 13 か国に拡大）、長期研修（技術協力）に加えて、いくつかの新たな事業を開始している。それらは、アフガニスタン「未来への架け橋・中核人材育成プロジェクト：PEACE プロジェクト」（2011 年度〜、アフガニスタンの紛争後の国づくりに携わる行政官等の人材育成のため約 500 人の研修員受入れ）、「アフリカの若者のための産業人材育成イニシアティブ：ABE イニシアティブ」（2014 年度〜、日本とアフリカをつなぐ若手ビジネス人材育成のために約 1,000 人の研修員受入れ）、「太平洋島嶼国リーダー教育支援プログラム：Pacific LEADS プロジェクト」（2016 年度〜、大洋州諸国の若手行政官育成のため約 100 人の研修員受入れ）などのプロジェクトで、技術協力の一環として実施されている。これらは、第 2 期に始まった JICA 事業と同様に、いずれも特定の開発目的を掲げた有期のプロジェクトで行政官の能力強化を図るものが多いが、新たな特徴としては、プロジェクトごとの招へい規模が大きいことに加えて、紛争後の人材育成や日本の産業界との連携などの今日的な課題に取り組んでいることが挙げられる。さらに、JICA は 2018 年から、JICA の留学生や長期研修員が、大学の学位課程のなかで専門分野の教育・研究に加えて日本の開発経験（日本の近代化の経験や戦後のドナーとしての知見）についても学ぶことができるようなプログラムを、日本の大学と連携して開始した（JICA 開発大学院連携）。

　日本政府の予算により招へいされた国費留学生と JICA 留学生・長期研修員

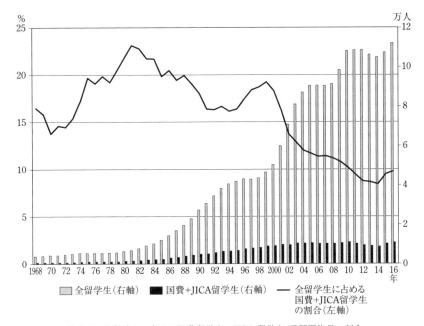

図 9-5　全留学生に占める国費留学生・JICA 留学生/長期研修員の割合

（注）　留学生数は、日本の大学（短大含む/高等専門学校含まず）に在籍する留学生の人数。
（出典）　次の資料から筆者作成。
全留学生数：学校基本調査 https://www.e-stat.go.jp/stat-search/files?page=1&toukei=00400001&tstat=000001011528&second=1（2018 年 8 月 28 日）。
国費留学生数と JICA 留学生/長期研修員数：出典は図 9-2、9-3 に同じ。

の合計人数は、第 2 期（1983-2003 年）の間に約 5 倍に増加して、2003 年には 1 万人を超えたが、第 3 期の 2004 年以降はほとんど増加していない（図 9-2 参照）。2011 年の東日本大震災の影響を受けて 2012 年から 2014 年頃まで人数がやや落ち込んだが、2015 年には 1 万人の規模に戻った。その構成も、文部科学省国費留学生と JICA 留学生・長期研修生が約 9 対 1、途上国出身者と先進国出身者が約 8 対 2 で大きな変動はない。

私費留学生も含めた来日留学生数は 2003 年に 10 万人を超え、2008 年に日本政府は留学生 30 万人という新たな目標をたてた。この新たな目標のもとで留学生数は順調に増えて、2017 年の滞日留学生数は 26 万人を超えている。一方で、上述のとおり、2004 年頃からは国費留学生や JICA 留学生・長期研修生の数は増えていない。その結果、1980 年前後には日本の大学に在籍する留学生の 5 人に 1 人はこれらの公費負担の留学生であったが、その割合は 2000

第 9 章　留学生招へい　　261

年代に小さくなり、2010 年代には 10 人に 1 人以下になっている（図9-5参照）。かつては、国費留学生の数を増やすことが日本の留学生政策の重要な柱であったが、留学生 30 万人時代を目前にして、留学生政策は私費留学生増加を視野において大学のグローバル化を重視する方向に変化している。

　国費留学生の招へい人数の規模は、文部科学省の留学生交流予算の変化とも符合している。文部科学省の留学生交流予算は、第 2 期の初年である 1983 年（留学生 10 万人計画の開始年）に約 80 億円であったものが、第 2 期終盤の2001 年に 550 億円を超えて、約 7 倍に拡大した（図9-4参照）。しかし、2001年をピークに年々減少し、2016 年には約 350 億円になった。また近年は、このなかで日本人学生の海外留学を支援する経費の割合が増えているので、外国人留学生に充てられる予算は実質的には 2000 年ごろの約半分程度にまで減少している。こうした予算状況のもとで、第 3 期においては国費留学生の招へい人数は横ばいとなっている。これは主に国費留学生 1 人あたりの奨学金額を下げることで、受入れ人数が維持されてきたためであると考えられる。

　第 3 期は、第 2 期に比べて招へい留学生の出身地域も変化している。第 2 期は、中国、韓国からの国費留学生が拡大し、東アジア出身の留学生が最も多い時期であったが、1999 年に東南アジアの留学生数が最大となり、その後第 3期を通じて東南アジア諸国の留学生が最大数となった（図9-3参照）。2010 年代には、東アジア出身の留学生数が減少し、最盛期に 4 割を占めた同地域出身者は 2 割程度に減少した。さらに、2015 年頃からは南アジアやアフリカからの留学生が増えるなどの新しい傾向も示している。

3. 留学制度を活用した教育開発協力の事例

　ここでは、留学事業や長期研修事業がどのように日本の国際教育協力のなかで活用されているのかをみるために、2 つの JICA の教育協力の事例を紹介する。

（1）アセアン工学系高等教育ネットワークプロジェクト
　　（AUN/SeedNet プロジェクト）

「アセアン工学系高等教育ネットワーク（ASEAN University Network ／

Southeast Asia Engineering Education Development Network: AUN/Seed-Net）」は、アセアン 10 か国の 26 大学と日本の 14 大学のネットワークである。このネットワークは、1997 年のアジア通貨危機の際にアセアン諸国の産業人材育成の必要性が認識されたことから、2001 年に JICA が中心となって、アセアンのトップクラスの工学系大学の改善と大学間のネットワーク強化のためにつくられた。工学系大学強化のためには優れた大学教員が必要であるので、博士号や修士号の取得を目的とした日本やアセアン域内での留学、メンバー大学間での共同研究や学術会議の実施などに取り組んでいる。「AUN/SeedNet」プロジェクトの第 1 フェーズ（2003-2008 年）、第 2 フェーズ（2008-2013 年）、第 3 フェーズ（2013-2018 年）により、約 1,400 名の大学教員や教員候補者の留学、約 200 件の共同研究、毎年約 10 回の学会開催、アセアン工学ジャーナルの創刊、アセアンの大学と日本の大学の工学系研究者をつなぐネットワーク構築などが行われて、現在第 4 フェーズ（2018-2023 年）が実施されている（国際協力機構 2018、AUN/SeedNet 2018）。

　このプロジェクトでは多様な取り組みを行っているが、そのなかでも教員の留学が事業の根幹をなしている。大学の教育活動や研究活動の改善にはそれを担う大学教員の能力向上が必須であり、修士課程や博士課程で学位を取得することは大学教員の養成過程として欠かすことができないからである。AUN/SeedNet プロジェクトでは、日本とアセアン諸国の 40 の工学系トップ大学をネットワーク化した強みを生かして、博士課程の留学は主に日本やシンガポールのトップ大学へ、修士課程の留学は先発アセアン諸国のトップ大学へと、多様な留学先を準備している。さらに、留学により培われた人的つながりをベースにした国際共同研究も支援している。

　AUN/SeedNet プロジェクトにおける留学活動に関して、次の 2 点を指摘しておきたい。1 つ目は、留学活動が日本とアセアン諸国の工学教育や研究のネットワーク構築に果たした役割である。大学の教員にとって、修士課程や博士課程での研究活動とそこで培われた人間関係は、その後の学究活動に大きく影響する。AUN/SeedNet プロジェクトはアセアンの工学系トップ大学の若手教員や教員候補者に留学により学位を取得させてきたが、こうした留学活動がネットワーク構築の基礎をなしてきたことは間違いない。2 つ目は、留学を核に築かれたこの国際的なネットワークが、アセアンや日本の大学の教育研究活動

にとってますます重要なものとなりつつあることである。高等教育のグローバル化が叫ばれるようになって久しいが、途上国においても大学教育や学術研究はもはや国際的な活動なくしてはあり得ない時代になりつつある。そうした観点から、途上国の高等教育開発において留学活動は今後も一層重要な役割を果たすことになると思われる。

(2) マレーシア高等教育基金借款

日本はマレーシアに理工系分野の人材育成のための「高等教育基金借款（HELP）」を 3 次にわたり供与してきた。HELP I（1992 年〜）、HELP II（1999 年〜）、HELP III（2006 年〜）では、合計 184 億円（承諾額）の円借款資金が供与されて、1,000 人を超えるマレーシアの若者が日本の大学に留学した。1990 年頃のマレーシアは、2020 年までに高度な技術に立脚した経済社会に移行することを目指して技術者育成のニーズが大きかったにもかかわらず、国内の大学や大学院は不足し高等教育の機会を留学に頼らざるを得ない状況であった。また、その一方で時のマハティール首相は、高度経済社会の模範として日本や韓国から学ぼうとする東方政策（ルック・イースト政策）を提唱していた。高等教育機関の不足はその後改善したが、質の高い理工系教育の機会は依然として不十分であり、日本への留学による技術者の育成に期待が寄せられた。こうした背景から、開発協力の一環として大規模な留学生借款が計画され、継続的に 2015 年まで実施されたものである。HELP による日本留学は 1995 年に最初の留学生が来日し、累計の留学生数は、学部約 1,100 人、修士約 150 人、博士約 10 人にのぼる。文部科学省の国費留学生制度においても、JICA の留学生招へいにおいても、学部レベルでの留学よりも大学院レベルでの留学生が圧倒的に多いのに対し、このマレーシアの HELP プロジェクトは、日本的な労働倫理の習得も重視していたので、学部レベルでの留学が中心であった（国際協力機構 2004、2005、2014、アジア科学教育経済発展機構 2018）。

学部レベルでの留学を可能にするため、HELP I では日本での 4 年間の学部留学に先立って、マレーシアで 2 年間にわたって日本語と理数科の予備教育が行われた。予備教育の実施には日本の協力大学の教員が派遣された。しかし、これでは就学年数が長くなりコストがかかりすぎるので、HELP II では予備教育に加えて大学教育の一部をマレーシアの教育機関で行い、日本の協力大学が

264　第IV部　高等教育協力

それを単位認定して日本の大学2年生に編入させる方法（マレーシア2年間＋日本3年間）がとられた。さらに HELP III では大学2年生までの教育をマレーシアで行い日本の大学には3年生から編入するやり方（マレーシア3年間＋日本2年間）に変更された。日本での学部教育の一部をマレーシアの教育機関に移して行い、それを大学間のツイニング・プログラムの形で認定するためには、日本側の協力大学の間で理工系共通シラバスの作成、編入学の受入れ方法、単位認定の問題、現地への教員派遣、遠隔授業実施の可能性など多くの課題を検討する必要があり、関係者の苦労は大変大きかったようである（高橋 2002）。しかし、こうした関係者の努力が実を結んで、ツイニング・プログラムによる理工系の学部留学は順調に進められた。マレーシアの経済成長にともない、円借款支援による HELP プロジェクトは第3フェーズで終了したが、現在、マレーシア政府が自己資金でツイニング方式の留学事業を継続している。

　近年、高等教育が国際化し、学生の留学や研究者の交流といった人の移動にとどまらず、教育プログラムが国境を超えることも珍しいことではなくなった。しかし、HELP の事例は、留学生招へいをきっかけとして、日本の大学が1990年代後半という極めて早い段階で、国際的なツイニング・プログラムに取り組んだ珍しい事例である。留学生招へいを現地での教育と組み合わせることで広がる可能性や、日本の大学教育の国際化に及ぼす副次的効果などについての示唆をあたえる事例である。

4. 国際教育協力における留学生招へい事業の政策的特徴と今日的意義

　本章でとりあげた留学生招へい事業は、ODA による国費留学生制度および JICA の留学生事業・長期研修事業に大別され、1950年代から1980年代は国費留学生制度を中心に展開されていたのに対し、1988年からは JICA 事業の開始によりプログラムが多様化していった。同時に、当初は戦後復興と日本の国際社会への貢献を背景に、アジアを中心とした友好関係促進を政策の主たる目的としていたのに対し、1980年代以降は留学生数の拡大が図られるようになり、知的国際貢献として意義づけられた。また2000年代以降はそれが大学国際化の施策の開始と結びついて展開されるようになっている。さらに ODA

の減少にともない、2000 年代以降の施策は、より戦略的な支援政策の展開に基づき、特定の領域や人道支援といった個別の施策が展開されるようになっている

　こうした留学生招へい事業の変遷を、留学生受入れの意義に関する理念モデルに関する江淵（1997）の整理と比較すると、その特徴がより明確になる。江淵（1997）は、留学生受け入れには、7 つのモデルがみられると指摘する。それらは、第 2 次世界大戦直後からの「古典的理念モデル」である①個人的キャリア形成モデル、②外交戦略モデル（国際協力・途上国援助モデル）、③国際理解モデル、④学術交流モデル（研究活性化モデル）と、1970-1980 年代にかけて登場した相互主義・互恵主義的な発想のもとでの⑤パートナーシップモデル（互恵主義モデル）、⑥顧客モデル、⑦地球市民形成モデルである。また、横田・白土（2004）は、江淵のモデルを再検討し、1990 年代以降の動きを加味しながら、⑧留学生受入れによる経済発展モデルと、⑨高度人材獲得モデルを追加している。寺倉（2009）は、こうした一連の受入れ政策の整理をふまえ、日本の従来の留学生受入れ政策は、「『対外援助』の受入れ理念が掲げられ、国益の観点からの戦略的要素はあまり見られなかった」が、「近年の経済主導型受入れ理念の世界的な浸透は、留学交流の在り方を大きく変えており、我が国の受入れ政策においても、高度人材獲得等の国益確保のため、留学生受入れを国家戦略として位置付ける考え方が顕著になりつつある」とまとめている。本章で考察した ODA 事業としての留学生招へい事業もまた、途上国の人材育成支援から戦略的支援へと明らかに変容していることが指摘できる。

　このように留学生招へいの特徴が変化してきた背景には、大きく 2 つの要因があったと考えられる。第 1 の要因は、諸外国の留学生政策の変化である。1950 年代から 1980 年代にかけては、アジアの諸外国はもっぱら留学生を送り出す側であり、日本は受入れも行っていたものの、当時の施策には高等教育の国際化という意味合いはなく、相手国との友好関係を担うパイプ役としての留学生育成を主とするものであった。しかしながら、1990 年代に入り国際化やグローバル化が進み、アジア諸外国が、それぞれの経済成長の進展とともに、自国の高等教育の国際化を主眼に留学生の送り出しや受入れを行うようになった。他方、同時期の日本の施策は、引き続き量的拡大を目指していたものの、それは高等教育の国際化を意識したものではなく、2000 年代に入り国際化に

取り組むようになった時には、他国はすでにトランスナショナルプログラムの導入や外国の教育機関の誘致という多様な施策を展開し始めている状況にあった。そうしたなかで日本としての特徴ある留学生招へい策をいかに打ち出すかが課題となり、「知的国際貢献」と高度人材育成に資するプログラムが求められるようになった。

　第2の要因は、留学生招へい事業の日本における国際教育協力事業としての意味づけが変化したということである。AUN/SeedNet プロジェクトやマレーシア高等教育基金借款は、単に招へい留学者数を拡大することを目的としたものというよりはむしろ、前者はアセアン諸国に形成されている新たな学生交流ネットワークへの貢献、後者は二国間の留学交流事業にツイニング・プログラムというクロスボーダー教育を含めることを可能にした点で、相手国にとってはもちろん、日本にとっても国際化の具体的な進展を促進する重要な契機になった。さらに 2000 年代以降の施策は、ODA の減少という物理的要因もあり、国際教育協力として相手国と日本にどのような意味をもつものであるか、その効果的な施策の在り方がより精緻に問われるようになった。これらはいずれも、特に旧来の留学生数の量的拡大を目標にした施策とは異なり、個々の留学生の事例にも配慮した質の高い、かつ双方向の連携を意識した留学生受入れ政策を打ち出すようになっている点で、留学生教育そのものの在り方を問い直す意義深い変化であるといえる。

　他方、そこには留学生受入れ体制をめぐる 1950 年代から変わらない問題もある。国費留学生による受入れが開始された 1950 年代に中央教育審議会が指摘した課題は、その後もたびたび指摘されており、27 万人の留学生を受け入れている今なお、留学生に対する教育の在り方や選考方法、受入れ体制としての待遇や宿舎、アドバイジング、日本語教育、さらに日本社会の閉鎖性の問題などは、今なお課題である。

　こうした問題を抱えながらも、今日、留学生受入れ事業においては、送り出し国とともに双方向の連携を意識し、相手国のニーズを踏まえながら高度人材育成のための質の高い留学生教育を展開しようとする機運がより高まっている。文部科学省は「戦略的な留学生交流の推進に関する検討会」(2013) において「世界の成長を取り込むための外国人留学生の受入れ戦略（報告書）」をまとめている。さらに 2016 年に文部科学省が設置した「高等教育機関における外国

第9章　留学生招へい　267

人留学生の受入れ推進に関する有識者会議」報告では、受け入れる留学生を2つのカテゴリー、すなわち、①日本として戦略的に受入れを強化すべき学生と、②日本文化ないし高度産業社会としての日本に関心をもつ多様な学生、に分けている。そして、①については、高度な大学の教育研究の促進、途上国等の人材育成を通じた二国間関係強化、日本企業の国際競争力の維持・強化を、また②については留学生交流を通じた大学の国際化・多様化、途上国等のニーズに対応した人材育成、日本の高等教育機関に進学する外国人学生の日本語能力の育成をその目的として整理している。

　本章でとりあげたアセアン工学系高等教育ネットワーク（AUN/Seed-Netプロジェクト）やマレーシア高等教育基金借款（HELP）などは、それぞれの事業を展開することが、友好関係の促進や受入れ数の拡大のためだけではなく、高度人材育成を通じて双方向の連携を強化するという点で、今後の留学生招へいに戦略的受入れという新たな今日的意義を付与するものである。このことはまた、留学生招へい事業を、国際協調を目指す国際主義のもとに国境を越えて展開する国際教育協力として意義づけるものである。

参考文献

アジア科学教育経済発展機構、2018、アジア科学教育経済発展機構ホームページ、http://www.asiaseed.org/activity/support.html（2018年5月4日）。

アジア・ゲートウェイ戦略会議、2007、「アジア・ゲートウェイ戦略構想」。

江淵一公、1997、『大学国際化の研究』玉川大学出版部。

外務省賠償部監修・賠償問題研究会編、1963、『日本の賠償』世界ジャーナル社。

川上尚惠、2016、「戦後の日本国内の外国人留学生――1950-60年代の『留学生教育問題』を中心として」『神戸大学留学生センター紀要』第22号、21-40頁。

菊地清明、1978、『南北問題と開発援助――国際協力の現況と展望』国際協力推進協会。

国際協力機構、2004、「マレーシア高等教育基金借款（HELP）事後評価報告書」、https://www2.jica.go.jp/ja/evaluation/pdf/2004_MXIV-1_4_f.pdf（2018年5月4日）。

国際協力機構、2005、「マレーシア高等教育基金借款III事前評価報告表」、https://www2.jica.go.jp/ja/evaluation/pdf/2005_MXX-1_1_s.pdf（2018年5月4日）。

国際協力機構、2006、「インドネシア高等人材開発事業（2）事後評価報告書」、https://www2.jica.go.jp/ja/evaluation/pdf/2006_IP-458_4_f.pdf（2018年5月4日）。

国際協力機構、2014、「マレーシア高等教育基金借款II事後評価報告書」、https://www2.jica.go.jp/ja/evaluation/pdf/2014_MXVII-6_4_f.pdf（2018年5月4日）。

国際協力機構、2015、「人材育成支援無償（JDS）の成果に関する要因分析　基礎研究

報告書」。

国際協力機構、2018、「ASEAN 10 カ国アセアン工学系高等教育ネットワークプロジェクト・フェーズ 3 終了時評価調査報告書」。

国際協力銀行、2001a、「インドネシア科学技術振興プログラム事後評価報告書」、https://www2.jica.go.jp/ja/evaluation/pdf/2000_IP-342_4_f.pdf（2018 年 5 月 4 日）。

国際協力銀行、2001b、「インドネシア高等人材開発事業事後評価報告書」、https://www2.jica.go.jp/ja/evaluation/pdf/2000_IP-367_4_f.pdf（2018 年 5 月 4 日）。

国際協力銀行、2003、「海外経済協力基金史」。

佐藤薫、1962、「教育文化の国際交流」『文部時報』1962 年 10 月号、226-239 頁。

財団法人国際学友会、1986、『国際学友会五十年史』、32-36 頁。

栖原曉、2002、「日本の留学生政策」、駒井洋編著『講座 グローバル化する日本と移民問題第 I 期第 1 巻 国際化のなかの移民政策の課題』明石書店、161-205 頁。

大学審議会、2000、「グローバル化時代に求められる高等教育の在り方について（答申）」。

高橋（杉村）美紀、2002、「留学生教育における国際教育協力の可能性──日本マレーシア高等教育大学連合プログラムを事例として」『国際教育協力論集』第 5 巻、第 1 号、125-136 頁。

武田里子、2006、「日本の留学生政策の歴史的推移──対外援助から地球市民形成へ」『日本大学大学院総合社会情報研究科紀要』第 7 号、77-88 頁。

寺倉憲一、2009、「留学生受入れの意義──諸外国の政策の動向と我が国への示唆」『レファレンス』2009 年 3 月、51-72 頁。

中央教育審議会、1974、「教育・学術・文化における国際交流について（答申）」。

中央教育審議会、2003、「新たな留学生政策の展開について（答申）」。

日本国際教育協会、1972、「日本国際教育協会 15 周年」。

日本国政府、2015、「平和と成長のための学びの戦略──学び合いを通じた質の高い教育の実現」。

堀江学、2002、「（補論）日本の留学生受入れ政策の推移」、賀来景英・平野健一郎編『21 世紀の国際知的交流と日本──日米フルブライト 50 年を踏まえて』中央公論新社、321-343 頁。

宮山平八郎・山代昌希、1976、「戦後日本におけるアジア人留学生の受入れ」『国立教育研究所紀要』第 89 号、77-94 頁。

文部科学省「留学生政策に関する各種提言等」、http://www.mext.go.jp/b_menu/shingi/chukyo/chukyo4/007/gijiroku/030101/2-2.htm（2018 年 4 月 30 日）。

文部科学省「国際拠点整備事業（大学の国際化を支援するためのネットワーク形成支援事業：グローバル 30）」、http://www.mext.go.jp/component/a_menu/education/detail/__icsFiles/afieldfile/2017/03/30/1383779_01.pdf（2018 年 4 月 30 日）。

文部科学省「スーパーグローバル大学創成支援事業」、http://www.mext.go.jp/a_menu/koutou/kaikaku/sekaitenkai/1360288.htm（2018 年 4 月 30 日）。

文部科学省・戦略的な留学生交流の推進に関する検討会、2013、「世界の成長を取り込むための外国人留学生の受入れ戦略（報告書）」。

横田雅弘・白土悟、2004、『留学生アドバイジング――学生・生活・心理をいかに支援するか』ナカニシヤ出版。

留学生政策懇談会、1999、「知的国際貢献の発展と新たな留学生政策の展開を目指して――ポスト2000年の留学生政策」。

AUN/SeedNet、2018、AUN/SeedNetホームページ、http://seed-net.org/（2018年5月4日）。

第Ⅴ部　国際教育協力のさまざまな形

第**10**章

国際機関を通じた国際教育協力

効果的・効率的な連携の模索

荒川奈緒子・北村友人

　日本による国際教育協力の形態として、さまざまな国際機関への拠出金・出資金を通じた協力がある。日本による国際機関への拠出は、1970 年代までは年額 1 億米ドル以下と少額であるが、政府開発援助（ODA）の拡大とともに徐々に拡大し、ピーク時の 2012 年には最大の年額 42 億米ドルを超え、ODA 全体に占める比率も 39.6％ となっている（外務省 2014a）。1980 年から 2015 年までの 35 年間の平均比率は約 30％ であり[注1]、国際機関を通じた支援は、ODA において長年重要な役割を担う支援形態となっている。一方で、二国間の支援と比べて、支援の詳細やモニタリング、成果などが公表されないことも多く、その実態はみえにくい。そこで、本章では、何を目的として、どのように、日本が国際機関を通じた教育協力を行ってきたのかについて、その歴史的な変遷を振り返ることによって考えてみたい。その中で、国際機関を通じた教育協力が、どのような課題を抱え、それらを乗り越えてきたのか（あるいは克服できずにいるのか）について検討する。

　特に、国際機関を通じた教育協力においては、日本の外交的な関心や教育支援に対する立場だけではなく、国際教育協力に関する国際的な議論や政策の潮流の影響を強く受けることに留意する必要がある。また、これまでの日本の国際教育協力に関する先行研究の中で、国際機関を通じた教育協力に関する研究は限定的にしか行われてこなかったため、本章には学術的ならびに実践的な意義があると考える。

1. 国際機関を通じた教育協力・連携とは

（1）国際機関を通じた拠出金

日本が拠出金・出資金を通じた支援を行っている国際機関のうち、教育協力を実施している主要機関は、国連教育科学文化機関（ユネスコ）や国連児童基金（ユニセフ）など12機関に及び（表10-1参照）、担当官庁は外務省、文部科学省（以下、文科省）、財務省の3官庁にわたっている。国際機関への拠出金・出資金の分類としては、①加盟国が設立条約や決議などにより義務的に支出する「義務的拠出金（分担金を含む）」、②加盟国が重視する特定の国、地域、分野の事業に対して自発的に支出する「任意拠出金」、③世界銀行など国際開発金融機関に資本金の出資の形で支出する「出資金」の3つがある（林田 2015）。任意拠出金には使途を特定しない「通常資金（コア）」と特定のプロジェクトに拠出する「その他の資金（ノンコア）」があるほか、特定の機関に対して、特定の目的をもって設置する「日本信託基金」もある。

例えばユネスコに対しては、外務省が分担金などを拠出し、文科省が複数の教育関連の日本信託基金を設置して拠出を行っている。また、ユニセフへは、通常資金（コア）の支出に加えて、緊急人道支援などが行われている。このように一つの機関に対して、複数の官庁による、複数の支援形態があるため、日本による国際機関を通じた支援の全体像を把握することは、非常に困難になっている。

また、世界食糧計画（WFP）が緊急援助案件の中で学校給食を支援する場合や、「人間の安全保障基金」のように複数の国際機関が協働して複数のセクターを相互に関連させた案件を形成することが推奨されている支援では、教育は大きな案件の中の一つの構成要素であり、教育の支援だけを特定して把握することは難しい。

（2）国際機関との連携

各国政府と国際機関との連携を広くとらえると、拠出金・出資金を通じた支援以外にも非常に多様な形態が存在し、類似の用語として「マルチ・バイ連携」、「援助（ドナー）協調」、「パートナーシップ」などが用いられている。吉

274　第Ⅴ部　国際教育協力のさまざまな形

表 10-1　教育分野への支援実績のある主要国際機関一覧

国際機関	支援スキーム	担当官庁等
国連教育科学文化機関（ユネスコ）	分担金（1951年開始）、「人的資源開発日本信託基金」（2000年開始）、無償資金協力（アフガニスタン識字案件）	外務省
	「APEID巡回講師団派遣信託基金」（1974年開始）、「アジア太平洋地域教育協力信託基金拠出金」（2009年開始）など全10の教育関連日本信託基金	文部科学省（旧文部省）
国連児童基金（ユニセフ）	任意拠出金（1952年開始）、コミュニティ開発支援無償による学校建設などの教育環境整備や緊急無償、補正予算による災害・紛争後の教育支援	外務省
	日本ユニセフ協会	民間
国連人道問題調整事務所（UNOCHA）	「人間の安全保障基金」（1998年開始）への拠出を通じてユニセフやユネスコなどが紛争や災害後の教育復興支援などを実施	外務省
国連世界食糧計画（WFP）	任意拠出（1963年開始）、補正予算などを通じて学校給食、職業訓練プログラム等を支援	外務省
国連パレスチナ難民救済事業機関（UNRWA）	任意拠出（1953年開始）、無償資金協力、補正予算を通じて難民キャンプの幼稚園・小中学校の運営、職業訓練、奨学金の提供などを支援	外務省
国連開発計画（UNDP）	任意拠出金、補正予算、日本・UNDP パートナーシップ基金などの日本信託基金を通じて実施した案件のコンポーネントとして教育関連支援を実施	外務省
国連難民高等弁務官事務所（UNHCR）	任意拠出（1967年開始）、無償資金協力、補正予算による教育コンポーネントを含む緊急人道支援を実施	外務省
教育のグローバル・パートナーシップ（GPE）（旧FTI）	2007年より拠出し、初等教育の完全修了や持続可能な開発目標の教育目標（SDG 4）達成の強化への国際枠組みに参加　＊GPE: Global Partnership for Education	外務省（一部財務省）
世界銀行	日本開発政策・人材育成基金（PHRD）による奨学金（1987年開始）及び同基金の技術支援（1990年開始）を通じた教育政策などの支援、日本社会開発基金（JSDF）（2000年開始）を通じた貧困層を対象とした教育支援の実施	財務省
国際通貨基金(IMF)	アジアの中央銀行や財務省職員らを対象とした「日本―IMFアジア奨学金プログラム」（1993年開始）及び日本人を対象とした「博士号取得のための日本―IMF奨学金」（1996年開始）への拠出	財務省
アジア開発銀行（ADB）	日本奨学金プログラム（JSP）（1988年開始）、貧困削減日本基金（JFPR）（2000年開始）の2種類の基金を通じた支援	財務省
米州開発銀行（IDB）	日本特別基金（JSF）（1988年開始）、日本コンサルタントサービス基金（JCF）（1995年開始）、日本貧困削減プログラム（JPO）（2001年開始）の3つの信託基金を通じて中南米地域の多様な教育支援を実施	財務省

田（2008）は、連携には①個別のプロジェクトレベルにおけるもの、②包括的なプログラム・セクターレベルにおけるもの、③戦略・政策・イニシアティブレベルにおけるものという、3つのレベルがあると指摘している。

　個別プロジェクトレベルでは多くの連携事例がある。例えばパキスタンでは、2004年よりJICAがノンフォーマル教育システムの確立及び拡大を支援しており、プロジェクトの中でJICAと米国国際開発庁（USAID）が共同で基礎教育カリキュラムの作成を支援し、それにユニセフも加わって教材作成と配布まで拡大した。さらに、JICAの支援によって開発された、学校に通っていない子どもや非識字者のデータ分析及び教育行政運営のためのツール（Non-Formal Education Management Information System）を、ユニセフやNGOも活用するなど、多岐に亘る現場での連携をとっている。他にも、フィリピンの「貧困地域初等教育事業」（1997-2006年）における世界銀行との協調融資や、最近ではネパールで2015年の地震の被害を受けた学校の再建・耐震化を行うADBとの協調融資案件などの事例もある。

　セクターレベルでは、バングラデシュの初等教育開発セクタープログラムの実施を複数の国際機関を含む他ドナーとともに支援するために、無償資金協力のスキームを使い、財政支援を実施している。政策・イニシアティブレベルでは、2004年の国際連合（国連）総会において日本が主導して提案した「持続可能な開発のための教育（ESD）の10年」が採択されて以降、今日までESDが教育分野の国際的な重要テーマになっており、その推進のためにユネスコをはじめとする国際機関と多様な連携を行っている。例えば、日本の支援で創設された「ユネスコ／日本ESD賞」は、その象徴でもある。このほか、国際機関との政策協議、共同研究やセミナーの実施、JPO（Junior Professional Officer）派遣制度[注2]を含む国際機関との人材交流・派遣なども行っている。

2. なぜ国際機関との連携か——政策文書からみえる特徴

（1）なぜ国際機関と連携するのか

　そもそも、なぜ国際機関との連携が重要であるのか。吉田（2008）は、援助する側と支援を受ける側の双方に利点があることを指摘している。援助するドナーの立場に立つと、単独では十分に効果をあげられない複雑または困難な課

276　第Ⅴ部　国際教育協力のさまざまな形

題に対して、連携することでそれぞれの機関の強みを活かした支援が可能になる。他方、途上国側にとっては、個別のドナーとの協議にかかる手間（＝取引費用［トランザクション・コスト］）を省き、支援内容の重複を避けながら、包括的な視点で政策目標の実現に取り組むことができる。特に教育セクターでは、1990年代後半から途上国政府と複数ドナーとの間の連携が進み、セクター・ワイド・アプローチ（SWAPs）やプログラム・ベースト・アプローチ（program based approach）といった教育セクター全体やサブ・セクター（初等教育、中等教育、職業訓練、高等教育など）を幅広く束ねた取り組みが行われてきた。

　その他の重要な利点としては、国際機関を通じた支援によって独立性・中立性が確保され、二国間では解決が難しいような分野や地球規模の課題に取り組むことができることや、国際機関それぞれが持つ高い専門性を活かした支援ができることが挙げられる。また、英国国際開発省（DfID）は多国間援助のレビュー報告書（2016）の中で、国際機関が国際規範や国際基準の合意・実施に重要な役割を果たしていること、難民問題などの困難な課題において国際的な議論や調整を行うためのプラットフォームを提供できること、二国間の支援と比べてスケール・メリットがあることなどを挙げている。

（2）日本のODA政策、戦略における連携の意義

　日本のODA政策全般及び教育セクターにおける援助戦略などの主要関連文書を分析すると、国際機関との連携の意義は主に以下の4つに分類され、時代とともにその力点も変遷していることがわかる。

①国際機関の政治的中立性

　古くは、1969年に佐藤栄作首相によって設置された、新しい経済協力の在り方を審議するための諮問機関「対外経済協力審議会」が発表した報告書の中で、「国際機関を通ずる技術協力は、政治的中立性が確保されるので相手国に受け入れられ易いこと、相手国に対して思い切った助言、勧告等ができること」（対外経済協力審議会技術援助部会 1971、p. 12）とその長所について言及している。このような言及の背景としては、第1章に論じられているとおり、日本の輸出振興と結びついた支援が「エコノミック・アニマル」という呼称で批判

され、経済協力政策の見直しを迫られていた時代であったことが挙げられる。同報告書では、教育協力については途上国の教育主権とナショナリズムに関わる問題でもあるため、慎重に行うべきであると指摘しており（ibid.)、国際機関を通じた政治的中立性の確保は教育協力のかなり初期の時点から重要視されていた。

　近年では、1992 年の政府開発援助大綱（外務省 1992）に「国際機関の有する専門的知識、政治的中立性等の特質を十分生かすように努める」と示されているほか、2003 年の大綱（外務省 2003）にも「専門的知見や政治的中立性を有する国際機関と我が国の ODA との連携を強化する」といった記述がある。

②国際機関の専門性

　ユネスコとの連携が中心であった 1970 年代の文書には、ユネスコの専門性に関する記述が多く、1971 年に外務省経済協力局より出された「我が国教育協力の進め方について」では、「アジア地域を対象としたユネスコの諸事業に対する協力」の強化が謳われている（斉藤 2011、p. 113 に引用）。また、文部省大臣官房調査課が東南アジア 6 カ国へ派遣した教育協力調査団の報告書『アジア教育協力について』(1972 年）の中には、「教育の多国間方式ではユネスコを通じての協力が最も重要な部分を占めることはいうまでもない」（斉藤 2011、p. 119 に引用）という、かなり強い表現もある。

　ただし、近年の文科省の国際教育協力懇談会による最終報告書（2002）においては、「識字教育やノンフォーマル教育においては、これらに実績を有するユネスコと連携し、我が国の経験を活用」とあり、ユネスコの専門性を重視する視点は継続しているものの、それを日本の教育経験の付加価値として活用すべきであるという考え方も打ち出されている。

　2000 年代以降になると、二国間支援の実施が困難な状況においては、国際機関との連携を積極的に進めるべきであるという視点が、強く打ち出されるようになった。その背景には、増え続ける紛争影響国への支援を行ううえで、日本による二国間支援には多くの制約があり、取り組みが少ないことを踏まえ、そうした状況では高い専門性を有する国際機関との連携が不可欠であるという認識が広まったことを指摘できる。

　例えば、2011 年に発表された「日本の教育協力政策 2011-2015」では、「平

和と安全のための教育」が重要分野の一つとされ、「紛争や災害後の国におい
て、国際機関や NGO と連携」することが重要であると明記された。この政策
の後継となる「平和と成長のための学びの戦略」（2015 年発表）においても、
紛争影響国における教育支援について、国際機関や NGO と連携しながら、早
期から支援を実施するべきであるとしている。これらの政策文書が示すように、
近年では二国間支援での実施が困難な分野・地域における国際機関の専門性
（＝知見、経験、ネットワークなど）を評価し、連携を重視している。

③援助協調への対応

　二国間支援ならびに多国間支援の長所をそれぞれ活かして、他ドナーによる
支援との重複を避け、むしろ相乗効果を目指すといった、一般的な連携の重要
性に関する記載は、1970 年代から今日まで多くの政策文書にみられる。しか
し、1990 年頃になると「国境を越えた地球的規模の問題に対応するため」の
国際機関との連携強化が重視され（1992 年開発援助大綱）、さらに 2000 年代
からは援助協調への対応についての記載が目立つ。2002 年に発表された初め
ての教育政策文書「成長のための基礎教育イニシアティブ（BEGIN）」では、
2000 年の世界教育フォーラムで合意された万人のための教育（EFA）目標の
達成に向けて国際機関と連携し、国レベルにおけるドナー間の援助協調を促進
することで、教育分野での SWAPs に対応していくと謳っている。さらに、
2003 年の開発援助大綱では、国際機関が中心となって開発目標や戦略の共有
化と援助協調が進んでいることを指摘したうえで、日本もこのような動きに参
加して主導的な役割を果たすとしている。

④日本の考えを主流化するためのツール

　1990 年以降から今日に至るまでの政策文書において極めて顕著なのは、国
際機関を通じた支援に日本の考えを反映し、日本の対外発信力の強化を目指す
という記述である。

　開発援助大綱においては、「国際機関を通ずる協力については、政府開発援
助についての我が国の考え方がその活動に十分に反映されるように努める」
（外務省 1992）、「国際機関への主要な資金拠出国として、その運営に我が国の
考え方を反映させ、我が国のイニシアティブを発揮する」（外務省 1999）、「国

第 10 章　国際機関を通じた国際教育協力　279

際機関は、国際的な開発協力の理念と潮流を形成する役割も担うことから、責任ある国際社会の一員として、国際的な規範の形成を主導する上でも、国際機関及び国際社会における我が国の発言力・プレゼンスの強化を図る」（外務省2015）といった記述がある。

　教育セクターの政策文書においても、日本が比較優位を有する防災などの分野で、ユネスコをはじめとした主要機関と連携することによって、日本の存在感を高めるといった議論（文部科学省 2002）や、単に国際潮流を日本の政策に反映させるのではなく、日本の効果的な二国間援助のアプローチや各国の現場における成果を国際社会に提言するといった主張（日本政府 2011）など、近年は双方向性も重視してきたことがわかる。このような、国際教育協力に関する日本の考えを国際社会で主流化するためのツールとして国際機関をみなすというスタンスは、他ドナーの政策文書にはほとんどみられない日本独自の政策である。これは、戦後一貫して日本政府が展開してきた国連重視外交が国民から一定の支持を得ていることを背景に、国際機関を通じた日本の国際教育協力の成果をアピールすることで、ODA に対する国民の理解を広く得るためのメッセージであるとも考えられる。

3. 国際機関を通じた教育協力の歴史的変遷

（1）国際社会への復帰からユネスコを通じたアジア教育支援へ（1950-1960 年代）

　教育分野で活動する国際機関への拠出金・出資金が開始されたのは、1950年代であった。戦後、日本が初めて国際機関に加盟を認められたのは、1951年のユネスコへの加盟であり、戦後の混乱を引きずっていた外務省に代わって、文部省の関係者が加盟を推進した（斉藤 2008、2011）。その後、1954 年の「コロンボ・プラン」への加盟に前後して、1952 年からはユニセフへの拠出が開始され、1955 年に初めて執行理事会の理事国に選出された（外務省 2014b）。1963 年に WFP、1967 年には国連難民高等弁務官事務所（United Nations High Commissioner for Refugees: UNHCR）に拠出を開始し（外務省 2004）、国際教育協力を行ううえでの重要なパートナー機関に対する支援が、相次いで開始されていった。

280　　第Ⅴ部　国際教育協力のさまざまな形

とりわけ、戦後の国際社会で国際教育協力を主導してきたのはユネスコであり、日本による初期の国際機関との連携も、文部省によるユネスコを通じた支援が中心であった。第1章で概説したように、1960年に採択された「アジア地域初等教育発展計画」（通称「カラチ・プラン」）を契機に、1962年の第1回「アジア地域ユネスコ加盟国文部大臣会議」の東京での開催を経て、日本による教育分野への支援が本格化していく。

　国際機関を通じて日本が初めて組織的に実施した支援は、1967年にユネスコの依頼を受けて国立教育研究所（National Institute for Educational Research: NIER）（現、国立教育政策研究所）が開始した「アジア教育研究地域プログラム」の2つの事業（教育研究機関の能力強化と初等教育のカリキュラム開発）であり（Kamibeppu 2002、p. 47）、ユネスコを通じて主にアジア地域で行ってきた支援は、その後も形を変えながら、日本による国際教育協力の重要な中核的事業として今日まで続いている。

(2) 教育協力アクターの多様化（1970-1980年代）

　1973年にユネスコの「アジア太平洋地域教育計画（The Asia and the Pacific Programme of Educational Innovation for Development: APEID）」が始まると、翌1974年には「APEID巡回講師団派遣信託基金」が文部省に設置され、ユネスコへの拠出金の支出が本格化していく。しかし、それまでユネスコは国際機関の中でも教育分野の高い専門性にもとづく優位的な立場にあったが、1970年代後半から1980年代はユネスコの危機と言われた時代で、特に1984年のアメリカと1985年のイギリスの脱退に象徴される「ユネスコの政治化」[注3]の時代を経て、その国際的な影響力は低下していく。日本においても、経済成長と企業などの国際進出に伴い、文部省は国際面では海外の日本人学校、国内では帰国子女の受け入れといった、新しい時代の教育の課題への対応に迫られ、「日本のユネスコ離れ」が指摘されるようになっていく（千葉 2004）。

　この時期の大きな特徴は、国際社会における国際教育協力のアクターの多様化であった。1970年代半ばから、ユニセフ、世界銀行、ADB、国連開発計画（UNDP）などの機関が教育支援に関わるようになり、国際教育協力の潮流にも影響を与えるようになってきた（千葉・永田 2004）。特に1980年代に入ると、世界銀行が教育の投資効率などについての検証を行い、教育セクター（とりわ

け初等教育）への支援を拡充するようになった（北村 2015）[注4]。ADB においても、1988 年に実施された教育セクターレビューを契機に教育支援政策が大きく転換し、基礎教育支援の重点化を明確に打ち出すとともに、加盟国の多様な教育ニーズに応えることが重視されるようになった（廣里 2001）。

　このような国際教育協力分野におけるアクターの多様化に伴い、1970 年代から 1980 年代にかけて、文部省によるユネスコを通じた支援に加えて当時の大蔵省及び外務省も国際機関の教育分野への支出を開始した。1980 年代後半には、世界銀行及び ADB に対する、留学生支援を目的とする大蔵省の日本信託基金が相次いで開始された。また、1980 年以降は、国際開発金融機関に貧困削減などを目的とした日本の基金が複数設置され、それらの基金によって基礎教育支援をはじめとした教育案件が実施された。さらに、1984 年には、外務省を通じたユニセフへの災害緊急援助無償資金協力の第 1 号案件が実施された。

（3）基礎教育重視の国際潮流と人間の安全保障（1990-2000 年代前半）

　1980 年代後半から 1990 年代にかけては、経済成長中心の開発に対して、人間中心の開発の重要性が国際的に重要な課題として広く認識されるようになり、ユニセフの『人間の顔をした調整（*Adjustment with a Human Face*）』（1987 年）や UNDP の『人間開発報告書（*Human Development Report*）』（1990 年）が相次いで発表された。そのような中で、1990 年にタイのジョムティエンで「万人のための教育（EFA）世界会議」が開催され、この会議で挙げられた基礎教育分野における諸課題に対して、文部省はユネスコを通じた支援を強化するため、識字教育信託基金などの 3 つの日本信託基金をユネスコに設けた。

　同時期のユニセフにおいても、1980 年代の優先課題が保健分野であったのに対して、1990 年に発効した「子どもの権利条約」や同年に開催された「子どものための世界サミット」を転機として、権利としての基礎教育の重要性が強調されるようになった（澤 1999）。その結果、ユニセフに対する日本の無償資金協力も 1980 年代は保健セクターが中心であったのに対して、1990 年代から徐々に変化がみられ、2000 年代に入ると保健セクターと並んで教育セクターが重視されるようになった。例えば、2002 年にはバングラデシュで初めての本格的な初等教育支援案件が開始されている。

また、1998 年には小渕恵三首相が行った政策演説を受けて、国際機関向け
に「人間の安全保障基金」が設置され、さらに 2003 年の開発援助大綱の基本
方針に「人間の安全保障の視点」が初めて明記され、「平和の構築」が 4 つの
重点分野のうちの一つとなった。この時期には、人間の安全保障基金によって、
ユニセフやユネスコによる紛争影響国への教育支援案件が開始されている[注5]。

（4）国際的な教育課題への対応と国際機関への予算削減
　　　（2000 年代後半〜現在）

　2000 年代後半になると、日本は教育セクターにおける新たな国際的枠組み
への対応を迫られるようになった。2015 年までの初等教育の完全修了を目指
して「万人のための教育ファスト・トラック・イニシアティブ（EFA-FTI）」
という多国間拠出によるグローバルな基金及びパートナーシップの枠組みが
2002 年に立ち上げられ、途上国が教育セクター計画を策定し、それを実施す
るうえでの資金ギャップを埋めるための支援が強化されるようになった。当時
は G8 の議長国が EFA-FTI の共同議長の一国を担うことになっており、日本
は 2008 年に 1 年間、議長を務め、同年 4 月には実務者会合を東京で開催した
（外務省 2008）。その際の関連会合において高村正彦外務大臣が政策演説を行い、
日本政府が国際教育協力の重要性を強く訴えたことによって、「日本の国際教
育協力にとって画期的な会合」と評価されるようになった（黒田 2008）。また、
前述の「持続可能な開発のための教育（ESD）の 10 年」の最終年の 2014 年に
は、ユネスコと共催で名古屋と岡山で世界会議を開催した。さらに、持続可能
な開発目標（SDGs）の教育目標（SDG 4）の設定に大きな役割を果たした
EFA ステアリング・コミッティの共同副議長を日本の大学の研究者が務め、
2015 年以降の国際アジェンダ設定に参画してきた。

　このように、教育セクターにおける国際的な教育目標への支持やそれに伴う
対外発信が強化された一方で、国際機関に対する ODA 予算は大幅に削減され
てきた。厳しい行財政事情を反映し、2006 年に閣議決定された「経済財政運
営と構造改革に関する基本方針（骨太の方針）2006」において、翌年からの 5
年間で ODA 対前年度比 2-4% 削減することが明記されたことを受けて、
2007 年には国際機関の拠出金が前年の半分程度と大幅減になり、その後徐々
に回復するものの、2013 年には再び大幅減少となるなど（薄井 2017）、国際機

関にとっては厳しい環境となっている。後述のとおり、それを補てんする形で
ユニセフなどの国際機関に補正予算が増加していることも、2000年代後半か
ら2010年代にかけての特徴となっている。

4. 国際教育協力を実施している主要な国際機関

（1）国連科学教育文化機関（ユネスコ）
①国際機関を通じた日本の教育協力の幕開け
　日本のユネスコ加盟は、政府の動きに先んじて、平和国家としての再生を願
う人々による戦後最初の民間運動である「ユネスコ運動」から始まった。この
民間運動が、政府や国際社会を動かし、日本の国連加盟の5年も前である
1951年にユネスコ加盟を実現させた（野口1996、千葉2004）。1952年には、
「世界一立派な事務局」（木田2003、p.76）とも称される「日本ユネスコ国内委
員会事務局」が、文部省の所轄機関として設置された。国内委員会及び文部省
の積極的な関与のもと、1954年に日本が初めてユネスコの活動に参加したの
は、国際理解教育を推進するための「国際理解教育協同学校計画（Associated
School Project: ASP）」であった（Kamibeppu 2002）。この事業は、現在でもユ
ネスコ・スクール（ASP Net）として継続的に実施されており、2017年10月
時点において幼稚園から大学までの1,034校が参加している（ユネスコ・アジア
文化センター「ユネスコスクールへようこそ」）。
　国連によって「国連開発の10年」と定められた1960年代になると、文部省
や国内委員会の中の国際派の人々の努力によって、協同学校や留学生といった
国内向けの支援を越えた国際教育協力が目指されるようになった（Kamibeppu
2002）。具体的には前述の「カラチ・プラン」への参画や、東南アジアや中近
東への教育事情調査団の派遣、そして1962年の第1回アジア地域ユネスコ加
盟国文部大臣会議の東京での開催といった取り組みを通じて日本の国際教育協
力への気運が盛り上がっていった。1967年には、NIERがアジア地域教育研修
事業を開始した。この事業では、各国が抱える教育課題に関して、先進国から
のトップダウンで対応策を伝授する方式ではなく、各国が対等な立場で問題解
決を目指す「NIER方式」と呼ばれる手法が導入され、後述のAPEIDやユネ
スコ・アジア文化センター（Asia-Pacific Cultural Centre for UNESCO:

284　第Ⅴ部　国際教育協力のさまざまな形

ACCU）による支援にも引き継がれていった（千葉 1997）。

　1970 年代初頭には、ユネスコを通じた支援を強化するための 3 つの取り組みが始まった。その一つは、ユネスコへの拠出金を活用して、ユネスコの専門家、日本人専門家、受け入れ国専門家からなる「巡回指導チーム（mobile training team）」をアジア各地に派遣し、教員や専門技術者に研修指導を行う事業であった。文部省による当時の資料には、この支援は「形式的には国際機関を通ずる多国間の協力により、実質的には我が国と受け入れ国の特徴を生かす二国間方式の長所を取り入れたものであり、新しい形の発展途上国事業として各国から注目された」（文部省 1972、p. 1117）といった記述がある。これは、多国間協力のフレームワークを通すことによって中立性や専門性を確保するとともに、アジアにおける日本の歴史的・文化的に慎重を要する立場を踏まえつつも、日本が有する知見をアジア各地に移転することによって、一定レベルで日本の影響力を保つことができる仕組みであったという指摘もある（Kamibeppu 2002）。

　2 つ目は、1971 年の ACCU の設立である。ACCU の事業の特徴は、アジア太平洋地域におけるユネスコ加盟国との「協同事業方式」であり、各国が平等な立場で参加することを重視している。各国が専門家や資料を提供し、ACCU は教材のマスター版（＝各国が自国語の教材を作成する際に参照するための底本）を作成し、それを各国が適応・普及・活用するという方式を取っている（ACCU 2001）。この ACCU によるユネスコとの連携形態は、組織的には文部省の監督のもとに行う二国間協力であるが、実施手法としては多国間協力である。すなわち、上述の巡回指導と同様に、二国間協力と多国間協力のそれぞれの長所を活かし、文化的な立場や経済的優位に対する批判に配慮する形で実施されてきた（Kamibeppu 2002）。

　3 つ目は、1973 年にユネスコが開始した APEID に対する支援であり、教育工学、職業技術教育、カリキュラム開発・科学教育、特殊教育、初等教育、環境教育の 6 分野において、日本でのセミナーを開催し、研究開発などの協力を行った（首相官邸 2001）。また、上述した巡回指導に対する拠出金をこの APEID に対する支援に取り込むことによって、1974 年から 2004 年まで 30 年以上にわたって日本政府はユネスコに対して APEID 巡回講師団信託基金を拠出している。

第 10 章　国際機関を通じた国際教育協力　　285

②日本のユネスコ離れ、ユネスコの政治化、そして EFA の時代へ

　1970 年代初頭までのユネスコとの連携の盛り上がりは、1974 年の中央教育審議会答申を境に急速に後退し、「日本のユネスコ離れ」が顕著になっていった（斎藤 2011、千葉 2004）。日本企業の海外進出が活発化し、文部省が海外日本人学校や帰国子女受け入れへの対応を迫られている中、その具体的方策の第一に「国際社会に生きる日本人の育成」が掲げられた。これは、「国家利益優先思考の国際交流論、ドメスティック志向の国際交流論が優位」（斉藤 2011、p. 35）と言えるものであり、この政策転換によって、国際理解教育やユネスコ協同学校に対する文部省の関心も薄れていった（Kamibeppu 2002、千葉 2004）。

　さらに、1980 年代には「ユネスコの政治化」と呼ばれる現象が顕著になり、1984 年にはアメリカがユネスコを脱退する中、文部省によるユネスコへの支援も停滞していった（Kamibeppu 2002）。同時に、この 1980 年代は、JICA が学校建設や職業訓練への機材供与を中心とした教育支援を拡大させた時期でもあり、それまでユネスコを通して主に実施してきた教育のソフト面（＝カリキュラム開発や教員養成）に対する支援が、二国間を通じた教育のハード面（＝施設や機材などのハードウェア）に対する支援へと転換していく結果となった。

　そうした中、1990 年にタイのジョムティエンで「万人のための教育（EFA）世界会議」が開催され、ユネスコとの連携に再び転換をもたらす契機となった。会議での合意を踏まえて文部省は、ユネスコ・バンコク事務所を通じて実施する、識字教育信託基金（1990 年設立）、エイズ教育特別信託基金（1994 年設立）、コミュニティ識字センター信託基金（1996 年設立）の 3 つの日本信託基金を相次いで設立した。さらに、2000 年の世界教育フォーラムの後には、IT 教育信託基金（2001 年設立）、万人のための教育（EFA）信託基金（2002 年設立）、ユネスコ持続可能な開発のための教育信託基金（2005 年設立）、アジア太平洋地域教育協力信託基金（2009 年）に対する拠出が行われ、EFA への対応を中心としながら、ユネスコ／日本 ESD 賞の創設（2015 年）が象徴するように ESD という日本がイニシアティブをとってきた教育テーマも含めて、ユネスコを通じた支援を拡充させている。

③外務省のユネスコ支援開始、アフリカ・中東への支援開始

　日本による国際機関を通じた教育協力の変遷を概観すると、2000 年代に起

こった大きな変化として、外務省を通じたユネスコ支援が開始されたことが挙げられる。それまでは、分担金と文化に関する信託金は外務省の所管、教育に関しては文部省所管という明確な分担があったが（インタビュー#1[注6]）、1999年に松浦晃一郎・ユネスコ第8代事務局長が就任すると、翌2000年からユネスコ人的資源日本信託基金が外務省によって設立された。この基金には、初年度には13億円が拠出されているが、松浦事務局長が退任した2010年以降は大幅に減少し、2016年度には4,000万円程度にまで減少している。

　このことから、同基金は外交的な意味合いも持っていたことが推測できる。松浦事務局長が世界各国を回り、例えばその国のトップとの面談で重要だと合意された事項に対して、この基金から予算がついたということもあった（インタビュー#1）。この基金に対する拠出金は、教育セクターに限定されたものではなかったが、8割近くが各国からのニーズが高い教育案件に対する支出であった（図10-1参照）。

　また、これまでの文科省を通じた支援は、長年にわたりアジア太平洋地域のみを対象としてきたが、本基金による教育支援のうち約50%がアフリカ諸国に充てられている（図10-1参照）点から、松浦事務局長及びユネスコのアフリカ重視の方針が反映されてきたと理解できる。このように、ユネスコに対する日本の信託基金で初めてアフリカ支援をすることとなり、アフリカ開発会議（TICAD）をはじめとするアフリカを重視した日本のODA政策も反映される結果になったと言える。

　また、2007年よりアフガニスタンの警察官らに対する識字教育支援及び約30万人の非識字成人を対象とする識字能力強化計画という2つの案件が、総額60億円以上で実施されている。これらの案件は、日本の外務省がユネスコを通じて実施した初めての無償資金協力であり、日本によるアフガニスタン支援の重視が反映されたものであるが、同時に、この時期のユネスコ・カブール事務所に日本人職員が駐在していたという側面も見落とすことはできない。

④ユネスコを通じた支援の特徴

　2018年5月現在、ユネスコに対して設置された教育日本信託基金は10を数え、そのときどきのユネスコの優先課題に対応するために廃止や統合を繰り返しつつも、1970-1980年代における日本によるユネスコ離れの時期やユネスコ

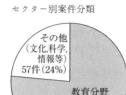

図 10-1　外務省「人的資源開発日本信託基金」によるユネスコ支援
（注）公開されている案件リストより筆者分析。教育案件が全体の 76％ を占める。教員訓練関連（45件）、基礎教育・識字・ノンフォーマル教育関連（40件）、教育セクター計画・統計支援（30件）など。

が慢性的な資金難に陥った時期においても、基本的に途切れることなく拠出してきたことを改めて指摘しておきたい（表 10-2 参照）。これは、基本的に日本政府がユネスコに対して一定の信頼を置いてきたことの証左であろう。

　例えば、1974年に始まった APEID への信託基金は 2004 年まで続けられ、1990 年代から 2000 年代にかけて世界銀行やユニセフがユネスコに代わって国際教育協力を主導するような状況になったときにも、「日本の信託基金がなければ、崩壊するような状況まで陥った」（Kamibeppu 2002、p. 106）とされるユネスコの困難な時期を継続して支えてきた。この例が示すように、ユネスコにとって他の多くのドナーによる支援は、金額は大きくても 1 回限りで終わることがあるのに対して、日本の支援は各種基金を通じて長期にわたって継続されているため、重要なドナーであると認識されている（インタビュー#1）。

　このような日本の継続性を評価する認識がユネスコ内にある反面、個々の基金については新設や統合も多く、数年で終わってしまう基金や予算が大幅に削減される基金も存在してきた。筆者がユネスコの元幹部職員や文科省関係者[注7]に実施したインタビュー調査の中でも、ユネスコ側がそのときどきに強化したい分野や、予算を確保しやすい国際会議の主要テーマなどに基金を再編成しながら拠出する傾向があることなどが指摘された。基金の設置に関しては、国際的なアジェンダや日本の外交政策の影響、予算上の制約を受けることもある中で、教育セクターにおける長期的な戦略にもとづいた拠出及び案件の実施を行っていくことが重要課題となっている。

　また、文科省による信託基金に関するレビュー会合が定期的に開催されるよ

表 10-2　文部科学省の拠出による教育関連日本信託基金一覧

信託基金名称	拠出期間	概　要
アジア・太平洋地域教育開発計画（APEID）巡回講師団派遣信託基金	1974 年〜2004 年	APEID の参加国において、教育工学・カリキュラム開発・特殊教育分野などのセミナーやワークショップの開催、日本の専門家の派遣などを実施。
識字教育信託基金	1990 年〜2001 年	識字教育の普及・改善に貢献するため教材開発、研修を実施。
エイズ教育特別信託基金	1994 年〜2008 年	エイズ教育のカリキュラム・教材開発、指導者養成のための研修を実施。
コミュニティ識字センター信託基金	1996 年〜2001 年	へき地、少数民族地域、都市スラムなどにコミュニティ識字センターを設置・運営。
IT 教育信託基金	2001 年〜2004 年	初等中等教育教員などを対象とする IT 研修の実施。
万人のための教育（EFA）信託基金	2002 年〜2008 年	EFA の達成のため、識字教育事業、初等教育のカリキュラム開発のための人材養成セミナー、基礎教育のネットワークの構築を実施。
持続可能な開発のための教育信託基金（非 ODA）	2005 年〜2007 年	「国連の持続可能な開発のための教育（ESD）の 10 年」に提案国として貢献するために拠出し、ESD に関する教材開発やコミュニティ・学校レベルでの活動を支援。
持続可能な開発のための教育交流・協力信託基金（非 ODA）	2008 年〜2014 年	「ESD の 10 年（2005-2014）」の後半 5 年間の戦略の具体化と実施、ESD に関する世界会議に向けた普及・促進のための国際的枠組みの構築のために拠出。
アジア太平洋地域教育協力信託基金	2009 年〜現在（2018 年）	識字率向上及びライフスキル獲得のための支援、教育システムにおける計画、運営能力開発のための国際的枠組みの構築及び自然・人的災害教育のための支援（「エイズ教育特別信託基金」、「EFA 信託基金」を解消して創設）。
ESD グローバル・アクション・プログラム信託基金（非 ODA）	2015 年〜現在（2018 年）	「ESD グローバル・アクション・プログラム（GAP）」に明記されている優先行動分野に重点的に取り組み、戦略的実施を促進するために拠出。「地域コミュニティ」、「教育者」、「ユース」などに関する事業を実施。

第 10 章　国際機関を通じた国際教育協力　　289

うになったのは、初期の支援から 20 年以上経過した 1994 年頃からであり[注8]、基金で支援された案件の国名や詳細内容などが公開されていないものもある。さらに、インタビュー#1 からは、他ドナーとの会合では案件の成果や教育政策・支援の専門的な議論を重視するのに対し、日本は基金の運営や管理面に関することを重視する傾向が指摘された。二国間と多国間協力の連携を強化し、日本のアジェンダを主流化するという ODA 政策の実施のためにも、引き続きレビュー会合のような対話の場を通じて、専門的な議論を深め、連携促進のための情報の共有を進めることが期待される。

(2) 国連児童基金（ユニセフ）

①受益国から緊急援助支援国へ

日本とユニセフのパートナーシップは、戦後、日本が支援の受け手国として初めて粉ミルクなどの支援物資を受け取った 1949 年から始まり、その支援は 1962 年まで続けられた（ユニセフ 1999）。その間にも、日本政府からユニセフに対する拠出は 1950 年に開始され、1972 年には拠出額が 100 万米ドルに達した（ibid.）。その後、1984 年にはユニセフに対する無償資金協力が始められ、1986 年までにエチオピア、ブルンジ、モザンビークなどのアフリカ地域を中心とする干ばつ・飢餓に対する緊急援助支援（総額 14 億 8,300 万円）を行った[注9]。

1990 年代になると、アフリカ諸国の内戦や旧ユーゴスラビアの混乱などを受けて、紛争の影響を受けた国々に対する「紛争被災民支援」が開始され、その後も、イラク、ルワンダ、コソボなどへの支援を、ユニセフを通じて行った。これらの緊急支援案件は、物資の調達が中心であり、教育分野における支援がどの程度含まれていたのかについて詳細を知ることは難しい。しかしながら、例えば 1998 年に実施されたコソボへの支援では、子どもたちに地雷や不発弾の危険を知らせるための教育活動が、日本政府の支援で実施された（ユニセフ 1999）。

②保健セクター中心から教育を含むマルチ・セクトラルな支援へ（2000 年代）

2000 年以降、日本によるユニセフを通じた支援は大幅に拡大してきた。ただし、1999 年にポリオ根絶を目的としたユニセフへの無償資金協力の第一号

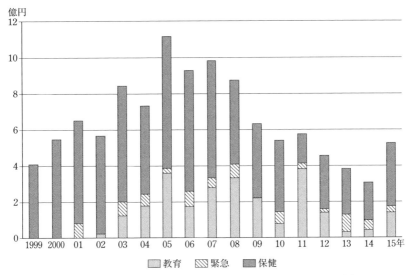

図 10-2　ユニセフに対する無償資金協力案件金額推移（1999-2015 年）

（出典）「日本の国際教育協力―歴史と展望」検討委員会が作成した案件リスト及びユニセフ東京事務所提供情報を元に筆者作成。
（注）　1999-2015 年の全 269 案件を分析。緊急援助案件のうち教育が主要コンポーネントとなっている案件は教育に分類。1999 年以前の緊急援助案件（41 件）は、支援額が他の機関と合算されている案件が多いため対象外とした。

案件を開始して以降、支援全体のうち案件数及び支援額の約 70％ が保健セクターへの支援となっており、教育セクターへの支援は限定的であった（図 10-2 参照）。こうした状況の背景には、保健セクターと教育セクターがそれぞれ置かれていた環境の違いがある。すなわち、保健セクターでは、日本の商社と較べて 5 分の 1 程度の値段でポリオ・ワクチンを調達できるユニセフに圧倒的な費用対効果があり、かつ JICA との役割分担も明確であった。それに対して、教育セクターにおけるユニセフの比較優位は必ずしも明確ではなかった（インタビュー＃2[注10]）。

また、長年、日本の教育支援は高等教育分野が中心であり、基礎教育分野に対する支援は限定的であるべきという議論が主流であると、関係者たちに理解されていた（インタビュー＃3[注11]）。加えて、日本政府は、学校建設、理科教材、トイレの設置といったハード面の支援を好むのに対して、ユニセフは教授法やカリキュラムといった教育のソフト面を重視してきたため（インタビュー＃3）、ユニセフ側からも、日本政府側からも、教育支援をあえて議論するよう

第 10 章　国際機関を通じた国際教育協力　291

な環境ではなかったと思われる。

　しかし、ユニセフの優先分野が、子どもの健康・保健といった特定的な分野から、「子どもの権利」を包括的にとらえるという方向へと転換していく中で、日本にとっても教育セクターにおけるユニセフとの連携を始める契機となる案件が開始された。その一つが、2002 年に開始された、ユニセフ経由の教育案件である「バングラデシュ地域別教育環境集中改善計画」であった。当時、先述のような SWAPs が進むバングラデシュの教育セクターにおいて、財政支援を行わない日本は教育支援そのものを実施することが困難な状況に追い込まれた。そうした中、より積極的に SWAPs に参加しているユニセフに対して日本が資金協力を行い、そこに青年海外協力隊などの支援を組み合わせていくという、新しいタイプの連携が試みられた。この試みは、それ以降のユニセフとの連携・協力に関する、良い先行事例となった（インタビュー＃2〜4[注12]）。

　こうしたバングラデシュでの支援と同時期の 2002 年には、アフガニスタンで実施されたユニセフの「Back to School キャンペーン」に対する支援として、日本から政府資金 500 万米ドルと日本ユニセフ協会の寄付金 700 万米ドルが供出された。この支援にもとづき、学用品の提供や学校の修復などを行った結果、就学率がキャンペーン前よりも 60％、特に女子は 90％ も増加した（外務省 2004）。このアフガニスタンでの支援は、これ以降、ユニセフによる教育緊急支援のイメージを日本の関係者に浸透させることに成功し、その後のユニセフとの連携・協力による教育案件の増加につながっていった。

　ここで挙げたバングラデシュとアフガニスタンの例では、いずれも教育案件が開始された背景として、現地のユニセフ側に教育支援や日本との連携に対して積極的な日本人職員が駐在していたことや、ユニセフを通じた教育支援の意義を十分に理解した日本の大使館や外務省の職員たちがいたという、属人的な要素が大きかったことを指摘しておきたい。

　2000 年代後半にも、大きな転機があった。先述のように国際機関への当初予算が減少する中で、それを補う形で 2008 年から補正予算によるユニセフの案件が急激に増加し、2008 年から 2015 年の補正案件は合計で 184 案件、総額約 7 億 8,400 万米ドルとなっている[注13]。補正予算は緊急性が高く、予測できない事態などに対応するための追加予算であるため、これらの案件は紛争や災害に対する緊急人道支援であり、ほぼすべての案件が、教育、保健、水・衛生、

292　　第Ⅴ部　国際教育協力のさまざまな形

栄養などの複数分野を含むマルチ・セクトラルな案件となっていることが特徴である。長年、外務省の中で教育支援は緊急人道支援の対象ではないとの認識があったことを鑑みると、積極的に緊急人道支援（とりわけ教育支援）を行っているユニセフに対して日本からのサポートを増大させたことは、大きな転換点であったと言うことができる。

このような転換の一要因として「緒方イニシアティブ」の実施が挙げられる。このイニシアティブは、2002 年から 3 年間、アフガニスタンにおいて重点地域を設定したうえで人道から復興までの継ぎ目のない総合的な開発を目指すプログラムとして実施され、日本政府は、ユニセフ、WFP、UNHCR などの国際機関に約 120 億円を拠出している（野林・納家 2015）。それまでは、現場から上げられるプロジェクト企画書から教育セクターを削除するようなこともあったというが、このころから理解に変化がみられるようになったという（インタビュー#4）。

さらに、2006 年には国連が主導する「人道クラスターアプローチ」[注14]に教育が加わったことや、2010 年の国連総会決議において、「加盟国は、教育の権利を人道支援・対応に不可欠な要素として保障し、支援するために必要な戦略と政策を実施すること」（UNGA 2010）と明記されたことなど、緊急人道支援における教育支援を重視する国際的な潮流が明確になっており、こうした国際社会の状況を踏まえ、日本もユニセフをはじめとする国際機関との連携・協力のあり方を模索していると考えられる。

③ユニセフを通じた教育案件の特徴

2002 年から 2016 年までの教育案件または教育に関わる内容を含む無償資金協力全 43 案件を分析したところ、その特徴が明らかになった（図 10-3 参照）。

紛争への対応案件が全体の 88% を占め、災害・防災案件を合わせると 95% となり、対象国も紛争影響国・脆弱国が 81% を占めている。実施国にアフリカが多いのは、TICAD の「平和の定着」案件の実施が多いためである。JICA が実施する基礎教育分野の支援国以外で実施されている案件の割合も 65% と高く、紛争・災害の影響国に対する緊急支援、かつ、二国間支援では実施が難しい国・地域をユニセフ経由で実施するという傾向が、明確にみられた。

これは、近年の日本による教育支援政策とも軌を一にしている。また、筆者

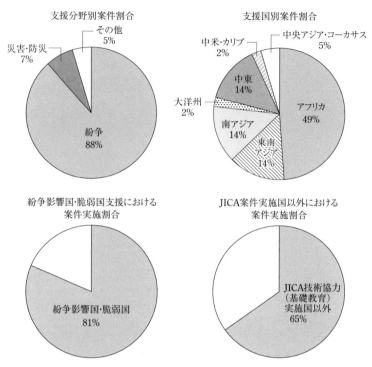

図10-3　ユニセフが実施する教育案件（無償資金協力）の特徴（案件数）

がユニセフの元幹部職員に対して実施したインタビューでも、「緊急人道支援、紛争地域はユニセフ、開発はJICA」という一般的な役割分担の認識が、日本政府ならびにユニセフの関係者たちの間で共有されているとの指摘があった（インタビュー#2〜4）。先述した補正案件でも、スポーツ、レクリエーションを含むトラウマ軽減のための特別カリキュラム、難民キャンプ内外における一時的な学習の場（Temporary Learning Space）の設置、心理的サポートのための教員研修など、JICAでは実施していない緊急人道支援がユニセフによって実施されていることがわかる。

　ユニセフとの連携におけるもう一つの特徴は、1988年から日本政府との定期協議を実施していることであり（久木田 2002）、他ドナーと比較してもここまで長期間にわたって毎年そうした協議を行っている例はないとのことである（インタビュー#3）。この定期協議は、現場レベルでの連携や新しい試みを政策

294　第Ⅴ部　国際教育協力のさまざまな形

レベルで協議する場として、もともとは機能していた（インタビュー#2〜3）。しかしながら、インタビュー#4によると、日本の国際機関に対する予算の減少に伴い、日本政府内のユニセフ担当者以外の関係者に対して、いかにユニセフという機関が有益であるかを伝えることへ重点が変化していったという。もともと現場関係者の強いイニシアティブによって実現した取組を定期協議という形で制度化していくことによって、教育支援も拡大していった経緯を考えると、今後の定期協議の役割について改めて検討することが必要である。

　また、先述のアフガニスタン支援の例が示すように、民間セクターである日本ユニセフ協会が重要な役割を担っていることも、ユニセフとの連携の特徴である。日本ユニセフ協会[注15]は、1999年に世界の民間セクターで最高額をユニセフに対して拠出し、さらに2003年には他国のユニセフ協会（国内委員会）に先駆けて年間1億米ドルを超える拠出を行い（日本ユニセフ協会社史刊行会2005）、世界でもトップレベルの貢献をしている。こうしたユニセフに対する直接的な支援に加えて、日本国内におけるユニセフ支援への理解の拡大や、ユニセフにとっての重要なパートナーとしての日本の地位を確立するうえで、日本ユニセフ協会が果たしてきた役割は大きい。そのため、今後も、日本政府、日本ユニセフ協会、ユニセフの間でより一層のパートナーシップを構築していくことが期待される。

(3) 国際開発金融機関

　国際機関を通じた教育協力・連携を考えるうえで、非常に重要な役割を果たしているのが国際開発金融機関（Multilateral Development Banks: MDBs）である。MDBsとは、主に途上国政府が自国の社会経済開発を進めるうえで必要な金融支援や技術支援、知的貢献を提供することによって、それらの国を総合的に支援する国際機関の総称である。一般的に国際教育協力に関与しているMDBsとしては、全世界を支援対象とする世界銀行と、地域レベルでの支援を行っている4つの地域開発金融機関（ADB、米州開発銀行、アフリカ開発銀行、欧州復興開発銀行）を挙げることができる。

　これらのMDBsを通して日本が行っている国際教育協力としては、途上国の優秀な人材に留学の機会を提供することによって、当該国の指導的・専門的な立場の担い手を育成するというアプローチと、貧困削減などを目指した基金

を通じて教育支援を実施するアプローチの2つに大別することができる。

①留学生支援

　1980年代後半から90年代前半にかけて、大蔵省（現、財務省）を通じてMDBsへの任意拠出として奨学金支援を含む教育支援が開始された。1987年に「日本・世界銀行共同大学院奨学金制度」、1988年に「ADB日本奨学金プログラム」、1993年に「日本—IMFアジア奨学金プログラム」が設置された。開始時期は、1983年に発表された日本政府の「留学生10万人計画」と重なるが、必ずしも日本の留学生政策との明確な関連は確認できず、むしろMDBsの政策への対応であり[注16]、内容的にも文科省が実施している国費留学生招致制度とは異なる以下の3つの特徴がみられる。

　第1に、MDBsへの奨学金は、目的や対象が機関の特徴に応じて明確である。IMFでは、アジアの途上国における政府及び中央銀行の職員を対象として、日本の大学院の修士課程で高い水準のマクロ経済などに関する教育を受けるための奨学金を支給している。この奨学金は、受給者たちが帰国後に各国の枢要な地位に就くことで、日本との中長期的な協力関係を醸成することを目的としている[注17]。修了生の多くが政策立案に携わるキャリアを築いており、これまでの修了生631名（1993-2017年）のうち、54%が中央銀行、21%が財務省・税務当局の職務についている（IMF 2017）。

　これまでに5,700名以上（1987-2015年）に奨学金を提供している世界銀行奨学金も、奨学生の70%以上が中央政府または地方自治体で働いている（世界銀行グループ 2014）。この世界銀行奨学金において、日本のパートナーシップ大学として指定されている5大学が提供しているコースも、公共政策や行政学が中心となっている。また、IMF及び世界銀行の奨学金では、海外の大学院で学ぶ日本人の限定枠や優先枠があることも特徴であり、これらの奨学金は国際機関における日本人職員の増加を目的としている[注18]。

　第2の特徴として、奨学生の出身国が多様であり、留学先も日本だけではなく広くMDBsの加盟国に開かれている点が挙げられる。そのため、例えばADBによる奨学金の場合、世界10カ国の29の大学（うち15大学が日本）が指定校として学生を受け入れており、フィリピンのアジア経営大学院が最大の受け入れ校となっている（ADB 2017）。筆者によるアジア開発銀行の職員に

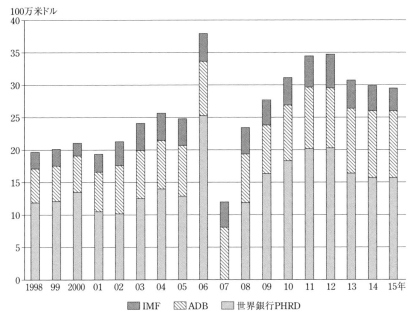

図 10-4　財務省による MDBs への奨学金拠出額推移
（出典）各機関の年次レポートより筆者作成。

対するインタビューの中で、日本の大学よりも他のアジアの大学に留学するほうが出身国の現状に合っているという声も聞かれた（インタビュー#5[注19]）。また、世界銀行が実施するプログラムでは、日本を含む 12 カ国 46 の大学の 200 以上のコースが留学先となっている（World Bank 2018）。

　第 3 の特徴は、全体の拠出額が基本的に安定している点である。文科省の留学生関連予算が、ODA 全体の拡大・縮小と比例して変動しているのに対して（第 9 章図 9-4 参照）、MDBs への奨学金の拠出は大きな影響を受けずに、比較的順調に拡大してきている。図 10-4 で示している 3 機関（世界銀行、IMF、ADB）の奨学金は、他の国際機関への拠出と比較しても大きな金額となっており、日本政府がこれらの奨学金を重視していると推測される。

② 貧困削減などを目的とした日本基金を通じた教育支援

　MDBs を通じた国際教育協力のもう一つのアプローチが、日本基金を通じた教育支援である。これらの基金は教育分野を含む多様なセクターを支援して

いるが、筆者が年次レポートなどの案件リストの中から明らかに教育案件と判断できるものを抽出したところ[注20]、以下の4つの基金に教育案件が多く存在することがわかった。

- 世界銀行　日本開発政策・人材育成基金（Policy and Human Resources Development Fund: PHRD）技術協力

  この基金全体への拠出累計額は、2015年6月時点で約30億米ドル（技術支援の約17億米ドルを含む）（世界銀行グループ開発金融局 2015）。2000-2015年に教育案件が106件承認され、総額6,800万米ドル、技術支援全体の承認案件の6.8%を占めている。就学前教育から高等教育まで幅広い分野を支援対象としている。

- 世界銀行　日本社会開発基金（Japan Social Development Fund: JSDF）

  この基金は、脆弱層や貧困層を対象に、NGOや中央・地方政府によって実施され、革新的なアプローチを重視している（世界銀行グループ・日本政府 2015）。2001-2016年に教育案件は64件が承認され、総額は約9,000万米ドルで、全体承認案件の18.7%を占めている。

- アジア開発銀行　貧困削減日本基金（Japan Fund for Poverty Reduction: JFPR）

  この基金は、貧困層への基本的社会サービスの提供に対する支援、NGOによる貧困削減・社会開発活動の支援などを対象としている。2000-2015年までに総額7億3,000万米ドルを拠出している。教育案件は34件で、その総額は約5,800万米ドルであり、全体の約8%を占める。特徴としては、職業訓練などのスキル開発を対象とした案件が多い。

- 米州開発銀行（Inter-American Development Bank: IDB）

  中南米を対象とし、社会開発と貧困削減を伴った経済発展を目指した3つの基金（日本特別基金、日本コンサルタントサービス基金、日本貧困削減プログラム）があり、1998-2015年までに総額約3億5,700万米ドルを拠出している。そのうち、教育案件は59案件あり、総額約3,000万米ドル、全体の約8.5%を占めている。支援対象分野は、就学前教育、初中等教育、職業訓練など、多岐にわたっている。

これらMDBsへの拠出を通じて実施されている教育案件は、いずれの基金においても1割から2割近くの金額を占めており、例えばADBのJFPRでは、

教育セクターは10セクター中で4番目に大きな割合を占めている（ADB 2016）。基金の案件予算規模は、それぞれの機関が実施する融資案件に比べて小さいため、インフラなどの大規模案件には向いていないのに対し、（予算規模が比較的小さい）教育や保健などの社会セクター案件に適しており、住民のニーズを熟知したやる気のある職員が優良案件を申請してくる傾向にあると、今回インタビューを行ったあるMDBsの職員も語っている（インタビュー#5）。

また、同職員によれば、基金によっては年度を超えて予算を使用でき、拠出も毎年継続されていることから、MDBs側にとっては、援助の予測性（predictability）が確保できるため、最初から融資案件の一部に組み込んだ計画が可能になる、という利点が指摘された。さらに、先駆的な取り組みが多いこともMDBsを通じた支援の特徴である。世界銀行のPHRDにおいては、「障害と開発プログラム」といった新しいイニシアティブを立ち上げ、まだJICAでは取り組みの少ないインクルーシブ教育を推進する案件をギニアやモルドバで実施しているなど、革新的な取り組みがある（世界銀行グループ開発金融局 2015）。また、同じく世界銀行のJSDFでは、NGOのセーブ・ザ・チルドレン・ジャパンがモンゴルの教育格差解消のための遠隔学習ツールを提供するなど、日本のNGOとの連携を推進している事例もある（世界銀行グループ・日本政府 2015）。

こうした好事例の一方で、今後の戦略的な取り組みの必要性もみられる。MDBs拠出金の政策的意義として、次の2点を財務省は指摘している[注21]。すなわち、（1）豊富な経験や幅広い分野の専門知識・有能な人材を有するMDBsのリソースを活用して、例えば日本が推進するユニバーサル・ヘルス・カバレッジといった分野に関して、日本の開発政策・理念の国際的展開を行うことと、（2）MDBsのネットワークを用いて、二国間支援では手が届きにくい地域や、援助が行き届きにくい貧困層などを支援し、二国間支援を補完する、という2点である。

しかし、今回実施した関係者に対するインタビューでは、各機関と日本との協議の中で教育セクターが議題に上ったような事例はなく[注22]、保健セクターに比べ教育セクターは日本の開発政策アジェンダとして、対外的に必ずしも明確に打ち出されているわけではないと思われた。また、二国間では手が届きにくい支援を行うという観点から、案件選定における日本側の審査では、二国

間援助との連携可能性よりも、重複の回避により重点が置かれているという印象を受けた。さらに、MDBs に対する支援は多様なセクターに及んでいるため、教育セクターのみに特化した支援の実績の把握や分析が困難である一方で、支援金額が比較的大きいことから、今後日本の教育セクター全体の協力戦略策定における財務省を通じた支援の活用がより一層重要となってくる。

また、2000 年代からの MDBs を通した教育協力において、金額の面からも、途上国の教育セクターに対する影響力の大きさからも、非常に重要な役割を果たしているメカニズムとして「教育のためのグローバル・パートナーシップ（GPE）」（旧称、万人のための教育ファスト・トラック・イニシアティブ〔EFA-FTI〕）が世界銀行の主導で設立されている。これは、国際的な教育援助資金の効率的・効果的な動員と運用を行うことで、とくに初等教育の完全修了を目指す国際的なパートナーシップで、2002 年 4 月に設立された。（本章第 3 節（4）を参照）。その後、支援対象分野を初等教育から基礎教育へと広げるに伴い名称も変更され、近年は SDGs の教育目標（SDG 4）の達成を目指している。この GPE に対して、日本政府も拠出を行っているが、2017 年までの累積拠出額は 2 億 3500 万米ドル（全体累積拠出額の約 0.5%、22 カ国中 17 位）となっており（GPE 2018a）、これまでのところ限定的な関与にとどまっている。

特に GPE は進展の遅れている脆弱国・紛争影響国への支援を拡大し続けており、2005 年にはわずか 5 カ国であった脆弱国・紛争影響国への支援は 2017 年には支援国全体の 48% にあたる 31 カ国（GPE 2018b）となり、全体の 60% の資金が割り当てられている（GPE 2018c）。

2011 年に発表された外務省の教育政策では、「平和と安全のための教育」を重点分野の一つとし、GPE（当時の EFA-FTI）への拠出増加を含む支援の強化を掲げているが、その支援は限定的で、政策の実施に課題が残る結果となっており、今後のさらなる支援を期待したい。

なお、ADB、米州開発銀行、アフリカ開発銀行といった地域ごとに設立されている MDBs は、それぞれの地域や国のニーズ、文脈に応じた教育援助を行っているが、国によっては世界銀行との役割分担が明確ではなく、援助内容が重複したりするケースなどもみられることを、課題として指摘しておきたい（北村 2016）。今後、日本が MDBs を通した教育協力を推進していく際にも、そうした課題を踏まえて、より効果的・効率的な援助のあり方を検討していく

300　第 V 部　国際教育協力のさまざまな形

ことが重要である。

結　び

　本章で概観したように、戦後の日本による国際機関を通じた教育協力の歴史は、国際社会への復帰としての国際機関加盟を契機に、政治的・文化的な中立性をある程度担保できる国際機関に委託することで、間接的に途上国の教育セクターを支援することから始まった。その後、国際機関が有する専門性を活かしたり、日本の援助機関による支援が難しい分野を委託、または依存するといった形で、国際機関を通じた教育協力を推進してきた。その中で、近年は日本の援助機関と国際機関との間でのより積極的な役割分担や相互補完を目指したり、さまざまな政策文書で打ち出されているような日本の手法やアジェンダを主流化することの重要性が認識されているが、必ずしもそれらが実現できているとはいえない。

　その背景には、省庁間の垣根を超えた総合的な支援戦略の欠如や戦略策定のための情報・エビデンスの欠如、さらには人材の不足といった課題がある。例えば、長年にわたりユニセフに勤務し、事務所長を歴任した和氣邦夫（2012）は、英国などが世界の開発政策論議の場でリーダーシップを取り、自国の政策を国際機関の業務にも反映させ、開発専門家グループの中で影響力を保ってきたのに対して、「日本は資金を出し、会議を主催してきたが、国際的に影響力のある人材が不足しており、内容のある政策提言や議論を効果的に行うことができないでいる」と指摘している（p. 225）。今回実施したインタビュー調査の中でも、国際機関に勤務する複数の日本人職員から教育の専門的議論ができる人材の不足について同様のコメントがなされた。

　このような課題があるとはいえ、日本のODA予算が今後劇的に増えることは見込めず[注23]、また途上国の教育セクターが抱える課題が多様化し、二国間援助だけでは十分な支援を行うことが難しくなることが予想される中、ますます国際機関を通じた教育協力の重要性は高まっていくであろう。そのため、これまでの歴史的な経緯を踏まえたうえで、さまざまな立場の関係者たちが活発に議論することによって、日本らしい国際機関との連携のあり方を構築し、途上国の教育セクターの拡充に資する教育協力がこれまで以上に実施されてい

くことを期待して、本章の結びとしたい。

注

［注1］　「経済協力の現状と問題点」「経済協力の現況と展望　南北問題と開発援助」
　　　「政府開発援助白書」のデータにもとづいて筆者計算。

［注2］　日本政府が経費を負担して、将来国際機関で勤務することを志望する若手日本
　　　人を各国際機関に派遣する制度。

［注3］　最上敏樹、1987、『ユネスコの危機と世界秩序——非暴力革命としての国際機
　　　構』東研出版、など参照。

［注4］　1970 年代には初等教育分野向け貸付の分野別比率はわずか 10％ ほどにすぎな
　　　かったが、80 年代後半には 25％ 近くとなり、90 年代には 35％ を超えるシェアとな
　　　っていく（斉藤 2001、125 頁）。

［注5］　1999 年ユニセフによる「コソボの初等教育復興」、2002 年ユネスコによる「カ
　　　ンボジアの危機下にある若者・子どもへのノンフォーマル、職業訓練」案件など。

［注6］　以下、ユネスコやユニセフの元職員へ行ったインタビューに番号を付して示す。
　　　#1 は、元ユネスコ職員へのインタビュー（2017 年 12 月 22 日実施）。

［注7］　インタビュー#1 に加えて、元ユネスコ幹部 2 名（2017 年 12 月 18 日、2018 年
　　　1 月 9 日実施）、元文部省職員 1 名（2017 年 12 月 8 日実施）にインタビューを行った。

［注8］　第 2 回文部省拠出信託基金レビュー定期協議が 1994 年に開催されたという記
　　　録がある（文部省学術国際局 1995）。

［注9］　「日本の国際教育協力——歴史と展望」検討委員会案件リストより筆者算出。

［注10］　#2 は元ユニセフ職員へのインタビュー（2017 年 11 月 13 日実施）。

［注11］　#3 は元ユニセフ職員へのインタビュー（2017 年 11 月 27 日実施）。

［注12］　インタビュー#4 はユニセフ職員（2017 年 12 月 19 日実施）。

［注13］　ユニセフ作成の各案件最終報告書より筆者算出。

［注14］　人道支援活動において、各機関が個別に活動するのではなく、クラスターご
　　　とにリード機関を指定し、支援の重複を避け、効果を高めるためのアプローチ。

［注15］　1955 年に設立。2016 年の拠出額は 144 億円（日本ユニセフ協会 2016）とな
　　　っている。

［注16］　例えば、ADB の奨学金は 1988 年の第 21 回 ADB 総会における日本の演説の
　　　中で発表されているが、その前年に開催されたシンポジウムにおける ADB 総裁の人
　　　材イニシアティブに賛同したものとされている（小武山 1988）。

［注17］　2016 年度までに 659 名の奨学生が卒業、56 名が母国で幹部職（局次長級
　　　以上）に就いている。財務省資料 http://www.mof.go.jp/about_mof/mof_budget/re
　　　view/2017/280029-46_48shiryo.pdf（2018 年 1 月 23 日）を参照。

［注18］　例えば 2016 年 4 月末までに 123 名の日本人に対して奨学金を給付し、うち 15
　　　名が IMF で採用された（上記［注17］の財務省資料参照）。

［注 19］　#5 は元 ADB 職員へのインタビュー（2018 年 1 月 16 日実施）。

［注 20］　各機関が毎年発行する年次レポートの案件リストより筆者算出。

［注 21］　財務省の資料にもとづく。上記［注 17］資料参照。

［注 22］　財務省の MDBs 担当職員へのインタビュー（2018 年 1 月 28 日実施）。

［注 23］　ODA 予算は近年微増傾向にあるものの、平成 28 年度まで 16 年連続減額、ピーク時から半減している。（中村高昭、2018、「平成 30 年度政府開発援助（ODA）予算——3 年連続増額となった ODA 予算」『立法と調査』第 397 巻、64-73 頁、及び外務省ホームページ「ODA 予算」https://www.mofa.go.jp/mofaj/gaiko/oda/shiryo/yosan.html〔2018 年 8 月 30 日〕など参照。）

参考文献

薄井繭実、2017、「国際機関への拠出金に関する PDCA サイクルの強化」『立法と調査』第 389 巻、61-74 頁。

外務省、1992、「政府開発援助大綱（平成 4 年 6 月 30 日閣議決定）」。

外務省、1999、「政府開発援助に関する中期政策」。

外務省、2002、「成長のための基礎教育イニシアティブ（BEGIN）」。

外務省、2003、「政府開発援助大綱（平成 15 年 8 月 29 日閣議決定）」。

外務省編、2004、「政府開発援助（ODA）白書——日本の ODA 50 年の成果と歩み」国立印刷局。

外務省、2008、「『万人のための教育』ファスト・トラック・イニシアティブ（EFA-FTI）実務者会合及び関連会合の開催及び高村大臣政策演説の実施について」、http://www.mofa.go.jp/mofaj/press/release/h20/4/1179174_906.html（2018 年 1 月 23 日）。

外務省、2014a、「2013 年版政府開発援助（ODA）白書　日本の国際協力」。

外務省、2014b、「国連児童基金（UNICEF）の概要」、http://www.mofa.go.jp/mofaj/gaiko/jindo/pdfs/unicef.pdf（2018 年 1 月 23 日）。

外務省、2015、「開発協力大綱」。

外務省経済協力局長 菊地清明編、1978、『経済協力の現況と展望　南北問題と開発援助』国際協力推進協会。

木田宏（インタビュアー、伊藤隆、小池聖一、所澤潤、村上浩昭）、2003、『木田宏〔元文部事務次官〕オーラルヒストリー下巻』政策研究大学院大学（政策研究院）C.O.E. オーラル・政策研究プロジェクト。

北村友人、2015、『国際教育開発の研究射程——「持続可能な社会」のための比較教育学の最前線』東信堂。

北村友人、2016、「国際機関による教育協力」、小松太郎編『途上国世界の教育と開発——公正な世界を求めて』上智大学出版、147-160 頁。

久木田純、2002、「開発パートナーシップにおける日本のリーダーシップ——日本・UNICEF 事業協力を例に考える」『政策研究大学院大学（GRIPS）*Development Forum Policy Minutes*』、No. 13、43-60 頁。

黒田一雄、2008、「FTI 議長国としての日本」、広島大学教育開発国際協力研究センター『国際教育協力論集』第 11 巻、第 2 号、1-3 頁、http://www.grips.ac.jp/forum/pdf02/pm13.pdf（2018 年 1 月 22 日）。

小武山智安、1988、「第 21 回アジア開発銀行マニラ総会」『ファイナンス』第 24-3 巻、42-47 頁。

斉藤泰雄、2001、「第 I 部第 3 章　世界銀行と発展途上国への教育協力」、江原裕美編『開発と教育 —— 国際協力と子どもたちの未来』新評論、121-135 頁。

斉藤泰雄、2008、「わが国の国際教育協力の理念及び政策の歴史的系譜 —— 草創期から 70 年代初頭まで」『国立教育政策研究所紀要』第 137 集、149-166 頁。

斉藤泰雄、2011、『我が国の国際教育協力の理念及び政策の歴史的系譜に関する研究（研究成果報告書）』国立教育政策研究所。

澤良世、1999、「援助機関における教育協力 —— ユニセフの場合」『国際教育協力論集』第 2 巻、第 1 号、広島大学教育開発国際協力センター、35-40 頁。

首相官邸、2001、「ユネスコの各分野での事業及びそれに対する我が国の協力」『時の動き』6 月号、政府広報、73-78 頁。

世界銀行グループ、2014、「日本開発政策・人材育成基金（PHRD）2014 年度　年次報告書」。

世界銀行グループ開発金融局、2015、「日本開発政策・人材育成基金（PHRD）2015 年度　年次報告書」。

世界銀行グループ・日本政府、2015、「革新を続けた 15 年間　世界の最貧困層のために」。

対外経済協力審議会技術援助部会、1971、「開発途上国に対する技術協力の拡充強化のための施策について（報告）」。

千葉杲弘、1997、「国立教育研究所から NIER へ —— 30 年の国際協力の過程」、国立教育研究所『アジア・太平洋地域の教育協力 —— 国立教育研究所の 30 年の歩み』、46-51 頁。

千葉杲弘、2004、「第 3 部　ユネスコと国際教育協力」、千葉杲弘監修、寺尾明人・永田佳之編『国際協力を志す人のために —— 平和・共生の構築へ』学文社、158-239 頁。

千葉杲弘・永田佳之、2004、「第 1 部第 1 章　国際協力の概略史」、千葉杲弘監修、寺尾明人・永田佳之編『国際協力を志す人のために —— 平和・共生の構築へ』学文社、3-25 頁。

通商産業省編、1963-1983、『経済協力の現状と問題点（1962-1982 年版）』経済産業調査会。

日本政府、2011、「日本の教育協力政策 2011-2015」。

日本ユニセフ協会、2016、「年次報告書 2016」、https://www.unicef.or.jp/library/pdf/jcu_nenjirep2016.pdf（2018 年 1 月 23 日）。

日本ユニセフ協会社史刊行会編、2005、「子どもたちの笑顔のためにユニセフと歩んだ 50 年　ユニセフ協会半世紀」出版文化社。

野口昇、1996、『ユネスコ50年の歩みと展望』シングルカット社。

野林健・納家政嗣編、2015、『聞き書 緒方貞子回顧録』岩波書店。

林田明子、2015、「国際機関等への拠出金・出資金 —— 拠出・出資の現状と監査等の制度」『立法と調査』第365巻、86-97頁。

廣里恭史、2001、「第Ⅱ部第三章 アジア地域への教育協力」、江原裕美編 『開発と教育 —— 国際協力と子どもたちの未来』新評論、181-208頁。

文部省編、1972、『学制百年史』帝国地方行政学会。

文部省学術国際局、1995、『平成6年ユネスコ関連事務の報告』。

文部科学省、2002、『国際教育協力懇談会・最終報告書』、http://www.mext.go.jp/b_menu/shingi/chousa/kokusai/002/toushin/020801.htm（2018年5月20日）。

ユニセフ、1999、「子どものためのパートナーシップ —— 日本とユニセフの協力50年」ユニセフ駐日事務所、財団法人日本ユニセフ協会。

ユネスコ・アジア文化センター（ACCU）、「ユネスコスクールへようこそ」、http://www.unesco-school.mext.go.jp/（2018年5月20日）。

ユネスコ・アジア文化センター（ACCU）、2001、「ユネスコ・アジア文化センター30年史」。

吉田和浩、2008、「第5章 基礎教育支援に関する日本と国際機関との連携」、小川啓一・西村幹子編『途上国における基礎教育支援 —— 国際的潮流と日本の援助（上）』学文社、101-122頁。

和氣邦夫、2012、「ユニセフの現場から」白水社。

Asian Development Bank（ADB）. 2016. *Japan Fund for Poverty Reduction Annual Report 2015*. Manila: ADB.

Asian Development Bank（ADB）. 2017. *Asian Development Bank-Japan Scholarship Program Annual Report 2016*. Manila: ADB.

Department for International Development, 2016, Raising the standard: the Multilateral Development Review 2016. https://www.gov.uk/government/uploads/system/uploads/attachment_data/file/573884/Multilateral-Development-Review-Dec2016.pdf (January 23, 2018).

Global Partnership for Education（GPE）. 2018a. *Consolidated Financial Report for the Year Ending December 31, 2017*. Washington, D.C.: GPE.

GPE. 2018b. *GPE's Work in Conflict-affected and Fragile Countries*. Washington, D.C.: GPE.

GPE. 2018c. *GPE's Engagement with Conflict, Migration and Education*. Washington, D.C.: GPE.

International Monetary Fund（IMF）. 2017. *Annual Report Financial Year 2017*. Washington, D.C..

Kamibeppu, T. 2002. *History of Japanese Polices in Education Aid to Developing Countries, 1950s-1990s*. New York: Routledge.

UNGA (United Nations General Assembly). 2010. *The Right to Education in Emergency Situation.* New York: UNGA.

World Bank. 2018. World Bank Scholarships Program. http://www.worldbank.org/en/programs/scholarships#3 (January 23, 2018).

第**11**章
NGO による国際教育協力
サービス提供者から変革主体へ

三宅隆史・小荒井理恵

1. NGO の定義

　NGO とは国際連合（以下、国連）が使い始めた用語で、non-governmental organization（非政府組織）の略称である。国連の意思決定を行うのは国連の加盟国政府であるが、国連の意思決定過程に市民社会の声を反映させるために、国連と協議する資格や協力する資格を民間団体に与えることを目的に使われた用語が NGO である。NGO には国際協力分野だけでなく、福祉、人権、環境、ジェンダー等あらゆる分野で活動している市民団体のほか、企業の連合体（例えば経団連の世界組織）や宗教団体、専門職団体の連合体（例えば日教組の世界組織）等が含まれており、幅広い民間団体が国連に登録されている。

　NGO と似たような概念として非営利組織（non-profit organization: NPO）がある。NGO は非政府性や市民性という政治的主体としての側面を強調している用語であるのに対して、NPO は非営利性や協同性という経済的主体としての側面を強調している。両者の実体には相違はなく、NGO は NPO でもある。

　本章では NGO を「市民による自発的な組織」と定義し、国際協力分野で活動する NGO を分析の対象とする。市民による自発的な組織というのは、政府が作った外郭団体ではなく、市民が主体的に設立、運営している非営利団体という意味である。したがって、市民による自発的な組織という意味を正確に表すためには、米国で普及している private voluntary organization（PVO）という用語の方が、NGO よりもふさわしい。PVO には「ボランティア」という言葉が含まれている。日本では、"ボランティアとは無償の奉仕" という考えが

307

浸透しているが、ボランティアには、無償性だけでなく公益性、自発性、革新性という意義もある。革新性とは、社会や人々の暮らしをよりよくするための変化を促すことだけでなく、NGO 活動に参加する人々（会員、職員、理事、ボランティア）自らの態度や価値の変革をもたらすことや、自らの組織自体を刷新していくことも指している。

　国際協力分野に限らず昨今 NGO が注目されてきた背景は 2 つある。1 つは新自由主義に基づき、政府を小さくするという動きである。ゆりかごから墓場まで政府（国家）が国民にサービスを提供する責任を負うという考えは破綻し、膨大な借金を日本政府は抱えるにいたった。そうした中でより効率的で効果的な公的サービスを提供することができる組織として NGO がサービス提供者（service provider）として活用されるようになった。NGO の比較優位として、草の根レベルで住民に直接裨益する事業を実施していること、また革新的なアプローチや手法を事業に取り入れていることがあげられる。ゆえに教育協力事業の実施においても NGO の役割が期待されるようになった。

　NGO が注目されるようになった 2 つめの背景は、「良き統治（good governance）」という考えである。経済学が明らかにしてきたように、政府も市場も失敗する。民主的で自由で人権が保障される社会を作るためには、国家（政府）と市場（企業）に加えて、市民社会の三者が良いバランスと緊張関係を保つことが必要である。この文脈では、市民社会組織（civil society organization: CSO）という用語がしばしば使われる。学校に行けない子どもや非識字の成人などの困難な状況にある人々の声を代弁する市民社会組織としての NGO が、企業の行動や政府の役割を監視し、提言する。この考えに基づく NGO の役割は変革主体（change agent）である。教育協力においても法律や政策、施策、予算の改善における NGO の役割が注目されるようになった。

　このように NGO には、「サービス提供者」として刷新的で効果的な事業を実施する役割と、「変革主体」として政策を改善し、その実践をモニターするという 2 つの役割を持っている。本章では、日本の NGO の国際教育協力の歴史をこれら 2 つの側面から考察する。まず日本の NGO と国際教育協力の概要、教育協力 NGO の設立された時代背景や特徴を概観した後、NGO による教育協力の変遷の特徴を 9 団体の事例によって明らかにする。なお、本章では教育分野で活動する NGO を教育協力 NGO と記すが、これらの多くは保健や

308　第Ⅴ部　国際教育協力のさまざまな形

緊急援助、コミュニティ開発等他のセクターでも活動していることに留意されたい。

2.　日本のNGOによる教育協力の概要

（1）日本のNGOの概要

　日本のNGOのネットワーク組織である国際協力NGOセンター（Japan NGO Center for International Cooperation: JANIC）は、国際協力を主な活動とする日本のNGOは約500あると推定している（国際協力NGOセンター 2011）。NGOの財政規模については、312団体を対象とした2015年度の調査結果によると、収入総額は428億円、収入の平均値（1団体あたりの収入）は1億3,729万円であるが、1億円以上の団体は17%であるのに対して、3,000万円未満の団体が62%を占めている（国際協力NGOセンター 2016）。NGO間のばらつきが大きく、左に偏った分布となっていることから中央値の1,956万円がNGOの財政規模を代表する値であると言えよう。入手可能な最も古いデータである1990年度の調査対象の153団体の収入総額は124億8,000万円であったので、1990年度から2015年度の25年の間に3.5倍に増加している。日本のNGOは発展・成長し続けているのであるが、欧米のNGOと比べて未だにはるかに小規模である。例えばSave the Children USAという1つの団体の収入が6億7,634万ドル（2013年度、約661億円）、Oxfam Great Britainの収入が4億860万ポンド（2016年度、約603億円）であり、日本の312団体の収入総額428億円をはるかに上回っている。また日本のNGOの1団体あたりの収入は1990年度の8,000万円から2015年度の1億3,729万円へと1.7倍しか増加していない。また日本のNGOは、財政に占める自己資金の割合が低く、政府資金の依存率が高い。NGOによる援助実績額に占める政府補助金の割合は、経済協力開発機構開発援助委員会（OECD/DAC）諸国のNGOの平均が3%であるのに対して、日本のNGOは21%である（三宅 2016）。

　国際協力分野のキャリアを志向する人たちに対する雇用機会としてのNGOはどのように変化したのだろうか。1994年に行われた調査によると、調査対象の186のNGOの常勤職員数は823名で、このうち580名が国内で従事し、243名が海外で従事していた（NGO活動推進センター 1994）。2016年には調査対

象の 218 団体の常勤職員数は 1,520 名に増加し、このうち 68% にあたる 1,036 名が国内で従事し、32% にあたる 484 名が海外で従事していた。22 年間に NGO の常勤職員は 1.8 倍増加したことになる。2017 年の JICA の常勤職員の数が 1,882 人であることを鑑みると NGO は国際協力分野のキャリア機会を一定の規模提供していると言えよう[注1]。

（2）日本の NGO による教育協力

国際協力 NGO センター（2016）によると、調査に回答した 430 団体のうち、教育・職業訓練の分野で活動する団体が 74%（320 団体）と最も多く、次いで環境の 54%（234 団体）、農業・漁業・開発の 41%（176 団体）、保健・医療の 35%（152 団体）、飢餓・災害の 25%（106 団体）と続いている。なお、多くの団体は複数の分野で活動している[注2]。

NGO の教育協力事業のサブセクター割合については、教育協力 NGO ネットワーク（Japan NGO Network for Education: JNNE）加盟団体の 10 団体による 58 事業の持続可能な開発目標（SDGs）の教育目標（SDG 4）への貢献について、2017 年の調査結果が出されている（教育協力 NGO ネットワーク 2017）。それによると、NGO による教育協力事業のうち初等中等教育が 72%、幼児教育が 24%、識字教育が 19% を占めている（図 11-1）。なお、多くの事業が複数のサブセクターを対象にしており、58 事業のうち 95% にあたる 55 事業が基礎教育分野を対象としている。一方、高等教育を対象とする事業は少ない。また 2006 年当時、JNNE に加盟していた 25 団体による 214 事業についての調査結果（教育協力 NGO ネットワーク 2006）によると、フォーマル教育を対象にした事業が 53% であるのに対して、ノンフォーマル教育を対象にした事業が 47% を占めている。これらのことから、NGO による教育協力事業の特徴として、①基礎教育が中心であること、②学校教育だけでなくノンフォーマル教育も重視していること、の 2 点をあげることができる。

NGO による基礎教育援助実績額を政府開発援助（ODA）による基礎教育援助実績額と比べてみよう。2015 年の 308 団体を対象として JANIC が実施した調査結果から推定される NGO の教育協力事業の総額は 67 億円である[注3]。上述の調査では教育事業のうち 95% が基礎教育分野を占めているので、NGO による基礎教育分野の援助総額は、約 64 億円と推定される[注4]。2015 年の日

310　第 V 部　国際教育協力のさまざまな形

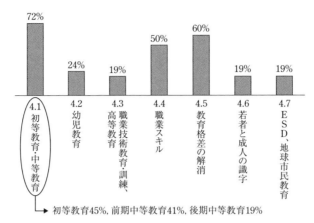

図 11-1　NGO による教育協力事業の SDG 4 の各ターゲット（4.1〜4.7）への貢献
（出典）　教育協力 NGO ネットワーク（2017）。
（注）　58 事業、複数回答あり。

本の二国間 ODA の基礎教育援助額は 4,923 万ドル（2015 年平均の為替レートで約 59 億円）である[注5]。したがって日本の NGO は日本の二国間 ODA とほぼ同額規模の基礎教育援助を実施していることがわかる。2012 年の日本の NGO による援助総額と ODA による援助総額の比率は 1 対 22（三宅 2016）であることを考慮すると、基礎教育分野において日本の NGO はオールジャパンとしての教育協力に貢献していると言えよう。

3. 教育協力 NGO の設立時期からみた世代区分

　教育協力 NGO の歴史を概観する。日本の NGO の活動分野や事業形態は多様である。しかし世界的な情勢や日本国内の動向に応じて、各年代に特徴的な NGO が設立されてきた。以下、国際協力 NGO センター（2016）および大橋（2011）による日本の NGO の歴史についての論考を参考にして日本の教育協力 NGO の 5 つの世代区分を提示する。ただしこの世代区分は、主に団体の設立時期に依拠しており、必ずしも教育協力 NGO の変遷や進化の動態や全体像を示しているものではない。

　「第 1 世代」の戦後から 1970 年代前半までに設立された教育協力 NGO の特徴は、「戦後復興と国際社会への参加」である[注6]。1970 年代前半までに設立

された教育協力 NGO の数は少ない。NGO という言葉すら知られておらず、民間団体や民間組織という名称が一般的であった。この背景には、日本は敗戦国であり、低所得国であったことがあげられる。市民の国際協力に対する関心が高まったのは、高度経済成長が始まり、日本が先進国の仲間入りを果たした後からである。この時代に設立された教育協力 NGO には、日本の国連教育科学文化機関（ユネスコ）への参加に協力する運動を行う民間組織として設立された日本ユネスコ協力会連盟（1948 年設立、日本ユネスコ協会連盟の前身）とユネスコ・アジア文化センター（1971 年設立）、キリスト教会を支援母体とする基督教児童福祉会（1952 年設立、チャイルド・ファンド・ジャパンの前身）がある[注7]。

「第 2 世代」の 1980 年前後に設立された教育協力 NGO の特徴は、「インドシナ難民への支援」である。1980 年前後に大量に発生したインドシナ難民への支援をきっかけに、1979 年に難民を助ける会と日本国際民間協力会が設立され、1980 年に日本国際ボランティアセンターと幼い難民を考える会が、1981 年に曹洞宗ボランティア会（シャンティ国際ボランティア会の前身）が設立された。これらの団体は、現地での緊急支援や物資提供に着手・実行し、中長期的な現地ニーズの変化に応じて、現地コミュニティの支援を意図した「開発協力」へと活動の重点が移行していき、協力内容に職業訓練や識字教育、図書館事業などのノンフォーマル教育を含んでいた。従来の民間組織や公益法人とは異なるこれらの NGO の設立によって、1980 年は「NGO 元年」と言われるようになった。インドシナ難民支援を契機に設立された NGO は、国際協力や NGO についての日本の市民の関心を高めることに貢献したと言える。

「第 3 世代」の 1980 年代の教育協力 NGO の特徴は、「量的および対象地域の拡大」である。ラオスのこども（1982 年設立）、パレスチナの子どものキャンペーン（1986 年設立）、民際センター（1987 年設立）等の日本独自の教育協力 NGO が設立された一方、国際 NGO の日本事務所が設立された。1983 年に日本フォスター・プラン協会（現プラン・インターナショナル・ジャパン）、1985 年に ADRA Japan、1986 年にセーブ・ザ・チルドレン・ジャパン、1987 年にワールド・ビジョン・ジャパンが設立された。これらの NGO は、欧米に本部を持つ NGO の同盟組織の日本におけるメンバー組織であるが、日本独自の意思決定機構を有して、教育協力事業を実施している[注8]。

1980 年代はアフリカの干ばつ被害に対して NGO の支援活動が行われるなど、日本の NGO がアジアからアフリカに活動範囲を拡げた。1980 年に約 50 団体だった NGO 数は、わずか 10 年間の間に 200 団体を超えるまで増えた。NGO の数が増加したため、1980 年代後半には NGO のネットワーク組織や中間支援機能を担う組織も設立された。ODA と NGO 間の連携策も始まり、1989 年に外務省による NGO 事業補助金制度が開始された[注9]。

　「第 4 世代」の 1990 年代に設立された教育協力 NGO の特徴は、「専門性の強化」である。1990 年代には、地球サミットなど一連の国連会議の開催によって、NGO への社会的関心が高まった。特に 1995 年の阪神・淡路大震災では、多くの NGO が海外での活動経験を活かして、救援活動を行った。阪神・淡路大震災では多くのボランティアが駆けつけ、ボランティア組織の役割の重要性が認識された。それまで市民団体やボランティア団体が法人格（法的地位が確保され社会的信頼が得られる）を持つことはほとんど不可能であったのであるが、これらに法人格を付与すべきだという世論が高まり、1998 年に「特定非営利活動促進法」（通称、NPO 法）が施行された。NGO の重要性が社会に認知されるとともに、NGO による事業の質やアカウンタビリティも問われるようになり、専門性の強化が必要とされるようになった。この時代に設立された教育協力 NGO としてアフリカ地域開発市民の会（1998 年）があげられる。

　1990 年代には湾岸戦争やユーゴスラビア紛争、ルワンダ大虐殺などを契機に、1994 年に JEN、1996 年にピースウィンズ・ジャパンなどの緊急人道支援を目的とした NGO が設立された。これらの NGO は緊急人道支援におけるプロフェッショナリズムを強調した。

　「第 5 世代」の 2000 年代から現在までの教育協力 NGO の特徴は、「多様なステークホルダーとの連携、パートナー型の事業実施、アドボカシーの強化」である。NGO・政府・経済界の共同による緊急人道支援組織であるジャパン・プラットフォーム（Japan Platform: JPF）が 2000 年に設立された。JPF は緊急時の教育支援事業も行っており、2001 年度から 2016 年度までの間に 192 案件、92 億 6,400 万円（1 案件あたり 4,825 万円）の教育事業を支援した[注10]。192 案件の緊急時の教育事業のうち人的災害（紛争）対応案件が 113 件、自然災害対応案件が 79 件であった。2012 年度から 2016 年度の JPF の海外事業費のうち教育案件の割合は金額ベースで 18.1% を占めており、日本の

NGO による緊急人道支援における教育案件の割合は高いと言える。また、2001 年の米国の同時多発テロ発生後、アフガニスタンでの緊急人道・復興支援の必要性の高まりを受け、日本の 6 つの NGO が計 9 名の職員を国連児童基金（ユニセフ）へ出向させ、緊急教育支援である Back-to-School キャンペーンの実施に協力するなど、国連との連携も行われた[注11]。

　2000 年代以降の NGO による教育協力事業のアプローチの特徴として、従来の直接実施型よりも現地 NGO を通じて事業を実施するパートナー型を採用する NGO が多いことがあげられる。ローカル・パートナーを通じて教育協力を行っている NGO に ACE（エース）、フリー・ザ・チルドレン・ジャパン、アジア・アフリカと共に歩む会、ソルト・パヤタスがある。

　2000 年以降の教育協力 NGO のもう 1 つの傾向として、万人のための教育（EFA）および SDG 4 のためのアドボカシーに力を注ぐようになったことがあげられる。世界教育フォーラムの後の 2002 年に日本の教育協力 NGO の連合体である JNNE が設立され、日本政府の教育協力政策を改善するための働きかけが行われるようになった。オックスファム・ジャパン、プラン・インターナショナル・ジャパン、セーブ・ザ・チルドレン・ジャパン、ワールド・ビジョン・ジャパン、日本リザルツは、各国のメンバー組織と連携して G8/G7 サミットや G20 サミット、教育のためのグローバル・パートナーシップ（GPE）や EFA/SDG 4 に関する国際会議を通じて日本政府へのアドボカシーを推進してきた[注12]。

4.　NGO による教育協力の歴史の事例

　本節では事例分析を通じて、日本の NGO による教育協力の歴史の特徴を明らかにする。事例調査対象団体は、JNNE に加盟している 21 団体（2017 年 5 月時点）のうち、運営委員を務めている 7 団体、運営委員ではないが教育協力における支援実績が豊富な 1 団体および JNNE 自身の計 9 団体である（表 11-1）。事例は文献レビューと調査対象団体の職員に対するインタビュー調査に基づく。本節では調査対象団体を、（1）ユネスコの理念に基づき設立された NGO、（2）日本で独自に設立された NGO、（3）国際 NGO の日本事務所として発足した NGO、（4）教育協力 NGO ネットワーク組織、の 4 つのカテゴリーに分類し分

表 11-1　事例調査対象団体とその教育協力の変遷の特徴

団 体 名	教育協力の変遷の特徴
(1) ユネスコの理念に基づき設立された NGO	
日本ユネスコ協会連盟 （NFUAJ）	1990 年の国際識字年を契機に識字教育に特化 CLC 施設の建設（ハード支援）→識字・ノンフォーマル教育分野の人材の育成や経験交流（ソフト支援）も
ユネスコ・アジア文化センター（ACCU）	図書開発事業での「共同事業方式」の経験を識字教育事業に活用 長年にわたる図書開発、識字教育のリソースセンター 識字教育などのプロジェクトを現地パートナー団体等と実施
(2) 日本で独自に設立された NGO	
シャンティ国際ボランティア会（SVA）	刷新的だが小規模な図書館活動をスケールアップし、最終的に制度化
ラオスのこども	市民性を大切にしながら図書開発や読書推進事業の専門性を強化
アフリカ地域開発市民の会（CanDo）	ケニアの教育政策やドナーの援助政策の変動に左右されず住民のエンパワメントの基礎としての教育を重視
(3) 国際 NGO の日本事務所として設立された NGO	
プラン・インターナショナル・ジャパン（PLAN）	アクセスから質の改善へ 子どもや若者の参加を重視 政策や説明責任の改善のためのキャンペーンを重視
セーブ・ザ・チルドレン・ジャパン（SCJ）	教育機会の直接提供から権利保有者である子どもや地域住民の参加、義務履行者としての行政への働きかけを重視（権利基盤型アプローチ） 紛争影響国の教育についてのアドボカシー、教育の質の重視
ワールド・ビジョン・ジャパン（WVJ）	1 人の子どもへの慈善的活動から地域の自立を目指した地域開発の一環としての教育協力へ アドボカシー、緊急下の教育の重視
(4) 教育協力 NGO のネットワーク組織	
教育協力 NGO ネットワーク（JNNE）	NGO の教育分野の能力強化に加えて教育 ODA についてのアドボカシーやキャンペーンも推進

（注）　JNNE 以外の本章に記載されたすべての NGO は法人格を有している。

析する。

(1) ユネスコの理念に基づき設立された NGO

日本ユネスコ協会連盟（National Federation of UNESCO Associations in Japan: NFUAJ）の前身である日本ユネスコ協力会連盟は、「戦争は人の心の中で生まれるものであるから人の心の中に平和の砦を築かなければならない」というユネスコ憲章前文に代表される平和や国際理解の理念を日本の市民に普

及することを目的とする「民間ユネスコ運動」の全国組織として、1948 年に
大学等の知識人を中心に設立された。NFUAJ が本格的に教育協力を始めたき
っかけは 1979 年にタイへ大量流出したカンボジア難民支援であった。1990 年
の国際識字年の前年には「世界寺子屋運動」を開始し、成人識字事業の支援や
読売新聞社との共同による識字問題の啓発のキャンペーンを実施した。世界寺
子屋運動では主にコミュニティラーニングセンター（Community Learning
Centre: CLC）の施設建設を支援してきたが、1993 年からは識字教育の指導者
の実践の共有や能力強化にも力を注ぐようになった[注 13]。当初は 1 か所の
CLC の支援期間を原則 5 年間までとしていたが、CLC の持続性を確保するた
めには時間と労力を要することから、支援対象団体をアジア地域の 10 団体に
限定することによって、よりきめが細かい長期の支援を行うようになった。

　2000 年以降は JICA との協力も行ってきた。JICA 開発パートナー事業とし
て、2000 年から 2003 年までベトナムの山岳少数民族居住地域において 43 か
所の CLC を通じた識字事業を支援した[注 14]。その結果、ベトナム教育省は、
2015 年までに国内の全 1 万 450 コミューンに CLC を設立することを、EFA
国家行動計画に盛り込んだ。アフガニスタンでは、NFUAJ は JICA の対等な
パートナーとして JICA 技術協力プロジェクトの計画段階から参画し、2004
年から 2007 年までにカブール市内 3 か所でモデル CLC の建設を支援した。モ
デル CLC は、教育省識字局が地域住民と共同で運営し、識字、ライフスキル
や技術訓練の提供、女性グループによる女性専用の屋内運動施設の運営など、
地域コミュニティの形成や多民族間の相互理解を促進した。この結果、アフガ
ニスタンの国家教育戦略計画において CLC は識字率向上の戦略の 1 つと位置
づけられ、各郡において識字教育を推進するという方針が策定された（国際協
力機構 2010）。

　NFUAJ の教育協力の変遷の特徴として、①1990 年の国際識字年を契機に識
字教育に特化したこと、②CLC 施設の建設（ハード支援）だけでなく識字教
育分野の専門家の育成や経験交流（ソフト支援）も行うようになったこと、③
識字・ノンフォーマル教育分野の専門性を高め、パートナー団体を通じた支援
に加えて識字協力事業を直営で実施するようになったこと、があげられる。

　ユネスコ・アジア文化センター（Asia-Pacific Cultural Centre for UNESCO:
ACCU）は当初財団法人として、文部省内の日本ユネスコ国内委員会の主導の

下、1971 年に設立された。そのきっかけは、1966 年のユネスコの書籍出版専門家会合への日本の出版界の全面的な協力と、ユネスコからのアジア地域の文化の相互理解を図るためのセンターの設置の依頼に基づく。設立当初からアジア地域の各国の言語のタイプフェイス（印刷技術に用いるためにデザインされた一連の文字の書体）の開発を支援し、出版文化の進展に貢献した。図書出版を支援する中で非識字の課題を認識した ACCU は、1981 年より識字支援を開始した。

　ACCU は識字教育、ノンフォーマル教育、持続可能な開発のための教育（ESD）、図書分野のアジア太平洋地域の行政官、専門家、ユネスコ、NGO とのネットワークを活かし、「ハブ」組織として機能してきた。図書や識字教材の開発において途上国のニーズや途上国人材の発意を重視した「共同事業方式」により、企画立案、専門家による会合・共同作業を経て図書や識字教材のマスター版を作成し、その後各国はマスター版から自国語版を作り、国レベルで普及・活用した。児童図書は 29 作品（40 以上の言語で 440 万部）、識字教材は 67 作品（34 言語、19 か国）が制作された。

　2007 年からは女性の識字やエンパワメントを重視し、識字と母子保健を統合した教育事業などをアジアの数か国の現地 NGO と協力して実施してきた。2010 年からは JICA 技術協力プロジェクトとして、アフガニスタンの識字教室のモニタリング、学習者の評価、データ収集・報告、識字教師の研修を通じた同国教育省識字局の能力強化事業を日本の開発コンサルティング企業であるコーエイリサーチ & コンサルティングと共同実施した。識字局が開発したモニタリング・評価・データ収集のツールは国家識字政策に国の識字制度として位置づけられたほか、アフガニスタン全国の県・郡識字局職員の能力強化がなされるなどの成果がみられた（小荒井・高柳 2016）。

　ACCU の教育協力の変遷の特徴として、①図書出版支援を通じて培われた「共同事業方式」の経験をその後の識字教材の開発に活かしてきたこと、②アジア太平洋地域の図書開発、識字教育のリソース・センターとして主導的な役割を長年にわたり果たしてきたこと、③識字教育などのプロジェクトを現地パートナー団体等と実施するようになったこと、があげられよう。

（2）日本で独自に設立された NGO

シャンティ国際ボランティア会（Shanti Volunteer Association: SVA）は、カンボジアの内戦を契機に大量発生した難民への教育・文化支援活動をするために1981年に設立された。タイでの難民キャンプで支援を行った後、1990年代に難民の本国帰還が始まると、カンボジアおよびラオスに活動拠点を移して、教員研修、校舎建設、図書開発、図書館支援を行った。電気がなく、教科書も児童に普及していなかったラオスにおいては、ラオス教育省の教材開発センターと協力して、謄写版を製作し、ラオスのすべての小学校に謄写版を普及した。

SVA は図書館活動を主要な教育活動と位置付けており、教育行政機関への図書館活動に関する提言活動と能力強化も重視してきた。カンボジアでは、1993年から学校教育に図書館活動を導入する活動を州教育局と行う中で、教員に対する図書館活動についての研修を行い、終了時に絵本を供与してきた。当初、校舎建設や教科書の配布を重視した教育行政の中央政府機関である教育省はこの活動に懐疑的であったが、学校図書室が機能し、読み聞かせが授業に取り入れられている学校では、教員と子どものコミュニケーションが活発になったり、読み聞かせを聞きたいという理由から学校に行きたいという子どもが増えた等の結果、教育省は読書活動を小学校の教員養成課程のカリキュラムへ導入することを1998年に決定した。2011年には、図書館員の配置や図書室の広さ、蔵書数を定めた小学校図書館基準が制定された。2015年には、教育省は自己資金で公式の認定図書館員研修を初めて主催した。2015年の時点で、カンボジアの7,051校の小学校のうち3,880校に図書室が設置されるに至った。

SVA の教育協力の変遷の特徴として、読み聞かせや謄写版といった刷新的な教育実践や教材の効果を少ない対象校で実証し、その後、スケールアップをはかり、最終的に政府への提言活動を通じて制度化を図ったことがあげられる。

「ラオスのこども」は、在日のラオス人が、自分の子どもに読み聞かせをする中で絵本の素晴らしさを知り、ラオスの子どもたちも絵本を楽しめるようにと、幼稚園のバザーなどで日本語の絵本を集め、ラオスに送ったことを契機に、1982年、「ASPB ラオスの子どもに絵本を送る会」として設立された。ラオスには絵本がほとんどなかったため、1990年にラオス語の図書を出版し、さらに出版の担い手となる作家、イラストレーター、編集者を育成する研修を、日本の専門家がトレーナーとなって開始した。2017年度までに219タイトルの

図書（絵本・紙芝居・一般向けなど）を計90万冊発行し、ラオス全国1万547校のうち312校に図書室を設置、2,732校に図書セットを配布した。図書を提供するだけでは有効に活用されないとの教訓から、教員と教育行政官の研修に注力してきた。2012年に改定された教育省の「教育の質に関する基準」に読書環境の整備の必須化が盛り込まれ、読書スペースの確保と開放、維持、図書の提供と登録、読書推進活動の推進が義務化された。これには「ラオスのこども」による長年の教育行政官への研修が貢献した。ほかに、学校図書室を地域住民に開く「地域化」や、音楽、図工、読書、遊びを体験する「子どもセンター」の設立・運営を全国の14か所で支援し、学校では行われていない情操教育の提供に貢献した。

「ラオスのこども」は、「思い」だけでは質の高い事業の立案・実施はできないこと、資金調達には支援効果を明示するデータが必要であることから、事業運営や組織運営の専門性を強化してきた。一方、日本においては、広く市民に向けてラオスの織物展やラオスの正月を祝う催しを長年にわたって開き、ラオス文化への理解や事業への参加を促してきた。

「ラオスのこども」の教育協力の変遷の特徴として、市民性を大切にしながら、事業運営や組織運営の専門性を高めてきたことがあげられる。

アフリカ地域開発市民の会（Community Action Development Organisation: CanDo）は、ケニア・ナイロビのスラムの人々の厳しい暮らしと、村からスラムへの継続的な人口移動に対する対応をきっかけに1998年に設立された。設立当初から質の高い事業や地域住民の自立を目指してきた。CanDoは住民の開発ニーズに基づき、教育、保健、環境の分野を統合した支援を行ってきたが、住民が自分たちで問題を解決していく能力を備えるための基礎として特に教育を重視してきた。CanDoは多様なセクターの行政機関をつなぐ「触媒」として機能してきた。一貫して重視してきたのは住民のエンパワメント、自律的な住民組織の複合的な能力強化支援である。国の教育政策やドナーの援助政策の変動に影響されず、住民が持続的に教室の建設・補修ができるよう技術研修のほか資材管理などの能力強化も行ってきた。研修実施のために多くの専門家と共にマニュアルの開発を行った。コミュニティ・ヘルス・ボランティア、保健局の行政官の動機付け（インセンティブ）は、仕事の成果から得られる満足感だけであり、現金など手当は支給していない。この結果、住民は「大

変だけれど自分たちでできる」という自信を持つようになり、住民が自分たちで教室建設を完了した例もある。2016年度までに68校の教室の建設・補修、エイズ教育研修を教員対象に実施し、保健等もあわせ地域で環境保全活動を実施した。20年にわたるこれらのケニアでの住民組織の自律を目指した支援により、現地人材のみで活動を継続できると判断し、2018年にはケニアでの支援活動を終了した。

また、CanDoは設立以来2017年までに99名の日本人インターンを約6か月間現地に派遣した。このうち30名がJICA、国連、NGO、開発コンサルタントに従事しており、教育開発分野の逸材を輩出するなど、援助人材育成にも貢献してきた。

CanDoの教育協力の変遷の特徴は、ケニアにおいて、教育政策やドナーの援助政策の変動に左右されずに、住民のエンパワメントの基礎としての教育を一貫して重視してきたことである。

(3) 国際NGOの日本事務所として発足したNGO

プラン・インターナショナル・ジャパン（Plan International Japan: PLAN）の前身である日本フォスター・プラン協会は、1937年に英国で設立された国際NGOプラン・インターナショナル（以下、「プラン」）の日本の組織として1983年に発足した[注15]。「プラン」は教育のほかにも、保健など多様なセクターでの総合的な地域開発の一環として教育協力を行っており、「プラン・スポンサーシップ」という支援を通して、途上国の子どもと支援者の1対1の交流を促進している。1つの地域を15年から20年間支援し、行政の支援も得ながら地域住民自身で開発できるようになることを目指してきた。「プラン」は教育を重視しており、緊急支援の次に多くの資金を投入してきた。2000年までの教育事業は主に学校建設・修繕を通じた教育のアクセス改善であったが、徐々に制度・政策・法律、教育の質、説明責任の改善、子どもや若者の社会参加など、教育の多面な点を重視するようになった。

「プラン」は、キャンペーン活動を通じて、教育事業を実施すると同時にアドボカシーに力を入れてきた。例えば2008年から2011年には、体罰・いじめ・性的虐待のない学校推進キャンペーンを「プラン」全体として3万校を対象に実施し、5万人以上の教師が体罰に頼らない教授法の研修を受けた。学校

320　第Ⅴ部　国際教育協力のさまざまな形

におけるジェンダーに基づく暴力が女子教育の阻害要因であることを明らかにし、学校での暴力廃止のための法律や政策制定に貢献した。2012年から開始したキャンペーンでは、教育におけるジェンダー格差をなくすための行動を呼びかけるとともに、ジェンダー平等の促進、ジェンダーに基づく暴力の廃止を訴えている。

「プラン」の教育協力の変遷の特徴として、アクセスから質の改善へのシフト、子どもや若者の参加促進、政策や説明責任の改善のためのキャンペーンの重視があげられる。

セーブ・ザ・チルドレン・ジャパン（Save the Children Japan: SCJ）は、1919年に英国で発足した国際NGOセーブ・ザ・チルドレン（Save the Children: SC）の日本事務所として1986年に設立された。SCJは設立当初、教育をスラムの地域開発の1つの活動領域と位置づけ、フィリピンとタイで活動を開始し、その後は主に少数民族の子ども、遠隔地に居住する子ども、紛争の影響を受けた子ども、といった周縁化された子どもたちに焦点をあててきた[注16]。世界的な教育援助の潮流と同様、当初の主な活動は学校建設や奨学金給付などの教育のアクセス面の支援であった。

SCは「子どもの権利条約」（1989年国連総会にて採択、1990年発効）の起草に貢献したが、条約発効後は権利の実現にも力を入れた。1999年にはすべての支援プログラムにおいて、①格差や人権侵害に対処するための直接的な行動、②行政などの義務履行者に働きかけ、政策変更など義務を果たせるような枠組みの強化、③子どもおよび養育者が権利を主張し、義務履行者が義務を果たすようなコミュニティの強化、の3つを柱とする「チャイルド・ライツ・プログラミング」のアプローチを採用した[注17]。つまり、このアプローチを通じて、支援する側が義務履行者に代わって支援を行うだけでなく、行政などに働きかけ、政策や法律整備を強化したり、子どもにより近いコミュニティや市民社会能力を強化することを目指したのである。NGOの役割とは、最終的には義務履行者が説明責任を果たせるよう働きかけることであるとされた。本アプローチに基づく支援の中には、例えばネパールではSCJと現地NGOが協力し、児童労働など不就学の要因を地域住民と話し合い、子ども自身による就学キャンペーンや、義務履行者である地方行政への啓発等を行い、教育へのアクセスが向上した事例がある（セーブ・ザ・チルドレン・ジャパン 2009）。

2000 年代以降は国際および国レベルでのアドボカシーにも注力してきた。2006 年から 2010 年にかけて実施した、紛争の影響を受けた子どもたちの教育の権利を回復させるための「Rewrite the Future」と題する世界的なキャンペーンの一環として、日本でも NGO のネットワークと共同でアドボカシーを行った。その結果、2008 年に開催された G8 洞爺湖サミットの成果文書に紛争影響国の教育支援の重要性が明記された[注 18]。その後も SDGs の形成に向けて積極的なアドボカシー活動を展開し、ミレニアム開発目標（MDGs）によって教育のアクセスが改善したものの格差が拡大したことを指摘し、すべての子どもにとって教育の質が向上するための政策に転換するよう様々なレベルでの働きかけを行った。現在は、難民、遠隔地、少数民族、障害のある子どもなどに質の高い教育機会を提供するよう「子どもを誰一人取り残さない」というキャンペーンに取り組んでいる。

　SCJ の教育協力の変遷の特徴として、①教育機会を直接提供する支援のみならず、権利保有者である子どもや地域住民の参加、義務履行者としての行政への働きかけを重視する「権利基盤型アプローチ（rights-based approach）」へ移行してきたこと、②紛争影響国の教育や教育の質などについて国・国際レベルの様々なレベルでアドボカシーを行うようになったこと、③教育のアクセスのみならず、質も重視するために行政に対して具体的な施策を提示すること、があげられる。

　ワールド・ビジョン・ジャパン（World Vision Japan: WVJ）は 1950 年に米国で発足した世界最大規模の国際 NGO ワールド・ビジョン（World Vision: WV）の日本事務所として 1987 年に設立された。WV は設立当初から子どもへの制服の支給、授業料支援や教材・文具の支援などを行い、子どもが直接裨益し、将来自立していくために重要な要素として教育を重要視していた。当初は困難な状況に置かれていた子ども 1 人を慈善的活動として支援していたが、親が支援金を搾取するケースや他の子どもへの裨益がないなど、子ども個人の支援のみでは不十分であるという議論が 1960 年代中頃から起こった。その結果、支援アプローチが子どもを取り巻くコミュニティの自立を目指すものへ、1990 年代にはコミュニティよりも広い区や郡を対象とするものへと移行した[注 19]。現在は県レベルでの支援も行っている。

　本アプローチに基づき、WVJ は子どもの健やかな成長を考えながら、地域

住民のニーズに応じ地域全体の自立を目指す多様なセクターを含む開発事業の一環として、教育協力を実施してきた。WVJ は教育の質を重視しているが、地域のニーズと日本の支援者の意向を踏まえて学校建設とそれに付随するトイレや机の設置などの教育環境整備も行っている。ほかに職業訓練、教員研修、親やコミュニティへの啓発、成人識字支援も行ってきた。教育セクター以外の支援においても、例えば栄養改善事業では栄養教育や料理教室が支援パッケージとなっているなど、教育の要素を取り入れている。また、子ども委員会を各地域に設立し、子どもが主体となる活動を行うのも特徴である。活動資金の多くを政府ではなく市民に支えられてきたのは WVJ の強みである。

　WVJ は事業実施型の NGO としてアドボカシーを行うことは憚られる意識があったが、2000 年代以降は、開発援助に加え、アドボカシー、緊急人道支援を活動の 3 本柱と位置づけてきた。2017 年からは子どもに対する暴力根絶キャンペーン「Take Back Future〜難民の子どもの明日を取り戻そう〜」に取り組んでおり、特に紛争等を含む緊急時における教育を重視している。教育を通じて子どもに対する暴力を根絶することを目指し、例えばヨルダンにおけるシリア難民やエチオピア等における南スーダン難民支援では、紛争に影響を受けた緊急下の子どもたちへの教育を実施するなど、アドボカシーと実際の事業への反映を重視している。

　WVJ の教育協力の変遷の特徴として、①1 人の子どもへの慈善的活動から地域の自立のための教育支援への移行、②支援対象地域の拡大、③アドボカシーおよび緊急下における教育を重視するようになったこと、の 3 点があげられる。

（4）教育協力 NGO のネットワーク組織

　2000 年の世界教育フォーラムは EFA 目標の達成を推進する NGO にとって大きな機会であった。国際レベルでは、世界教育フォーラムに向け、Oxfam や ActionAid 等の国際 NGO、Asia South Pacific Association for Basic and Adult Education（ASPBAE）等教育 NGO の地域組織、バングラデシュの Campaign for Primary Education（CAMPE）のような国レベルの教育 NGO 連合体による Global Campaign for Education（GCE）が 1999 年に組織されていた。GCE は世界教育フォーラムの準備段階からロビー活動を行い、「EFA

に真摯に取り組むどの国もその達成が資金不足によって妨げられてはならない」という一文をダカール行動枠組みに盛り込むことに成功した。GCEは世界教育フォーラム後、この文章を基にGlobal Initiativeと名づけたドナー国と途上国の相互責任によるEFA達成のための資金不足解消メカニズムを国際社会に提案し、世界銀行に主導することを働きかけ、G8での合意をとりつけた。この動きは、2002年の世界銀行・国際通貨基金（IMF）開発委員会で万人のための教育ファスト・トラック・イニシアティブ（EFA-FTI）（現在のGPE）として合意され、結実した。

　しかしながら、日本の教育協力NGOはこのような世界のNGOの動きに呼応していたとは言えない。JNNEが設立されたのは、ダカール会合の後の2002年であり、JNNEがGCEのメンバーになったのは2004年である。JNNEが設立された2002年当時、外務省はNGOの中心的な活動分野である教育、保健、農村開発における技術的専門性の強化を支援するプログラムとして「NGO研究会」を開始し、JNNEは同研究会の助成によりNGOの教育協力ガイドラインの開発、教育協力事業運営や緊急時における教育の最低基準の研修等の能力強化事業を実施した[注20]。このようにJNNEの主な事業はNGOの教育分野の能力強化であったが、2008年の洞爺湖G8首脳会合を契機にアドボカシーやキャンペーンに力を入れるようになった。なお本節におけるキャンペーンとは、NGOが実施している募金や広報のためのキャンペーンではなく、「教育・啓発活動によって、特定の社会課題について関心を持っていなかった人びとが関心を持ち、行動するようになるためのプロセス」を意味する（三宅2017）。

　JNNEはGCEの呼びかけに応じて、EFA（2015年以降はSDG 4）問題についてのキャンペーンである「世界一大きな授業」を日本全国の学校向けに継続的に実施してきた。参加校の教員はキャンペーン実行委員会が用意したEFA問題についての教材を用いて授業を行う。EFA最終年の2015年のEFAキャンペーンでは、780校・グループから7万2,463人が参加した。また、子どもが参加・運営しているNGOフリー・ザ・チルドレン・ジャパンの日本の中学・高校生が、EFA（SDG 4）の課題についての国会議員への授業を2010年以降、毎年開いており、2017年までに延べ156名の国会議員が参加した[注21]。「授業」に参加した国会議員のうち少なくとも3名が4回、衆議院外務委員会

や参議院 ODA 特別委員会で、日本政府の基礎教育援助の強化を求める質問を行った。

また日本の教育援助政策の質と量の改善のために、エビデンスに基づくアドボカシーを外務省や財務省、国会議員に対して行っており、EFA 達成のための圧倒的な資金不足の解消に日本政府が貢献できるよう、従来のプロジェクト型支援に加えて財政支援の推進を提案してきた[注22]。JNNE によるアドボカシー成果として、2009 年の衆議院外務委員会で外務省は「プロジェクト型支援を補完するものとして、適切な場合には経常経費の確保等についても支援を行う」との答弁を行った[注23]。また、教育セクターへの財政支援も可能にした「貧困削減戦略支援無償資金協力（PRS 無償）」スキームの存続が、2012 年に行政事業レビューによって危ぶまれた際、貧困削減や保健分野の NGO と協力して国会議員や政府に対するロビイングを行い、同スキームは継続することになった[注24]。

JNNE による活動の変遷の特徴として、NGO の能力強化に加えて日本の教育分野 ODA についてのアドボカシーやキャンペーンにも注力するようになったことがあげられる。

5. NGO による教育協力の歴史の特徴と今後の課題

本章では日本の NGO の教育協力の概要および設立時の時代背景・特徴を概観し、その歴史の特徴を 9 団体の事例調査を通じて分析してきた。結論として以下を導出することができる。

第 1 に、支援内容については、教育セクターの中でも幼児教育、初等・中等教育、成人教育、ノンフォーマル教育といった基礎教育の協力を重視しており、教育の権利の保障に貢献しているのは NGO の強みである。また、以前は校舎建設などの教育のアクセスの改善のための協力が中心であったが、教員研修や教材開発などの教育の質の改善にも取り組むようになった。民話など地元の学習資源を活かした教材の開発や、子どもが単なる支援の対象ではなく主体となった学習活動など革新的な事業に取り組み、普及に貢献している。

第 2 に、NGO の教育協力事業の多くは、地域開発、生活改善などの名称で環境、保健、農業、児童労働など他のセクターあるいはイシューの取り組みと

一体化して、コミュニティの自立のための教育協力を行うケースが多い。単に他セクターと相乗効果を上げ、補完関係にあるというレベルではなく、セクター横断的なコミュニティの課題を解決するために事業が立案されているためである。これは、教育は他の開発目標の達成に貢献すると同時に、教育や学びそれ自体が権利であり、コミュニティのエンパワメントの核心であるとの理念に基づいているからと言えよう。

第3に、支援対象としては遠隔地、先住少数民族、スラム居住者、障害者、女子など疎外された子どもや成人を対象とした事業が多く、EFA の「すべての人に教育を」や SDGs の「誰一人取り残さない」という理念の実現に貢献してきた。2000 年以降の緊急人道支援の必要性の高まりを受け、紛争影響国の教育を重視するようになった団体もある。

第4に、教育協力の価値・理念として、学校に行けない「可哀そうな」子どもを救済するという慈善的な理念から、教育は子どもの権利であり、これを保障するのは途上国政府および国際社会であるという権利基盤型アプローチや公正、正義という理念にシフトした。このため、教育協力 NGO の役割においては行政の「代替」あるいは補完として教育サービスを提供するだけでなく、「変革者」として様々なレベルでアドボカシーやキャンペーンなどの働きかけを行い、本来の義務履行者にその役割をしっかり果たさせることが重視されるようになった。

第5に、事業の質とアカウンタビリティを確保することがドナーおよび受益者の双方から求められるようになったことから、NGO スタッフの専門性を高める努力が行われ、組織としてもプロフェッショナル化が進んだ。

最後に、日本の NGO の教育協力事業の課題と今後の示唆として以下をあげることができる。日本の NGO は、草の根レベルの革新的な基礎教育事業の実施に強みがある一方で、ODA、国連の教育協力事業と比べて、規模が小さく、受益者が少ないため、事業が他の地域や他の組織によって実施できる可能性を高めたり、事業規模を拡大したりすることが重要である。また、事業終了後の自立発展性を保障するために、事業立案時からコミュニティのみならず、途上国政府の教育行政機関とパートナーシップを組んで、先方のオーナーシップを高めることが求められる。教員研修のモジュールやマニュアル、開発した教材を先方政府機関が採択するように働きかけ、制度化することも重要である。こ

れらを実現するためには、JICA および国際機関との戦略的なパートナーシップをさらに模索することも望まれる。途上国政府のみでの普及が資金的に困難な場合、GPE などの外部資金を活用するよう多様なレベルでの取り組みも進めていく必要がある。

　一方で、NGO としての独立性や中立性、財政の自立性や安定性を保障できるように、寄付金や事業収入による自己財源を増やし、政府資金への依存率を一定程度に抑えるよう留意する必要がある。例えば WVJ のように独自の寄付金獲得手法で自己財源を増やしつつ、政府資金を戦略的に活用するようになった団体もある。市民の自発性に基づく組織としての「市民性」と教育協力のプロフェッショナルとしての「専門性」のバランスをとることもチャレンジである。

　日本の教育協力 NGO は、革新的な教育協力事業に取り組んできたが、革新的であればあるほど、事業の成果やインパクトをエビデンスで示すことが必要であろう。アドボカシーについてもエビデンスに基づいて行うことが重要である。そのためには、事業のモニタリング・評価の体制を強化し、調査・研究能力を高めることが望まれる。

注

［注1］　しかしながら NGO 職員の給与は JICA 職員あるいは国連職員よりかなり低い。2017 年に JANIC が実施した JANIC 正会員団体 110 団体を対象にしたアンケート調査では、回答した 52 団体の 659 名の平均給与は年額 341 万円であった。調査結果は、JANIC の WEB サイト参照 https://www.janic.org/synergy/career_ngocensus2017（2018 年 9 月 14 日）。JICA の常勤職員数については、JICA の WEB サイト参照 https://www.jica.go.jp/about/jica/index.html（2018 年 4 月 22 日）。

［注2］　多くの NGO は複数のセクターで活動しており、この調査の質問では、「主な活動分野」を聞いているのであるが複数回答可であるため、％の合計値は 100％ を超える。

［注3］　国際協力 NGO センター、2016、『NGO データブック』によると調査対象 308 団体の 2015 年の海外事業費の合計は 235 億 5,938 万円である。DAC/CRS（creditor reporting system）データの日本の ODA から NGO を通じて実施された 2015 年の援助実績額に占める教育セクターの割合が 28.4％ であることから教育援助額を推定した。

［注4］　ただし NGO の資金には外務省の「日本 NGO 連携無償資金協力」、JICA の「草の根技術協力」等による ODA 資金も含まれている。2012 年の日本の NGO の援

助実績に占める政府補助金の割合は21％であった。詳細は三宅（2016、p. 138）参照。

［注5］　外務省（2017、p. 3）の教育分野における援助実績の「二国間政府開発援助の小分類」に掲載された幼児教育、初等教育、青年・成人の生活技能、中等教育の合計額。ただしこの額は約束額である。

［注6］　国際協力NGOセンター（2016）は第1世代の年代を1960年代から1970年代前半としている。

［注7］　この時期に設立された教育以外の分野のNGOに、日本キリスト教海外医療協力会（1960年設立）、アジア学院（前身組織が1960年設立）、オイスカ（1969年設立）、シャプラニール＝市民による海外協力の会（1972年）がある。なお、第1世代のNGOの多くは、キリスト教会を支援母体とし、日本のアジア地域における侵略戦争に対する反省の上に設立された。また1903年に発足した日本YMCA同盟は、119か国の国と地域にあるYMCAと協力して、難民支援、コミュニティ支援、災害支援、青少年支援を行ってきた。

［注8］　この他、韓国で発祥した国際NGOであるグッド・ネイバーズは2004年に日本の支部であるグッドネイバーズ・ジャパンを設立し、教育協力事業を実施している。

［注9］　「NGO事業補助金」は当初は「補助金適正化法」を活用した制度で、NGOが総事業費の半額を負担し、外務省が半額を支援するプログラムであったが、制度改革により現在は事業の事前調査や事後評価活動などを支援するものとなっている。現在の外務省によるNGOの事業の支援策は、「日本NGO連携無償資金協力」である。

［注10］　JPFの公開事業検索サイトhttp://www.japanplatform.org/wise/pub_searches/find/（2018年5月20日）から算出した。ただし、支援分野で教育に分類されている事業には複数の分野を支援する事業が多く含まれている。

［注11］　ADRA Japan、JEN、JHP・学校をつくる会、SCJ、SVA、WVJの6団体。

［注12］　この他、1982年に発足した開発教育協会（Development Education Association & Resource Center: DEAR）は日本国内における開発教育や持続可能な開発のための教育の普及・推進のためのアドボカシーに取り組んできた。なお、オックスファム・ジャパンは2018年9月に解散した。

［注13］　CLCは「村落または都市部における学校外の地元教育施設であり、通常、地元の人々によって設置、運営され、コミュニティ開発と個人の生活の質向上のための多様な学習機会を提供する施設」とユネスコにより定義されている（大安 2009）。

［注14］　「開発パートナー事業」はNGOの強味を活かした事業をNGOが立案し、JICAによる審査・採択を経て、JICA事業としてNGOが実施するスキームで、1999年に始まった。現在も「草の根技術協力事業」として継続されている。

［注15］　当初は「スペインの子どものためのフォスター・ペアレンツ・プラン委員会」として設立された。

［注16］　例えば1991年にはフィリピンで火山噴火により被災した少数民族であるアエタの子ども、成人への識字教育プログラムを支援した。アエタはもともとフィリピン政府の統治外に置かれていた存在で教育制度も全く享受しておらず、SCJによる支援

前は就学率、識字率がゼロに近い状態だったが、文字の読み書きを学ぶ機会を得た（セーブ・ザ・チルドレン・ジャパン 1991）。

［注 17］　1990 年代後半に SC が開発した。

［注 18］　「G8 北海道洞爺湖サミット首脳宣言」は外務省の WEB サイト http://www.mofa.go.jp/mofaj/gaiko/summit/toyako08/doc/doc080714_ka.html からダウンロード可能（2018 年 5 月 4 日）。

［注 19］　支援者と途上国の子どもとの 1 対 1 の交流を促進しつつ地域全体の自立を目指す「チャイルド・スポンサーシップ」による 1 つの支援地域への支援は約 15 年間である。

［注 20］　JNNE が実施した「NGO 研究会」の成果物や報告書は JNNE の WEB サイト http://jnne.org/action.html からダウンロードできる（2018 年 3 月 28 日）。また JNNE は 2003 年度から文部科学省委託国際教育協力拠点システム構築事業によってライフスキル教育事業や子どもの参加促進についてのガイドブックを開発した。上記 URL からダウンロード可能。

［注 21］　詳細は「世界一大きな授業」の Web サイト http://www.jnne.org/gce/ を参照（2018 年 5 月 3 日）。

［注 22］　大橋（2011）はアドボカシーを「意思決定に影響を与えるべく政策レベルに働きかけていく活動」と定義している。なお、Advocate には、主張する、という意味だけでなく、代弁する、という意味もあるため、NGO においては、疎外された人びと、例えば非識字者や不就学児童の声を代弁するという意味も含まれている。

［注 23］　第 171 回国会衆議院外務委員会第 7 号（平成 21 年 4 月 8 日開催）に参考人として出席した外務省大臣官房参事官の答弁。衆議院の Web サイト http://www.shugiin.go.jp/internet/itdb_kaigirokua.nsf/html/kaigirokua/000517120090408007.htm を参照（2018 年 5 月 3 日）。

［注 24］　この時の JNNE による外務省に対するロビーレターは JNNE の Web サイト http://jnne.org/doc/2012_public_comment.pdf を参照（2018 年 5 月 3 日）参照。貧困削減戦略支援無償の概要については、外務省『2011 年版　政府開発援助（ODA）参考資料集』の 28 頁参照。http://www.mofa.go.jp/mofaj/gaiko/oda/shiryo/hakusyo/11_hakusho_sh/pdfs/s2-3.pdf#search=%27%E6%95%99%E8%82%B2%E3%82%BB%E3%82%AF%E3%82%BF%E3%83%BC%E8%B2%A1%E6%94%BF%E6%94%AF%E6%8F%B4%E6%96%B9%E5%BC%8F%E7%84%A1%E5%84%9F%E8%B3%87%E9%87%91%E5%8D%94%E5%8A%9B%27（2018 年 5 月 3 日）。

参考文献

NGO 活動推進センター、1994、『NGO データブック 1994──数字で見る日本の NGO』NGO 活動推進センター。

大橋正明、2011、「日本における NGO 活動の実態と類型」、美根慶樹編『グローバル化・変革主体・NGO』新評論。

大安喜一、2009、「コミュニティ学習センターにおける公共性の研究」『東アジア社会教育研究年報』第 19 号、229-239 頁。

外務省、2017、『2017 年版開発協力参考資料集』、https://www.mofa.go.jp/mofaj/gaiko/oda/files/000409533.pdf（2019 年 8 月 22 日）。

教育協力 NGO ネットワーク（JNNE）、2006、「2006 年度教育協力 NGO ネットワーク（JNNE）会員団体教育協力事業の現状調査」、http://jnne.org/doc/2006member_profile.pdf（2018 年 6 月 1 日）。

教育協力 NGO ネットワーク、2017、『日本の教育協力 NGO による SDG 4 への貢献』、http://jnne.org/doc/contribution_of_japanese_ngos_to_sdg4_ver2.pdf（2018 年 5 月 10 日）。

小荒井理恵・高柳妙子、2016、「識字・ノンフォーマル教育」、小松太郎編『途上国世界の教育と開発 —— 公正な世界を求めて』ぎょうせい、208-218 頁。

国際協力 NGO センター、2001、『国際協力 NGO 活動に携わる人材の能力開発および待遇・福利厚生に関する実態調査報告書』国際協力 NGO センター。

国際協力 NGO センター、2011、『NGO データブック 2011 —— 数字で見る日本の NGO』外務省・国際協力 NGO センター。

国際協力 NGO センター、2016、『NGO データブック 2016 —— 数字で見る日本の NGO』外務省・国際協力 NGO センター。

国際協力機構、2010、『案件別事後評価（簡易版）評価結果票 —— 技術協力プロジェクト』、https://www2.jica.go.jp/ja/evaluation/pdf/2009_0603823_4_f.pdf（2018 年 5 月 4 日）。

セーブ・ザ・チルドレン・ジャパン、1991、『1991 年度アニュアルレポート』。

セーブ・ザ・チルドレン・ジャパン、2009、『権利アプローチに基づいた基礎教育支援の質の向上 —— 緊急から復旧・復興へ』、2008 年度外務省 NGO 研究会事業報告書、http://www.dl.ndl.go.jp/view/download/digidepo_4023083_po_08_kks.pdf?contentNo=1&alternativeNo（2018 年 6 月 14 日）。

三宅隆史、2016、「非政府組織（NGO）による教育協力」、小松太郎編『途上国世界の教育と開発 —— 公正な世界を求めて』ぎょうせい、133-146 頁。

三宅隆史、2017、「地球規模課題についてのキャンペーン『世界一大きな授業』の評価結果」『開発教育』第 64 号、開発教育協会、103-110 頁。

第**12**章

円借款による国際教育協力
人づくりを通じた自立発展協力と重層的な相互交流の促進

木 村 　 出

1. 本章の目的と対象

　本章は、円借款を通じた教育・人材育成分野への協力実績をもとに、その傾向、政策・理論的背景、意義を整理・分析することを目的とする。対象は、開発途上国の学校教育制度の関係者（教員、学生ら）を裨益者とする一義的な教育分野への協力に加え、開発途上国の行政官らを対象に、日本の教育・研究機関を受入主体とする日本への研修・留学などを通じた人材育成協力も含める。本章が対象とする実績の期間は、1977年度から2015年度の39年間とする。初めての協力実績は、1977年のインドネシア向け教育資機材供与であった。2016年度以降の新たな動きは、将来への示唆とともに言及する。

　本章の構成は、次の通り。次節で円借款の仕組み・特徴を本章全体の前提情報として概説する。第3節で実績を整理・概観し、協力の傾向と特徴を示す。第4節で実績に影響を与えた政策・理論的背景を振り返る。第5節で主な事例を5つの類型に整理して紹介し、第6節において実績・事例にもとづく協力の意義・効果を考察する。最後に、最新の動向に触れつつ、将来への示唆も示す。

2. 概説——円借款

（1）円借款とは

　円借款とは、日本のODAのうち、二国間協力の形態で開発途上国に対して低利（現在の最低金利は0.01％）で長期（現在の最長返済期間は40年間）の緩やかな条件で開発資金を貸し付けることにより、開発途上国の発展への取り

組みを支援する手段である。政府間の合意にもとづいて実施され、日本側の実施（案件形成、融資審査、案件実施監理、評価など）は JICA が担う。資金の返済を求める円借款は、開発途上国に借入資金の効率的な利用と適切な事業監理を促し、開発途上国のオーナーシップを後押しする。開発途上国のニーズに合わせ、運輸、エネルギー、教育等の経済・社会基盤整備を行う「プロジェクト型借款」と、財政支援型の「ノン・プロジェクト型借款」に大別できる。

（2）日本の ODA の中の円借款の位置づけ・特徴（総額、地域・分野の傾向）

円借款の供与対象地域は、日本と地理的、歴史的、経済的な繋がりが強いアジア地域向けが実績の大宗を占めるが、他の地域でもニーズは大きく、2015年度末までに 108 か国に対する供与実績がある。2015 年度末までの累計承諾実績は、3,345 件、33 兆 2,972 億円。そのうち、アジア地域向けの協力が 2,723件、26 兆 5,218 億円と、全体の約 8 割を占める。分野は、エネルギー（電力・ガス）と運輸部門が合わせて 1,608 件、17 兆 9,972 億円と、全体の約半分を占めている。教育・人材育成分野への協力実績は、88 件、6,059 億円で、件数ベースで 2.6％、金額ベースで 1.8％ である。

一般市民に広く利用される地下鉄の整備を円借款を通じて協力した実績としては、ソウル、バンコク、ニューデリーなどが良く知られており、空港ではフィリピン・セブ島、海岸保全等ではインドネシア・バリ島などが日本人にも馴染みが深い。韓国やシンガポール、マレーシアなどが 1980 年代までに目覚ましい発展を遂げ、世界に知られるようになった「東アジアの奇跡」にも円借款は大きく貢献しており、単なる「金貸し」や「箱モノ整備」のツールでなく、開発途上国にとっては、「国づくり」、「人づくり」を通じ、自立発展を促す「未来への投資」と位置づけられる。

近年の傾向は、日本政府が推進するインフラ整備を中心とする「質の高い成長」と、地球規模課題である気候変動対策や平和構築などの分野で協力実績を重ねており、対象地域も、中東やアフリカ、中南米など、アジア以外への協力も増加している。

（3）借入国における円借款事業の位置づけ

借入国にとっての円借款事業（プロジェクト型借款の場合）とは、端的には

当該国の公共事業である。公共事業として推進すべき事業に、自国予算だけでは充当できないために、必要額の資金調達手段として、円借款が活用される。即ち、円借款事業は、相手国にとっては「借り入れてでも推進したい」優先度の高い公共事業、と位置づけられる。そのため特徴としては、大規模な基幹インフラや、全国展開のモデルとなるような社会開発事業が多く、必然的に事業の実施期間も長く、平均すると約7年程度となる。事業の形成段階から、実施期間、更には完成後のフォローアップ期間も合わせると、10年以上に亘り、相手国と日本の関係者の間で対話・調整を重ねることも、特徴の1つである。

日本も戦後、世界銀行からの融資を受けた。東海道新幹線、東名・名神高速道路、黒部第4ダム、首都高速道路などが世界銀行の借款を得て整備されたことは良く知られているが、日本政府が全ての借入額を返済したのは、実に戦後45年も経た1990年のことで、借款を通じて貸し手と借り手の長期に亘る関係が形成されることも特徴の1つである。

こうしたことから、借入国における円借款事業の位置づけは、日本の戦後復興・経済成長期において東海道新幹線が果たした象徴的な役割のように、相手国にとっての経済社会発展のための基幹事業と位置づけることができる。

（4）円借款の供与条件・調達条件の変遷
——「人材育成」分野を優先条件対象分野に

円借款の供与条件は、日本政府が決定する。その条件は、民間金融機関が行う商業ベースの貸付条件に比して極めて譲許性[注1]が高く、OECD/DACが定めるODA基準であるグラント・エレメント（贈与を100%とした際の援助の緩やかさを示す指標）25%以上を前提に、日本政府が決める（国際開発ジャーナル 2004）。市場の金利水準の変化も参考にしつつ条件が設定され、表12-1に

表12-1 円借款の供与条件（年度平均）

年度	償還期間	うち据置期間	金利（%）	グラント・エレメント（%）
1977	27年0か月	8年8か月	3.328	52.06
1988	29年2か月	9年6か月	2.728	58.87
1999	33年0か月	9年4か月	1.368	71.96

（出典）「海外経済協力基金史」（国際協力銀行 2003）。
（注） 対象年度は、教育・人材育成分野に初めて円借款を供与した1977年度と、OECFが JBICになる1999年度、その中間年の1988年度を抽出した。

第12章 円借款による国際教育協力　333

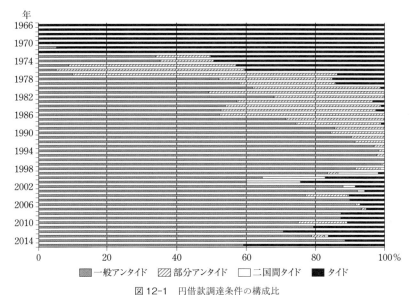

図 12-1　円借款調達条件の構成比

（出典）　国際協力銀行 2003、および、国際協力機構年次報告書（複数年度）。
（注）　「一般アンタイド」は調達先に一切の制限がない調達条件。「部分アンタイド」は日本および OECD/DAC 援助受取国・地域リストの全てを調達適格国とする調達条件。「二国間タイド」日本および借入国のみを調達適格国とする調達条件。「タイド」は日本のみを調達適格国とする調達条件。

示す通り、譲許性を高めてきた歴史がある。

　教育・人材育成分野に焦点を当てると、1997 年のアジア通貨危機を機に、人材育成支援に係る円借款、特に日本への留学・研修費用、日本からの専門家派遣、これらに伴う研修、研究、高等教育等の設備整備費用に関し、標準条件よりも更に緩和した条件（低利・長期の優先条件）で融資することを、日本政府が決定した。今日まで、借入国にとって、教育・人材育成分野に円借款を活用するインセンティブになっている。

　円借款の調達条件は、大別すると、資機材または役務の調達先を、援助供与国などの特定国に限定する「タイド」条件と、調達先を特定国以外の多数に拡大する「アンタイド」条件がある。事業ごとの性質に鑑み、日本政府が決定する。歴史的な変遷は図 12-1 の通りで、1990 年代に 100% 一般アンタイド化した後、2000 年代以降、タイド条件が占める割合が少しずつ大きくなっている。要因としては、「質の高い成長」を推進する日本政府の政策にもとづき、日本企業の受注を前提とするタイド条件下での「インフラ輸出」関連の円借款事業

が過去に比して大きくなっていることが影響していると考えられる。

3. 円借款を通じた協力実績の概観

　1977年度から2015年度までの教育・人材育成分野に対する円借款を通じた協力実績は、合計88件、累計約6,059億円[注2]（国際協力機構 2016）である（表12-2）。88件中、モンゴル向けの2件は、財政支援型のいわゆる「ノン・

表12-2　円借款を通じた人材育成協力実績（案件一覧）

No.	地域分類	国　名	案　件　名	L/A[注3] 調印日	L/A承諾額 （百万円）
1	東南アジア	インドネシア	77年度開発資機材（教育資機材）	1977/11/30	2,800
2			商船大学教育資材事業	1985/12/27	4,128
3			教育研究資機材拡充事業（2）	1985/12/27	5,013
4			科学技術振興プログラム	1988/10/21	6,067
5			ボゴール農業大学拡充事業	1989/12/22	6,946
6			高等人材開発事業	1990/12/14	12,439
7			シャクワラ大学整備拡充事業（E/S）	1991/9/25	209
8			環境研究センター拡充事業	1991/9/25	1,101
9			バンドン工科大学整備事業（1）	1992/10/8	1,609
10			シャクワラ大学整備拡充事業	1993/11/4	5,467
11			バンドン工科大学整備事業（2）	1994/11/29	7,353
12			ボゴール農業大学整備拡充事業（2）	1994/11/29	7,716
13			ムラワルマン大学整備拡充事業	1995/12/1	3,062
14			高等人材開発事業（2）	1995/12/1	8,500
15			中学校校舎整備事業	1995/12/1	20,876
16			パティムラ大学整備事業	1996/12/4	3,319
17			ガジャマダ大学整備事業	1998/1/28	7,499
18			国立イスラム大学保健・医学部事業	2005/3/31	2,983
19			高等人材開発事業（III）	2006/3/29	9,717
20			ジョグジャカルタ特別州ICT活用教育質向上事業	2007/3/29	2,911
21			ハサヌディン大学工学部整備事業	2007/3/29	7,801
22			インドネシア大学整備事業	2008/3/28	14,641
23			バンドン工科大学整備事業（III）	2009/3/31	5,659
24			高等人材開発事業（IV）	2014/2/24	7,075
25		タイ	教育機器拡充事業	1984/9/18	1,664
26			職業教育短大強化事業	1994/9/30	7,806
27			日・タイ技術移転事業	1995/9/12	7,308
28			産業人材育成センター建設事業	1998/9/30	2,573
29		フィリピン	初等教育事業	1991/7/16	20,020
30			科学技術教育事業	1993/8/19	3,055
31			貧困地域初等教育事業	1997/3/18	11,122
32			貧困地域中等教育拡充事業	1999/12/28	7,210
33		ベトナム	高等教育支援事業（ITセクター）	2006/3/31	5,422
34			カントー大学強化事業	2015/7/4	10,456

第12章　円借款による国際教育協力　　335

No.	地域分類	国　名	案　件　名	L/A[注3]調印日	L/A承諾額（百万円）
35	東南アジア	マレーシア	高等教育基金借款（HELP）	1992/5/28	5,493
36			東方政策	1999/3/4	14,026
37			サラワク大学建設事業	1999/3/4	18,549
38			高等教育基金借款事業（第2期）（HELP2）	1999/4/28	5,285
39			高等教育基金借款事業（Ⅲ）	2006/3/31	7,644
40			マレーシア日本国際工科院整備事業	2011/12/27	6,697
41	東アジア	大韓民国	教育施設拡充事業	1980/1/18	10,000
42			教育施設（基礎科学分野）拡充事業	1981/2/27	6,000
43			教育施設拡充事業	1985/12/20	15,200
44			教育施設拡充事業（2）	1987/8/18	12,911
45			私立大付属病院施設拡充事業	1988/6/22	5,624
46			教育施設拡充事業（3）	1988/6/22	5,920
47			水産・商船学校練習船装備拡充事業	1990/10/31	2,160
48		中華人民共和国	雲南省人材育成事業	2002/3/29	4,540
49			甘粛省人材育成事業	2002/3/29	4,665
50			湖南省人材育成事業	2002/3/29	4,682
51			重慶市人材育成事業	2002/3/29	4,683
52			陝西省人材育成事業	2002/3/29	6,021
53			四川省人材育成事業	2002/3/29	6,131
54			湖南省環境整備・生活改善事業	2003/3/31	7,882
55			内陸部・人材育成事業（地域活性化・交流、市場ルール強化、環境保全）安徽省	2003/3/31	4,478
56			内陸部・人材育成事業（地域活性化・交流、市場ルール強化、環境保全）吉林省	2003/3/31	4,530
57			内陸部・人材育成事業（地域活性化・交流、市場ルール強化、環境保全）貴州省	2003/3/31	4,593
58			内陸部・人材育成事業（地域活性化・交流、市場ルール強化、環境保全）新疆ウイグル自治区	2003/3/31	4,598
59			内陸部・人材育成事業（地域活性化・交流、市場ルール強化、環境保全）広西壮族自治区	2003/3/31	4,606
60			内陸部・人材育成事業（地域活性化・交流、市場ルール強化、環境保全）河南省	2003/3/31	4,699
61			内陸部・人材育成事業（地域活性化・交流、市場ルール強化、環境保全）（寧夏回族自治区）	2004/3/31	2,636
62			内陸部・人材育成事業（地域活性化・交流、市場ルール強化、環境保全）（青海省）	2004/3/31	2,812
63			内陸部・人材育成事業（地域活性化・交流、市場ルール強化、環境保全）（江西省）	2004/3/31	4,872
64			内陸部・人材育成事業（地域活性化・交流、市場ルール強化、環境保全）（黒龍江省）	2004/3/31	4,972
65			内陸部・人材育成事業（地域活性化・交流、市場ルール強化、環境保全）（山西省）	2004/3/31	5,093
66			内陸部・人材育成事業（地域活性化・交流、市場ルール強化、環境保全）（湖北省）	2004/3/31	5,097
67			内陸部・人材育成事業（地域活性化・交流、市場ルール強化、環境保全）（内蒙古自治区）	2005/3/30	5,073
68			人材育成事業（地域活性化・交流、市場ルール強化、環境保全）（海南省）	2006/6/23	3,150
69			人材育成事業（地域活性化・交流、市場ルール強化、環境保全）（遼寧省）	2006/6/23	5,775

No.	地域分類	国名	案件名	L/A[注3]調印日	L/A承諾額（百万円）
70	東アジア	中華人民共和国	人材育成事業（地域活性化・交流、市場ルール強化、環境保全）（河北省）	2006/6/23	5,775
71			貴州省環境社会発展事業	2006/6/23	9,173
72		モンゴル	社会セクター支援プログラム（Ⅰ）	2009/6/30	2,894
73			社会セクター支援プログラム（Ⅱ）	2012/3/12	1,550
74			工学系高等教育支援事業	2014/3/12	7,535
75	南アジア	インド	インド工科大学ハイデラバード校整備事業	2014/1/28	5,332
76			インド工科大学ハイデラバード校整備事業（フェーズ2）	2014/1/28	17,703
77		スリランカ	小規模インフラ整備事業	2003/3/26	9,595
78			小規模インフラ整備事業（Ⅱ）	2004/12/7	11,776
79		ネパール	緊急学校復興事業	2015/12/21	14,000
80		パキスタン	バロチスタン州中等教育強化改善事業	1997/3/31	3,917
81	中央アジア	ウズベキスタン	職業高等学校拡充事業	2001/1/31	6,347
82	中東	アルジェリア	教育セクター震災復興事業	2005/6/8	1,943
83		チュニジア	ボルジュ・セドリア・テクノパーク建設事業	2005/6/30	8,209
84		モロッコ	地方部中学校拡充事業	2004/3/31	8,935
85			基礎教育セクター支援事業	2013/12/6	8,899
86		ヨルダン	教育セクター借款	1990/5/15	10,381
87			第2次教育セクター借款	1997/7/30	7,123
88			人材育成・社会インフラ改善事業	2012/8/14	12,234
合計					605,945

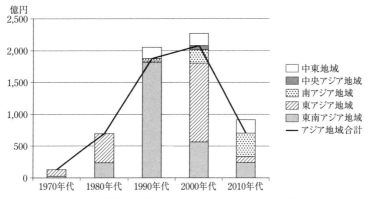

図 12-2　円借款協力実績　年代別地域分類（L/A承諾額［注3］、億円）

（出典）「日本の国際教育協力——歴史と展望」検討委員会データより筆者作成。

プロジェクト型借款」で、他の 86 件は「プロジェクト型借款」である。

　時代区分として、①1970-80 年代の黎明期、②1990 年代の量的拡大・質的拡充期、③2000 年代以降の新たな展開期、と特徴づけられる。協力対象地域の特徴は、圧倒的にアジア地域が多いが、近年、中東地域向けの実績が伸びつつある。アフリカ、中南米地域向けの実績がないことも特徴である（図 12-2）。国単位では、17 か国に対する協力実績があり、うち 13 か国がアジア地域、残り 4 か国が中東地域である。

　教育段階別では、高等教育が件数・承諾額ベースともに全体の 6 割を超える（表 12-3）。これは、4 節の（2）で触れるように、日本側で義務教育への協力に円借款を活用することに慎重な姿勢があったこととともに、「借りてでも発展させたい分野」として、相手国政府の意思・政策優先度が反映された結果といえる。

表 12-3　円借款協力実績　教育段階別分類

| | 件数 | | L/A 承諾額 | |
	件	構成比（％）	億円	構成比（％）
初等・中等教育	14	15.9	1,471	24.3
高等教育	58	65.9	3,730	61.5
複合型	16	18.2	859	14.2
合　計	88	100.0	6,059	100.0

（出典）「日本の国際教育協力——歴史と展望」検討委員会データより筆者作成。
（注）「初等・中等教育」は、日本の小学校から高等学校（後期中等教育）に相当する教育段階の改善・拡充を主たる事業目的とするものを計上。
「複合型」とは、1 つの事業の中で複数の教育段階を対象にしているものを指す。なお、教員や行政官への研修も含んだ事業が大半であるが、主たる事業目的に即して表中の 3 分類のいずれかで計上。

　投入要素は、技術協力、無償資金協力に比し、円借款の 1 つの「事業」の単位は大規模で、多様な投入要素から構成される。大半の円借款事業で資機材供与、施設整備などの、いわゆる「ハード」面の協力が含まれる。一方、件数ベースで 54％ の事業で教員訓練、同じく 33％ の事業で留学が含まれる（表 12-4）。時系列では、1980 年代までは資機材供与、施設整備などの「ハード」に偏っていたが、1990 年代以降、教員や行政官の研修・訓練、留学、行政能力強化等の「ソフト」の要素との組み合わせが増え、包括性を増してきた。

　世界銀行や ADB などの国際開発金融機関とともに、同一事業に対して融資協力を行う「協調融資」は、1990 年以降、アジア地域を中心に 10 件、839 億

表 12-4　円借款協力実績　協力内容・投入要素

	資機材供与	施設整備	教員訓練	留学	教育行財政強化	教科書配布	その他
件数	73	63	48	29	13	3	14
割合（％）	83.0	71.6	54.5	33.0	14.8	3.4	15.9

（出典）「日本の国際教育協力──歴史と展望」検討委員会データより筆者作成。
（注）　一事業の中で該当する投入要素を全て計上。件数の合計は合計事業数の 88 件でなく、延べの 243 件。
　　　即ち一事業あたり平均して 3 つの投入要素が含まれる。表中の割合を算出する上では、円借款全 88 件に
　　　対する投入要素の割合としている。

表 12-5　円借款協力実績　協調融資事業

国　名	案　件　名	L/A 調印日	L/A 承諾額 （百万円）	協調融資機関
インドネシア	高等人材開発事業	1990/12/14	12,439	世界銀行
フィリピン	初等教育事業	1991/7/16	20,020	世界銀行
	科学技術教育事業	1993/8/19	3,055	世界銀行
	貧困地域初等教育事業	1997/3/18	11,122	世界銀行
	貧困地域中等教育拡充事業	1999/12/28	7,210	ADB
モンゴル	社会セクター支援プログラム（Ⅰ）	2009/6/30	2,894	ADB
	社会セクター支援プログラム（Ⅱ）	2012/3/12	1,550	ADB
ウズベキスタン	職業高等学校拡充事業	2001/1/31	6,347	ADB
モロッコ	基礎教育セクター支援事業	2013/12/6	8,899	世界銀行
ヨルダン	教育セクター借款	1990/5/15	10,381	世界銀行／英国 ODA(現 DFID)
合　計			83,917	

（出典）「日本の国際教育協力―歴史と展望」検討委員会データより筆者作成。

円の実績がある（表 12-5）。量的な観点で考察すると、1990 年代は、先進各国
が財政状況の悪化や景気の後退などの理由で、援助供与量が伸び悩む、いわゆ
る「援助疲れ」で国際機関等への出資額も減少させる中、一方で日本は 1997
年の ODA 予算のピークに向けて、円借款も含めて ODA の規模を拡大させて
きた時期に当たり、国際開発金融機関からは、円借款の資金量を頼りにし、分
野を問わず、積極的に協調融資の形成が働きかけられてきた背景がある。

4.　政策・理論的背景

　本節では、円借款の協力実績に影響を与えたと考えられる政策・理論的な背
景を振り返る。貸し手にとって、なぜ「融資」という手段が、教育・人材育成

分野に用いられるようになったのか。借り手にとって、教育、中でも義務教育の対象段階は、自国の財政を最優先で振り向ける分野のはずだが、そこに他国政府や国際機関から借り入れるのは、どのような政策、理論的な支えがあるのか。本節で明らかにすべきは、世界銀行やADB等も含め、借款（譲許的融資）を通じた教育・人材育成支援を促した共通の政策・理論的背景、更には、国際機関からの融資との比較において、二国間協力としての円借款を通じた教育・人材育成分野への協力を正当化・促進した政策・理論的背景、である。

（1）借款（融資）を通じた支援を促した（国際開発金融機関と共通の）政策・理論的背景

借款を通じた協力の主目的が、借入国の経済成長を促すものとの認識が大きかった1970-80年代は、「人的資本論」（Schultz 1961）が理論的背景であった。序章で触れられている「開発アプローチ」である。ただし、教育分野への協力実績は、量的には限られていた。経済成長と教育との関係の分析を契機に発展した「人的資本論」は、巨視的な観点から、教育を社会的な投資ととらえた（金子・小林 1996）。「人的資本」あるいは「人間資本」（シュルツ 1985）の考え方の起源は、スミスの『国富論』にあるとされる（赤林 2012）。シュルツ、ベッカー（Becker 1975）などの経済学者は，スミスのアイデアを「人的資本」という概念で再定義し、社会的な視点から、個人行動のレベルまで追究し、分析上有益なツールとして発展させた。その過程で、賃金や所得水準と教育や訓練との関係が誰の目にも明らかになっていったといえる。

「教育の収益率」との概念も、借款を通じた「教育投資」の妥当性を支えた。人的資本への投資が経済成長の源泉であるならば、それは物的資本の利子率と同等の収益性を持っているのか。その問いに答える試みが、教育の収益率の試算であった。教育の収益率は、経済成長のために必要な「教育投資」水準のガイドラインとして，政策的にも大きな影響を与えてきた。サカロポロスらは、1973年から約10年おきに、各国で計算された教育の収益率の集計を行い、教育の収益率が、「国の発展段階や教育段階により差がある」ことを明らかにした（Psacharopoulos and Patrinos 2004）。この集計は，世界銀行が方針を「コンクリートから人へ」シフトするにあたり大きな影響力を持った。教育の収益率が極めて高いこと、収益率の値が、人的資本理論にもとづく予測（収穫逓減の傾

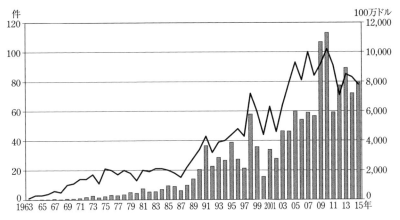

図 12-3　世界銀行の教育分野への協力（融資＋贈与）実績

（出典）　世界銀行 HP http://projects.worldbank.org/search?lang=en&searchTerm=&mjsectorcode_exact=EX
（注1）　折れ線グラフは件数（左目盛）。贈与と借款の双方を含む。
（注2）　棒グラフは供与額（右目盛、百万米ドル）。贈与と借款の双方を含む。ただし承諾時の金額で、後の変更やキャンセルは反映していない。
（注3）　年度は世界銀行会計年度（7月～翌年6月）。

向など）と整合的であることを、一貫して示したからである（赤林 2012）。結果として、1990年代から2000年代にかけて、世界銀行の教育分野への協力実績（図12-3）は、件数・金額ともに、飛躍的に拡大した。ADBも同様の傾向である。

　アマルティア・センが潜在能力（capability）アプローチを提唱し、1998年にノーベル経済学賞を受賞し、更に、2000年にミレニアム開発目標（MDGs）が国連で採択されたことも、影響を与えた要素といえる（Sen 1999）。センは、教育と国民の健康の改善などは、経済成長が達成されるためにも、経済改革に先行しなければならないと主張した。また、センと緒方貞子 元国連難民高等弁務官（その後、JICA理事長）を共同議長として、「人間の安全保障委員会」が日本政府とアナン国連事務総長（当時）のイニシアティブによって創設され、2003年6月に最終報告が提出されると、"human security"（人間の安全保障）や"inclusiveness"（包摂性）の概念が開発アジェンダの中心となった。2001年9月11日の米国同時多発テロ後、国家を持たない形での紛争が露見し、不確実性が増し、予測可能性が低下した世界において、個々の人間の将来の選択肢を広げ、人々の保護にも繋がる「人間開発」に資する教育・人材育成分野へ

第12章　円借款による国際教育協力　　341

の協力は、資金協力や技術協力などのスキームを問わず、紛れもなく開発を行う上での中心構成要素の1つとなり、今日に至っている（Kimura 2003）。

　世界銀行のキム総裁による「人的資本は学習能力だけでない。粘り強さや誠実さといった、社会で必要となる心のあり方も、経済的な成功をもたらす大きな要因だ。（中略）人的資本は、人々、経済、社会、世界の安定などにとって重要であり、それは世代を超える。国家が人的資本に投資しない場合のコストは甚大であり、特に、貧しい人々にその影響が大きい」との主張が、現在の開発課題における教育分野への投資の重要性を明確に示している（Kim 2018）。図 12-3 に世界銀行による、教育分野への協力実績を示すが、1990 年代、更に 2000 年代に、教育・人材育成分野への協力実績が飛躍的に伸びていることが明らかにみて取れる。

（2）円借款を通じた協力を正当化・促進した政策・理論的背景

　1970-80 年代にかけて、二国間協力として OECF（当時）が実施する円借款を通じ、教育・人材育成分野に協力を行う必要があるのか、特に多くの国で義務教育と位置づけられる初等・中等教育は、「国民形成」にとって重要なものであるがゆえに、全て自国で行われるべきで、特定の国が介入するのは不適切ではないか、といった議論が、OECF 内部でも、所管官庁である「4 省庁」（経済企画庁、大蔵省、外務省、通商産業省―いずれも当時）との間でもなされていた。円借款を通じた教育・人材育成分野への協力の「黎明期」と位置づけた 1970-80 年代において、インドネシア、韓国、タイの高等教育段階に対し、資機材供与・施設整備を中心とする、「ハード面」の協力が展開され、初等・中等教育段階への協力は、教育のサブスタンスにまで踏み込むような「ソフト面」の協力実績がなかったことは、こうした要素が大きく影響していると考えられる。

　「量的拡大・質的拡充期」と位置づけられる 1990 年代においては、日本の ODA 規模が 1997 年のピークに向けて、右肩上がりで増加した。質的にも、教育・人材育成分野への協力を拡充させたきっかけの1つは、世界銀行が 1993 年に刊行した World Development Report『東アジアの奇跡』であった（World Bank 1993）。東アジア地域の8か国・地域、即ち日本、"Asian tiger"（香港、韓国、シンガポール、台湾）、NIEs と呼ばれたインドネシア、マレー

シア、タイが、1965 年から 1990 年にかけて、「奇跡的」ともいえる高い経済成長を達成し、かつ、それを持続させる実績を示し、その要因の 1 つの「成長機能」として、「人的資本の急速な成長」や「初等・中等教育に焦点を絞った教育政策による、労働力の急速な技術向上」が挙げられた。これにより、インフラ整備、政策・制度改善、そして人材育成が成長・発展に必要な要素として認識が広まり、開発協力全般における教育・人材育成の重要性の認知と共に、日本との関わりが深い東アジア地域が「成功モデル」とみなされ、日本政府と相手国政府の双方にとって円借款を通じた人材育成分野の優先度が高まったといえよう（国際復興開発銀行／世界銀行 1993）。

相手国においても経済成長・社会発展における教育の重要性の理解が促され、「借りてでも教育・人材育成分野」の開発を進めたい、との姿勢が強くなったといえる。1990 年代は、世界的に「援助疲れ」の傾向があった中、日本は国際収支黒字の「資金還流計画」もあって、1997 年に ODA 予算のピークを迎えるまで右肩上がりで協力の量的拡大時期でもあったため、国際機関から量的に頼られる形で、教育・人材育成分野の協調融資の実績が拡大した。質的には、この取り組みを通じて、日本が協力実績として乏しかった、教育・人材育成分野のソフト面での協力、初等・中等教育段階への協力の経験を経て、円借款を通じた協力の質的拡充に繋がったとも指摘できる。

教育段階別にみれば、1990 年のジョムティエン会議は、基礎教育分野への借款供与を促すきっかけになったことは確かである。1993 年に「東アジアの奇跡」が刊行される前に、1990 年のヨルダン向けの「教育セクター借款」および 1991 年のフィリピン向けの「初等教育事業」が初等教育段階向けの円借款として供与されたことがその証左で、その後の初等・中等教育分野への円借款供与実績が伸びたことにも影響した。2000 年代以降も引き続き教育段階別では大宗を占めた高等教育分野向けの円借款では、事業目的や投入内容に鑑みれば、序章で触れられているような「ソフトパワー論」の要素も影響していると考えられる。

更に、円借款を通じた教育・人材育成分野への協力を後押しした日本側の制度的な要因として、①内貨（現地通貨）融資が可能になったこと、②調達条件のアンタイド化、③そして供与条件の「優先条件」の設定の 3 点は見逃せない。テクニカルだが、重要な要素であるため、以下に具体的に示す。

①内貨融資

　世界銀行等の国際開発金融機関による融資も同様であるが、円借款の創設当初、供与対象は、開発事業の所要資金のうち、外貨（借入国の通貨〔内貨〕以外の通貨）分だけが融資対象となっていた。これは、相手国政府の外貨不足を背景に、輸入決済代金を補う財政需要が高かったことから自然なことである。しかし、1980 年頃から、開発途上国側の財政事情等を総合的に勘案し、開発事業の所要資金のうち、現地で財・役務を調達するのに必要な内貨費用（借入国の通貨による調達が想定される、いわゆるローカル・コスト）にも弾力的に供与を行い、特に 1989 年度からは、外貨・内貨の別に関わらず、総事業費に対して予め定められた一定比率を乗じた額を円借款限度額とする融資比率方式を導入し、相手国の財政負担軽減を図っている（国際協力銀行 2003）。

　教育・人材育成分野の事業では、現地規格の施設整備や、国内で製作される教科書、更には教員や行政官の国内研修などは、必ずしも外貨を必要とせず、寧ろ内貨に対して融資を受けられる方が好ましい事業も多々ある。これを可能にしたのが、融資比率方式、内貨融資制度であったといえる。

②調達条件のアンタイド化

　調達条件のアンタイド化も、大きな影響があった。図 12-1 に示す通り、円借款開始当時の調達条件は、全て日本タイド（円借款事業のもとでの入札に参加できる要件が日本国籍企業であること）であったが、1970 年には DAC 上級会議での二国間援助アンタイド化（入札参加資格国籍を縛らない）の原則に合意し、1974 年には、DAC 本会議での「部分アンタイイング了解覚書」の採択等、国際社会での援助アンタイド化の流れを受け、1970 年度には皆無であった円借款の一般アンタイド比率は、1980 年度には 62.0%（部分アンタイドの 37.2% を含めたアンタイド比率は 98.9%）と、飛躍的に拡大した。また、1980 年代後半以降、日本の国際収支黒字を背景に、更に一般アンタイド化が進められた結果、1996 年度に円借款の一般アンタイド比率は 100% を記録した（国際協力銀行 2003）。

　これは、DAC での議論等で日本に対する「外圧」を受けて、政策・制度変更を余儀なくされた側面もあるが、持続可能性や社会開発が謳われていた1990 年代において、結果として妥当といえる要素も多分にある。地元コミュ

ニティによる参加型の植林事業など、必ずしも海外の業者が国際競争入札を経て請け負うのには馴染まない性格の開発事業が多数展開される中、寧ろ現地の業者が受注した方が効果・効率性の上で望ましいものもあったのである。教育・人材育成分野においても、大規模な高等教育機関の施設整備等であれば、日本企業が関心を示したものもあるが、現地規格の小・中学校の校舎整備等においては、「地元の大工」などが請け負うことを前提に、国内限定入札にすることで、国際競争入札に比して行政コストを抑えることもできた。また、現地での雇用を生み出す効果の点でも、開発効果を高められたと考えることもできる。

③「優先条件」の設定

　日本において、1970-80 年代は対象国の経済成長との関係が強く問われたが、1990 年代後半になって、アジア通貨危機を契機とする円借款の「優先条件」[注4]（長期・低利）適用対象に「人材育成」が含まれたことが、大きな転換点になったと指摘できる。即ち、日本への留学・研修、日本からの専門家派遣、等を含む事業に対しては、より返済期間が長く、より低い金利を適用したことが、相手国に人材育成分野への借入を促すインセンティブを提供したといえる。この優先条件は、現在まで約 20 年に亘って適用され続けている。

5. 主な事例・類型の紹介

　本節では、事業目的や投入内容にもとづき、5 つの類型に分類し、その概要・特徴を示しつつ、具体的事例を紹介する。5 つの類型とは、以下の通り。
- 類型①　高等教育―拠点大学整備
- 類型②　高等教育―留学生借款
- 類型③　高等教育―相互交流・理解の促進
- 類型④　初等・中等教育―全国展開を通じた政策・制度改善
- 類型⑤　財政支援を通じた政策・制度改善

　まず、累計 88 件、6,059 億円の実績のうち、58 件、3,730 億円と大宗を占める高等教育向けの協力を、①拠点大学整備、②留学生借款、③相互交流の深化、の 3 つの類型に分け、代表的な事例を紹介する。初等・中等教育では、全国展

開を通じた政策・制度改善の取り組みを1つの類型と整理する。更に、財政支援型、いわゆる「ノン・プロジェクト型借款」を通じた政策・制度改善を、5つめの類型と整理する。

これらは、筆者が本章執筆にあたって独自に類型化したもので、全88件をいわゆる"MECE"（mutually exclusive and collectively exhaustive、相互に排他的な項目による完全な全体集合）には分類できない。高等教育協力の中でも拠点大学整備と相互交流の深化の双方に分類できる中国向けの事業のケースもあり、また、どの類型にも含まれない事業もある。ただし、各類型の代表的な事例の紹介を通じ、本編を通じたテーマである、円借款を通じた協力が、「何を目指し、どのように工夫してきたか」を描けると考える。ここで示す事例が、次節に示す「円借款を通じた協力の意義・効果」の根拠となる。なお、留学生借款など、他の章で詳述されている類型・事例は、本章での紹介は簡潔な記載にとどめる（個別事業の情報は、特段の記載がない限り、JICA の『事業評価年次報告書』にもとづく）。

（1）類型①　高等教育—拠点大学整備

高等教育協力の中でも、インドネシアや中国向けの協力では、相手国の拠点大学の整備が多くを占めている。第8章で触れられている通り、時系列的にも、円借款を通じた高等教育機関の整備協力は、1970年代以降、一貫して行われてきた。中国向けの協力が2001年度から2006年度の間に集中的に開始されたのに比し、インドネシア向けの協力は、1970年代から2000年代にかけて展開された。ここで具体的事例として採り上げ、その具体的な投入内容や、当該事業の意義を概観する。

インドネシアには、これまでに24件供与しており、そのうち17件が拠点大学整備を目的としたものである。日本の協力、中でも円借款では、集中的なリソースの投入により、拠点大学の強化を継続的に行ってきた点が特徴といえる。主な目的は、高等教育機関の質の向上による「研究・運営能力の強化」および「産業人材の育成」にあり、理工系分野への協力が際立って多い。バンドン工科大学やボゴール農科大学等への重点的な支援によって、これら機関の研究実験施設が整備され、修士以上の学歴を持つ教員の割合が増え、企業との研究開発協力が推進されたことは、産業人材の輩出に繋がった。2000年代初頭には

346　第Ⅴ部　国際教育協力のさまざまな形

世界銀行等において、一部の高等教育機関のみを支援することは、長期的・包括的な視点を欠き、「アカデミック・オアシス」を作り出すだけで持続可能でない、との批判・反省も示されたが（World Bank 2002）、産業界との接点を拡充させるなどの質的拡充工夫が重ねられ、2000 年代以降も、拠点となる機関への協力の有効性が示された。高等教育の拡充は、インドネシアにおける高度人材の輩出や、中間層の形成に大きな役割を果たした。

　1970 年代後半から、個別大学の機材拡充への協力を開始し、施設整備に初めて協力したのは、1989 年度のボゴール農科大学拡充事業であった。1990 年代は、急激な産業構造の変化に伴い、地方にも工業開発の波が押し寄せ、地方大学の底上げが重要な課題と認識されるようになった。一方で当時は地方大学の理工系学部には大学院が整備されておらず、多くの教員は修士号を持っていなかったために、質の高い教育を提供することが困難であった。こうした中で、円借款を通じてボゴール農科大学（1989 年〜）、シャクワラ大学（1991 年〜）、バンドン工科大学（1992 年〜）、ムラワルマン大学（1995 年〜）、パティムラ大学（1996 年〜）、ガジャマダ大学（1998 年〜）の整備が進められた。2008 年からは、国立イスラム大学やインドネシア大学の整備が進められた。

　バンドン工科大学、ガジャマダ大学、インドネシア大学等の高等教育機関の施設整備事業により、高等教育のアクセス拡大、高等教育機関の機能の拡充に貢献した。長期に亘り、協力してきたボゴール農科大学の教員のうち、日本留学経験者は 16% にのぼり、留学先としてはトップの水準となっている。

　国立大学の約 7 割が西部地域に偏在し、特に評価の高いインドネシア大学、ガジャマダ大学、バンドン工科大学、ボゴール農科大学等を含む約 5 割がジャワ島に集中するなど、高等教育における東部地域との格差が顕著であった中、東部インドネシアの開発を視野に、スラウェシ島のハサヌディン大学を東部の拠点大学として強化する事業に対し、2007 年から協力が開始された。ハサヌディン大学は、1956 年に設立された東部インドネシアで最大の総合大学である。東部インドネシアの人材育成ニーズに対応するため、産業振興の基盤づくりに貢献する高等人材育成や研究開発の拠点として、同大学工学部の整備拡充に協力することの意義は大きい。

　工学系以外の分野では、農業や保健等、政府の優先課題解決に貢献できる高度人材育成を視野に、ボゴール農科大学やインドネシア大学等の高等教育機関

の強化が図られた。また、1991年から協力してきたスマトラ島北端アチェの
シャクワラ大学では、土木学科の教員が、2004年末のスマトラ沖大地震による津波・地震被害からのアチェ地域の復興にあたり、住宅再建のためのアチェの気候に合ったセメント資材の開発、建築基準順守に関する啓発活動等で目覚ましい活躍をしたことが、事後評価で確認されている。

(2) 類型②　高等教育―留学生借款

　高等教育段階を対象とする円借款事業において、特に2000年代以降は留学を事業の一部に含めたものが多い。留学を主たる投入内容とした円借款事業は、インドネシア、マレーシア、タイ向けに実績が重ねられており、「留学生借款」と括られる。第9章「留学生招へい」で詳述されている通り、開発途上国に共通する課題は、国際競争力のある技術や先進国が蓄積してきた行政上の知見を国内の既存の高等教育からだけでは十分に獲得できないという点であった。1990年前後から、産業構造の高度化、海外企業の進出などを背景に、最新の技術や知識を持つ人材が求められ、各国が持続的な成長を進めるために必要な高い政策立案、行政能力を持つ人材の育成は、喫緊の課題となったのである。

　こうしたニーズが背景にあり、「留学生借款」が、インドネシア、マレーシア、タイに対して供与され、日本を中心とした海外での高等教育を受ける機会が提供されてきた。国ごとの対象者の特徴として、インドネシアは幅広い分野を対象とする行政官、マレーシアは理工系の学部レベル、タイは理工系を中心とする大学院生と大学教員・研究者、が主な対象であった。国ごとに発展の形は違うが、各国で強化したい部門・層に対して留学生借款が用いられた、といえる。各国の事業概要は以下の通り。

　留学生借款の最初の事例は、インドネシア向けの「科学技術振興プログラム」（1988年借款契約調印、約61億円）であった。海外留学を通じた科学技術分野の人材育成を図り、インドネシア政府の研究開発機能を強化するため、国土地理院をはじめ、科学技術関連の5省庁、6機関の留学生（合計608名、うち日本への留学は256名）が派遣された。これを引き継ぐ形で、1990年には「高等人材開発事業」が供与された。これは政府の政策立案能力の養成を目的としたもので、科学技術のみならず、公共政策や金融財政関連など、より幅広い分野で行政官が留学生として派遣された（学位取得コースに1,298名が留

学〔うち 610 名が日本に〕、研修に 1 万 178 名が参加）。更に、1995 年に「高等人材開発事業（II）」（学位取得コースに 848 名が留学〔うち 502 名が日本に〕、研修に 2,412 名が参加）、そして 2006 年の「高等人材開発事業（III）」では、留学先が日本に絞られたことで、両国間の橋渡しとなる人材が育成され、人的ネットワークの構築にも繋がった（学位取得コースに 943 名が留学、ノン・ディグリー・プログラム〔短期研修、学術交流、サバティカル等〕に 812 名が参加）。そして、2014 年からは、「高等人材開発事業（IV）」が展開されている。なお、第 3 期からは、通常の留学に加え、インドネシアの大学で 1 年間、日本の大学で 1 年間学び、修士のダブル・ディグリーが取得できる「リンケージ・プログラム」が適用され、大学間の繋がりが深まる効果ももたらした。

マレーシアでは、専門的な知識・技術をもった人材の需要が増大し、これに対して国内の大学教育の拡充とともに、国内では育成が困難な人材の育成のために、海外留学が促進された。このような高等教育の強化は、2020 年までに先進国の仲間入りを目標として掲げていた第 7 次 5 か年計画（1996-2000）の中でも、初等・中等教育の底上げとともに重要視された。これを踏まえ、円借款を通じ、1992 年に「高等教育基金借款」（Higher Education Loan Fund Project: HELP）が供与され、更にアジア通貨危機後の 1999 年には、「東方政策」と「HELP 2」が供与された。理工系の学部生が主な対象であった「HELP」の概要は第 9 章で詳述されているため、ここでは詳述しないが、「東方政策」は、もとは 1982 年から、マレーシア政府が日本政府の協力のもと、国費留学生派遣と研修生派遣を推進する政策が背景にあり、1997 年に生じたアジア通貨危機の影響により、マレーシア政府による同事業の継続が困難になったために、円借款が活用された。当該政策の目標は、急成長を遂げた日本や韓国など東アジア先進国の高い勤労意欲、経営能力、道徳、学習意欲などを吸収し、自国の国づくりに活用することであった。「東方政策」では、主に理工系分野への学部留学、高等専門学校留学、大学院留学、日本語教師育成など、幅広い分野での人材育成が対象となった。

タイでは、1990 年代前半に、即戦力となる技術者に対する需要の高まりと、中国、ベトナムなどの後発近隣諸国の追い上げにより、タイの産業が低賃金労働力の供給をベースとした競争力を失いつつあったことが背景にあり、タイ経済の持続的成長を維持していく上で、科学技術水準の向上と、それを可能にす

る人材を育成することにより、さらなる工業発展の基礎を固めていくことが、喫緊の課題となっていた。他方、人材を育成する立場の大学教員の増加と質的向上、大学施設の拡充が遅れており、更に、民間部門との給与水準格差の拡大、研究予算の不足などもボトルネックになっていたことから、1995年に「日・タイ技術移転事業」に円借款が供与された。同事業は、タイ最高の学術水準を有するチュラロンコン大学の理学部・工学部の教員を対象に教育研究水準の向上を図るもので、日本への留学のほか、日本の大学教員などのタイへの招聘、両国の研究者による共同研究や共同研究を実施するための基金の設立などが行われた。この事業は、円借款としては初めて教員を留学の対象に含めたものとなった。

　こうした留学生借款を通じ、相手国の人材育成や高等教育機関の拡充に繋がっただけでなく、日本の多くの大学が、1980年代末以降、学位取得コースや研修等の受け入れ機関となったことで、結果として、日本の高等教育機関の教務・事務双方において、国際化を促す副次的効果をもたらした点にも触れておく必要がある。

（3）類型③　高等教育―相互交流・理解の促進

　円借款を通じた教育・人材育成分野への協力実績88件のうち、中国向けが24件で、国別ではインドネシアと並んで最多の実績となる。これら24件が、2001年度から2006年度の短期間のうちに、当時の中国政府が推進する改革・開放路線を後押しする目的もあって集中的に開始・展開されたことは注目に値する。対中円借款全体の中でみれば、人材育成事業は、2001-2007年度で当該期間中の16.0%を占めることになる（図12-4）。これらのうち、「湖南省環境整備・生活改善事業」（小学校の施設整備）と「貴州省環境整備・人材育成事業」（高等学校の施設整備）を除く22件、約1,035億円の「人材育成事業」を、本類型に属する事業と位置づける。

　具体的には、22の対象省・市・自治区の主要約200大学において、ハード面の改善（施設整備・機材供与）およびソフト面の強化（教職員を対象とした訪日研修等）を行うもので、これらを通じ、対象大学における高等教育の量的・質的改善を図り、もって対象省・市・自治区における地域活性化・交流、市場ルール強化、および環境保全に寄与することを目的とした事業「群」であ

350　第V部　国際教育協力のさまざまな形

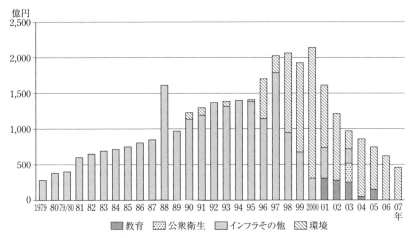

図12-4 対中円借款 年度別承諾額の推移と対象分野
（出典） JICA HP をもとに筆者作成。
（注） 左軸の単位は億円。

る。訪日研修には、前節で触れた、円借款の「優先条件」が適用されている。

　事後評価等から得られる実績としては、対象約200大学から、約5,000名の教職員が研修生として日本に派遣され、日本側も400を超える大学・機関等が研修を受け入れている。結果、一義的な高等教育の質的改善としては、教育方法の改善に繋がり、従来の教員による座学中心の講義から、ゼミ形式での学生による発表やグループ討論等、学生主体の教育へと転換するきっかけを生むなどしている。

　この事業「群」を1つの類型とした理由は、事業実施を通じた交流が、中国と日本の様々なステークホルダーにとって裨益する要素を生み出したからである。一般化すれば、大学間連携、大学―研究機関間連携、大学―自治体間連携が個々のフロントで深まったといえる。具体例として、寧夏大学と島根大学の連携が深まり、2005年9月、寧夏大学キャンパスに、島根大学・寧夏大学共同研究所が設立され、都市環境問題への取り組みが開始された。他にも、新疆芸術学院と東京芸術大学、雲南農業大学と京都府立大学、内蒙古大学と岡山大学など、大学間交流が深まった事例が多数生じている。また、姉妹都市関係にあった海南省と兵庫県が、円借款事業のもとで、海南省からの研修生を兵庫県立大学で受け入れる、あるいは専門家を中国に派遣するなどの関係も生まれて

第12章 円借款による国際教育協力　351

いる。こうした動きは、円借款事業が交流の促進・深化のきっかけを提供し、その後の更なる連携・共同研究等に繋がることを示し、いわば「触媒」の役割を果たしたといえよう。

(4) 類型④　初等・中等教育—全国展開を通じた政策・制度改善

　初等・中等教育段階を対象にした円借款事業は、合計14件、1,471億円の実績である。金額ベースでは、円借款を通じた全ての教育・人材育成分野の実績のうち約24％で、対象国には広がりがあり、インドネシア、フィリピン、中国、モンゴル、ウズベキスタン、スリランカ、ネパール、パキスタン、ヨルダン、モロッコ、アルジェリアと、11か国に及ぶ（表12-3の中で、複合型に計上した実績も含む）。多くの事業において、対象国内の広範な地域を対象に、施設整備のハード面を通じてアクセスの改善を図りつつ、教員訓練や行財政支援といったソフト面で教育の質を高めるための取り組みが含まれるが、中でもフィリピン向けの協力は、初等教育2件と中等教育1件とが密接に関わりあった形で1990年代から2000年代にかけて展開され、基礎教育への協力において、包括的な取り組みの実績であり、ここで主要事例として採り上げる。

　フィリピン向けの3件とは、「初等教育事業」（1991年〜）、「貧困地域初等教育事業」（1997年〜）、それに続く「貧困地域中等教育拡充事業」（1999年〜）である。中でも、「貧困地域初等教育事業」（Third Elementary Education Project[注5]、以下、TEEP）は、投入内容、意義、インパクトの観点からも、円借款事業を通じた基礎教育への協力において、「包括性の極み」となる実績となった。他章でも円借款を通じた基礎教育協力の実態は描かれにくいことから、ここで詳しく採り上げる。

　本事業を通じ、①経済的にも社会的にも立ち遅れていた対象貧困州の学業到達度が、全ての教科で全国平均を上回る結果となったこと（図12-5）、その結果は、②ハード面とソフト面の協力の相乗効果によってもたらされたこと、また、③学校運営に地域を巻き込むSchool Based Managementの手法や、校長の役割、教員研修のあり方が、本事業での試行錯誤を経て、全国的に制度化（教育省令）されたことが、大きな効果・意義といえる。

　TEEPは、1997年から2006年まで10年間実施された。事業概要を簡潔に示すのが困難なほど、多岐に亘る取り組みが1事業の中に含まれた。対象地域

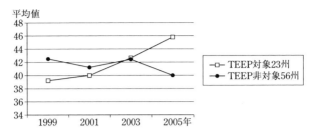

図12-5 全国学習到達度検定のスコア（TEEP対象州・非対象州・全国平均）
（出典）World Bank 2007.
（注）全国学習到達度検定（National Sample Based Assessment: NSBA)：下段の表は、2005年のスコアの平均値。国語はフィリピノ語。

は、全国79州のうち、23の貧困州である。これは、フィリピン政府が定めた「社会改革アジェンダ」[注6]の対象を中心に定められた。投入内容は、全国の公立小学校の約4分の1に当たる約9,000校に対する校舎の増改築（全て現地規格）、学校用家具類や教育機材の調達、教科書の配布、校長への学校運営研修、教員への授業指導法研修など、初等教育の量・質を抜本的に改善するために必要なあらゆる要素であった。借款金額は合計111億2,200万円、世界銀行とフィリピン政府の予算を合わせ、約300億円の規模で展開された。円借款の特徴として、約40億円がコンサルティング・サービス（各種計画の設計、施工監理に加え、行財政担当者の能力強化や、知的協力など）として、ソフト・コンポーネントに充てられた。

教育省（当時は教育文化スポーツ省）はTEEPを「全国規模の壮大な試み」と位置づけた。一義的な裨益者は、フィリピンの小学生だが、地方分権化政策が推進される中、教育省の地方の出先機関や、州政府・郡政府・村（バランガイ——行政の最小単位）、そして親兄弟を含めた地域住民も総動員する形で実施された。具体的には、ボトムアップ式に、教育環境改善の計画が検討された。最初は各学校の校長が中心となり、父兄や地域の代表（PTCA[注7]）とともに地元のニーズを検討し、その後、教育省の州事務所がこれを「教育投資詳細計画」として取りまとめた。各地域の詳細なスクール・マッピング調査も行われ、

既存施設の収容能力を踏まえ、校舎の教室単位での増改築の優先度などが検討された。

　TEEP計画当時のフィリピンの教育制度は、初等教育が6年、中等教育が4年、高等教育が4年で、国際的にも中等教育の期間が短いことが特徴であった。初等教育は義務教育で、授業料・教材費は無料、6歳になった年の6月に小学校に通い始める。高い人口増加率（1990-95年平均2.3%）を背景に、子どもが増え続ける一方で、教師・教室の数が追いつかず、1学級当たり60人を超えるクラスや、午前・午後に生徒を入れ替える2部制を取らざるを得ない地域もあった。96年当時、全国の子どもたちの87%が小学校に入学していたが、卒業にまで辿り着く割合は、64%に過ぎなかった。事業実施前には、電球1つの暗い教室や薄い仕切り板だけの騒がしい教室、教室が足りず朝礼場所や体育館の廊下までをも教室代わりに利用する学校もあったが、TEEPを通じ、最終的に5,411教室の新築と1万5,334教室の改築が完了し、劇的に環境が改善された。

　TEEPの特徴は、①地方自治体が一定の資金を分担、②現地規格の適用、③成果がひと目でわかる、ことであった。地方自治体による資金負担と入札の実施は、フィリピン政府が当時進めていた地方分権化政策を促進させ、地方自治体による教育財政のあり方に影響を与えた。また、地元の建設業者が工事を請け負うことで地元経済の活性化にも貢献し、更には安くて良質な教室規格の見直しにも繋がった。

　効果的だったのは、教職員への研修などのソフト面と、校舎の増改築等のハード面の組み合わせであった。各州の教育長に対するコンサルティング・サービスは、教育長の行財政管理能力の向上を促し、学校長に対する経営研修は、地域コミュニティとの結びつきを強め、予算が不足していても地元の人的貢献も含めた協力（校庭の整備や地元大工による家具類の提供・修復等）を得ながら学校環境を改善する動きに繋がった。

　学習到達度検定（全国統一テスト）において、貧困州では、99年当時は大部分の教科において全国平均を下回っていたが、TEEPによる教育環境の改善が一定程度進んだ2005年に実施されたテストでは、全教科（国語、算数、理科、英語）で全国平均を上回る結果となった（図12-5）。これは、TEEPによる包括的な教育環境の改善が効を奏したとみられ、このモデルを全国的に普

354　第Ⅴ部　国際教育協力のさまざまな形

及させる動きに繋がった。

TEEP の試みの中で、全国的な制度にまで発展したものの 1 つが School Based Management（SBM）という学校運営モデルであった。SBM は、TEEP の実施を通じてその効果が認められ、教育省令で全国の学校で適用するよう定められ、小学校の教育環境改善のモデルとして確立された。その効果は現在にも至っている。

(5) 類型⑤　財政支援を通じた政策・制度改善

財政支援型、いわゆる「ノン・プロジェクト型」借款としては、モンゴル向けの「社会セクター支援プログラム（Ⅰ）」（以後、「フェーズⅠ」）および「同（Ⅱ）」（以後、「フェーズⅡ」）において、教育・人材育成分野が対象の一部に含まれており、1 つの類型をなすものとして、ここでの紹介事例に挙げる。ノン・プロジェクト型借款は、資金面では一般財政支援、政策面では対話を通じて予め設定・確認・合意した政策アクションの遂行・実現を促し、政策・制度面での改善を図るものである。

財政支援といえば、主に 1980 年代のサブ・サハラを対象に、累積債務への対応策として世界銀行と国際通貨基金等が展開した構造調整融資が知られている。しかし、借入国政府のオーナーシップとガバナンスの弱さと、時に「教条的」と非難された貸し手による融資条件としての「コンディショナリティー」が相まって、結果的に描いた通りのマクロ指標の改善に至らず、多くの教訓が残された。以来、借入国政府のガバナンス改善と、オーナーシップを高めるための事前の「対話」が非常に重視されるようになり、「開発政策借款」の形で、「政策アクション」の達成を後押しする形式がとられるようになった。

モンゴル向けのフェーズⅠは 2009 年度に約 29 億円、フェーズⅡは 2011 年度に約 16 億円の借款供与に合意した。モンゴルで財政危機が貧困層に与えている負の影響に鑑み、貧困層向けの基礎的な社会的サービスの改善と、教育を含んだ社会セクターの支出確保のための改革を、ADB との協調融資で協力することで、貧困層の保護および今後起こり得る財政危機への対応強化を図り、もってモンゴルの公共支出監理の改善、社会開発の推進に寄与することを目的としている。通常、円借款の供与決定前に、相手国政府との綿密な対話を通じ、合意した「政策アクション」が、いわゆる「政策マトリクス」に記載され、進

第 12 章　円借款による国際教育協力　　355

捗モニタリング、評価にも活用される。本プログラムでは、社会福祉、保健医療、教育、都市開発の4分野において、モンゴル政府、ADB、JICAの共同で作成された。教育分野における「政策アクション」は、以下の3つである。

①中等教育課程における教科書費用の補助に係るターゲット化（貧困層を含む）

②新指導法の普及に伴う現職教員研修制度の強化（ゲル地区含む）

③新教育スタンダードに沿った教員評価制度の確立

事後評価報告書によれば、これらの政策条件は全て予定通り達成され、中でも②と③は、技術協力を通じた「教員再訓練改善計画」「子どもの発達を支援する指導法改善プロジェクト」（フェーズⅠおよびⅡ）において目指されていた新指導法の普及体制の強化にも繋がった。また、無償資金協力を通じた「初等教育施設改善計画」を通じ、小中学校の教員および教員養成学校の教員用のモニタリング・マニュアル、指導書作成マニュアル等が印刷・配布されており、相乗効果がみられた。

なお、対象とする政策課題がマクロ経済運営・開発政策、社会セクター（教育、保健）、ガバナンスと広範囲に及ぶため、教育・人材育成分野の事業実績には含めなかったが、ミャンマー向けの「社会経済開発支援借款」（2013年1月借款契約調印、約1,989億円）は財政支援型借款で、財政面ではミャンマーの対外延滞債務問題の解消を進め、政策面ではミャンマー政府との対話を通じて合意したアクションのうち、教育分野で初等教育無償義務化、教育予算の3倍増、教育の質の改善のための児童中心型教育の研修などが推進・達成された。この事例が示すように、円借款の形態の1つとして、財政支援を通じて政策・制度改善が促進できることも特徴の1つである。

6. 考察——意義・効果（実績・事例をもとに）

本節では、円借款を通じた教育・人材育成分野の協力の意義と効果について考察する。第2節で示した通り、借入国にとっての円借款事業とは、「借りてでも（対外公的債務を増やしてでも）推進したい公共事業」であり、国にとって、経済社会発展のための基幹事業と位置づけられる。この前提に加え、前節で示した5つの類型や具体例にもとづけば、円借款を通じた協力の意義・効果

は、以下の4点に整理できる。

- 意義・効果① 自立発展のための「人づくり」拠点の整備促進
- 意義・効果② 重層的な二国間の相互交流の促進
- 意義・効果③ 全国横断的な政策・制度改善
- 意義・効果④ 評価の拡充を通じた協力内容の不断の質的改善

意義・効果の①②③は、これまでの実績・事例から導かれる。他方、④は横断的に振り返った際に、指摘できる要素である。本章の執筆にあたり、個別事業のインプット・アウトプット・アウトカムの把握が比較的容易であったのは、情報のストックとして、評価制度・実際の評価活動が充実していたからである。実際の事業形成にあたっても、過去の類似事例の教訓をもとに、不断に投入内容やアプローチの工夫・改善が行われてきたことも事実である。更には案件形成時のベースライン情報が「事前評価」として蓄積されてきたことは、事業完成後のアウトプット・アウトカムの評価を可能にした。事業開始前のベースライン情報は、事業完成後の客観的な評価を可能とする上で不可欠な要素であるため、その取り組みを1つの意義・効果として強調するものである。

(1) 自立発展のための「人づくり」拠点の整備促進

前節で採り上げた類型①（高等教育―拠点大学整備）および類型②（高等教育―留学生借款）の実績が、この意義・効果を示している。国内の高等教育のハード・ソフト両面の水準に制約があったために、拠点大学の整備や留学生借款が「借りてでも進めたい公共事業」として要請され、それに応える形での事業が展開されてきた。結果として、東南アジアの多くの国に対し、教育・研究面のみならず、行政等でも国をリードする人材を教育・育成・輩出する、すなわち自立発展を遂行する上で不可欠な「人づくり」拠点の整備を促したことが、円借款の大きな意義・効果の1つであったといえる。

拠点大学整備（類型①）と留学生借款（類型②）の双方で実績を重ねたインドネシア、タイ、マレーシアの高等教育を、協力を開始した年度から2015年度まで振り返ると、それら総就学率が、飛躍的に伸びていることがみて取れる（図12-6）。社会学者のマーチン・トロウによれば、高等教育は、同年齢人口に占める在学者の比率が15%を超える前後から、大きく性格を変えていく（天野ほか 1994）。対象3か国は、いずれも2015年時点では、「マス型」の段階

対象国	総就学率(年)		
インドネシア	2.3%（1977）———————→ 23.3%（2015）		
タイ	19.2%（1994）——→ 45.9%（2015）		
マレーシア	8.9%（1992）———————→ 42.4%（2015）		
	エリート型	マス型	ユニバーサル型
該当年齢人口に占める大学在学率	15%まで	15%以上〜50%まで	50%以上
高等教育の機会	少数者の特権	相対的多数者の権利	万人の義務
高等教育の目的	人間形成・社会化	知識・技能の伝達	新しい広い経験の提供
高等教育の主要機能	エリート・支配階級の精神や性格の形成	専門分化したエリート養成＋社会の指導者層の育成	産業社会に適応しうる全国民の育成

図12-6　高等教育の発展段階と主要国の推移

（出典）　トロウ 1976 をもとに、筆者作成。
　　　　総就学率は、最初の高等教育分野への円借款を供与した年と、2015 年の実績。
　　　　実績値の出所は、「UNESCO UIS」http://data.uis.unesco.org/Index.aspx。

にあるが、これまでの協力は、①高等教育の「エリート」段階から「マス」段階への移行を促し、その中でもエリートを養成する拠点・人材を中心的な対象として協力を展開したことで、中間層の形成をリードし、留学なども通じて対象国の「開国進取」を促した、とも総括できる。

（2）重層的な二国間の相互交流の促進

　前節の類型③（高等教育—相互交流・理解の促進）に示す通り、中国の高等教育機関を中心とする人材育成への協力の実績は、相手国の人づくり、自立発展のみならず、多様なステークホルダー間の相互交流機会を促進する意義・効果を有している。言い換えるならば、円借款事業の「触媒性」とも整理できる。

（3）全国横断的な政策・制度改善

　前節の類型④（初等・中等教育）および類型⑤（財政支援）において、1 事業単位の取り組みが、全国横断的に適用される政策・制度改善に繋がることも、円借款の意義・効果として認められる。類型④のプロジェクト型円借款では、当該事業の実践を通じて効果が表れた取り組みが、相手国政府によって教育行財政上の政策・制度に反映され、全国的に普及・展開された事例が複数確認されている。1 事業あたり、平均約 7 年間の実施期間を活かし、相手国との対話や、補完・追加的な知的協力を通じた取り組みが可能にしてきたものである。

第Ⅴ部　国際教育協力のさまざまな形

また、類型⑤の財政支援型、いわゆる「ノン・プロジェクト型借款」では、事業形成段階から実施段階を通じ、相手国政府との対話にもとづく政策アクションの設定・モニタリングが、政策・制度レベルでの改善・改革を促すことに繋がっている。

（4）評価の拡充を通じた協力内容の不断の質的改善

最後に、開発効果を最大化すべく、円借款事業の協力内容が進化してきたことも、歴史を振り返った際に意義・効果として挙げられる。この論拠として、客観的な効果の検証と教訓の蓄積・反映を可能にしてきた評価制度の拡充の経緯を以下に示す。

教育・人材育成分野に限らず、円借款業務の実施にあたり、効果的かつ効率的な実施のため、また、日本国民に対する十分な説明責任を果たすため、全ての新規事業で事前から事後までの一貫した評価体系の確立が目指された（国際協力銀行 2002a）。JBIC（当時）は、2000-2001 年度に重点的に円借款の評価制度を拡充し、事後評価は 2000 年度以降、全完成案件の網羅を目標とし、2001 年度までに過去の完成済事業も網羅した結果、同年度以降、完成後 2 年目以降の事業のうち、1980 年度以前の完成案件および全額償還済の案件を除き、評価カバー率はほぼ 100% を維持している（国際協力銀行 2002b）。

また、2003 年 8 月に閣議決定された新 ODA 大綱でも、事前、中間から事後への一貫した評価の実施を実現し、成果をより客観的に判断するために、専門性を有する第三者による評価を充実することの必要性が指摘された。円借款でも、JBIC（当時）は 2001 年度から「事前評価」を制度化し、全ての新規事業において、実施前に運用・効果指標を伴う事前評価の実施・公表を義務づけている。更に、2003 年度からは、個別事業の事後評価として、DAC 評価 5 項目（妥当性、有効性、インパクト、効率性、持続性）にもとづいて評価・判断し、高い順に A から D まで 4 段階（A, B, C, D）のレーティングを導入・対外公表している。この制度の拡充・進化によって、ベースライン情報をもとにした、事業実施後のアウトプット、インパクトまでが客観的に評価可能となり、加えて PDCA サイクルが充実されたことにより、既往案件の教訓を新規案件に反映させることが可能となった。

教育・人材育成分野では、全 88 件中、事後評価の対象となるべき 73 件[注8]

中、64 件の事後評価が既に完了・公表されており、うち、29 件がレーティング「A」と評価されている。事前評価も、47 件分が実施・公表されている。

　具体例として、前節の事例紹介で触れたフィリピン向けの「貧困地域初等教育事業」（TEEP）は、1996 年に借款契約に調印されたものだが、1991 年に開始された「初等教育事業」の後継事業と位置づけられ、「初等教育事業」の事後評価の教訓を、確かに反映している（国際協力銀行 2000）。具体的には、以下の 2 点が「初等教育事業」の事後評価に教訓として記載されており、これらの教訓を活かす形で、TEEP の投入要素、実施体制が検討・実施され、事業効果の拡充、円滑な実施体制の確保が図られた。

- 教育セクターの開発にあたっては、第一に途上国政府がソフト面の整備・強化の重要性を認識し、ソフト・ハード両面の整備・強化策が必要である。同セクターへの円借款供与には、途上国政府の予算制約などを十分勘案し、必要に応じて、ソフト面も借款対象に含めるか、或いは JICA 等他の援助機関と連携し、ソフト面がハード面とあわせて遅滞なく実施されていくように留意していくことが望まれる。
- 本事業のように、広い地域にまたがった多数の小規模コンポーネントからなる事業では、全体の実施管理は煩雑で容易でないことから、実施機関のマンパワーの状況を十分考慮の上、実施管理に対するコンサルタントの支援を事業範囲に含めるなどの対策について、検討すべきである。（中略）上記のような考えにもとづき、「貧困地域初等教育事業」では、実施機関の中央・地方事務所に円借款のコンサルティング・サービスにて雇用された専門家を配置し、事業実施の支援・実施機関の能力向上に積極的に取組んでいる。（国際協力銀行 2000）

　更には、事後評価の後、専門機関に委託したインパクト評価まで実施し、性質的に効果・インパクトを測るのに長期間を要する教育・人材育成分野において、事業完成後、5 年後の裨益者の状況まで調査されるに至っている（JICA and IFPRI 2011）。

7. 将来への示唆——相手国の自立発展と日本との　　信頼関係の深化に向けて

本章の最後に、新たな展開も紹介しつつ、将来への示唆に触れる。2018 年 2

月にエジプト政府との間で約186億円の新たな円借款契約が調印された。「エジプト・日本学校支援プログラム（エジプト・日本教育パートナーシップ）」である。2016年2月、両国首脳による日本・エジプト共同声明において、エジプトの若者の能力を強化し、平和・安定・発展および繁栄を促進することを目的として、「エジプト・日本教育パートナーシップ」（Egypt-Japan Education Partnership: EJEP）が発表された。就学前教育から基礎教育、技術教育、高等教育までを対象とし、技術協力、無償資金協力、円借款を総動員した協力が展開されており、この度の円借款では、特に基礎教育段階にフォーカスし、財政支援を通じて関連する政策・制度の構築を促す。基礎教育段階では、掃除、日直といった教育活動や、学級会等の特別活動に代表される「知力・徳力・体力」をバランスよく育成する日本の全人的教育モデルを「日本式教育」の特徴として、学ぶ意欲の向上、社会性の醸成の観点で、エジプトから高い期待が寄せられている。

　注目すべきは、両国間の協力内容の包括性である。①就学前教育から高等教育までの対象教育段階の包括性、②技術協力、資金協力（無償、有償）を動員したODAスキームの包括性、③ハードとソフト、ミクロの学校単位からマクロの政策レベルまでの投入要素の包括性をもって、エジプトの持続的な自立発展に向けて、これまでの両国間の信頼関係のもとに協力を展開している点が、画期的といえる。

　これまでのエジプト向けの教育協力のみならず、他国での教訓も踏まえて協力内容に工夫が加えられており、この点に鑑みても前節で展開した円借款の意義・効果を網羅している。今後は更に、対象教育段階・スキーム・投入要素の包括性を伴う協力が相手国からのニーズとして示されると考えられる。その際、本章で整理した円借款の意義・効果を勘案しつつ、相手国の自立発展にとって最善の内容で、かつ、日本との関係にとって重層的な信頼関係が築けるような「触媒」効果を果たせる協力を展開していくことが、幅広いステークホルダーに広く深い開発効果をもたらすものとなろう。

　最後に、1997-2000年に世界銀行のチーフ・エコノミストを務めたジョセフ・スティグリッツが、「スティグリッツのラーニング・ソサイエティ　生産性を上昇させる社会」の和文版を2017年に発刊した際、和文版読者に向けた序文の一部を引用する。

世界銀行のチーフ・エコノミストを務める間、私は考えていました。日本が行ったことの中で、発展途上国がそれを手本とし、真似をして、実際に採用できることは何なのでしょうか。日本の経済成長の速度が遅くなってきたことで、この疑問が日本にとってさえも新たに緊急性を帯びてきました。（中略）日本の成長には2つの重要な教訓が含まれており、これが本書の中心的なメッセージにもなっています。第1は、いかなる経済、いかなる社会においても、その成功はラーニング・エコノミー、すなわちラーニング・ソサイエティを構築できるかどうかにかかっている、ということです。資源を効率的に使い資本を蓄積することは重要ですが、ラーニングやイノベーションはもっと重要です。（中略）第2の教訓は、ラーニング・ソサイエティを構築する上で政府が重要な役割を担う、ということです。市場にまかせては自然にできることではありませんし、市場経済では教育や基礎研究に十分な投資が行われません。第2次世界大戦後の日本は、政府の経済支配—共産主義の失敗—とも、制約のない市場とも、異なるやり方を考え出しました。日本は、市場を中心に置きながらも、市場に国や社会を統治させるのではなく、国が市場を統治するモデルを作ったのです。そこでは、政府と市場と社会との有効な協力関係がありました。日本モデルが成功したのです。（スティグリッツ 2017、pp. ii-iii）

　本章の論旨にも関係し、示唆に富む内容である。同じ認識を共有する相手国との間で深い対話を経ながら協力に取り組めば、「東アジアの奇跡」以上の経済社会発展も目指せるほど、実績と教訓が蓄積されていることは確かである。

注

［注1］　譲許性：利子率、返済期間、据置期間等の条件が、借り手にとって有利であること。

［注2］　JICA の年次報告書等では、2015 年度末時点での「教育」部門への円借款協力実績は、累計で84 件、5,462 億円とされているが、当該統計において、「行政機能強化」や「その他社会的サービス」部門に計上され、実質的に教育・人材育成分野への協力を行った事業も対象に含めているため、累計実績が異なる。

［注3］　L/A: Loan Agreement。相手国政府等と JICA との間で締結される円借款契約のことで、「承諾額」とは、円借款の供与限度額。

［注4］　他の優先条件適用対象分野は、「環境・気候変動」、「保健・医療」、「防災」。

［注5］　1991 年に円借款を供与した「初等教育事業」も世界銀行との協調融資で、世界銀行は更にその前に単独融資で第1フェーズとして初等教育分野に借款事業を供与していることから、「初等教育事業」が第2フェーズ、TEEP が第3フェーズと位置づけられるため、案件名に Third が含まれている。

［注6］　当時のラモス政権下で、貧困地域の経済社会発展を目指し、国内格差是正のための主要課題と定められた政策。

［注7］　Parents, Teachers, and Communities Association. 日本で一般的な PTA に C が加わっているのが特徴。

［注8］　15件の差分の内訳は、次の通り。①実施中（未完成）：12件、②事業完成後2年未満：2件、③エンジニアリング・サービス借款のため本体完了後にまとめて事後評価：1件。

参考文献

赤林英夫、2012、「人的資本理論」、労働政策研究・研修機構『日本労働研究雑誌』2012年4月号（No. 621）、8-11頁。

スミス、アダム、玉野井芳郎ほか訳、1980、『国富論』中央公論新社。

天野郁夫・藤田英典・苅谷剛彦、1994、『教育社会学』放送大学振興会。

金子元久・小林正行、1996、『教育・経済・社会』放送大学振興会。

国際開発ジャーナル、2004、「国際協力用語集 第3版」。

国際協力機構、2016、「国際協力機構 年次報告書 2016」。

国際協力銀行、2000、「円借款事業評価報告書 2000」。

国際協力銀行、2002a、「海外経済協力業務実施方針」。

国際協力銀行、2002b、「円借款事業評価報告書 2002」。

国際協力銀行、2003、「海外経済協力基金史」。

国際復興開発銀行／世界銀行、1993、「東アジアの奇跡――経済成長と公共政策 要約」。

スティグリッツ、ジョセフ、ブルース・C・グリーンウォルド、2017、『スティグリッツのラーニング・ソサイエティ 生産性を上昇させる社会』東洋経済新報社。

シュルツ、セオドア、1985、『「人間資本」の経済学』日本経済新聞社。

トロウ、マーチン、天野郁夫・喜多村和之訳、1976、『高学歴社会の大学』東京大学出版会。

Becker, G. S. 1975. *Human Capital: A Theoretical and Empirical Analysis, with Special Reference to Education.* National Bureau of Economic Research.

Japan International Cooperation Agency（JICA）and International Food Policy Research Institute（IFPRI）. 2011. *Impact Evaluation of Third Elementary Education Project in the Republic of the Philippines.* Tokyo.

Kim, J. Y. 2018. *The Human Capital Gap: Getting Governments to Invest in People.* Foreign Affairs. June 2018.

Kimura, I. 2003. Goals and Roles of Basic Education in Human Development, Case: Bangladesh. A dissertation submitted to University of California, Los Angeles（unpublished）.

Kimura, I. 2018. *Policy-level Improvement and Institutionalization of Field-level Trials: Achievement of Third Elementary Education Project（TEEP）in the Philippines.*

Seminar Report on Capacity Development and Institutional Change in International Development Cooperation. (早稲田大学 国際開発協力プロジェクト研究所 web 掲載)

Psacharopoulos, G. and Patrinos, H. A. 2004. Returns to Investment in Education: A Further Update. *Education Economics*. Vol. 12. No. 2. pp. 113-134.

Schultz, T. W. 1961. Investment in Human Capital. *The American Economic Review*. Vol. 51. No. 1. pp. 1-17.

Sen, A. 1999. *Development as Freedom*. Alfred A. Knopf.

UNESCO: United Nations Education, Science, and Culture Organization, several years. *Statistical Year Book*. UNESCO.

World Bank, 1993. *The East Asian Miracle*. New York: Oxford University Press.

World Bank, 2002. *Constructing Knowledge Societies: New Challenges for Tertiary Education*. Washington, D.C.: The World Bank.

World Bank, 2007. *Implementation Completion and Results Report (IBRD-41080) on a Loan to the Republic of the Philippines for The Third Elementary Education Project*. Washington, D.C.: The World Bank.

【参照 website】

国際協力機構 円借款プロジェクトニュース。

国際協力機構 事業評価年次報告書（2008 年度分以降）。

国際協力銀行 円借款事業評価報告書（2007 年度分まで）。

第**13**章

青年海外協力隊による国際教育協力
教育分野の取り組みと広義の社会還元の可能性

丸山　英樹

1. 複数の使命を帯びる国際ボランティア

　阪神・淡路大震災が発生した 1995 年は日本では「ボランティア元年」と呼ばれ、それ以降ボランティアという言葉は幅広く使われるようになった。ボランティアとは英語の原義では志願兵を指すが、日本語では無償の奉仕活動に従事する者の意味で使われることが多い。国際開発・協力分野においては 1995 年以前からもボランティアという用語は広く使われており、日本政府によって実施される国際協力ボランティア事業の最大のものが、50 年以上の歴史を持つ青年海外協力隊（JOCV）事業である。JOCV は、JICA ボランティア派遣事業の 1 つで、他のシニア海外ボランティア、日系社会青年ボランティア、日系シニア・ボランティアとともに草の根国際協力活動として知られている。国際ボランティアには、自発性および非営利性ならびに公共性が求められる（内海・中村 2011）が、政府開発援助（ODA）事業に対する評価が 5 側面（妥当性・有効性・効率性・インパクト・持続性）でなされる中、JOCV を含む JICA ボランティア事業はそれとは別に 3 側面（1. 途上国や途上地域の経済・社会の発展、復興への寄与、2. 我が国と途上国の友好親善と相互理解の深化、3. 国際的視野の涵養と経験の社会還元）から事業評価がなされている（JICA 2018）。

　本章では、JICA ボランティアの中で最も歴史が長く、派遣者数も最大で、特定の地域に限らず広く発展途上国に派遣されてきた JOCV に着目し、特に教育分野における JOCV の実績と背景を記す。創設以来 JOCV 事業の目的とその性格は、「開発途上にある諸国の要請に基づき、技術を身につけた心身と

365

もに健全な青年を派遣し、相手国の人々と生活と労働をともにしながら、相手
国の社会的・経済的開発発展に協力し、これら諸国との親善と相互理解を深め
るとともに、日本青年の広い国際的視野のかん養にも資さんとするものであ
る」とされている（伴 1978, Loc. 222）。公式文書等で謳われる JOCV の目的と
は、次節で後述するように、国際協力、相互理解、日本人育成であるが、本章
では、その 50 年の歴史を振り返る。

　本章が示唆することは主に、次の 3 点である。1）JOCV の派遣者数は ODA
全体の動向には強く影響を受けず、全体として増加傾向を示していたこと、2）
教育関連分野の派遣も増加傾向にあり、時代とともに JOCV のうち最大を占
めるようになったこと、3）日本人の国際性の涵養ならびに社会還元につなが
ることになる派遣職種の多様化が見られること、である。それらを論じるにあ
たり、以下、まず JOCV 事業の概要と隊員活動の流れ、次に JOCV 全体と教
育関連 JOCV の動向の概略を 5 つの時期区分で示し、そして社会還元の可能
性を持つ職種の増加と質の転換について記す。なお、教育関連 JOCV とは、
基本的に 2012 年まで使われていた「教育文化」分野と現在の「人的資源」分
野の職種を指す[注1]。また、本章では JOCV 事業で派遣された者を隊員と呼び、
帰国した隊員には経験者という表現を用いる。

2. 日本の国際協力ボランティアの拡大

(1) JICA ボランティアの概要

　JICA ボランティア事業とは、日本の ODA 予算により JICA が実施し、開
発途上国社会のために、途上国からの要請に見合う技術・知識・経験を用いて
貢献したいと希望する日本国籍保有者を選考し、訓練を経て派遣するものであ
る。その目的は、1）開発途上国の経済・社会の発展、復興への寄与、2）異文
化社会における相互理解の深化と共生、3）ボランティア経験の社会還元であ
る（JICA n.d.）。1965 年に派遣が開始され、JOCV の他、シニア海外ボランテ
ィア（派遣は 1990 年開始）、日系社会ボランティア（同 1985 年）、日系社会シ
ニア・ボランティア（同 1990 年）の 4 つを指し、応募可能な年齢は 20-39 歳
（青年）、40-69 歳（シニア）と定められている[注2]。前者 2 つの JOCV とシニ
ア海外ボランティアは、現地住民を対象に地域経済・社会発展への協力を目的

366　　第Ⅴ部　国際教育協力のさまざまな形

とする活動を促進し、後者 2 つの日系社会ボランティアは中南米の日系社会の発展を図ることを主な活動目的としている。2015 年末までの累積の派遣人数は、JICA（2016b）によると、JOCV が 4 万 987 人、シニア海外ボランティアが 5,834 人、日系社会青年ボランティアが 1,246 人、同シニアが 465 人である。

隊員の派遣期間は原則 2 年間だが、他に 1 か月から参加できる短期ボランティア制度もある。語学研修や技術補完研修を含めた訓練を経て派遣に至り、派遣中は医療バックアップ等、国際協力の初心者も安心して活動に参加できる充実した支援体制を備える。

（2）隊員活動の流れ—理数科教師を例に

JOCV 事業の歴史的動向を見ていく前に、実際の隊員活動についてまずは確認しておく。次節以降に示す通り、チーム派遣など JICA の持つ多様な制度によって得られた成果には特筆すべきものが多い。しかしながら、隊員は異国の地で唯一の日本人として活動する者がほとんどである。ODA 事業の大目標に比較するとミクロな範囲であるが、周囲に日本人がいない中、現地の同僚たちや住民たちと時間と空間を共有し、誤解を互いに乗り越えて、隊員は活動する。

教育関連 JOCV のうち大きな割合を占めるのが理数科教育に従事する隊員であることから、彼らの活動に即して、派遣前、派遣中、派遣後の順に簡単に紹介しよう。隊員候補者たちは派遣前に福島県二本松市または長野県駒ヶ根市にある JOCV 訓練所において 2 か月以上、語学研修、技術研修、サバイバル技能研修等をこなす。日本国内で外国人学習者を常に相手にする日本語教師と比較すると、理数科を専門とする隊員候補者は外国語に不慣れなことも少なくなく、研修期間の半分以上を現地で必要な語学の習得に費やす。また、研修期間中は他職種の候補者と同様、各種の予防接種を受け、健康診断の結果が悪いと派遣中止となることもある。

無事に任国へ派遣されると、共に派遣された同期の隊員たちと現地の学校で教育実習を行う等、数週間の現地研修をこなす。その直後には、単独で現地の公共交通機関を用いて自分の赴任校を訪問し、活動の詳細を校長らと確認する。そして、いよいよ学校での勤務が始まる。学期中は不慣れな生活環境で過ごすこともあり多忙な状態となる。言葉だけでなく、同僚が職場に来ない理由が理解できなかったり、地域の人たちの習慣を誤解したり、すれ違いを感じたり、

怒ったり、悲しんだりすることもあるが、時間とともに生活に慣れ、そうした経験の上で活動に専念していく（高橋・中村 2006、関根 2018）。

　欧米のカリキュラムがそのまま利用されていながら、小学校レベルの算数の問題がわからない高校生と大学入試を控え受験勉強に集中する生徒が同じ教室に混在する中で指導することもある。1つの教室に90人の登録があり教室から生徒が溢れていたり、教員への給与支払いが滞って現地の教員が職場を去ることもある。しかし、それらの困難や経験を自己成長につなげて帰国する隊員は多く、帰国後も派遣先の国との関係を継続する者も少なくない。本章では派遣実績数や制度についての記述が多いが、JOCV は隊員個人の活動の積み重ねであり、その背景には様々な人間模様があることを、まずは確認しておきたい。

（3）JOCV の増加と多様化

　それでは、歴史的動向を見ていこう。JOCV 経験者として初めて青年海外協力隊事務局長（第10代、2000-2004年）に就任した金子洋三は、JOCV 事業を草創期、倍増期、多様化期という3つの時期に区分した（金子 2015）。本章では、それらに転換期、還元期待（期）の2つを加えて、5つの時期区分で JOCV 事業の歴史を整理するが、これらの区分時期を特定の年度によって明確に境とすることは困難であり、各区分は重複したものとなる。以下では、まず草創期から多様化期という3つの時期について記す。

①草創期（1965-1980年頃）

　JOCV 事業の創設から軌道にのるまでの草創期は、最初の隊員が派遣された1965年から1980年代初めまでの間で、事業の実施体制の整備時期であった。1964年には東京五輪が開催され外国ブームが起こったが、当時はまだ一般的に外国は遠い存在でもあった。日本は高度経済成長が軌道に乗り始め、新たに西側先進国に仲間入りした国として、途上国への援助を本格化させた（金子2015、pp. 80-81）。政府の主導もさることながら、全国の青年団や大学等の教育機関、産業界、都道府県等による JOCV 事業への支援が見られた時期であった。JOCV 事務局による全国への粘り強い働きかけがあった他、帰国した隊員経験者たちが全国で OB 会を結成したことも下支えとなった。この時期の途上国からの要請内容は、土木建築や農林・水産業等の第1次産業に関するものが

368　　第Ⅴ部　国際教育協力のさまざまな形

多かった。また、岡部（2018）が示すように、隊員には国内賃金よりも高額な金額が支給されたことからも、JOCV事業は日本の技術者の派遣という側面が強かった。

この時期の教育関連JOCVは、教師の派遣自体が国際教育協力の象徴であった。教師隊員の派遣は、アジアでは1966年のマレーシア、アフリカでは1968年のタンザニアから始まった。しかし、いずれもその後派遣が中断され、1974年にケニアへの派遣[注3]をもって教師派遣が再開されたという歴史がある。当時のケニアは1974年に小学校4年生までの授業料無償化を進めていたものの、その卒業生の受け皿となる公立中学校の収容可能人数を超えたとされた生徒が、遠隔地や財政不足等劣悪な教育環境にある学校に流入していた。JOCVには、そのような学校への派遣が要請された。隊員の尽力と現地の受け入れもあり、「ゆったりとした空間的時間的環境の中で」生徒の素朴さに触れ、教師として生徒に接して教育の意義について考えを深めて日本へ帰国し、その後もケニアとつながりを持つ者がいたことが報告されている（JICA 2016c、p.292）。この時期は、理数科教育とスポーツ関連の派遣が多く、他のJOCV職種同様、特定の専門分野における技術支援という意味が強かったといえる。

②倍増期（1980-1990年代半ば）

創設から10年以上の派遣を通して安全管理や派遣の手順等が確定した1980年代前半には、量的拡大の時期を迎えた。1983年度から1985年度までの3年間に、年間の新規JOCV隊員派遣数を400人台から800人台へ倍増する計画が設定され、派遣前訓練のため東京・広尾訓練所（1968年設置）に次いで、1979年に駒ヶ根市に訓練所が新たに完成した。また、隊員経験者たちが組織した青年海外協力隊協会が社団法人化され、その在外事務所や他の組織等がJOCV事業を支援し、日本のODA自体も拡大期にあったことから、JOCV参加者数を計画通り倍増させることに成功した（金子 2015）。

当時、バブル経済を迎えた日本は欧米諸国から国際貢献が求められるようになった。日本政府は1978年の国際経済協力会議閣僚会議でODAの5年倍増計画を表明し、1981年にはその後の5か年でさらに倍増させるという第2次中期目標を立てた。JOCVはODAの中では比較的、小規模予算の事業であるが、途上国においてはその存在が認知されており、現地でも隊員活動に対する

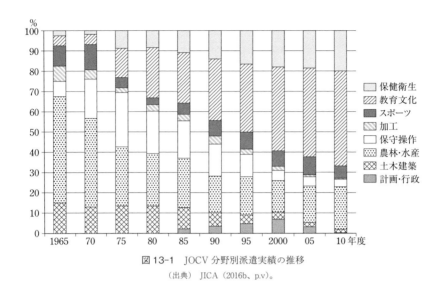

図 13-1　JOCV 分野別派遣実績の推移
（出典）　JICA（2016b, p.v）。

　信頼も厚かった。外務省や JICA も、このような JOCV 事業を拡大することを ODA 拡充の象徴にしようとした（JICA 2016c, p.184）。また、この時期、アジア・アフリカに加えて、中南米や大洋州諸国への派遣も増加した。

　この時期、理数科教師の増加（図 13-3）にくわえ、音楽、体育、コンピュータ関連が増え、教育関連 JOCV の派遣数も上昇し、全体における比率もそれ以降、一貫して高まっていった（図 13-1）。これは、ケネディ大統領の提唱により 1961 年に創設された米国平和部隊（U.S. Peace Corps）[注4]とは特徴を異とする。平和部隊は発足当初から英語教育を中心として展開しており、2017 年 9 月末までに累計 23 万人を 141 か国へ派遣し、分野別では教育が最大の 41%、次いで健康 20%、若者支援 11%、コミュニティ開発・環境・農業それぞれ 8% となっている（Peace Corps 2018）。このように、当初から教育に注力した米国の平和部隊と比較すると、JOCV 事業は当初は技術移転から始まり、この時期に教育分野が増加したという特徴を持つことがわかる。

　また、1990 年代に入ると、JICA の新しい制度・手法を通して隊員の活動も多様化する事例の萌芽も見られた。例えば、1991 年には、算数教育に特化した小学校教諭隊員がグループとして派遣[注5]され、ホンジュラス各地で教材開発や教員研修を展開した。この算数プロジェクトは、小学生の留年理由となっていた算数の成績不振を克服すべく、楽しく勉強できる教材づくりに注力した

ものであった。隊員たちは、算数の教材開発に加えて現職教員研修を行い、ホンジュラスでは珍しい保護者の参観授業や、講習会の内容を確認する観察授業等、教員たちが相互に学習できる環境づくりを行った。これらは、日本の教員研修が持つ特徴を応用したもので、効果が高かったことがうかがえる。そして、このプロジェクトをきっかけに、他の中南米諸国でも同様のアプローチが取られるようになった。その背景にはインフラ投資以上に、やる気のある教師を育てることが現地社会にとって重要であるという認識が、日本側と現地側で共有されていたことが考えられる。

　他方、フィリピンでは、1994年から5年間、加えてフォローアップ2年間、理数科教育向上パッケージ協力[注6]が展開された。JICA専門家がマニラにあるフィリピン大学理数科教育開発研究所で教材を開発し、隊員たちは地方の各モデル地区に4人ずつ派遣され、開発された教材を用いて教員の職能向上に取り組むものであった。当時のフィリピンでは、理数科でも黒板への板書と教師による一斉座学の授業が当然視されており、理科でも実験や観察が行われることが稀であった。自然現象を学ぶ際にも、子どもが自ら実験や観察をすることがなかったのである。隊員たちは、子どもたちに科学の魅力を伝えることを目的にサイエンスショーや天体観望会等のイベントを通して地域住民とともに活動した。また、日本の教師ならばみな経験する授業研究を導入し、フィリピン人教師たちとともに研究会を続けた。こうしたパッケージ協力は、次の「多様化」の時期へとつながる動きとなった。

③多様化期（1990-2000年代半ば）

　冷戦構造が崩れた1990年代前半は、新たな地域への派遣が開始された時期であった。1991年にはモンゴルに始まり、旧東側諸国のハンガリー、ポーランド、ブルガリア、ルーマニア、ベトナム、中央アジアのウズベキスタン、キルギスへの派遣が始まった。東欧諸国への派遣については、これまでの途上国に対する技術移転を前提にする隊員活動とは異なると認識された。なぜならば、同諸国は社会的もしくは技術的な環境に大きな遅れが見られたわけではなかったためである。そこで、隊員の有する技能水準や内容が要請に対して十分か、長期にわたって協力できるか、その意義はなにかが議論された。その結果、これらの諸国には開発や発展への協力を強調するよりも、相互交流となる日本語

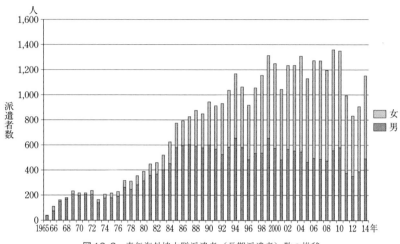

図 13-2　青年海外協力隊派遣者（長期派遣者）数の推移
（出典）　JICA（2016b、p.iii）

教育等の文化交流的要素の強い職種の隊員が派遣されるようになった。次節で記すように、日本語教育の隊員が増加していく時期ともなったが、2000 年代に入ると、東欧諸国が EU に加盟して JICA の支援対象国から外れていくと同時に、日本語教育の派遣も減少していった。

　多様化期では JOCV 全体において教育関連派遣が最大の割合を占めるようになり、職種も多様化し、日本人の若者にとってより参加しやすい制度づくりが構築されていった。また、この頃から事務局は現職参加の促進と帰国した隊員の就職支援により注力するようになった。その成果に加えて、1991 年にはバブル経済崩壊後の国内就職難もあり、応募者数は 1994 年度に 1 万 1,832 人と最大となり、年度ごとの派遣者数は 1993 年には 1,000 人を超え、2009 年度には 1,359 人に増えた（図 13-2）。過去 50 年の ODA 予算における増減の一方で、時代ごとの JOCV 派遣数には大きな影響がなかったように見られる。

　隊員構成の多様化という点から、まず 1990 年以降で特筆すべきは、女性の参加者が増えた点である。1998 年には女性隊員が男性の数を上回り、以後その傾向は続いた。これは、男性が中心的な役割を担う農業・土木等の職種よりも、教育・保健等の職種が増えたことが背景にあると考えられる（藤掛 2011）。その他、この多様化の時期には、シニア海外ボランティア、日系社会青年ボランティア、日系社会シニア・ボランティア事業が開始された。2011 年度から

372　第Ⅴ部　国際教育協力のさまざまな形

2013 年度の間は東日本大震災の影響等で派遣者数は落ち込んだが、2014 年度には 1,152 人を派遣している。事業開始当初の 1960 年代は、農林水産業や土木建築、電気、自動車整備等（図 13-1 の「加工」「保守操作」）の技術系分野の派遣割合が 7 割だったが、2010 年代には教育・スポーツ、保健衛生や村落開発等の社会開発分野が 7 割を占める（図 13-1）。

　この多様化期は学校教育における体育や音楽隊員がさらに派遣された他、理数科教育も拡大・充実した。国際的にも日本の国際教育協力の代表例として取り上げられることがあるのは、ケニアでの「中等理数科教育強化計画（Strengthening of Mathematics and Science in Secondary Education: SMASSE）」である。SMASSE は、ケニア人によるケニア人のための理数科教育を実現することを目標に 1998 年に開始された技術協力プロジェクトで、この案件には理数科隊員の一部が関与した。SMASSE では、学習環境を改善するため、まずは教師の意識改革を行った。理科教育における実験の導入や教材開発だけでなく、活動や生徒中心の教授法を計画・実施・評価・改善のサイクルで改善するなどの研修を重ねた。SMASSE はフェーズ 1 とフェーズ 2 で 2008 年までの 10 年間続き、教員研修に参加した中等理数科教師の数は 2 万人に達した（JICA 2016c, p.291）。

　1990 年代には、他のアジア諸国が国際ボランティア派遣を開始した。岡部（2018）によると、中国、韓国、タイ等の国際協力ボランティアは、現地に対する国際協力に加えて、青年育成や国際交流も強調され、政府主導の事業が多く政府の開発援助機関が実施していることなどから、JOCV 事業がこれら国際ボランティア事業に影響したことが示唆される[注7]。

3. 一方向の技術支援から双方向へ

（1）教育関連 JOCV の最大化と動向

　21 世紀を迎えた頃から、それまでの拡大・多様化の時期とは異なる JOCV 職種が増加していく。途上国も経済的・社会的発展を遂げ、グローバル資本の投資を用いて最新技術に比較的容易にアクセスできるようになり、途上国の要請がより高度なものやサービス業へとシフトしていった。それに加え、日本社会や若者の状況の変化という背景も関係していることが考えられる。

表 13-1　過去 50 年（1965-2015 年）の主な教育関連
　　　　 JOCV の職種別派遣数

分　類		内訳（職種）	
就学前教育	597	幼稚園教諭	330
		幼児教育	267
小学校	1,535	小学校教諭	1,275
		小学校教育	229
		珠算	31
理数科教育	2,671	理数科教師	2,282
		数学教師	134
		理科教師	131
		理科教育	85
		数学教育	39
日本語教育	1,834	日本語教師	1,753
		日本語教育	81
音楽	733	音楽	719
		弦楽器	5
		音響	3
		鍵盤楽器	2
		管楽器	2
		舞台芸術	1
		打楽器	1
体育	1,072		
スポーツ	2,151	柔道	402
		バレーボール	287
		野球	260
		水泳	199
		体操競技	155
		卓球	128
		陸上競技	115
		その他	605
コンピュータ関連	1,733	コンピュータ技術	1,430
		PC インストラクター	362
青少年活動	1,257		
環境教育	657		
技術教育	253	視聴覚教育	189
		技術科教師	64
社会教育	101	司書	87
		識字教育	6
		司書・学芸員	5
		学芸員	3

（出典）　JICA 提供のデータをもとに著者作成。

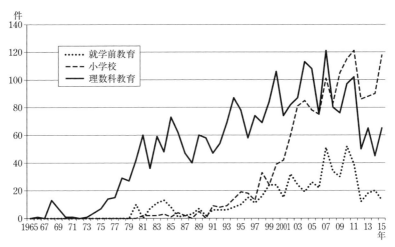

図 13-3　教育関連 JOCV の派遣数の推移（就学前教育・小学校・理数科教育）
（出典）　JICA 提供のデータをもとに著者作成。

　既に、この時期には JOCV 全体における教育関連派遣が最大規模となっていることから、教育関連の動向がほぼ JOCV 全体の動向を意味するようになる。1965 年から 2015 年までの教育関連 JOCV 派遣実績数を表 13-1 に示す。この表では、多数の職種を類似性の高い職種ごとに整理分類してある。例えば、幼稚園教諭と幼児教育は厳密には別の職種であるが、同じ「就学前教育」としている。以下、小学生を主たる対象とする場合を「小学校」、理科または数学の教師派遣を「理数科教育」と整理した。「体育」や「青少年活動」等の内訳が空欄の分類は職種名をそのまま使用している。「スポーツ」の内訳は、派遣数 100 人を超える職種のみを掲載した。

　この表で示す分類からは、理数科教育が最大の派遣数を持ち、次いでスポーツ、そして日本語教育、コンピュータ関連、小学校、青少年活動、体育、音楽、環境教育が続くことがわかる[注8]。それらの分類の経年変化は、年間派遣数を示す縦軸を揃えた図 13-3 から図 13-5 で示される。理数科教育は早い段階から派遣が実施されていたものの、21 世紀に入ると派遣者数が横ばいから減少傾向にあることがわかる（図 13-3）。他方、2000 年以降、小学校への派遣が増加している。また、図 13-4 では、当初はスポーツ分類の派遣が多く、緩やかに増加し、近年になって再度増加し、体育も同様に増加した。東欧諸国への派遣が始まった 1990 年代には、前述のように日本語教育への派遣が増加し、2000

第 13 章　青年海外協力隊による国際教育協力　　375

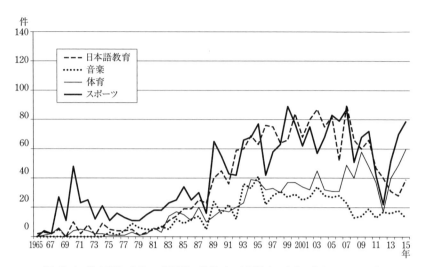

図 13-4　教育関連 JOCV の派遣数の推移（日本語教育・音楽・体育・スポーツ）
（出典）　JICA 提供のデータをもとに著者作成。

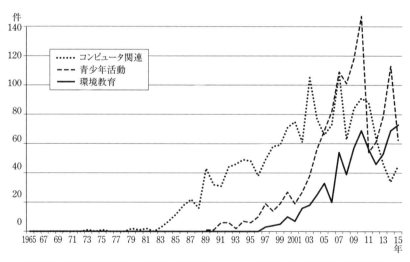

図 13-5　教育関連 JOCV の派遣数の推移（コンピュータ関連・青少年活動・環境教育）
（出典）　JICA 提供のデータをもとに著者作成。

年代後半から減少していった様子がわかる。図 13-5 からは、JOCV 派遣拡大期の 1980 年代からコンピュータ関連の派遣が増加し、2000 年代後半からは青少年活動および環境教育への派遣が増加したことがわかる。

(2) 教育関連 JOCV の転換および社会ニーズへの対応

　前節では JOCV 事業の 5 つの区分のうち、最初の 3 区分（草創期、倍増期、多様化）を見たが、ここでは残りの 2 つの区分（転換期、還元期待）を見ていく。「転換期」とは、技術移転・技術支援という JOCV 事業の当初目的が、相互理解や日本人の国際性の醸成へと転換する傾向がより明確になる時期を指す。「還元期待」期とは、持続可能な開発目標（SDGs）のように、グローバルな課題あるいは世界共通の課題に取り組むため、JOCV での活動・経験が日本社会にも応用されることが期待されてくる時期を意味する。

①転換期（2000 年代半ば〜2010 年頃）

　2007 年には JOCV 累積派遣数は 3 万人を超え、2009 年には年間派遣数が最大となった（図 13-2）。教育関連 JOCV で最大派遣数を示していた理数科教育の隊員は減少傾向となる。2000 年前後から、大きく増加した分類は、小学校、環境教育、青少年活動である（図 13-3 および図 13-5）。小学校の派遣数が増加した背景には、万人のための教育（EFA）以降 JICA が基礎教育部門への派遣に注力したことも挙げられるが、従来のような特定教科の教育だけでなく、多様な分野にまたがる活動が小学校の現場で増えたからだということができるだろう。

　環境教育は 1990 年代から始まった職種で、2015 年までに累計 657 人の派遣実績を持つ。環境教育という職種は、自然環境の保護または環境汚染問題の啓発を目標にして、地域住民や子どもたちに教育を行うものである。例えば、アフリカ最初の派遣国となったケニアにおいて環境教育の隊員は、ケニアの国立公園自然・動物保護区における施設を活動場所としている。動物保護区での活動では、動物の展示スペースに工夫を重ね、日本での経験や専門を活かしながら現地のカウンターパートを説得し、ライオンの生態を効果的に見せる等、啓蒙活動へとつなげた。このように、環境教育の隊員には学校の中で自然環境に関する授業を行う教師というイメージとは異なる活動を担う者も少なくない。

第 13 章　青年海外協力隊による国際教育協力　377

ケニアにおいては理数科教育の隊員が減少傾向にあるが、青少年活動は増えた。それは非行や路上生活により補導された子どもや、劣悪な家庭環境から保護された子どもを収容する更生保護施設への派遣であった。青少年活動として隊員は算数やスポーツの指導、レクリエーション活動を行う。独自に奨学金制度を創設したりするなど、更生保護施設の青少年たちの希望を紡ぎ出していたといえるだろう。

　なお、青少年活動には以下の4タイプがある（括弧内は活動場所や内容）。家庭や学校教育では対応が難しい場合の、子どもや若者の健全な育成と自立を支援する活動である[注9]。

- 困難を抱える青少年の生活や自立の支援（児童養護施設、人身取引被害者保護センター、難民キャンプ等）
- 進学や就職を有利にする知識や技術を伝授（英語教育、IT教育、キャリア教育等）
- 非行少年の社会復帰を支援（更生学校、少年鑑別所、更生保護施設等）
- 青少年の体験学習や社会貢献を支援（図書館、青少年センター、青少年活動団体等）

　途上国からの要請内容と応募者の経験や背景等とのマッチングは従来通り重要であるものの、青少年活動では幅広い業務内容が求められるようになった。2000年以降に増加が見られた青少年活動（図13-5）では、多様な業務内容が途上国から求められるようになり、その応募条件のうちいずれかに該当する日本人の若者がより多く応募できるようになったと考えられる。

　他方、日本国内で実務経験を有する者が離職せずにJOCVに参加できる現職参加制度も整備されてきた。途上国における教育分野でのニーズの増加により、2001年度から「現職教員特別参加制度」[注10]が、文部科学省、外務省、地方教育委員会等の協力により導入され、2003年から派遣が始まった[注11]。これによって、通常のJOCVにおける2か月以上の訓練期間と2年の派遣期間とは異なり、学校の教師が国内の身分を保持したまま4月始まりの3月帰国で参加できるよう、派遣前訓練と海外派遣のトータルが2年間となるよう調整された。2015年10月までに累計で1,045名の現職教員が参加している（JICA 2016a）。2003年度以降の現職参加の実績数は、表13-2の通りである。

表 13-2　現職教員特別参加制度の実績数

年度	2003	2004	2005	2006	2007	2008	2009	2010	2011	2012	2013	2014
	56	64	82	86	84	75	75 (11)	78 (7)	83 (6)	60 (4)	64 (7)	66 (2)

（出典）　JICA（2015、p.10）をもとに著者作成。
（注）　（　）内は日系社会青年ボランティア数。

　以上のことから、この時期は技術移転といってもその含意の幅が広がったといえる。つまり、国際援助の当初の捉え方であった、先進国から途上国へ先行する技術を移転する支援という方針から、現場の多様なニーズに柔軟に対応しながら、時に日本の最新技術と古い技術を掛け合わせたり、現地の資源を活用できるように調整したり、また現地カウンターパートと連携して問題解決能力を行う等の、「中間的」ともいうべき方法が出てきたのである。他方で、そうした方法によって「現職教員特別参加制度」を利用した隊員が帰国後に、日本の学校現場へ還元することも想定されるようになった。この延長に次の「還元期待」の時期区分がある。

②還元期待（2010 年前後〜）

　派遣先の学校現場で教師隊員たちは、日本では得られない経験をし、幅広い能力を高めて帰国する。そして、現在、その経験や能力をもって日本の学校現場で貢献することが期待されている。教師以外の職種で派遣された隊員であっても、自身の経験や能力を帰国後に日本社会で広く応用することが期待されている。JICA（2016a）の JOCV に関する提言では、JICA ボランティア事業の 3 つの目的（途上国の経済・社会発展または復興への寄与、友好親善・相互理解の深化、国際的視野の涵養とボランティア経験の社会還元）は再整理された。その結果、特に第 3 の目的の前半「国際的視野の涵養」については、JICA ボランティア活動を通じて隊員に自ずと育まれ、JOCV 事業以外でも同様の機会が増加しているため、事業目的としては特に掲げないとされている。しかし、第 3 の目的の後半部分「ボランティア経験の社会還元」を推進するため、ボランティア活動を通して身につけた資質（持続する情熱、異文化理解、柔軟な思考、表現力・説得力、これらを支える心身の健康）が大いに求められるとされている。このことから JOCV 時期区分の最近のものを「還元期待」期と呼ぶことができると考える。

表13-3　大学連携による派遣の実績件数（人）

	2002	2003	2004	2005	2006	2007	2008	2009	2010	2011	2012	2013	2014	2015
大学連携	3	2	1	5	4		2	6	3	1	2	44	67	30

（出典）JICA 提供のデータをもとに著者作成。

　ただし、帰国後も国際協力に携わる者は、従来から存在している。長年派遣されてきた理数科教育 JOCV の経験者の中には、その後教育分野の専門家としてプロジェクトを牽引したり、国際開発コンサルタントとして活躍したりする者もいる（第4章）。JOCV 経験者が国際教育協力に関する研究の担い手にもなっている。日本の学界で国際教育協力を扱う研究者も会員となる国際開発学会[注12]や日本比較教育学会[注13]に所属し研究を先導する者の中にも JOCV 経験者は少なくない。学校現場でも JOCV 経験者を優先的に採用する動きが増えた（丸山 2009）。

　なお、本章で扱った、通常派遣の派遣期間より短い期間の派遣となるが、大学の教職員、学生、卒業生等を対象に、JICA と各大学の間で覚書を交わした上で派遣される「大学連携」隊員も、制度化される前から派遣されていたが、制度化された直後の 2013 年から数多く派遣されている（表13-3）。2015 年3月末の段階では 14 大学から派遣されており（藤掛 2011, p. 66）、JICA と大学連携ボランティアの覚書を締結した大学から、教育関連職種の隊員が派遣されたのは 18 校となっている（2017 年 10 月現在）[注14]。

　JOCV の経験の日本社会への還元が求められる背景には、日本社会がより全般的に多様な社会経験の還元を求める時代に直面している点が挙げられる。JOCV 事業開始当初には「日本人青年の国際性の涵養」という人材育成に重点が置かれていたが、今日においては、日本社会の抱える少子高齢化、雇用情勢の変化、震災後の復興等、多様化した課題の解決への期待、つまり、社会開発により重点が置かれるようになったといえよう。途上国と先進国との間では貧困対策のような共通化する社会課題があり、気候変動のように一国家では対応できない国境を越えた地球規模での開発課題もある。

　しかし、隊員活動の経験を、特に既存の専門領域の学習を前提とする国費留学のように「役立つか否か」だけで切り取ると、重要な教育的成果を見落とすことになりかねない。隊員は活動中に異文化にさらされることで常に学び続けており（丸山・上原 2002）、苦痛や挫折感を抱えながらも、自分と向き合う姿を

自己認識する（中村 2011）。活動中に「日本では考えられない非常識」に遭遇することで、自分が日本で受けた教育の質の高さに気づき、それを現地で応用するには何が必要かを検証するプロセスが見受けられるのである。このように途上国での経験によって自身の価値体系が変容する体験は、成人教育の一部である「変容的学習」（Mezirow 1991）の成果といえよう。

　前述したケニアで活動した教師隊員たちの経験——「ゆったりとした空間的時間的環境の中で」生徒の素朴さや、教師として生徒に接して教育の意義に触れた経験——は、世界で最も多忙といわれる日本の学校現場（OECD 2013）にとって「役立つ」ものだろうか。それはただちには「役立たない」かもしれないが、対面した人と人とが直接つながり、相互に学び合う小さな関係性を構築し、ケニア、フィリピン、ホンジュラスで大きな展開へとつながった JOCV の歴史から、今日的な意義があるようにも思われる。特に、現在の若者が感じる日本社会の焦燥感や閉塞感、あるいは明示的なメリットがないものは無駄だという価値観の中で、日本の常識が通用しない経験を持つことも重要だろう。そこから、例えばエンターテインメントを主としたサービスが世界的にヒットするような流動性の高い時代においては、新たな価値創造および社会貢献へとつながる可能性を秘めているといえる。

　一方で JOCV 経験が直接的に役立つことになった例もある。2011 年の東日本大震災における、海外からの支援と JOCV 経験者の活躍である。大震災発生直後から、JOCV および JICA が事業展開していた 100 以上の国々から支援の申し出が寄せられ、福島県二本松市に位置する JOCV 訓練所では応援メッセージが一般公開された[注15]。JOCV 経験者の多くは、規模の大小こそあれ組織的に、あるいは個別に被災地へ赴いてボランティア活動を行ったり、自分の地元で支援活動を行ったりした。著者自身もアフリカの JOCV 経験をもとに、健康管理法や水不足の中での料理法などについて情報共有等を行い、また滞日外国人向けに外国語で物資配給や安全情報を共有し、後日に国内外から感謝の声が寄せられた。

　これらのことは、日本が途上国へ一方的に支援するというイメージが持たれがちな国際教育協力が、実際には日本へ還元される可能性を十分に内包していることを示唆する。特に、社会の抱える課題をより包括的に捉える SDGs を国際的な達成目標とする今日、先進国と途上国が協働することが重要であり、国

民参加型による草の根の国際協力である JOCV 事業は、双方向的な国際教育協力の将来の可能性を備えている。

（3）JOCV の時期区分と特徴

　最後に、表 13-4 を用いて、これまで記した JOCV の時期区分と動向および特徴を整理しておこう。第 1 の「草創期」には、第 1 次産業における技術協力が大きく、技術者の派遣という特徴があった。教育関連でも理数科教育およびスポーツ派遣という、高度な職能を移転しようという派遣内容であった。また、他の先進国でも国際ボランティアが開始された時期であった。第 2 の「倍増期」は、戦後賠償の意味を持っていたアジア諸国への派遣事業だけでなく、アフリカ諸国に加え、中南米、大洋州への JOCV 派遣が増加し、事業が拡大されていく時期であった。教育関連では、理数科教育の派遣が大幅に拡大し、体育や音楽隊員の派遣も本格化した。第 3 の「多様化」期には、冷戦終結後の東欧諸国への派遣等、対象国と職種内容が拡大し、国内の就職難もあり JOCV 応募者数が最大となった。また、女性の応募者が男性を上回った。教育関連では、日本語教育を含む文化活動の派遣が増え、現職参加制度も拡充していった。この時期には、日本以外のアジア諸国もボランティアを派遣する国際協力を始めた。

　21 世紀に入ると、「転換期」を迎えた。JOCV 職種の多様化に伴い、高度な専門技術のみの伝達よりも、調整能力等のソフトスキルが必要とされる職種が増えた。最近の「還元期待」期を迎え、従来は大きな比率であった理数科教育や日本語教育が比較的減少し、小学校や青少年活動および環境教育が増加した。また、JOCV 経験者から国際教育協力を研究するようになる者も増え、大学や民間との連携も強くなり、日本社会への還元も目に見えるようになった。

4. 相互に学び続ける国際ボランティアへ

　2015 年には JOCV は創設 50 周年を迎え、翌 2016 年には、アジアにおける特筆すべき社会貢献活動に与えられるラモン・マグサイサイ賞を受賞した。また途上国社会だけでなく、日本社会においても JOCV は日本の ODA に対する良いイメージを支えた功績があったであろう。教育関連 JOCV は、教員が不

表 13-4　JOCV 事業の時期区分と特徴

時期区分	草創期 1965-1980 年	倍増期 1980-1990 年代半ば	多様化期 1990-2000 年代半ば	転換期 2000-2010 年頃	還元期待 2010 年前後～
JOCV 全体の特徴	創設（1965）、東南アジア諸国が中心、土木や農業分野の技術支援	アフリカ諸国への派遣の増加、駒ヶ根訓練所開設、累積派遣数 1 万人突破（1990）	派遣対象国の拡大、応募者ピーク（1994）、二本松訓練所開設、短期派遣等導入、女性隊員が半数以上（1998）、累積派遣数 2 万人（2000）	隊員個人の資質能力の向上、帰国後支援の制度化、根拠法の変更、累積派遣数 3 万人（2007）、年間派遣ピーク 1359 人（2009）	派遣者数の減少、累積派遣数 4 万人（2015）、マグサイサイ賞受賞（2016）
教育関連 JOCV の特徴	理数科教育およびスポーツの派遣等限定的	理数科教師隊員の増加、体育・音楽隊員派遣の本格化	日本語教育の増加、小学校教員、スポーツの増加、現職参加制度の充実、「パッケージ協力」、大学連携開始	環境教育・青少年活動の増加	理数科教育の減少、体育・スポーツ派遣の増加、大学連携増加
他国・国際機関による国際ボランティア開始時期	英 VSO（1958）、米 平和部隊（1961）、加 CUSO（1961）、FK-Norway（1963）、仏 AFVP（1963）、UNV（1971）		韓 KOICA ボランティア（1990）、タイ FFT（2003）	韓 WFK（2009）	

（出典）　著者作成。

　足する途上国社会において児童・生徒の教育機会を担保したことが大きな貢献であったし、現地の同僚教員への働きかけ等によってその職能開発へとつなげた活動や、プロジェクトで貢献する JICA 専門家たちをつくり出して隊員と専門家との協働の機会も創出した。時代とともに日本語教育や文化活動、あるいは体育やスポーツ関連の職種も増え、1990 年代からは学校教育においては就学前および初等段階への教員派遣が増え、学校外では環境教育等職種の多様化が見られた。また、女性の参加が増加した他、現職教員参加制度の導入で派遣形態にも多様性が見られるようになった。これらのことは、より多くの国民が JOCV に参加できる条件が整備されたことを意味する。

　ただし、今後は日本社会の少子超高齢化により JOCV への応募者数が大幅に増加するとは言い難く、教育関連分野においては途上国からの幅広い要請の掘り起こしや、日本側でもこうした要請の可能性がある職種の募集が求められ

第 13 章　青年海外協力隊による国際教育協力　　383

るであろう。また、健康寿命が伸びること、生涯学習としても多様な学習機会が重視されることから、JOCV も米国平和部隊のように年齢制限をなくし、また英国 VSO[注16]のようにその国の国籍を持たない者であっても隊員として派遣や連携の対象とできるようにする必要があるかもしれない。

　JOCV は設立当初から、その目的を国際協力、相互理解、日本人若者の育成としてきた。教育関連の隊員は明示的に教育に従事してきたが、その50年の経験が他職種における知識や技術の伝達および調整に応用されることも想定できる。隊員経験者がその後の国際教育協力に関わったり、日本社会での持続可能な開発に寄与したりするなど、JOCV は学びを継続する国際ボランティアとして期待される。

注

［注1］　2017年度における「人的資源」区分には、2012年度時点の以下4つの分野「スポーツ」(ラグビー以外) ＋「教育・文化」(一部) ＋「保守操作」(機械工学・電子工学) ＋「農林・水産」(生態調査) が含まれている。また、2012年度の「教育・文化」の中の職種、経営管理、品質管理、経済・市場調査 (旧)、観光の4職種は2017年度では「人的資源」ではなく「商業・観光」に入っている。いくつかの分野が統合され、かつ新しい職種が追加されて「人的資源」分野となっており、他方「教育・文化」時代には入っていたが「人的資源」から抜かれた職種もある。また福祉分野にある「障害児・者支援」は、特別支援教育としても展開されており、本研究の対象2015年までの派遣数は69と小さいが、近年の派遣は増加傾向にある。

［注2］　2018年に JICA ボランティア事業は制度の大幅な改変がなされ、「JICA 海外協力隊」と総称される予定である。

［注3］　ケニアにはアジア諸国に次ぐ5番目の派遣国として1966年に建設機械と電気工事の隊員が初めて派遣された (https://www.jica.go.jp/kenya/office/about/history.html)。これは、最初のアフリカ大陸への派遣であった。その後、東西冷戦構造の中でも、西側との関係を維持したケニアは、JOCV 派遣および JICA 支援のアフリカ拠点ともいえる存在となった。

［注4］　政府内組織であるが、国際協力を行う米国国際開発庁 (USAID) の管轄下にはなく、独立した組織である。発足初年度は900人の青年を中南米、アジア、アフリカの計16か国に派遣し、ケネディ大統領は米国の若者がニュー・フロンティアへ挑戦することを呼びかけた。当時の東西冷戦下にある政治的背景もあったが、米国の理想主義が若者に響き、参加したとされる (金子 2015、p.78)。

［注5］　1つのプロジェクトに対して複数の協力隊員を派遣する方式で、互いに協力しあって活動することで、より大きな成果を挙げることを目的とする。

［注6］　JICA 専門家の派遣、日本への現地研修員の招へい、JOCV 派遣等、JICA が持つ多様な国際協力手法を組み合わせることによって、より効果的な支援を図るもの。

［注7］　派遣実績として、韓国の国際ボランティア事業は、1990 年から 2015 年までの 25 年間に、5 万 5,780 人を 96 か国に派遣した。中国政府は OYVP（Overseas Youth Volunteer Program）を 2002 年に設置し、南南協力を掲げて 2013 年までに 590 人を 22 か国へ派遣した。タイ政府は FFT（Friends from Thailand）を 2003 年に設置し、東南アジアの近隣諸国を中心に 2015 年までで 100 人ほど派遣した。

［注8］　「体育」隊員とは主に小学校、中学校、教員養成校等の教育機関に配属され、科目としての体育を教えることが多い。他方、「スポーツ」隊員は、スポーツ省やナショナルチーム等に配属され、主に派遣先国の特定スポーツの振興に従事することが多い。

［注9］　https://www.jica.go.jp/volunteer/application/seinen/job_info/youth/（2018 年 6 月 10 日）。

［注10］　現職教員特別参加制度とは、国公立および私立の学校教員が教員身分を保持したまま JOCV へ参加できる制度である。公立学校教員の場合、外国の地方公共団体の機関等に派遣される一般職の地方公務員の処遇等に関する法律を根拠に、派遣を可能としている。2001 年度に制度がつくられ、2008 年からは JOCV 以外に日系社会青年ボランティアにも適用され、また 2013 年からは私立学校の教員も対象としている。また、通常の隊員派遣では、派遣前研修に約 2 か月、派遣期間 2 年を原則としているが、派遣前訓練と海外派遣期間の合計が 2 年間かつ 4 月始まりの 3 月帰国という学校歴に合わせた点も特徴である。

［注11］　既に、1973 年からは JOCV 派遣者の国内所属先に対して被雇用者の身分を継続して給与を支給する等一定条件を満たした場合、その人件費を補填する制度を導入していた。しかし、あくまでも財政的補填であった。

［注12］　https://www.jasid.org/（2018 年 6 月 10 日）。

［注13］　http://www.gakkai.ne.jp/jces/（2018 年 6 月 10 日）。

［注14］　全体の大学数は 32 校にのぼる（https://www.jica.go.jp/partner/college/index.html）（2018 年 6 月 10 日）。

［注15］　https://www.jica.go.jp/information/disaster_msg/index.html（2018 年 6 月 10 日）。

［注16］　英国の海外ボランタリーサービス（Voluntary Service Overseas: VSO）は、米国平和部隊よりも先に創設され、米国やノルウェーのような政府による設置ではなく、NGO を実施主体に持つ。派遣資格に英国籍を要求せず、94 か国の出身者の約 4.3 万人を 120 か国に派遣している。英国、アイルランド、オランダ、ケニア、フィリピンに設置されている VSO 連盟事務局が主体的に活動を行い、地域主導型プログラムを運営管理し、その他の途上国において VSO パートナー（NGO、政府機関、国際機関等）と協働している（松本 2018）。

参考文献

内海成治・中村安秀編著、2011、『国際ボランティア論』ナカニシヤ出版。

岡部恭宜、2014、「青年海外協力隊の 50 年」『国際問題』637、26-36 頁。

岡部恭宜編著、2018、『青年海外協力隊は何をもたらしたか——開発協力とグローバル人材育成 50 年の成果』ミネルヴァ書房。

金子洋三、2015、「青年海外協力隊」、内海成治編『新版 国際協力論を学ぶ人のために』世界思想社、75-105 頁。

関根久雄、2018、「落胆と『成果』」、岡部編、前掲書、195-214 頁。

高橋真央・中村安秀、2006、「教育分野における青年海外協力隊報告書分析」『ボランティア学』7、73-92 頁。

伴正一、1978=2015、『ボランティア・スピリット』講談社。

中村安秀、2011、「一滴の絵の具——青年海外協力隊報告書からの学び」、内海・中村編著、前掲書、83-99 頁。

藤掛洋子、2011、「青年海外協力隊の社会貢献活動」、内海・中村編著、前掲書、61-82 頁。

松本節子、2018、「英国 VSO と JICA ボランティア事業」、岡部編、前掲書、281-302 頁。

丸山英樹・上原麻子、2002、「青年海外協力隊の異文化適応——シリアおよびザンビア滞在を事例として」『国際協力研究誌』第 8 巻、第 2 号、広島大学国際協力研究科、103-117 頁。

丸山英樹、2009、「青年海外協力隊経験者の優先的教員採用施策」、斉藤泰雄編『わが国の国際教育協力の在り方に関する調査研究』国立教育政策研究所、81-98 頁。

JICA、n.d.、JICA ボランティアの事業概要、https://www.jica.go.jp/volunteer/outline/（2018 年 6 月 10 日）。

JICA、2015、「JICA ボランティア事業の方向性について——青年海外協力隊 50 年の歩みと近年の取組み」、https://www.jica.go.jp/volunteer/outline/publication/report/pdf/kondankai_03.pdf（2018 年 6 月 10 日）。

JICA、2016a、JICA ボランティア事業の方向性に係る懇談会提言「これからの JICA ボランティア——青年海外協力隊から始まる 50 年を顧みて」、https://www.jica.go.jp/volunteer/outline/publication/report/pdf/suggestion.pdf（2018 年 6 月 10 日）。

JICA、2016b、JICA ボランティア事業の方向性に係る懇談会提言「関連資料」、https://www.jica.go.jp/volunteer/outline/publication/report/pdf/suggestion_data.pdf（2018 年 6 月 10 日）。

JICA、2016c、『持続する情熱（完全保存版）——青年海外協力隊 50 年の軌跡』万葉舎。

JICA、2018、『第 3 期中期計画期間における JICA ボランティア事業評価』。

Mezirow, J. 1991. *Transformative Dimensions of Adult Learning.* Jossey-Bass.（ジャック・メジロー、金澤睦・三輪建二監訳、2012、『おとなの学びと変容——変容的学習とは何か』鳳書房）

OECD. 2013. *TALIS 2013 Results: an international perspective on teaching and learning.* Paris: OECD.

Peace Corps. 2018. *2018 Factsheet,* WA: Peace Corps. https://files.peacecorps.gov/multimedia/pdf/about/pc_facts.pdf（June 10, 2018）.

終章
日本の国際教育協力の過去・現在・未来

萱島信子・黒田一雄

　日本の国際教育協力の始まりはいつであろうか。第二次世界大戦後に限ってみれば、おそらく1954年から始まった国費外国人留学生招致制度のもとで同年に文部省がアジア諸国から17人の留学生を受入れたことや（日本国際教育協会 1972）、1959年に外務省（実施はアジア協会—現在のJICA—に委託）がタイ、パキスタン（東パキスタン、現在のバングラデシュ）、セイロン（現在のスリランカ）、イランで、それぞれ電気通信、農業、漁業、中小工業の技術訓練センターの設置と運営のプロジェクトを開始したことなどが（海外技術協力事業団 1973）、日本の教育協力の始まりではないかと思われる。こうして、戦後、政府開発援助（ODA）の幕開けとともに開始された日本の国際教育協力の歴史は半世紀を超えた。その間、様々な国内外の環境の変化のもとで、それは多様な展開を見せてきた。だが、65年の歴史を経て、初期の国際教育協力を知る人は徐々に減り、当時の活動記録の多くは散逸し、今や古い歴史は少しずつ時間の闇の中に埋もれようとしている。

　国際教育協力の開始から65年の時を経て、序章の冒頭にも記した通り、国際教育協力は現在、歴史的な転換点を迎えている。かつては国家の枠組みの中で完結していた教育活動は、人や経済のグローバル化が進展する中で、国家を基礎的な取り組みの単位としつつも、グローバル社会が協働して取り組むべき課題と認識されるようになった。一国の教育の課題が他国にも影響を及ぼし、また先進国と途上国が共通の教育課題に直面する時代になり、様々な教育課題に世界の国々が協力して取り組む教育のグローバルガバナンスが形成されている。

　本書は、こうした教育開発の歴史的な転換点を前にして、日本の国際教育協力の65年にわたる歴史を掘り起こし正確に記録すること、さらに、それが何

を目指し、どのような貢献をおこない、どのような課題に直面し、克服してき
たのかを分析し、今後の教育協力政策や実施への示唆を導くことを企図してつ
くられた。国際教育協力の分析視角と国内外の教育開発や教育協力の展開を概
説する序章に続いて、第Ⅰ部では1990年以前と以後の教育協力政策（1章、2
章）を、第Ⅱ部では基礎教育分野の協力を構成する小学校や中学校の校舎建設
（3章）、理数科教育分野を中心とした教員の授業実践改善（4章）、行政能力強
化と学校運営改善（5章）の取り組みを、第Ⅲ部ではJICAと海外産業人材育
成協会（AOTS）の技術教育・職業訓練（TVET）事業（6章、7章）を、第Ⅳ
部では高等教育分野に関して、高等教育機関の設立や育成事業（8章）と留学
生招へい事業（9章）を詳述している。続く第Ⅴ部では、教育協力に重要な役
割を果たしてきたものの、サブセクター別、テーマ別の記述では体系的に記録
することが難しい事業やあまり知られていない事業として、国際機関をつうじ
た教育協力（10章）、NGOによる教育協力（11章）、円借款による教育協力（12
章）、青年海外協力隊（JOCV）による教育協力（13章）をとりあげて記してい
る。

　この終章では、上述した本書の問いを念頭におきつつ、次の3点について述
べる。まず、第1節で、第1章から第13章を横断的に振り返り日本の国際教
育協力の歴史の全体像を明らかにし、第2節では国際教育協力の規定要因を横
断的に分析し、これらに基づいて第3節では今後に向けての政策的示唆に言及
する。

1.　日本の国際教育協力の歴史的展開

　1章から13章を読み通してみると、国際教育協力のもとで、様々な取り組
みがおこなわれてきたことがわかる。それらはひとつになって教育協力全体の
歴史を形づくっているが、同時に、異なる要因による多様な変化を含んでいて、
必ずしも単線的な歴史ではない。それはちょうど、水面からはひとつの均一な
流れに見える大きな川も、水中には速さや方向の異なるいくつかの流れがあっ
て、それらが集まって大きな流れをつくっているのに似ている。そこで、本節
では、1章から13章で示された教育協力の様々な取り組みの流れを統合して、
基礎教育、TVET、高等教育分野のサブセクターごとの大きな流れを示すこと

を試みる。

（1）基礎教育協力

多くの読者にとって、国際教育協力と聞いて最初に思い浮かべるのは基礎教育分野の協力であろう。基礎教育は、初中等段階の学校教育に加えて、幼児教育（就学前教育）、識字教育、ノン・フォーマル教育などを含み、最も"教育らしい"サブセクターである。ここでは、1960年代に始まる基礎教育分野の国際協力の取り組みを概観する。なお、図14-1に基礎教育協力全体の流れを示した。

日本の基礎教育協力は、1990年の「万人のための教育世界会議（ジョムティエン会議）」以降に始まったと認識されることが多いが、実はそれ以前にも小規模ながら基礎教育協力は実施されていた。まず、1960年代に始まるユネスコと連携した文部省の初等教育協力である。ユネスコは、1960年代にカラチ・プランを始めとする初等教育普及のための国際的な活動を展開していたが、文部省は、国際会議への参加や開催、研修事業、巡回指導チーム派遣などによりこれらを積極的に支援していた（1章、10章）。さらに、1966年に、文部省は理科教育の専門家派遣と機材供与をおこなう理科等教育協力事業を開始した（実施はJICAへ委託）（1章、4章）。これもユネスコの初等教育開発政策の流れをくむものであった。

1980年代には、小学校や中学校の校舎建設（3章）、教科書印刷施設や機材の整備（4章）、教員養成校や教員研修所の建設（4章）などの基礎教育分野の無償資金協力が実施され始めた。その背景には、1980年代には、日本政府により人づくり協力の重要性が謳われるようになったことや、世界の援助思潮を牽引する世界銀行が初等教育重視に舵をきり始めたことなどが影響している（3章）。さらに、1980年代は数次にわたるODA倍増計画により日本の無償資金協力が急速に拡大した時期であり、そのため途上国でニーズの高かった初等教育分野の施設機材整備の案件がとりあげられたという側面も強かった。また、1990年以前には、初等教育は極めて内政的な領域であるとして援助による関与を忌避する考えが日本の援助関係者の間では強かったが（1章）、小・中学校や教員養成校などの施設整備の協力は「価値中立的」であるとして許容されたこともこれらの案件の実施を後押しした（3章、4章）。このように1960年代か

終章　日本の国際教育協力の過去・現在・未来　　391

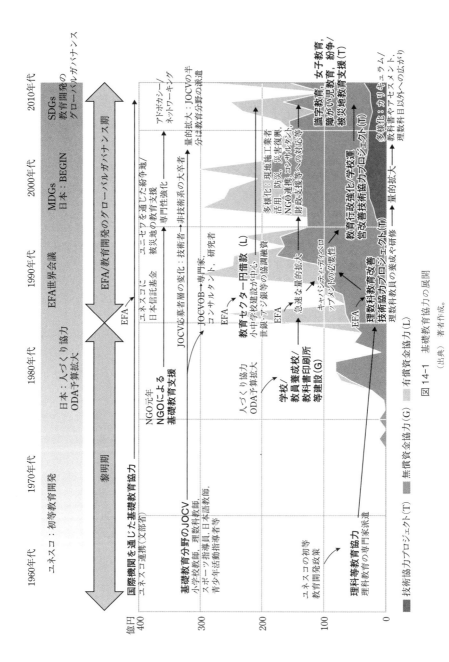

図 14-1　基礎教育協力の展開

(出典) 著者作成。

ら1980年代にかけて、小規模で散発的な初中等教育の支援がおこなわれていたが、基礎教育協力への本格的な取り組みは「万人のための教育世界会議（ジョムティエン会議）」を待たねばならなかった。

　同会議の後、JICAの「開発と教育」分野別援助研究会での検討などを経て、基礎教育分野は日本の教育協力の重点のひとつに位置づけられるようになっていった（2章）。1990年代以降に、急速に拡大した基礎教育分野のODAは、主に次の5つである。1つ目は、すでに1980年代から着手されていた、無償資金協力による学校建設や教員養成研修施設の整備事業である（3章、4章）。2つ目は、1990年のヨルダン教育セクター借款に始まる円借款事業である。これらの円借款案件の多くは小・中学校の校舎建設を主な内容とし、世界銀行やアジア開発銀行との協調融資案件であった（12章）。3つ目は、少し遅れて1990年代中頃に始まり、1990年代終わり頃から急速に数を伸ばした理数科教育改善のための技術協力プロジェクトである。理数科教育プロジェクトは、主に理数科の教員研修や教員養成への支援をつうじて教員の授業実践の改善を目指す事業であった。初期の理数科教育プロジェクトの中には、1960年代から1980年代におこなわれた理科等教育協力事業の支援を引き継ぐものもあった（4章）。4つ目の基礎教育協力は、1990年代終わり頃から始まった教育行政能力の強化や学校運営改善のための技術協力プロジェクト（開発調査案件含む）である。先行して開始していた学校建設や教員養成・研修、理数科教育などのプロジェクトの実施をつうじて、援助関係者の間で、途上国の中央・地方教育行政の整備や行政官育成の必要性が強く認識されるようになったことが、教育行政や学校運営への取り組みの背景にあった（5章）。そして、5つ目は、国際機関をつうじた基礎教育協力である。ユネスコをつうじた教育協力は1960年代から始まっていたが、1990年代には基礎教育協力重視の方針を受けて、ユネスコに新たな基金の設置や資金拠出がおこなわれ、さらに2000年頃から特に紛争後や被災地域の教育支援をユニセフをつうじておこなう事業が増加している（10章）。このように、日本の基礎教育分野のODA事業は1990年代に急速に拡大し、1990年代末には、無償資金協力、有償資金協力（円借款）、技術協力、国際機関をつうじた協力のいずれにおいても重要な取り組みとして定着した。

　2000年代にはいると、政府は「成長のための基礎教育イニシアティブ（BE-

GIN）」（2002 年）を発表し、名実ともに基礎教育分野は ODA の中心的な協力分野に位置づけられた（2 章）。2000 年代以降においても、基本的には 1990 年代の基礎教育協力事業が継続して実施されているが、新たな工夫や展開も見られる。たとえば、学校建設の無償資金協力は、防災・災害復興、NGO との連携、財政支援型援助、紛争後対応などのニーズに応じた学校建設の方法が模索・実施されるようになり、また学校建設コストを下げるために現地の施工業者を活用する方法も取り入れられるようになった（3 章）。技術協力による理数科教育プロジェクトは、1990 年代は教員養成や教員研修改善の取り組みが主であったが、2000 年代以降は、それに加えてカリキュラム・教科書・教師用指導書の開発と普及、学力評価などのアセスメント方法の改善などの取り組みも増え、子どもの学びを取り巻く多様なニーズにこたえる努力がなされている（4 章）。

　日本の基礎教育協力の重要な担い手として、JOCV と NGO についても、ここで触れておきたい。1965 年に創設された JOCV 事業においては、小学校教師、理数科教師、スポーツ指導員、日本語教師、青少年活動指導者など、基礎教育分野で多くの隊員が活動してきた。1980 年代には理数科教師の、2000 年代は小学校教師や青少年活動指導者のポストが増え、時期により職種ごとの派遣数の増減はあるものの、主に基礎教育からなる教育分野全体の派遣数は一貫して伸びている。JOCV 事業創設時に 5% 程度であった教育分野の隊員のシェアは、今や約半数を占めるに至っている。これは、BEGIN に代表される日本の教育協力政策の影響というよりは、途上国の多様な教育ニーズに応えるために教育関連の職種が徐々に多様化し増加したことに加えて、JOCV の担い手である日本の若者の特性が現場型の技術者から非技術分野の大卒者へと徐々に変化してきたことに対応した変化であった。JOCV 事業の半分近くを占めるようになってきた基礎教育分野の隊員活動であるが、実はこの分野の JOCV 経験者が、1990 年代に、技術協力の専門家や無償資金協力のコンサルタントとして、本格的に開始した基礎教育協力を支えた。こうした貢献も非常に大きかった（13 章）。

　日本の NGO もまた、基礎教育協力に重要な役割を果たしてきた。1970 年代以前も教育分野の先駆的な NGO が活動を開始していたが、いくつもの NGO が設立され、学校建設や識字教育、読書推進などの基礎教育協力が増加したの

394　　終章　日本の国際教育協力の過去・現在・未来

は、1980 年代であった。その背景には、1980 年のインドシナ難民問題を契機として、NGO 活動への関心が高まったことなどがある。基礎教育分野はそれらの活動の重要な一部をなしていた。その後、1990 年代には NGO の専門性の強化が図られ、さらに 2000 年代以降は政策提言や発信、NGO 間の連携の強化などに活動の幅が広がっている。日本の NGO による基礎教育分野の活動規模は 70 億円近い（2015 年）と推定されており、ODA による教育協力と比べても決して小さいものではない（11 章）。

　本書では紙面の都合上、独立した章を割いて紹介することはできなかったが、2000 年以降には、困難な状況や弱い立場におかれた人々の教育を支援する JICA プロジェクトが増えていることを付言しておきたい。それらは、たとえば、識字教育、女子教育、障がい児教育、紛争後の地域や紛争周辺国の教育支援、被災地の教育復興などのプロジェクトである。こうした新たな取り組みが開始された要因には、途上国の教育開発ニーズが全般的な就学率の向上から、学校教育から取り残された特定のグループの就学の問題へと変化していること、今世紀になって人間の安全保障が日本の援助の中心的な理念になったこと、日本の援助関係者の間で教育開発の経験や知識が蓄積され、より複雑な教育課題にも取り組めるようになったこと、日本や現地の NGO との連携による草の根レベルでの事業実施が増えたことなどがあげられる。

　ここまで、1950 年代から現在までの日本の基礎教育協力の主な取り組みを、本書の 1 章から 13 章までの分析に基づいて概観した。この基礎教育協力の歴史の特徴として、最後に次の 3 点を述べたい。まず、1 つ目は、60 年間の基礎教育協力の歴史は、1990 年代以前と以後の大きく 2 つの時期に分けられることである。1990 年代に多くの基礎教育協力の取り組みが開始しており、「万人のための教育世界会議（ジョムティエン会議）」を契機とした世界の教育開発潮流の変化が、日本の基礎教育協力を本格的に始動させる決定的な要因となったことは明らかである。1990 年代は日本の援助が量的拡大から質的深化へと変化した時代であった。1993 年には初めて政府開発援助（ODA）大綱が策定され、国際的な開発思潮を踏まえつつ包括的な日本の援助政策がつくられた。こうした時期に始まった基礎教育開発重視の国際的な動きは、日本の教育協力の政策と事業に大きな影響を与えた。さらに、この変化を可能にしたのは、当時の潤沢な ODA 予算の存在であった。日本の ODA 予算は 1980 年代に急速

に拡大した後も 1997 年まで右肩上がりに伸び、日本は 1990 年代をつうじて世界のトップドナーであった。こうした ODA 資金の増加が、新たな基礎教育協力の試みを可能にした側面も無視できない。

　2 つ目の特徴は、長い間、理数科教育改善と学校建設の 2 領域が基礎教育分野の ODA の主な内容であったことである。特に JICA の事業（技術協力、無償資金協力、円借款）においてこの傾向が顕著であった。障がい児教育や復興/防災支援の教育などの新たな基礎教育協力の取り組みが増えるのは、ごく近年になってからのことだ。1990 年代に急速に増加した学校建設では多くの小学校や中学校が建設されてきた。これは 1990 年代から 2000 年代の途上国では教育アクセス改善のための学校整備のニーズが高かったことに加えて、基礎教育開発の経験とノウハウを十分に持たない日本にとって成果を上げやすい "ハード分野" の協力であったためである。その後、1990 年代後半から開始した理数科教育改善の事業では、教室における教員の授業実践をいかに改善するかに強い関心が寄せられ、その結果、教員の能力向上、教員養成や研修の改善、授業改善につながる授業法や教材の開発などの取り組みがおこなわれてきた。基礎教育開発において授業実践に強い関心を寄せるのは、教員の役割を重視する日本人の教育観を反映しているように思われる。

　3 つ目の特徴は、1990 年代に突然に始まったかのように見える基礎教育協力の取り組みも、それ以前の協力の蓄積の上に成り立っていることである。たとえば、1990 年代に基礎教育協力の中心を担った無償資金協力による小・中学校や教員養成校の建設は、1980 年代にその先駆的な取り組みがあり、そのおかげで 1990 年代初頭から拡大することが可能であった。1990 年代の理数科教育改善の最初の技術協力プロジェクトであるフィリピンのプロジェクト（1994 年開始）は、1970 年代から文部省のイニシアティブによりおこなわれていた理科等教育協力のフィリピンへの支援を基礎として開始されたものであった。さらに、JOCV 経験者からなる基礎教育分野の専門家やコンサルタントの人材層がなければ、1990 年代以降の基礎教育協力がこのように急速に成長することはできなかったと思われる。時間とともに風化していく人々の記憶の中で、一見独立しているように見える基礎教育協力の様々な取り組みは、よく見るとつながっている場合があるのである。

（2）技術教育・職業訓練（TVET）協力

　TVET は、6章でも述べているとおり、厳密に定義してその範囲を区切ることが難しい分野である。広義の TVET は職業に関連する技術や知識を伝える制度的・非制度的な教育や訓練と定義されるが、ほとんどすべての JICA 技術協力プロジェクトは、職業に関連する技術や知識を伝える活動を大なり小なり含んでおり、TVET 的要素を備えているといえる。また、職業に関連する技術や知識を伝える活動は、民間の経済活動のもとでも常におこなわれているが、非 ODA 資金による民間セクターの技術移転や技術指導のすべてを包括的に捉えることは困難である。そのため、本書では、この分野の具体的な取り組みとして、主として JICA による職業・技術教育訓練機関（技術学校、短期大学や訓練センターなど）への協力や TVET 政策・制度支援（6章）と、AOTS による産業人材育成のための協力（7章）をとりあげている。したがって、ここでは、主に6章と7章の分析に基づいて、技術教育・職業訓練分野の協力の取り組みの変遷を示す（図 14-2 参照）。

　1954 年の ODA 開始後に、最初におこなわれた ODA 事業は専門家派遣や研修員受入れであった。しかし、すぐに途上国での組織立った人材育成や技術移転の必要性が認識されるようになり、1959 年から途上国に技術訓練センターを設置して現地で技能訓練や技術者訓練をおこなうプロジェクト型の協力が始まった。これが現在の JICA 技術協力プロジェクトの原型であり、途上国で展開する技術協力はまさに TVET の協力から始まったといえる。これらの技術訓練センターは、電気通信、中小規模工業、漁業、水産加工などの工業や農林水産業の分野を対象とし、中堅以下の技術者を育成することを目的としたものが多かった。そして、それらは相手国の経済開発に必要な人材を育成することを主な目的としつつ、同時に途上国の成長が日本の輸出振興にプラスの効果を及ぼすことを期待する側面も有していた。1970 年代終わり頃から ODA 予算の拡大とともに、こうした TVET の技術協力や無償資金協力は順調に規模を拡大した（6章）。

　一方、民間主体の技術教育・職業訓練の代表的な実施機関である AOTS は1959 年に設立された。奇しくも JICA（当時は JICA の前々身であるアジア協会）の技術訓練センター事業の開始と同じ年であった。AOTS の技術研修は、日本の民間企業の要望に応じて、また民間企業と連携して実施され、日本企業

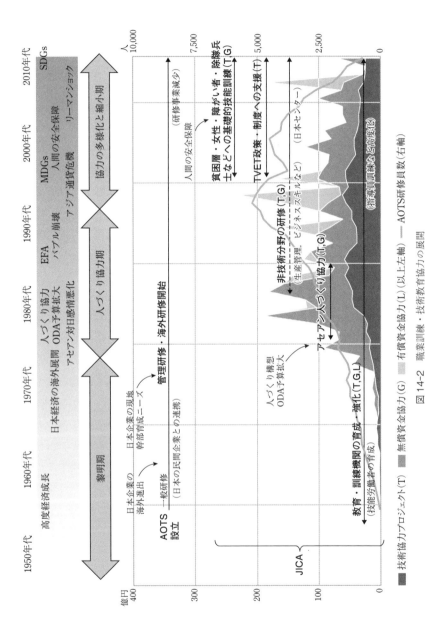

図 14-2　職業訓練・技術教育協力の展開

(出典)　著者作成。

の海外進出や日本からの輸出振興を促進することを目的としていた。1960 年代の高度経済成長や 1972 年の海外投資完全自由化などを背景とした日本企業の海外活動の活性化にともない、1960 年代から 1970 年代にかけて、AOTS の技術研修は拡大し、期間、内容（1977 年に管理研修開始）、実施方法（1978 年に海外研修開始）なども多様化した（7 章）。

　1980 年代は、日本の開発援助において人づくりの重要性がたびたび強調されるようになり、現在に至るまで日本の開発援助の理念として常に言及される「人づくり」という言葉が定着した時期である。これは、途上国の開発問題を解決するためには途上国自身の主体性に基づく自助努力が必須であり、自助努力を可能にするためには人材育成が重要だとの考え方である。さらに、1981 年にはアセアン人づくり構想が発表され、1980 年代をつうじて技術協力と無償資金協力を組み合わせた大規模な協力がアセアン各国で実施された。この事業は人づくり重視の日本の援助理念を具現化するものでもあり、職業訓練指導員の養成、農村のコミュニティ開発のリーダー育成、公衆衛生人材の訓練などの事業がおこなわれた。また、この時期には、貿易研修や生産管理研修などの非技術系の研修や職業訓練指導者の研修なども少数ながら始まった。1990 年代には「万人のための教育世界会議（ジョムティエン会議）」を契機として世界の教育開発思潮は基礎教育重視へと傾いた。この時期、JICA の TVET 分野のプロジェクトのうち無償資金協力は減少したものの、技術協力プロジェクトは減少せず、円借款プロジェクトはむしろ増加した（6 章）。

　AOTS の技術研修も、1980 年代から 1990 年代にかけて拡大した。1991 年にはバブルが崩壊しその後日本経済は低迷するが、AOTS の研修はむしろ1990 年代に急増した。1980 年代から 1990 年代には、バブル崩壊とアジア通貨危機の時期を除いて、日本からアジアへの直接投資は常に伸びており、海外展開した製造業系の日系企業の現地人材育成ニーズの高まりが AOTS の研修事業の拡大につながった。ただし、1997 年のアジア通貨危機直後には一時的に来日研修員数が落ち込んでいる（7 章）。

　2000 年代から 2010 年代の技術教育・職業訓練分野の JICA 事業は、縮小と多様化に特徴づけられる。この分野の JICA 技術協力プロジェクトの事業量は、2000 年代の ODA 予算の縮小と呼応するように減少し、今世紀以降の 15 年間で半分以下になった。無償資金協力プロジェクトも減少傾向にある。しかし、

終章　日本の国際教育協力の過去・現在・未来　　399

事業量減少の一方で、その内容は多様化している。多様化の1つ目は、非技術分野の研修が増えたことである。もともと JICA の TVET は伝統的に現業分野の技術者を対象とした技術・技能訓練が中心であったが、2000 年代以降は、日本センター事業が始まったこともあり、経営管理、貿易実務、ビジネススキルなどのいわゆる"ソフト分野"の研修が増加した。2つ目は、技術教育・職業訓練の政策や制度強化を支援する新たなタイプの協力が始まっていることである。JICA の TVET 協力は、職業訓練や技術教育の学校や訓練センターといった個々の機関への支援がほとんどであったが、2000 年代以降は、TVET 政策を担う行政機関の能力強化や新しい訓練モデルの導入などにより TVET の制度改善を目指す事業もおこなわれている。3つ目は、除隊兵士・貧困層・女性・障がい者などの社会的弱者を対象に生計向上を図る職業訓練プロジェクトが、数は少ないながら実施されていることだ。それ以前は生産セクターの技能労働者・技術者・管理者を対象とする、産業振興を目的とした教育訓練が多かったので、これは、旧来のものとは目的も対象も全く異なる新しいタイプの TVET だった（6章）。2000 年頃からは人間の安全保障が日本の ODA の重要な理念となったが、この3つ目の変化は、人づくりのための TVET に加えて、まさに人間の安全保障のための TVET 協力がおこなわれるようになったことを示している。

　AOTS の 2000 年以降の事業は、米国同時多発テロ（2001 年）による日系企業の海外ビジネス自粛、ICT を活用した研修の増加（2000 年代～）、リーマンショック（2008 年）や事業仕分け（2009 年）の影響などにより、増減を示しつつも、2015 年度の受入れ研修員の数は最盛期の7分の1程度に縮小している。しかし、半世紀以上にわたる AOTS の研修事業の卒業生は世界の 43 か国で同窓会を組織しており、今も日系企業や日系社会とのネットワークを維持している（7章）。

　ここまで、主に本書の6章と7章の分析に基づいて、技術教育・職業訓練の国際協力の推移を概括した。最後にこの分野の協力の歴史に関して、次の3点を述べたい。まず1点目は、日本の技術教育・職業訓練分野の国際協力は、日本の ODA の特質の多くを示していることである。たとえば、TVET の事業の理念や性格には、人材育成（人づくり）が経済成長の要であるという考え方が根底にあること、日本企業の海外展開や輸出振興も視野にいれて実施されて

きたこと、一方で、近年は人間の安全保障の観点からソーシャル・セーフティ
ネットのひとつとしての職業訓練もおこなわれるようになっていることなどが
あり、これらは、日本のODAの一般的な特徴として指摘される点と合致する。
また、半世紀にわたる事業の変遷を見ても、"ハード分野"の技術系研修から
"ソフト分野"の非技術系研修への拡大、個々の教育訓練機関への支援から
TVETの政策・制度改善支援への広がり、アジア重視からアフリカでの事業
展開など、日本のODA全体の変化の多くを体現している。これは、万人のた
めの教育（EFA）や大学国際化などの教育分野特有の特徴を備える基礎教育
協力や高等教育協力と異なる点である。むしろ、技術教育・職業訓練分野の国
際協力が日本のODA（特に技術協力）の特質の形成に貢献してきたと考える
方が自然なのかもしれない。

　2点目は、人づくりについてである。人づくりは1980年代から日本のODA
の理念のひとつとして繰り返し言及され、時には人づくり協力として特定の事
業を指す言葉として使われることもあった。人づくりの理念や政策は6章で詳
述されているとおり、1980年代には産業育成のための技術者養成を指すこと
が多かったが、1990年代には初等教育、2000年代には基礎教育も含むように
なり、さらには南南協力やあらゆる分野の人材育成も対象とするようになって
いる。「人づくりは国づくりの基礎」という人材育成重視の理念は、狭義の
TVETにとどまらず技術協力全体やさらにはODA全体を貫く考え方である。
そのため、人づくりの姿を正確に知るためには、ODA事業の全体を人づくり
の観点から分析する必要があるが、それは教育協力の歴史についての本書の任
をやや超え、また時間と労力の観点からも難しかったので、本書では人づくり
については理念や政策の変遷を述べるに留まっている。日本のODAについて
人づくりの観点からのより包括的な実証分析が今後おこなわれることを期待し
たい。

　最後にTVETの最近の変化について述べたい。1980年代のアセアン人づく
り構想の時代から1990年代のEFAの時代に移って以降、光があたることが
少なかったTVETの協力分野であるが、近年再び脚光を浴びている。この背
景には、1990年からのEFAにより、ほとんどの途上国で基礎教育の就学率が
大幅に改善したことで、中・高等教育段階でのTVETや科学技術教育が再び
注目されるようになったことがある。さらに、2000年を過ぎた頃から、開発

における民間セクターの役割が大きくなり、ODA においても日本や現地の民間企業の経済活動の果たす役割が重視され、近年、新たな形の TVET が求められるようになっている。そこでは、ODA が主導するというよりは、民間企業がイニシアティブをとり、民間セクターと ODA が連携して人材を育成することが期待されている。また日本企業の海外展開にも貢献することが求められる場合もある。ODA は政府中心の援助事業から民間セクターとの連携による開発事業へと大きく変化しつつあるが、そうした中で TVET 分野の協力も大きく変容しようとしている。

(3) 高等教育協力

　高等教育は、長らく日本の教育協力の重要な一部をなしてきた。途上国に大学をつくり有為な人材を育て研究開発を促進してきた他、日本への留学機会を提供することにより、途上国の経済社会発展に貢献してきた。本書では、高等教育協力として、JICA が 1960 年代からおこなってきた高等教育機関の設立・育成事業（8 章）と留学事業（9 章）、および文部科学省の国費外国人留学生招致事業（9 章）をとりあげている。図 14-3 は以下に述べる高等教育協力の取り組みを図示したものである。

　1954 年は、コロンボ・プラン加盟により日本の ODA が始まった年として言及されることが多いが、文部省の国費外国人留学生招致制度がつくられ、初めての国費留学生 23 人（うち途上国出身者は 17 人）が来日した年でもある。その後、1970 年代末頃から 1980 年代初めにかけて私費外国人留学生学習奨励費支給、国費留学生の国内採用制度、日本語・日本文化研修留学生、教員研修留学生、高等専門学校留学生、専修学校留学生などの、国費留学生に関する様々な制度が整備された。しかし、高等教育機関に在籍する国費留学生の規模は、1970 年代の時点ではまだ全国で 1,100 人程度の小さなものにとどまっていた（9 章）。

　一方、途上国で高等教育機関を設立・育成する高等教育協力は、1960 年代中頃に始まった。1954 年の ODA 開始以来、医師や看護師による巡回診療団が途上国に派遣されていたが、一過性ではない協力とするためには、現地の医療従事者の育成が求められるようになり、医学部などの設立・強化プロジェクトが実施された（8 章）。

402　　終章　日本の国際教育協力の過去・現在・未来

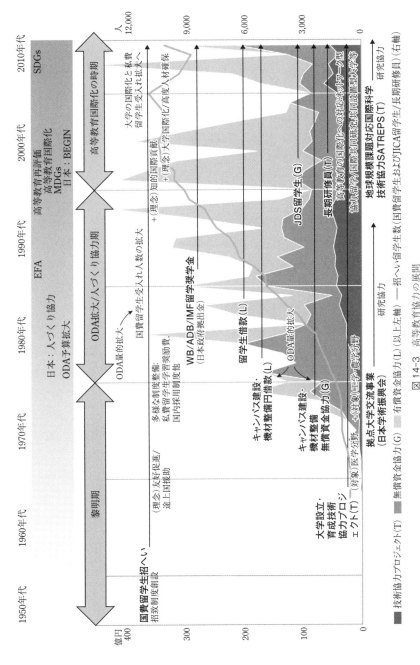

図 14-3 高等教育協力の展開

(出典) 著者作成。

終章 日本の国際教育協力の過去・現在・未来 403

1980 年代から 1990 年代には国費留学生数が急速に拡大する。1990 年代末には文部省の国費留学生と JICA の留学生・長期研修生を合わせると、約 9,000 人近い招へい留学生が日本の高等教育機関に在籍しており、1970 年代に比べて 8 倍近くに増加したことになる（9 章）。この背景には、1983 年に留学生受入れ 10 万人計画が策定され国費留学生の受入れ人数が拡大したことに加えて、JICA の円借款（1988 年に留学生借款開始）（12 章）や無償資金協力（1999 年に人材育成奨学計画（JDS）開始）や技術協力（1999 年に長期研修員受入れ開始）による留学生事業が開始されたことがあげられる（9 章）。また、この時期には国費留学生招へいの理念に、友好促進・途上国援助とともに、日本の国際的な影響力強化につながる「知的国際貢献」も新たに掲げられるようになった。さらに、1978 年の日中国交回復以降、中国からの国費留学生が増えたこともこの時期の大きな特徴である（9 章）。1990 年前後には、日本政府の任意拠出金による世界銀行（1987 年〜）、アジア開発銀行（1988 年〜）、国際通貨基金（IMF）（1993 年〜）の留学奨学金事業も開始された。国際機関をつうじて途上国の人材育成に貢献するためのものであった（10 章）。

　留学生招へい事業が拡大した 1980 年代から 1990 年代は、途上国の高等教育機関を設立し育成する JICA 事業も増加した時期である。技術協力プロジェクトに加えて、大学のキャンパス建設や機材整備のための大規模な円借款や無償資金協力のプロジェクトが次々と実施され（12 章）、対象も工学部や農学部に広がった。この時期の大学設立・育成プロジェクトの増加は、アジアを中心とした途上国の高度人材育成ニーズの増大とともに、1980 年代以降の ODA 予算の大幅な拡大によるところが大きかった。また、日本学術振興会による拠点大学交流事業などの共同研究型の ODA 事業が始まったのもこの時期である。これは途上国での大学の整備が進むとともに、日本側も途上国に関連した学術研究に関心を高めていたことが背景にある。1990 年には「万人のための教育世界会議（ジョムティエン会議）」が開催されて、世界の教育開発思潮は基礎教育を重視する方向に変化し、高等教育協力を縮小するドナーも多かったが、JICA の高等教育機関設立・育成プロジェクトは必ずしも減少しなかった（8 章）。

　21 世紀にはいると、急速なグローバル化の進展のもとで、日本においても途上国においても高等教育の国際化が進み、大学は一層の国際化が求められる

時代が始まった。日本では、2003 年に来日留学生の受入れ人数が 10 万人を超えて 1983 年の計画が達成され、2008 年に新たに「留学生受入れ 30 万人計画」が発表された。留学生招へい事業にも高等教育国際化の促進や高度外国人材確保といった新たな理念が加えられた。その後、来日留学生数は増加しつづけ、2017 年時点で 26 万人（内、高等教育機関在籍者数は 19 万人弱）を超え（日本学生支援機構 2017）、その数は 21 世紀初頭の約 3 倍に増えた。しかしながら、同期間に日本政府の予算により招へいされた国費留学生と JICA 留学生・長期研修員の在籍者数は、常に 1 万人前後でほとんど増加していない。1980 年代から 1990 年代には、豊富な ODA 予算を背景に国費留学生の数を増やすことが日本の留学生政策の重要な柱であったが、2000 年代以降の留学生政策は、私費留学生増加を視野にいれて大学のグローバル化を重視する方向に変化している。実際、アジア・ゲートウェイ構想（2007 年～）、国際化拠点整備事業（2009 年～）、スーパーグローバル大学創生支援事業（2014 年～）などの、大学の総合的な国際化と留学生の受入れ増加の両方を組み合わせた大学改革の施策が次々に実施されている（9 章）。

　1990 年代は世界的な基礎教育重視の時代であったが、2000 年になる頃から、知識基盤社会対応やイノベーション促進への期待から、高等教育が再評価されるようになった。2000 年代以降の JICA の高等教育機関設立・育成の事業は、高等教育の再評価に加えて、高等教育国際化の時代の影響を強く受けている。その結果、大学間のネットワーク型のプロジェクト、留学や国際共同研究を活動の中心にしたプロジェクト、日本と相手国の間の共同設置型の大学プロジェクトなど、大学の国際的な活動や在り方を取り入れた新しいタイプのプロジェクトが増加している。さらに、2008 年には、より大規模な共同研究型事業である地球規模課題対応国際科学技術協力プロジェクト（Science and Technology Research Partnership for Sustainable Development: SATREPS）が始まった。これらの協力をつうじて、高等教育協力の性格は日本から途上国への一方向の技術移転や知識伝達からより水平的な学術交流に徐々に変化している。

　ここで、高等教育協力の取り組みの歴史の特徴を 3 点述べたい。まず 1 つ目の特徴として、高等教育協力は 1950 年代から 1970 年代の黎明期、1980 年代から 1990 年代の ODA 拡大／人づくり期、2000 年代以降の高等教育国際化の時期の 3 つに大きく区分できる。高等教育機関設立・育成事業と留学生招へい

事業のいずれも、1950 年代という ODA の歴史の早い時期に開始したが、急速な拡大を見るのは 1980 年代にはいってからである。そして、1990 年に世界の教育開発論調は EFA 重視へと大きくシフトしたにもかかわらず、日本の高等教育協力は縮小せず、現状維持か、もしくはむしろ拡大した。1980 年代から 1990 年代は ODA 予算が伸び続けた時期でもあり、豊富な ODA の資金がアジアを中心とした高度人材育成ニーズの高まりに充てられたのである。また、1980 年代は日本政府によって人づくり協力の重視がたびたび謳われたことから（文書では明示的に確認できないものの）、人づくり重視の考え方がこの時期の高等教育拡大の環境づくりにプラスに働いた可能性がある。しかしながら、2000 年代以降は、高等教育協力全体で見ると量的な拡大は止まり、むしろ高等教育国際化に対応した取り組みが増加した。

　第 2 の特徴は、協力内容が主に日本に留学生を受入れること、および途上国に大学をつくり育てることに特化していることである。途上国の高等教育の振興のためには、高等教育セクター全体を視野においた政策レベルの取り組み—たとえば、高等教育機関認証、奨学金制度、競争的研究資金配分など—も重要であるが、日本の高等教育協力の歴史を鳥瞰すると、上記の 2 つの取り組みに集中していることがわかる。高等教育政策は政治的な様相を帯びやすいため、政策制度支援ではなく個別の教育機関育成や留学生事業に特化するのは日本に限らず二国間援助全般における高等教育協力の特徴といえるかもしれない。

　高等教育協力の 3 つ目の特徴として日本の大学の参加について触れたい。高等教育協力が基礎教育協力や TVET 協力ともっとも大きく異なる点は、高等教育協力が日本の高等教育関係者、特に大学教員の広範な参加によっておこなわれてきたことである。国費留学生を日本の大学で受入れるのは勿論のことながら、途上国での大学づくりに現場で汗を流してきたのも日本の大学教員であった。そして援助リソースが日本の大学であることは、2000 年以降の日本の大学の国際化課題が、高等教育協力にも大きく影響する状況をもたらしている。日本の大学の国際化と日本の高等教育協力を一体的にとらえて今後の在り方を考える時期に来ている。

2. 日本の国際教育協力の規定要因

本節では、本書の横断的・総括的分析として、日本の国際教育協力の規定要因を考察する。つまり本節では、日本のおかれた国際的環境や歴史的背景、日本の国際協力・援助の特徴の中から、特に国際教育協力の在り方に影響を与えたと考えられる要因を、本書の序章で概説した国際教育協力を考察する際の理念的・理論的枠組みを基としながら、議論・考究したい。

（1）国際社会との協働・連動

戦後における日本の国際協力・援助の起点が、1954年のコロンボ・プランへの参加であったのか（鹿島平和研究所 1973、杉下 2005、西垣ほか 2009）、同じく 1954年の対ビルマ借款に始まる戦後賠償であったのか（Pharr 1994、小浜 1992）、もしくはそれ以前から政策的議論がおこなわれていた資源の安定確保や輸出振興のためのアジアへの経済協力であったのか（小浜 1992）については、その国際協力・援助の定義などによって、異なる言説が存在している。しかし、このような日本の国際協力・援助の多様な成り立ちは、そのまま日本の国際協力の発展過程を規定し、当然その一部分である国際教育協力をも規定することとなった。

コロンボ・プランという旧英領植民地を対象とした国際的な技術援助プログラムへの日本の参加が、日本の国際協力・援助のひとつの起点であったということは、1950年代の ODA 創成期当初から、日本の国際協力・援助が国際社会への参加・接合という性質を有していたことを意味する。遥か時代が下って、1980年代に米国等の外圧を受けて、日本の ODA が急拡大を続けたことや、2000年代の日本の援助政策の重要な規定要因としてミレニアム開発目標（MDGs）・持続可能な開発目標（SDGs）等のグローバルガバナンス形成へ向かう国際社会の動向があったことは、日本の国際協力・援助の国際的協働性・連動性の現れであるが、その原初からそのような傾向は見られた。日本は、コロンボ・プランに先立つ 1951年にユネスコに加盟しており、これが戦後初の主要な国際機関加盟であったことから、国際社会への貢献としての教育分野での協力という認識が強く主張されたことは想像に難くない。だからこそ、当時

終章　日本の国際教育協力の過去・現在・未来　　407

の未だ貧しかった日本においても、アジアの教育・人材育成に対する協力への検討と、特に職業訓練や高等教育分野での国際教育協力の実施が進められた。その後、1990年の「万人のための教育世界会議（ジョムティエン会議）」によって、世界の国際協力の動向がEFAに向かったときには、日本の国際教育協力も、それまでタブーとされた基礎教育分野を重視する方向へと大きく転換した。また、2000年代には、MDGsやSDGsの策定により、教育のグローバルガバナンスが大きく展開し、日本の国際教育協力はこの世界的潮流に大きな影響を受けてきた。

　このような国際社会への参加・協働による日本の国際教育協力の展開は、序章で述べたような平和・人権・開発といった国際社会の目指す理念を徐々に受入れ、内部化していくプロセスとなった。しかし、そうした理念受容の過程は受動的なものであったので、この理念自体が日本の国際教育協力の強力な規定要因となり始めたのは、グローバルガバナンスが進展する2000年代であったと考えられる。

（2）日本の歴史的経験

　日本の国際協力を規定するもうひとつの歴史的要因は、戦後賠償に始まる戦争や植民地・占領地支配の歴史に対する対応である。日本のODAの成り立ちにおいて、賠償という形態が存在したことは、その後長らく日本の援助の基本的な在り方となった要請主義、そしてアジア重視政策の基となった。国際教育協力においても、1960年から65年までインドネシアへの賠償の一形態としていわゆる「賠償留学生」が数百人規模で招聘された（9章）。また一方で、後でも見るとおり植民地・占領地支配期における日本の教育移入の経験は、戦後における学校教育の途上国、特にアジア諸国の教育主権への配慮と介入への忌避感の基となり、「万人のための教育世界会議（ジョムティエン会議）」によるEFAへの傾倒まで、基礎教育分野における日本のODAの展開を遅らせることとなった。

　このようなアジアに対する戦争・植民地支配の歴史への配慮という規定要因は、「基礎教育対職業訓練・高等教育」というサブセクター間の相克の一因となったのみならず、日本の教育開発経験の国際教育協力・教育援助への応用の是非といった問題にも絡んで、日本の国際教育協力の展開を規定した。ODA

における日本の開発経験の活用は、1992 年の ODA 大綱には、15 項目に及ぶ「効果的実施のための方策」の 1 つとして、「我が国及び離陸に成功した東アジア、東南アジア諸国等の開発政策の経験の活用を図る」という一文があり、つまり日本とアジアを併記しながら短く言及されているに過ぎない。しかし、2003 年に改訂された大綱では、「自助努力」や「人間の安全保障」と並ぶ 5 つの「基本方針」の 1 つとして、「我が国の経験と知見の活用」が挙げられ、「開発途上国の政策や援助需要を踏まえつつ、我が国の経済社会発展や経済協力の経験を途上国の開発に役立てるとともに、我が国が有する優れた技術、知見、人材及び制度を活用する」と謳われている。また、2015 年の開発協力大綱にも、3 つの基本方針の 1 つとして「自助努力支援と日本の経験と知見を踏まえた対話・協働による自立的発展に向けた協力」が掲げられ、明らかに日本の開発経験の活用は、近年の日本の ODA 政策の中心的な方策として打ち出されている。これは、1990 年代初頭に、大川・小浜（1993）や World Bank（1993）のような日本の開発経験を体系的・学術的に理解する作業が進んだことが背景にあるが、また、バブル崩壊後の「失われた」20 年、30 年と言われるような長い経済停滞期にあり、他の主要先進国と比しても援助額を伸ばすことのできなかった 2000 年代の日本が、日本の援助の独自性を際立たせるための逆説的な方便であったともとれる。

　国際教育協力においては、「万人のための教育世界会議（ジョムティエン会議）」までの途上国の教育主権を重んじ、教育への外国からの介入を良しとしない考え方の下では、日本の教育開発経験を ODA に活用しようという方向性は、検討はされながらも、批判的に見られてきた（1 章）。そもそも日本が基礎教育分野の国際協力に対し、「万人のための教育世界会議（ジョムティエン会議）」まで、ユネスコを通じた協力以外には消極的だった背景には、経済インフラ中心の ODA に基礎教育がそぐわなかったということだけでなく、日本の戦前・戦中の朝鮮半島・台湾における植民地支配や東南アジア諸国の軍事的占領期に日本の教育制度や日本語教育を強制した歴史に対する配慮と、教育に対する援助が政治的・文化的な干渉ととられることへの忌避観があったとされている（詳しくは、黒田・横関 2005）。そのような背景から、1990 年代に基礎教育分野での国際協力が拡大してきた当初は、理数科教育や学校建設等の比較的政治性・文化特殊性が薄い分野が選ばれた。教育援助の拡大に伴い、途上国の教

育開発研究も急速な進展を見せたが、2000年くらいまでは、日本の教育開発経験を途上国への教育協力に活用するというような議論は活発にならなかった。しかし、2001年に組織され、2002年に最終報告をおこなった文部科学省国際教育協力懇談会が、EFA／ダカール行動枠組みへの対応として、「我が国の教育経験を生かした国際教育協力」をその答申に盛り込んだことを機に、日本の教育開発経験が教育協力において政策的に認知されることになった。この方針は2002年のBEGINでも踏襲され、「支援に当たっての基本理念」の6項目の1つとして、「我が国の教育経験の活用」が掲げられた。

このように、日本の教育開発経験の途上国への教育協力への活用に関しては、政策的な変化が2000年代以降、見え始めた。文部科学省は先の国際教育協力懇談会の成果として、「初等中等教育等の協力強化のための拠点システム」（後に「国際教育協力イニシアティブ」と改称）と称して、大学などを活用した日本の教育開発・教育協力の経験の蓄積を目的とした事業を開始した。JICAには当初、開発援助はあくまでも途上国のニーズからアプローチが決定されるべきで、日本の教育開発経験を重視し過ぎることは、日本モデルの押し付けにつながりかねない、との内部的な議論が存在したが、BEGINが発表されるとその認識も変化し、JICAも2002年末から「教育・保健分野における日本の政策及びアプローチ」教育分野研究会を立ち上げ、2003年11月には、『日本の教育経験―途上国の教育開発を考える―』を出版する等（国際協力機構 2003）、日本の教育経験を教育協力に体系的に活用するための努力を開始した。現在では、文部科学省は「日本型教育の海外展開推進事業（EDU-Portニッポン）」を推進しており、これを日本の教育分野のODAと結びつけて支援を展開する例がエジプトやベトナムなどに出てきている。日本の教育経験の活用という考え方は、日本の国際教育協力の重要な規定要因となってきているのである。

このように、日本の国際教育協力が日本の歴史認識に対する意識の変遷とともに「揺れ」をもったことは、序章で触れた近代化論と従属論、ソフトパワー論と相互依存論等の理論的な観点からはどのように解釈されるのだろうか。日本の国際教育協力は、1950年代の創始から90年代くらいまで、その歴史的経緯・記憶から単線的な近代化や日本モデルの移入を是とせず、文化相対主義的な価値観を強く有しており、ソフトパワーの一形態としての国際教育協力の在り方や、途上国が知的教育的に従属されるような帰結を忌避するような傾向が

あったのではないかと考えられる。特に、国民統合の根幹とされる初中等教育分野において、そのような考え方は強かった。それが、90年代のEFA、2000年代のMDGsとして、国際教育協力も国際社会の相互依存を深化させ、平和・人権・開発といった共通の国際的価値のために協働するものであることが示され、また日本の歴史認識も変容してきたこともあり、日本の国際教育協力の規定要因としては、弱まってきたのではないかと考えられる。

（3）日本の国際協力・援助の仕組みと実施体制

　日本の国際協力・援助を分類すると、まず大きく政府によるODAとNGO等の民間協力に分けることができ、その中で、ODAも二国間援助と国際機関を通じた援助に分けることができる。また、この二国間援助も、技術協力と無償資金協力、そして有償資金協力（円借款）に分類することができる。このような分類は、日本だけではなく、世界的にも使用されるユニバーサルなものであるが、日本の場合、他の援助供与国と比して、有償資金協力の割合が大きいことがその特徴としてあげられる。これは、小さな財政規模で大きな援助をおこなおうとする日本政府の思惑と、後に述べる自助努力の援助理念が基となり形成された日本の援助の特徴であった（西垣ほか2003）。この有償資金協力が多くを占める、日本の援助全体の状況は、日本の国際教育協力の展開を大きく規定した。特に、教育セクターに資金を外国から借用したいという途上国は限られ、また途上国側に教育分野の借款に関心があっても、高等教育や職業訓練分野に限定される場合が多かったため、基礎教育における円借款はごく限られたものとなった。

　上記のような多様な形態の日本の二国間援助は、現在はJICAが主な実施機関として、運営している。しかし、未だ、各省庁には、それぞれのODA予算があり、また、その実施団体も、各省庁自体やその関連団体となっている場合もある。歴史的に紐解くと、技術協力と無償資金協力の一部の実施機関としては、アジア協会、海外技術協力事業団（OTCA）、JICA等と、関係団体が統合や名称変更を繰り返し、現在のJICAに到達している。有償資金協力も日本輸出入銀行・海外経済協力基金（OECF）、国際協力銀行（JBIC）等を経て、やはり、現在のJICAに統合された歴史をもつ（12章）。これらのODA実施機関を指揮・監督する援助行政を担う省庁も、外務省を中心に10以上の省庁に

またがっており、過去には、その利権や予算獲得をめぐって各省がしのぎを削ったこともあった。

　そのような状況の中で、1950年代から80年代まで、ODA全体を当時の通商産業省（通産省、現経済産業省）が主導し、教育・人材育成の分野においても、日本の民間企業と連携した職業訓練の分野の国際協力の展開に大きな影響力を有したことは、その時代の日本独自の国際教育協力・「人づくり」協力の在り方を規定することとなった（7章）。当時の日本の国際協力・援助は、日本の国益、特に経済と連動した国益と密接に結びついており、これを主導したのが、当時の通産省であった。1958年の対インド借款に始まる円借款や1960年代、70年代の技術協力・無償資金協力の急拡大は、通産省の主導する「経済協力」という形で進められ、戦後の日本経済の高度成長を支えるための資源確保、日本企業進出の露払い的な経済インフラ支援、輸出振興のための市場開拓として特に東南アジア各地で展開された。このような政策意図によって、結果的に「万人のための教育世界会議（ジョムティエン会議）」までの日本の基礎教育分野での国際協力が立ち遅れ、産業技術教育や職業訓練、一部の工学・農学分野の高等教育に日本の国際教育協力の対象が限定されたことも、上記の戦後責任から発する途上国の教育主権への配慮と共に、日本の国際教育協力の歴史的規定要因であった。

　また、一方、文部省（現文部科学省）が1960年代、70年代にアジアに対する国際教育協力の検討を進めながら（1章）、長らくJICA等の援助実施に直接的な関与をしなかったということも、日本の国際教育協力の展開を規定した。文部省には、国費留学生の招聘という大きなODA予算が存在し、文部省管轄の国立大学はJICAの技術協力・高等教育協力の重要な担い手であったが、文部省がJICA等の援助実施に直接的な影響力を有しなかったことは、1990年以前のODAの一部としての日本の基礎教育協力の不活発な状況を一部説明するものであった。しかし、90年代から2000年代にかけては、文部省・文部科学省の教育分野ODA事業への姿勢に変化が生じ、国際教育協力懇談会や専門部署を設置し、JICAと人事交流をおこなうなど積極的な関与が始まった。この変化は、この時代の日本の教育分野ODAの急展開の一要因としても理解できる。ODAのもう1つの主管官庁である財務省（旧、大蔵省）は、国際教育協力に対する関与は過去においては限定的だったといえるが、旧OECF、旧JBIC

などでの借款による教育協力の展開に対して、一定の影響力を有した。特に、EFA以降は世界銀行やアジア開発銀行などで教育が重視され、MDGs期には、世界銀行主導でEducation for All—Fast Track Initiative（後のGlobal Partnership for Education）といった形で国際的な教育財政支援のシステムが構築される状況の中で、日本の国際教育協力への財務省の関与は大きくなっていった。

　外務省は、1980年代まで、国際教育協力に対する定見や理念を有していたように見られない。しかし、1992年の「ODA大綱」の策定や1993年の「ODA第5次中期目標」、1999年の「政府開発援助に関する中期政策」の中で、人的資源開発、特に基礎教育を重視する傾向が明らかとなっていった。このような背景の中で、外務省は国際教育協力の政策立案を主導し、2002年にBEGIN、2010年に「日本の教育協力政策2011-2015」、2015年には「平和と成長のための学びの戦略」を日本の教育協力政策として発表し（2章）、JICAの主管官庁ということだけではなく、日本全体の国際教育協力のかじ取りを積極的におこなうようになっていった。

　国際教育協力の主要な実施機関であるJICAも、関係省庁の政策的関与と連動し、時には独立して、国際教育協力の方向性を主体的に決定していった。1990年に、「万人のための教育世界会議（ジョムティエン会議）」を受けて、JICAが外務・文部両省の協力を得て「教育援助検討会」を設置し、次いで1992年には「開発と教育分野別援助研究会」が設置され、1994年に報告書を発表し、基礎教育への傾斜を明確にした（2章）。1994年に、「教育拡充のための提案」タスクフォース報告書、1997年には「教育援助にかかる基礎研究」報告書、2001年に「開発課題に対する効果的アプローチ——基礎教育」などを発表し、継続的に教育分野の国際協力拡充のための研究と協力実施指針の策定を続けてきた。2010年には、「JICAの教育分野の協力——現在と未来」、2015年には「教育ポジションペーパー」「SDGsポジションペーパー——ゴール4（教育）に向けたJICAの取り組み方針」をまとめ、JICAとしての教育協力に関するビジョンを国際社会に発信し、かつ自らの実施する国際教育協力の方向性を規定した。

　以上のように、日本の国際教育協力にかかわる複数の関連省庁やJICAの意図・政策・方針は、時には共通し、時には大きく異なり互いに対立することも

あった。その最も大きな転換点は、1990 年代であったといえる。1980 年代までの日本の国際教育協力・人づくり協力は、通産省の主導により、日本の東南アジアに対する経済進出や資源確保と連動し、従属論的な批判の対象となりえた。実際、欧米諸国や日本国内のマスコミなども、このような ODA 批判を展開した。しかし、EFA、MDGs 以降は、外務省・JICA が国際教育協力を主導することにより、国際社会の相互依存を前提として、その共通した理念である平和・人権・開発を組み入れた「人間の安全保障」を政策理念のひとつとして掲げ、日本の国際教育協力の展開を部分的に規定した。

（4）日本の国際協力・援助の理念

　日本の ODA に理念が乏しい、という言説が過去には多く見られた（渡辺1990）。しかし、その後、1992 年には最初の「ODA 大綱」が閣議決定され、その後 2003 年にこれが改訂され、2015 年には「開発協力大綱」と名を変えて、日本の ODA・国際協力の理念が示された。この 3 つの大綱が「自助努力」への支援を日本の ODA の基本理念あるいは基本方針として繰り返し説明したことにより、今日では、自助努力こそが日本の ODA の中心的理念であるという認識が一般化している。そもそも、ODA における自助努力とは「経済発展を主導するのはその国の政府と国民による現状改善へ向けての必死の努力しかない」という考え方に基づき、「援助する側が計画を押し付けるのではなく、途上国側の主体的な努力の芽をできるだけ探り当てて掘り起こし、その小さな芽が育っていけるようにキメこまかく手助けすることを中心にしている」（西垣ほか 2003、p. 193）援助姿勢のこととされる。このような援助理念は、古くは江戸時代の長岡藩の貯蓄勤勉や石門心学に源流を見るという説明（前掲書、p. 201）や、インドに次ぐ世界第 2 の世界銀行借款国であった日本が一時は世界一の援助供与国となったという独自の開発経験に基づいているという説明等がなされているが（小浜 1992、渡辺 2005）、日本の援助理念として定着してきたことは、様々な ODA 関連政策文書から明らかである。

　日本の国際教育協力の歴史的展開にあっても、この自助努力重視の姿勢が極端に作用し、学校教育というその国の国民統合・国民国家建設にとって中心的役割を果たす開発分野について、1990 年以前の援助をためらわせた可能性は否定できない。また 1990 年代から 2000 年代にかけてアフリカ地域で展開され

た理数科中等教育協力プロジェクトや、2000 年代の住民参加型学校運営「みんなの学校」プロジェクト等の形成や実施手法にも、自助努力の理念が大きな影響を与えた（4 章）。

2002 年に策定され、日本の最初の基礎教育分野の戦略文書となった BEGIN には、長岡藩の「米百俵の精神」を引きながら、「途上国政府のコミットメント重視と自助努力支援」が「基本理念」として盛り込まれた。2003 年に改訂された ODA 大綱と 2015 年に制定された開発協力大綱には、日本の理念として、自助努力と並んで「人間の安全保障」の考え方が記されている。「人間の安全保障」は、1994 年の国連開発計画『人間開発報告書』に端を発し、2001 年に日本政府の提案を受けて、国連に設置された「人間の安全保障委員会」（緒方貞子とアマルティアセンが共同議長）によって概念整理が進められた「個人の保護と能力強化により，恐怖と欠乏からの自由，そして，一人ひとりが幸福と尊厳を持って生存する権利を追求する」という考え方である。日本政府はこの経緯から、「人間の安全保障」を、国連において推進すると共に、自らの ODA 政策においても、2003 年の改訂 ODA 大綱、2005 年の ODA 中期政策、そして 2015 年の開発協力大綱にその中心的理念として盛り込んだ。国際教育協力においても、2010 年の「日本の教育協力政策 2010-2015」や 2015 年の「平和と成長のための学びの戦略」においては、「人間の安全保障」が自助努力と並んで、国際教育協力の中心的な理念として説明されている。

序章で述べたような、国際社会において国際教育協力が目標とする平和・人権・開発という価値は、ちょうど 2010 年の「日本の教育協力政策 2010-2015」に示されているように、「人間の安全保障」という概念に矛盾なく統合されている。一方、途上国側に自立的なコミットメントを求めた「自助努力」重視の理念は、国際教育協力の有する従属論的帰結や垂直的ソフトパワーとしての影響を是とせず、欧米型の基礎的人間ニーズとしての教育という考え方や宗教的チャリティの発露としての基礎教育支援とも一線を画し、日本独自の国際教育協力理念として、その重要な規定要因となっている。

（5）国際教育協力の専門性の獲得と現場主義・コミュニティの形成

日本の国際教育協力の規定要因として、特に 1990 年代以降のその展開にとって、大きな影響力をもったのは、日本における国際教育協力コミュニティの

形成とこれに伴った専門性の獲得であろう。

　1980年代までの日本のODAの創成期・発達期において、職業訓練と高等教育の協力を担った専門家とそのコミュニティは、工学や農学などの専門分野別に形成され、教育はひとつの専門分野として確立していなかった。僅かに、留学生や研修生の受入れに関しては、こうした人々をどのように日本に受入れるかを試行錯誤した人々の集団が、その現場での実施を担ったJICAや日本国際教育協会（当時）、アジア学生文化協会、AOTSなどで形成されたが、それも専門性の体系化や養成といったところまでは進展しなかった（7章、9章）。

　しかし、1990年代になり、教育がODAの中心的なセクターのひとつとなってくると、まず、JICA職員や専門家・開発コンサルタントの中に、そうした専門性が萌芽し、初期にはJOCVの隊員経験者で途上国の教育現場を経験した人々や、欧米でこの分野を学び、国際機関などで途上国での国際教育協力を経験した人々を、その重要な輩出元としながら、ODA業界の中に国際教育協力のコミュニティが誕生していった。

　1990年代には、大学や学界でも国際教育協力に関する専門性獲得の体制整備がなされた。名古屋大学、神戸大学、広島大学等に、教育開発関連の講座を有する国際開発・国際協力系の研究科が誕生し、広島大学、筑波大学には教育開発国際協力研究センターが設置され、この分野の専門人材育成と研究体制が整備された（詳しくは、黒田則博 2005）。また、学会としては、日本比較教育学会や国際開発学会が、教育開発研究者の拠り所として共同研究や研究発表の場を提供した。1990年代から2000年代において、こうした研究者は、規模の大きな研究費プロジェクトを取得し、もしくはODA事業に協力することによって、途上国の現場に赴き、途上国の研究者と連携することによって研究活動をおこなった。この時代の教育開発分野の学会発表や論文掲載・書籍の出版の量的な増大は、目覚ましいものがある（廣里 2005、黒田・北村 2013）。

　日本の市民社会・NGOについては、基礎教育分野において、ODAに先行して1990年代以前から、日本ユネスコ協力会連盟（当時）、ユネスコアジア文化センター、曹洞宗ボランティア会（当時）等、様々な団体が活発な活動を続けてきたが、2002年には「教育協力NGOネットワーク（JNNE）」が組織され、国際教育協力のコミュニティの形成が進展した。こうした組織化がおこなわれたことによって、教育協力NGOによる調査研究、能力強化、政策提言等

の活動を進展させている（11章）。教育協力NGOは途上国の現場のニーズや声を政策提言に反映させながら、一方でGlobal Campaign for Educationのような国際的NGO連合と協働することで、日本のODAによる国際教育協力に対して組織的な働きかけをおこなった。

　こうした日本における国際教育協力コミュニティの形成は、それぞれで独立しているのではなく、オールジャパンとしてのコミュニティの形成にもつながっている。また、ODA実施機関は、個々の専門家やコンサルタントのイニシアティブ・プロジェクト発掘・実施能力、NGO・大学などとの連携なしには、実際の国際教育協力を実施できないほどに、教育協力関係者・関係機関のキャパシティや専門性・考え方が、国際教育協力を規定しているといえる。実際、本書で見てきた、日本の国際教育協力の発展と革新は、このような関係者の個々の努力の総体として捉えることもできる。一方、実施だけではなく、政府や実施機関の国際教育協力政策や指針の策定、そのための評価活動においても、実施機関職員、コンサルタント、NGO、大学との連携やコンサルテーションは重要なプレゼンスと役割を有しており、その意味でも、関係者・関係機関の専門性や考え方は、日本の国際教育協力全体の規定要因となっていると考えられる。

　そして、こうした国際教育協力コミュニティの形成と専門性の獲得・現場主義は、国際社会が有する平和・人権・開発という価値の創造に向けた日本の国際教育協力の貢献可能性を高めるだけではなく、途上国の現場からその方向性を見直し、相互依存・パートナーシップを基とする国際教育協力の創造につながっている。

　本節では、日本の国際教育協力の規定要因を、国際社会との協働・連動、日本の歴史的経験、日本の国際協力・援助の仕組みと実施体制、日本の国際協力・援助の理念、国際教育協力の専門性の獲得と現場主義・コミュニティの形成の5つの観点から見てきた。この5つの規定要因は、決して独立して日本の国際教育協力の在り方に影響しているのではない。むしろ、それぞれの要因が、複合的に関連しあいながら、日本の国際教育協力を規定している。

　このような論考から導出されるのは、日本の国際教育協力に影響を与えた様々な要因の羅列・並列ではなく、日本の国際教育協力の未来の在り方を考え

るためのひとつの枠組みであろう。SDGs の時代を迎え、世界の国際教育協力
の在り方が、垂直的な教育援助から、水平的な教育のグローバルガバナンスへ
の協働へと変容していく時代において、日本の国際教育協力は、これを規定し
てきた諸要因を歴史的に再評価し、現代に活かすことによってのみ、将来を展
望することができるのではないか。

3. これからの国際教育協力に向けて

本章では、日本の教育協力を構成する基礎教育、技術教育・職業訓練
(TVET)、高等教育のそれぞれについて半世紀を超える歴史を俯瞰し、さらに
これらの教育協力の歴史を形づくってきた規定要因として、①国際社会との協
働・連動、②日本の歴史的経験、③日本の国際協力・援助の仕組みと実施体制、
④日本の国際協力・援助の理念、⑤国際教育協力の専門性の獲得と現場主義・
コミュニティの形成、の5つが存在することを述べてきた。既存の教育協力の
歴史は、1990 年の「万人のための世界教育会議（ジョムティエン会議）」を中
心にして語られることが多かったように思われるが、本書の作成にあたって、
実際に、過去の数々の教育協力事業を掘り起こし、当時の関係資料を紐解き、
政策や事業の現場にいた人々の話を聞くと、日本の国際教育協力の歴史は実に
多様な要因の結果であることがわかった。EFA の国際的な教育援助潮流（①）
はもちろん重要な要素ではあるものの、同時に、戦争などの日本の歴史的経験
（②）、外務省・文部科学省・経済産業省、財務省・JICA などの異なる援助政
策・実施機関の立場や考え方（③）、自助努力や人間の安全保障といった
ODA 全体の理念（④）、教育協力の専門性の蓄積や人材の養成（⑤）といっ
た、ODA 全体を規定している状況や文書化されにくい要素なども同様に重要
な教育協力の歴史の規定要因となっているのである。そのような要因から生ま
れた教育協力の歴史は、基礎教育、技術教育・職業訓練（TVET）、高等教育
の大きな3つの流れをつくり、また、そのそれぞれの中にもいくつもの異なる
展開があったことは本章の1節で述べたとおりである。最後に、こうした教育
協力のこれまでの歴史を踏まえて、今後の日本の教育協力への政策的示唆を述
べたい。

1つ目は、今後日本はどのような教育協力を模索すべきなのかという点についてである。日本は1989年にODA額が世界1位になりその後1990年代をつうじてほぼトップドナーの座にあった。日本のODA予算は1980年代から1990年代に拡大し1997年には1兆1,687億円に達したが、その後に減少に転じて、2016年には5,566億円となって最盛期の半分弱にまで減少している。また、現在では途上国にODAをはるか上回る民間資金が流れ込み、さらに中国やその他の新興国などからも資金が提供されている。日本のODAは、かつてのようにその規模で世界に貢献する時代ではなくなった。そうした環境のもとで、日本の教育協力も、量的な大きさではなく、日本の特色を生かした質の高い協力をおこなうことが求められている。

　これまでの60年余りの教育協力の歴史をつうじて成果を上げてきた日本らしい協力といえば、たとえば基礎教育分野では授業実践の改善を目指した教員養成・研修や教科書作成、職業訓練・技術教育分野では教育訓練機関の育成や指導員訓練、高等教育分野では日本の大学の参加を得た途上国の大学支援などが挙げられる。これらの協力はいずれも、日本の経験や知恵を活用して教育現場の改善を図ろうとする点が共通しており、日本のノウハウの活用と現場主義が日本らしさでもあるといえるだろう。

　近年、日本の教育開発の経験に途上国の関心が集まっている。たとえば、初中等レベルの教科書の質の高さ、研究室をベースにした工学教育、高等専門学校による早期の技術教育の開始、小学校の特別活動をつうじた児童の全人的な成長などに、途上国の教育関係者が関心を寄せ、これらに関する協力要請が彼らから寄せられている。こうした日本自身の教育経験に基づく協力は、日本ならではの成果を生む可能性がある。ただしそのためには、日本の文化・社会の中で生まれた教育制度や教育実践を時間をかけて相手国の環境に適合させ変化させていくことが何よりも重要である。相手国の人たちが中心になって日本の教育経験を自分たちのものに同化させていく、そのプロセスを現地で支援することこそ、日本の教育協力の現場主義であり、日本の協力の強みである。日本の教育経験を現場で現地化させていくことが日本らしい協力だといえるだろう。

　2つ目の政策的示唆は、教育協力をより広範な連携と参加のもとに実施すべきことである。教育協力には様々な取り組みがあり、これまで多くの機関や人々によって担われてきた。ODAによる教育協力は、1960年代から現在に至

るまで外務省・文部科学省・経済産業省・財務省・JICA といった省庁や援助
実施機関によって担われ、多くの NGO も教育協力をおこなってきた。当初は
それぞれ別々に独立した事業であったものが、やがて連携しておこなわれるよ
うになり、より大きな成果を生み、効果を高める例も生まれている。たとえば、
NGO と ODA 事業は 2000 年代に連携が進み日本 NGO 連携無償を始めとする
連携事業の体制が整えられた。技術協力と有償資金協力（円借款）の連携は
2008 年の JICA と JBIC 円借款事業部門との統合を機に一気に進んだ。その一
方で、異なる実施者や事業間の連携をもっと模索すべき事業もある。たとえば、
ユネスコやユニセフなどの国際機関を通じた教育協力と JICA や NGO による
教育協力は、わずかな連携の事例があるものの、総じて関係は薄い。文部科学
省の国費外国人留学生受入れと JICA の円借款留学生・長期研修員受入れも連
携は少ない。本書では多様な主体による様々な教育協力について述べたが、そ
の中には互いに連携を深めることにより、効率を高めることができ、また、よ
り大きな成果をだすことができる事業があると思われる。前節では、教育分野
の研究者・NGO 関係者・援助実務者等による教育開発コミュニティが 2000 年
頃から生まれていることを述べた。異なる機関の異なる事業を効果的につなぐ
ことができるのは、まさにこうした教育開発の専門性でむすばれたコミュニテ
ィの存在であり、日本の様々な教育協力事業が今後連携を深めて一層の効果を
上げるためにも、教育開発コミュニティの成長を期待したい。

　国際教育協力事業の間での連携に加えて、模索すべきもうひとつの連携があ
る。それは日本国内の教育と国際教育協力の連携である。急速に進むグローバ
ル化のもとで、日本の大学の国際化が社会的要請になって久しいが、日本の大
学教員の参加によっておこなわれている高等教育の技術協力プロジェクトは、
日本の教員の国際的な活動を促進し、日本の大学の国際化にも貢献している。
ODA による国費外国人留学生の日本の大学での受入れは、途上国の人材育成
を目的としているが、同時に、日本の大学の国際化につながっている。高等教
育分野のプロジェクトでは、途上国の大学支援と日本の大学の国際化促進が表
裏一体となりつつあり、両者の連携をさらに深めることが期待される。かつて
は非常に国内的な領域であった日本の初等教育においても、日本の子どもたち
へのグローバル教育や、今後増加する外国籍の子どもたちの受入れなど、国際
的な対応が喫緊の課題となりつつある。日本の小学校教育と国際教育協力の連

420　　終章　日本の国際教育協力の過去・現在・未来

携は、現職教員の JOCV 派遣制度などがある程度でまだ必ずしも大きくない
が、今後もっと多様な形が模索されるべきである。

　３点目は、教育開発のグローバルガバナンスへの参加と貢献についてである。
序章で詳しく述べたとおり、2000 年頃から、EFA、MDGs、SDGs などの国際
的な枠組みのもとで、様々な教育課題に世界の国々が協力して取り組む教育の
グローバルガバナンスが形成されている。人や経済のグローバル化が進展する
中で、一国の教育の課題が他国にも影響を及ぼし、また先進国と途上国が共通
の教育課題に直面する時代になり、教育も、国家を基礎的な取り組みの単位と
しつつも、グローバル社会が協働して取り組むべき課題と認識されるようにな
ったためである。日本は、これまでも関係省庁や教育開発コミュニティのメン
バーを中心に、MDGs や SDGs などのグローバルガバナンスへ対応してきた
が、今後はさらに一層の参加と貢献に努めるべきである。日本には日本自身の
教育経験を生かした国際協力の知見がある。こうした教育協力の知見をグロー
バルガバナンスをつうじて、様々な国と共有することで、日本にとっても他国
にとっても新たな学びが生まれるだろう。またグローバルガバナンスへの参加
は、日本国内の教育にとっても、新たな学びをもたらしてくれるはずである。

　教育は次の世代を育てるという意味において、未来をつくる仕事である。日
本の国際教育協力は、この半世紀余りの間、多くの途上国の未来をつくる仕事
に一助の手を差し伸べてきた。これからも国際教育協力をつうじて、日本が世
界の未来に日本らしい貢献をしていくことを期待する。

参考文献

大川一司・小浜裕久、1993、『経済発展論 ── 日本の経験と発展途上国』東洋経済新報
　　社。
海外技術協力事業団、1973、「海外技術協力事業団 10 年の歩み」。
鹿島平和研究所編、1973、『日本外交史〈26〉 終戦から講和まで』鹿島平和研究所出版
　　会。
黒田一雄・北村友人、2013、「課題型教育研究と比較教育学 ── 開発研究」、山田肖子・
　　森下稔編著『比較教育学の地平を拓く ── 多様な学問観と知の共働』東信堂。
黒田一雄・横関祐見子編、2005、『国際教育開発論 ── 理論と実践』有斐閣。
黒田則博、2005、「国際教育協力の現状と課題 ── 日本における国際教育協力研究の展
　　望」『比較教育学研究』第 31 号、3-14 頁。
国際協力機構編、2003、『日本の教育経験─途上国の教育開発を考える─』国際協力機

構国際協力総合研修所。

小浜裕久、1992、『ODA の経済学』日本評論社。

杉下恒夫、2005、「援助行政・援助政策」、後藤一美・大野泉・渡辺利夫編『日本の国際開発協力』日本評論社。

西垣昭・下村恭民・辻一人、2003、『開発援助の経済学――「共生の世界」と日本のODA　第 3 版』有斐閣。

西垣昭・下村恭民・辻一人、2009、『開発援助の経済学――「共生の世界」と日本のODA　第 4 版』有斐閣。

日本学生支援機構、2017、「平成 29 年度外国人留学生在籍状況調査結果」、https://www.jasso.go.jp/about/statistics/intl_student_e/2017/__icsFiles/afieldfile/2018/02/23/data17.pdf（2019 年 1 月 6 日）。

日本国際教育協会、1972、「15 周年」。

廣里恭史、2005、「日本における教育開発研究の系譜――過去、現在、そして未来への展望」『国際開発研究』第 14 巻 1 号、91-106 頁。

渡辺昭夫、1990、「本書に寄せて」、五十嵐武士編『日本の ODA と国際秩序』日本国際問題研究所。

渡辺利夫、2005、「援助理念」、後藤一美・大野泉・渡辺利夫編『日本の国際開発協力』日本評論社。

Pharr, Susan. 1994. Japanese Aid in the New World Order. Garby, C. and Bullock, M. eds., *Japan A New Kind of Superpower?*. Washington, D.C.: The Woodrow Wilson Center Press and The Johns Hopkins University Press.

World Bank. 1993. *The East Asian Miracle: Economic Growth and Public Policy*. Oxford: Oxford University Press.

国際教育協力プロジェクトリストについて

　本書の作成にあたり、JICA 研究所は検討委員会を組織し、本書作成のための基礎資料として、1950 年度から 2015 年度の間に JICA（その前身の組織を含む）が実施したプロジェクト型の国際教育協力事業を協力形態別（技術協力、無償資金協力、有償資金協力（円借款））に抽出し、国際教育協力プロジェクトリストにまとめた。本書中の典拠として「『日本の国際教育協力―歴史と展望』検討委員会調べによる教育協力プロジェクト」とある記載は、このリストを指している。本書における「技術協力」「無償資金協力」「高等教育」など各プロジェクトのカテゴリーはこのリストに依っており、その協力形態と選定基準は以下のとおりである。JICA 研究所のホームページ（https://www.jica.go.jp/jica-ri/ja/）で同リストを公開しているので、ご関心のある方は参照いただきたい。

（1）掲載プロジェクトの協力形態と出典

　技術協力：技術協力事業は、「開発途上国の課題解決能力と主体性（オーナーシップ）の向上を促進するため、専門家の派遣、必要な機材の供与、人材の日本での研修などを通じて、開発途上国の経済・社会の発展に必要な人材育成、研究開発、技術普及、制度構築を支援する取り組み」である（JICA ウェブサイト「事業の概要」https://www.jica.go.jp/activities/schemes/tech_pro/summary.html、2019 年 5 月 13 日閲覧）。本書では、「政府開発援助（ODA）国別データ集」に掲載されているすべての技術協力プロジェクトから、教育分野のプロジェクトを抽出した。1984 年度〜1986 年度の実績は「我が国の政府開発援助〈国別実績〉」、1987 年度〜2000 年度の実績は「我が国の政府開発援助　下巻」、2001 年度〜2015 年度は「政府開発援助（ODA）国別データブック」を参照した。ただし、明らかにこれらの資料に掲載されているデータが間違っていると思われる箇所は、当該案件の報告書、「経済協力の現状と問題点（経済協力白書）」など複数の資料を確認・検討の上、修正した。このデータ集には、技術協力プロジェクト（プロジェクト方式技術協力、センター協力等の旧呼称のものを含む）、開発調査、地球規模課題対応国際科学技術協力プロジェクト（SATREPS）、円借款附帯プロジェクトが含まれている。

　無償資金協力：無償資金協力は、「開発途上国に資金を贈与し、開発途上国が経済社会開発のために必要な施設を整備したり、資機材を調達したりすることを支援する形態の資金協力」（JICA ウェブサイト「無償資金協力の概要」https://www.jica.go.jp/activities/schemes/grant_aid/summary.html、2019 年 5 月 13 日閲覧）である。本書では「政府開発援助（ODA）国別データ集」（上記「技術協力」の項に挙げたもの）に掲載

423

されている1億円以上の無償資金協力のプロジェクトから、教育分野のプロジェクトを抽出した。なお、1億円未満であっても、国債案件で予算が複数年度に分かれた結果1億円未満となった案件や詳細設計調査及び人材育成奨学計画については1億円未満の案件でもリストに含めた。プロジェクトの実施年度は、交換公文を署名した年度とした。

有償資金協力（円借款）：円借款は、「開発途上国に対して低利で長期の緩やかな条件で開発資金を貸し付けることにより、開発途上国の発展への取組みを支援」（JICAウェブサイト「円借款の概要」https://www.jica.go.jp/activities/schemes/finance_co/about/overview/index.html、2019年5月13日閲覧）する事業である。本書では、JICAウェブサイトの「円借款案件検索」（JICAウェブサイト「円借款案件検索」https://www2.jica.go.jp/ja/yen_loan/）から、教育分野のプロジェクトを抽出した。同サイトで業種が「教育」ではないプロジェクトであっても、教育分野の支援が含まれるプロジェクトは抽出の対象とした。プロジェクトの実施年度は、交換公文を署名した年度とした。

（2）プロジェクトの分野と選定基準

基礎教育：就学前教育、初等教育、中等教育（後期中等教育を含む）、ノンフォーマル教育の拡充もしくは改善を目指したプロジェクトを選定した。ただし、後期中等教育のうち、技術教育・職業訓練分野の案件は、基礎教育のプロジェクトには含めていない。

職業訓練・技術教育（TVET）：TVETの概念は広範囲にわたるため、本書では教育開発の分野で通常TVETとみなされる範囲に限定した。具体的には、①教育・訓練機関の強化を目指したプロジェクト、②特定の社会グループ（貧困層、女性、障害者、除隊兵士など社会的脆弱層）のエンパワメント（能力強化や自律的な行動促進）の手段として、職業や生活のための技能訓練を行ったプロジェクト、③TVET行政の向上を目指したプロジェクトを選定した。一方、教育・訓練機関以外の場所で教育・訓練活動が行われているプロジェクトは除外した（たとえば、生産活動現場での技能訓練など）。また、教育・訓練機関の強化に関するプロジェクトであっても、公務員・保健人材・教員・農業普及員の育成など、公的セクターの人材育成プロジェクトは除外した。なお、膨大な数の全ODAプロジェクトの中からTVETプロジェクトを抽出するにあたり、最初の段階で、プロジェクト名から判断し、上記の定義から外れると思われる案件については、スクリーニングを行った。このため、一部に選定漏れがある可能性は否定できないことも本リストの限界として付記する。

高等教育：高等教育機関（UNESCO ISCEDレベル5〜8）の設立・強化を目的としたプロジェクト及び留学事業を選定した。なお、高等教育機関の社会貢献活動の強化をつうじて、高等教育以外のセクターの開発に貢献するプロジェクトも含めた。

（3）地域分類と国名について

本プロジェクトリストで使用する国名、地域名、地域分類は、「国際協力機構年次報告書2017」の記載および分類方法に従って記載している（https://www.jica.go.jp/

about/report/2017/ku57pq000022jqi9-att/2017_J_bessatsu.pdf）。

　「ビルマ（現・ミャンマー）」のように現在では名称・呼称が変わっているものがあるが、歴史的な記述において、その典拠の通り当時の名称で記載している部分がある。

索　引

あ 行

アカウンタビリティ（説明責任）　62, 156, 313, 315, 320-321, 326, 359

アジア開発銀行（ADB）　89, 275-276, 281-282, 295-298, 300, 302, 338, 340-341, 355-356, 393, 404, 413

アジア学生文化協会　199, 201-202, 416

アジア教育協力研究協議会（文部省）　41, 43-46, 48, 52, 108, 173

アジア・ゲートウェイ構想　258, 405

アジア太平洋地域教育計画（APEID）　275, 281, 284-285, 288-289

アジア地域初等教育発展計画（カラチ・プラン）　13, 19, 31, 34-36, 43, 51, 281, 284, 391

アジア地域ユネスコ加盟国文部大臣会議　34-35, 281

アジスアベバ・プラン　→アフリカ地域初等教育発展計画

アセアン人造り構想　20, 169, 174, 185-186, 188, 190, 229-230, 243, 399, 401

アセアン人造りセンター　21, 169, 174, 183, 195, 210, 243

アセアン工学系高等教育ネットワークプロジェクト（AUN/SeedNet プロジェクト）　67, 236, 262-263, 267-268

（学習成果の）アセスメント，学力評価　105-106, 124-125, 128-129, 394

アドボカシー　313-315, 322-323, 325-329

アフリカ開発会議（TICAD）　58, 71, 76, 91, 95, 153, 186-187, 214, 287, 293

アフリカ地域開発市民の会（CanDo）　90, 97, 313, 315, 319-320

アフリカ地域初等教育発展計画（アジスアベバ・プラン）　13, 19

アフリカ理数科教育域内連携ネットワーク（SMASE-WECSA）　120-121

天城勲　35, 51

アマルティア・セン　10, 14, 55-56, 76, 341, 415

インクルーシブ教育　2, 14, 57, 67, 70, 129, 299

インチョン宣言　16, 69

英国国際開発省（DfID）　148, 277, 339

援助協調，援助の調和化　62, 73-74, 91, 99, 138, 158, 279

援助効果向上　61-62, 99
　──に関するパリ宣言　61-62

エンパワメント　61, 75, 90, 168, 176, 184, 315, 317, 319-320, 326

オーナーシップ（主体性）　10, 62, 76, 92, 126, 128, 140, 326, 332, 355, 399

大平正芳　50, 75, 86, 169, 173-174, 195, 229

か 行

海外技術協力事業団（OTCA）　33, 36, 38, 41-43, 47, 107, 129, 242, 411

海外経済協力基金（OECF）　39, 87, 224, 248, 254, 333, 342, 411-412

海外産業人材育成協会，海外技術者研修協会（AOTS）　18, 166, 195-219, 390, 397, 399-400, 416
　──の海外研修　198, 203-207, 211, 399
　──の管理研修　198-199, 203-206, 209, 218, 399
　──の技術研修　198-199, 202-207, 209, 218, 397, 399

海外産業人材育成協会（The Overseas Human Resources and Industry Development Association: HIDA）　207

海外日本人学校　35, 46, 48, 281, 286

海外貿易開発協会（Japan Overseas Development Corporation: JODC）　207

開発アプローチ　5-6, 8-9, 13, 340

開発協力大綱（2015 年）　70, 74, 409, 414-415

開発と教育　分野別援助研究会（JICA）
　22, 51, 59, 74, 87, 112, 140, 231-232, 393,
　413
『学習―秘められた宝』（ドロール報告書）
　13, 57, 74
学校運営　22, 67, 70, 89-90, 96-97, 100, 106,
　135-145, 147, 150-158, 352-353, 355, 390,
　393, 415
学校運営委員会　98, 151-152, 154, 158
学校改善計画　152, 154, 158
学校から仕事への移行（school to work
　transition）　181
学校建設　22, 59, 83-101, 135, 146, 151, 153,
　158, 165, 275, 286, 291, 320-321, 323, 393-
　394, 396, 409
ガバナンス　139, 308, 355-356, 407-408
カラチ・プラン（カラチ計画）　→アジア
　地域初等教育発展計画
カリキュラム　16, 38, 44, 58, 60, 89, 105-
　106, 108, 112, 119, 122, 124-125, 127-129,
　135-136, 140, 156, 178-179, 181-182, 189,
　226, 240, 276, 281, 285-286, 289, 291, 294,
　318, 368, 394
間接援助，間接援助方式　44, 51
企業内研修　168, 181
帰国子女　46, 48, 281, 286
キャパシティ・ディベロップメント（CD）
　139-141, 155
『教育開発国際ジャーナル誌』（International
　Journal of Educational Development）
　9
教育協力NGOネットワーク（JNNE）
　310, 314-315, 324-325, 329, 416
教育経済学　9, 13
教育研修センター（文部省）　44, 48, 108,
　111
教育事情調査団（文部省）　34-35, 284
教育指導者招致事業（文部省）　37, 48
教育主権　36, 40, 49, 51, 85, 108, 278, 408-
　409, 412
教育セクター開発計画　89, 91, 138, 283,
　288
教育のグローバルガバナンス　1, 14, 16, 23,
　389, 407-408, 418, 421

教育の質　1-2, 7, 11, 14-15, 44, 59, 61, 91,
　93, 98, 100-101, 105, 122-123, 130, 149-
　150, 153, 155, 315, 319-320, 322-323, 325,
　351-352, 356, 381
教育の収益率　86, 178, 340
教育のためのグローバル・パートナーシップ
　（Global Partnership for Education:
　GPE）　62, 69, 73-74, 153, 275, 300, 314,
　324, 327　→万人のための教育ファス
　ト・トラック・イニシアティブ（EFA-
　FTI）
教育マネジメント情報システム（EMIS）
　149
教育立国論　37
教育2030行動枠組み　69, 74
教員研修・訓練　40, 48, 50, 65, 89, 98, 106,
　108, 111, 114-121, 123, 124-129, 135, 141,
　144, 147, 149-150, 185, 227, 250, 285, 294,
　318-320, 323, 325-326, 338-339, 344, 350,
　352-353, 356, 370-371, 373, 391, 393-394,
　396, 402, 419
教員養成　22, 44, 64, 84, 105-106, 109-111,
　115, 117, 119-121, 124, 126-130, 225, 263,
　286, 318, 356, 385, 391, 393-394, 396, 419
教科書　16, 22, 41-42, 60, 89, 105-106, 110-
　112, 118-119, 122-126, 128-129, 136, 140,
　149-150, 181, 227, 318, 339, 344, 353, 356,
　391, 394, 419
教師用指導書　118-119, 122-126, 128-130,
　150, 356, 394
行政能力強化　135-150, 154-158, 256, 338,
　393
協調融資　89, 276, 338-339, 343, 355, 362,
　393
共同設置型大学　237-238, 244, 405
拠出金・出資金　273-275, 280-281, 283,
　285, 287, 299, 404
拠点システム（文部省の初等中等教育等の協
　力強化のための拠点システム）　65, 74,
　410
拠点大学交流事業（文部科学省）　230
緊急時における教育　313, 323-324
緊急人道支援　274-275, 292-294, 313-314,
　323, 326

428　　索　引

緊急無償資金協力　92, 96, 275

近代化論　3, 10-12, 24, 410

草の根・人間の安全保障無償資金協力（草の根無償資金協力）　89, 92, 99

経済協力開発機構・開発援助委員会（OECD-DAC）　39, 62, 71, 75, 91-92, 113, 138, 166, 172, 180, 182, 190, 309, 333, 344, 359
——新開発戦略　58-59, 71, 92, 138

ケニア中等理数科教育強化計画　109, 113-114, 116, 120, 124, 130, 373

研究協力　58, 63, 176, 229, 236

現場主義　76, 152, 156, 415, 417-419

権利基盤型アプローチ（rights-based approach）　315, 322, 326

校舎建設　22, 85, 92, 94, 98, 318, 325, 390-391, 393

構造調整政策, 構造調整プログラム（SAPs）　13, 56, 58, 91, 177, 179, 355

高等教育世界会議　15

高等教育の国際化, 高等教育のグローバル化　24, 66, 232, 234, 237-239, 241-242, 252, 256, 258-259, 265-266, 404

高度人材　85, 237, 247, 256-258, 260, 266-268, 347, 404, 406

国際開発金融機関（Multilateral Development Banks: MDBs）　282, 295-300, 338-340, 344

国際化拠点整備事業（グローバル30）　259, 405

国際学力調査（Programme for International Students Assessment: PISA）　14, 17

国際機関　1-3, 8, 10, 12-14, 32-33, 44, 71, 86, 91, 95-96, 99, 138, 152, 155, 170, 176-178, 200, 219, 231, 273-286, 292-293, 295-297, 301-302, 327, 339-340, 343, 390, 393, 404, 407, 411, 416, 420

国際教育勧告　5

国際教育協力懇談会（文部省, 文部科学省）　65, 71, 74, 243, 278, 412

国際教育協力人材（国際教育協力リソース／コミュニティ）　46, 109, 145, 380, 396, 415

国際協力 NGO センター（JANIC）　309-310, 327

国際協力銀行（JBIC）　19, 65, 76, 224, 248, 411-412, 420

国際教育協力研究センター　60, 74, 241, 244, 416

国際社会に生きる日本人の育成　45, 286

国際通貨基金（IMF）　13, 56, 159, 179, 275, 324, 355

国費外国人留学生・招致　18, 31-32, 35, 37, 44, 50, 85, 248-252, 254-255, 257, 259-262, 264-265, 267, 296, 349, 389, 402, 404-406, 412, 420

国立教育研究所, 国立教育政策研究所　38, 281

国連開発計画（UNDP）　8, 10, 13-14, 55, 75, 138, 275, 281-282

国連環境開発会議（地球サミット）　17, 56, 74, 313

国連教育科学文化機関（ユネスコ, UNESCO）　2-5, 7-8, 12-17, 19-20, 31-32, 34, 37-38, 47-48, 51, 57, 61, 66, 67, 75, 86, 93, 107, 110, 167, 225, 234, 249, 274-275, 280-288, 302, 312, 314-317, 328, 391, 393, 407, 409, 416, 420

国連児童基金（ユニセフ, UNICEF）　2, 7-8, 10, 13, 75, 86, 95, 98-100, 148, 152, 274-276, 280-284, 288, 290-295, 301-302, 314, 393, 420

国連世界食糧計画（WFP）　274-275, 280, 293

国連貿易開発会議（UNCTAD）　50, 86, 169, 173, 175, 229

国境を超える高等教育　24, 238, 243

子ども中心の授業　114-115, 121, 125, 128

コミュニティ開発支援無償資金協力　92, 94, 99, 102, 275

コミュニティーラーニングセンター（CLC）　315-316, 328

コロンボ・プラン（コロンボ計画）　18, 31, 33, 36, 38, 165, 170, 200, 225, 280, 402, 407

コンピテンシーに基づく訓練（CBT）　169, 181-182, 189

さ　行

財政支援　62, 88, 91-92, 95, 99-100, 102,

106, 112, 126, 129, 138, 152, 154, 158-159,
276, 292, 325, 332, 335, 345-346, 352, 355-
356, 358-359, 361, 394, 413

産業人材育成　18, 24, 70, 165-166, 168, 176,
184, 195-198, 206-208, 211, 217-218, 260,
263, 397

サンチアゴ・プラン　→ラテンアメリカ地
域初等教育発展計画

ジェンダー　14, 56, 59-61, 64, 68, 75, 307,
321

識字教育　13, 44, 67, 147, 150, 169, 178, 234,
275, 278, 282, 286-287, 289, 310, 312, 315-
317, 323, 328, 374, 391, 394-395

自助努力　20, 58, 63-64, 67, 70, 72, 146, 173,
175, 208, 232, 399, 409, 411, 414-415, 418

持続可能な開発のための教育（ESD）　2,
16-17, 65-66, 68-69, 71, 74, 276, 283, 286,
289, 317

持続可能な開発目標（Sustainable Develop-
ment Goals, SDGs）　1-2, 11, 16-17, 23,
66, 68-70, 72, 101, 123, 147, 224, 234, 283,
310, 377, 407

──第4目標（SDG4）　68-69, 123, 275,
283, 300, 310-311, 314, 324

実証調査　149-150, 154

児童の権利に関する条約（子どもの権利条
約）　7, 282, 321

市民社会組織（CSO）　308

社会構成主義　12

シャンティ国際ボランティア会（SVA）
312, 318, 328

従属論　3, 10-13, 24, 410, 414-415

住民参加型，参加型　90, 93, 96-99, 138-
139, 150-154

授業研究　67, 115, 120-121, 126-127, 130,
150-151, 153, 371

授業実践　105-106, 109, 111-112, 117-119,
123-125, 127-129, 390, 393, 396, 419

主体性　→オーナーシップ

障害児・者　7, 14, 24, 100, 129, 175, 189-
190, 299, 326, 384, 395-396, 400

職業訓練校，職業訓練センター　166, 168,
188-190

女子教育　14, 23, 58, 60, 62, 70, 117, 140,

147, 150, 153, 169, 321, 395

初等教育の完全修了（UPC）　61, 91, 275,
283, 300

初等教育の完全普及（UPE）　12-13, 19,
34, 57, 86, 90-91, 105

ジョムティエン会議　→万人のための教育
世界会議

自立発展　40, 116, 326, 331-332, 357, 360-
361

人権アプローチ　5, 7-8, 13

新興工業経済地域（NIEs）　215-216, 342

人材育成奨学計画（JDS），JDS無償資金協
力　158, 248, 256-257, 260, 404

新自由主義　308

人的資本論　10, 340

スーパーグローバル大学創生支援事業
259, 405

スクールマッピング　148-149

成人識字　→識字教育

成長のための基礎教育イニシアティブ
（BEGIN）　22-23, 64, 72, 74, 94, 117,
146, 279, 393-394, 410, 413, 415

青年海外協力隊（JOCV）　2, 18, 49, 59, 65,
105-106, 109, 111, 113, 122, 128, 158, 292,
365-385, 390, 394, 396, 416, 421

──の環境教育　374-378, 382-383

──の青少年活動　374-378, 382-383,
394

政府開発援助（ODA）大綱（1992年，2003
年）　58, 63, 71-72, 74, 87, 91, 175-176,
231, 252, 278, 359, 395, 409, 413-415

政府開発援助（ODA）に関する中期政策
（1999年，2005年）　22, 57-58, 63, 72-
74, 89, 91, 147, 231-232, 234, 252, 413

セーブ・ザ・チルドレン・ジャパン（SCJ）
299, 312, 314-315, 321-322, 328

世界銀行　2, 8-9, 15, 19, 56, 64, 86, 116, 138,
177, 180, 234, 239, 274-275, 296, 298, 324,
333, 338-342, 344, 347, 353, 355, 361-362,
391, 393, 404, 413-414

『世界子供白書』　7, 10

世界人権宣言　5-7, 75

セクター・ワイド・アプローチ（SWAPs）
62, 64, 73, 84, 91, 94-96, 138, 147, 277, 279,

292

専門家派遣　18, 33, 48, 105-109, 128, 141,
　170, 195-198, 230, 236, 256, 391, 397
相互依存論　3, 11-12, 24, 58, 410
ソフトパワー論　3, 11, 12, 15, 24, 343, 410

た　行

対外経済協力審議会　38-39, 41, 85, 110,
　173, 227, 229, 250, 277
大学のODA参加　238, 240-242, 406, 419
大学の世界展開力強化事業　259
大学の世界ランキング　259
ダカール会合　→万人のための教育世界教
　育フォーラム
ダカール行動枠組み　14, 60-61, 64-65, 69,
　74, 90, 324, 410
多国間支援・協力　39, 47, 138, 176, 278-
　279, 285, 290
地域開発金融機関　295
地球規模課題対応国際科学技術協力（Sci-
　ence and Technology Research Partner-
　ship for Sustainable Development:
　SATREPS）　66, 74, 235-236, 239, 405
地球サミット　→国連環境開発会議
知識基盤社会　1, 24, 67, 234, 238, 260, 405
知的国際貢献　247, 253-254, 258, 265, 267,
　404
地方分権化　130, 147-150, 353-354
中央教育審議会（中教審）　45-46, 249-250,
　258, 267, 286
　──答申『教育・学術・文化における国際
　交流』　45
中等教育の職業教育化（vocationalization）
　169, 177-178, 182
長期研修　157, 248, 251-252, 256-257, 260-
　262, 265, 404, 420
直接援助方式　51
直接投資（Foreign Direct Investment: FDI）
　206, 215, 399
ツイニング・プログラム　265, 267
東方政策（ルック・イースト政策）　251-
　252, 255, 264, 336, 349
特別なニーズ教育世界会議　14, 57
徒弟制度　181

な　行

日本NGO連携無償資金協力　92, 97, 327-
　328, 420
日本機械工業連合会　199-202, 213, 218
日本研究講座（文部省）　37, 44
日本社会開発基金（JSDF）　153, 275, 298-
　299
日本センター（JICA）　189, 400
『日本の教育協力政策2011-2015』　23, 67,
　147, 234, 278, 413, 415
『日本の成長と教育』（文部省白書）　37
日本ユニセフ協会　98, 275, 292, 295
日本ユネスコ協会連盟（NFUAJ），日本ユネ
　スコ協力会連盟　312, 315, 416
ニュー・パブリック・マネジメント（new
　public management: NPM）　139, 156
『人間開発報告書』　10, 14, 55, 282, 415
人間の安全保障　24, 63-64, 67-68, 76, 282-
　283, 341, 395, 400-401, 409, 414-415, 418
　──基金　274-275, 283
能力強化　→キャパシティ・ディベロップ
　メント（CD）
ノンフォーマル教育　3, 18, 23, 60, 64, 70,
　140, 168-169, 180-181, 276, 278, 288, 310,
　312, 315-317, 325, 391
ノン・プロジェクト型借款　332, 335, 346,
　359

は　行

パートナーシップ　97, 101, 274, 283, 290,
　295-296, 300, 327, 361, 417
賠償留学生　32, 35, 249-250, 408
パイロット事業　68, 154
パブリックディプロマシー，広報文化外交
　11
万人のための教育（EFA）　2, 11, 13-14,
　21, 56, 60-61, 66, 72, 74-75, 83-84, 87, 90-
　92, 101, 112, 138, 146-147, 169, 177, 179,
　279, 282-283, 286, 289, 300, 314, 316, 323-
　326, 377, 401, 406, 408, 410-411, 413-414,
　418, 421
　──世界会議（EFA世界会議，ジョムテ
　ィエン会議，会合，WCEFA）　13, 22,

索　引　431

31, 51, 56, 86, 90, 138, 140, 231, 282, 286, 343, 391, 393, 395, 399, 404, 408-409, 412-413, 418
── 世界教育フォーラム（ダカール会合）　14, 60, 90, 324
──（ダカール）行動枠組み　14, 60-61, 64-65, 69, 74, 90, 324, 410
── ファスト・トラック・イニシアティブ（EFA-FTI）　14, 61-62, 64-65, 67, 74, 91, 283, 300　→教育のためのグローバル・パートナーシップ（GPE）
非営利組織（NPO）　307, 313
東アジアの奇跡　332, 342-343, 362
非政府組織（NGO）　1-3, 8, 22-23, 63, 68, 76, 86, 89-90, 93, 97-99, 101, 196, 276, 279, 298, 307-329, 385, 390, 394-395, 411, 416-417, 420
人づくり，人づくり協力　2, 20-21, 23-24, 32-33, 37, 50, 55, 58, 63-64, 67, 71-72, 86, 109, 165-170, 173-176, 183, 190-191, 195, 197-198, 227, 229-230, 232, 243, 250, 331-332, 357-358, 391, 399-401, 405-406, 412, 414
貧困削減　8-10, 56, 58, 63, 70-72, 74, 89, 92, 95, 129, 181, 200, 275, 295, 297-298, 325
貧困削減戦略支援無償資金協力（PRS無償）　88, 92, 95, 99, 102, 129-130, 154, 325
プラン・インターナショナル・ジャパン（PLAN）　312, 315, 320
フルブライト計画　4
プロジェクト型借款　332, 338
紛争影響国　70, 83, 100, 169, 278-279, 283, 293-294, 300, 315, 322, 326
米国国際開発庁（USAID）　145, 276, 384
米州開発銀行（IDB）　275, 295, 298, 300
平和アプローチ　3-8, 12, 16
『平和と成長のための学びの戦略』　23, 70, 123, 147, 234, 260, 279, 413, 415
平和の文化（ユネスコ）　16
ベーシック・ヒューマン・ニーズ（基礎生活分野，BHN）　9, 13, 58-59, 86, 89, 177-178
変革主体（change agent）　307-308
防災・災害復興支援無償資金協力　92

北米比較国際教育学会（Comparative and International Education Society）　9
ポリテクニック　168, 225, 227

ま 行

マイクロプランニング　148-149, 153
マルチ・バイ連携　99, 274
マレーシア高等教育基金借款　251, 255, 264-265, 267-268, 336, 349
マンパワー政策，マンパワー論　12, 177
ミレニアム開発目標（MDGs）　14, 16, 23, 60-61, 63-64, 67-70, 72, 75, 90-92, 138, 147, 234, 322, 341, 407-408, 411, 413-414, 421
民間セクター　167, 181, 218, 247, 295, 397, 402
みんなの学校　97, 152-153
問題解決型学習　118-119
文部省の（国際教育協力からの）撤退　46, 51

や 行

ヤング・リーダーズ・プログラム　254
有償資金協力（円借款）　19, 21-23, 39, 65, 87, 89, 96, 98-100, 185, 224-225, 227, 233, 239, 248, 251, 260, 393, 411, 420
輸出振興・拡大　39-40, 169-172, 197, 200-201, 203, 213-214, 277, 397, 399-400, 407, 412
ユニセフ　→国連児童基金（UNICEF）
ユネスコ　→国連教育科学文化機関（UNESCO）
ユネスコ・アジア文化センター（ACCU）　284-285, 315-317, 416
ユネスコ憲章　3-5, 315
ユネスコ・スクール（ASP Net）　284

ら 行

ラオスのこども　318
ラテンアメリカ地域初等教育発展計画（サンチアゴ・プラン）　13, 19
理科教育協力事業，理科等教育協力事業（文部省）　18, 20, 37, 48, 106-110, 391, 393, 396

理数科教育　22, 60, 64, 87, 105, 107, 109-121, 128-130, 140, 146, 151, 153, 176, 367, 369, 371, 373-375, 377-378, 380, 382, 383, 390, 393-394, 396, 409

理数科教師隊員　109, 113, 129, 367, 373-374, 383, 394

留学生30万人計画　66, 74, 247, 259-261, 405

留学生受入れ10万人計画　21, 50-51, 66, 247, 252-258, 262, 296, 404

留学生借款, 人材育成支援円借款　233, 243, 248, 251, 254-257, 260, 264, 334, 345, 348, 350, 357, 404

わ　行

ワールド・ビジョン・ジャパン（WVJ）312, 314-315, 322

アルファベット

ADB　→アジア開発銀行

AOTS　→海外産業人材育成協会

BEGIN　→成長のための基礎教育イニシアティブ

BHN　→ベーシック・ヒューマン・ニーズ（基礎生活分野）

CanDo　→アフリカ地域開発市民の会

CD　→キャパシティ・ディベロップメント

DfID　→英国国際開発省

EFA　→万人のための教育

EFA-FTI　→万人のための教育ファスト・トラック・イニシアティブ

EFA世界会議　→万人のための教育世界会議

EMIS　→教育マネジメント情報システム

ESD　→持続可能な開発のための教育

Gender and Development（GAD, ジェンダーと開発）　14

GPE　→教育のためのグローバル・パートナーシップ

IMF　→国際通貨基金

JANIC　→国際協力NGOセンター

JBIC　→国際協力銀行

JDS　→人材育成奨学計画

JICA教育援助検討会　51

JNNE　→教育協力NGOネットワーク

JOCV　→青年海外協力隊

JSDF　→日本社会開発基金

MDGs　→ミレニアム開発目標

NGO　→非政府組織

NIEs　→新興工業経済地域

NPO　→非営利組織

OECD/DAC　→経済協力開発機構開発援助委員会

OECF　→海外経済協力基金

OTCA　→海外技術協力事業団

PISA　→国際学力調査

PRS無償　→貧困削減戦略支援無償資金協力

PTA　154, 363

PVO（民間ボランティア組織）　307

SATREPS　→地球規模課題対応国際科学技術協力プロジェクト

SDGs　→持続可能な開発目標

SWAPs　→セクター・ワイド・アプローチ

TICAD　→アフリカ開発会議

TVET　→技術教育・職業訓練

UNCTAD　→国連貿易開発会議

UNDP　→国連開発計画

UNESCO　→国連教育科学文化機関（ユネスコ）

UNICEF　→国連児童基金（ユニセフ）

UPC　→初等教育の完全修了

UPE　→初等教育の完全普及

USAID　→米国国際開発庁

WCEFA　→万人のための教育世界会議, EFA世界会議, ジョムティエン会議

WFP　→国連世界食糧計画

Women in Development（WID, 開発における女性）　14

執筆者一覧 (執筆順)

萱島信子 (かやしま・のぶこ) [編者／序章、8章、9章、終章] 国際協力機構上級審議役／国際協力機構研究所主席研究員。『大学の国際化とODA参加』(玉川大学出版部、2019)、『途上国世界の教育と開発』(分担執筆、上智大学出版、2016)

黒田一雄 (くろだ・かずお) [編者／序章、終章] 早稲田大学大学院アジア太平洋研究科教授／国際協力機構研究所客員研究員。『ユネスコ国際教育政策叢書』(編集、全12巻、東信堂、2014)、『アジアの高等教育ガバナンス』(編著、勁草書房、2013)

斉藤泰雄 (さいとう・やすお) [1章] 国立教育政策研究所名誉所員。『日本の教育経験：途上国の教育開発を考える』(分担執筆、東信堂、2005)、『教育における国家原理と市場原理』(東信堂、2012)

吉田和浩 (よしだ・かずひろ) [2章] 広島大学教育開発国際協力研究センター長／教授。"The policy-implementation-results linkages for education development and aid effectiveness in the education 2030 era," *Compare*, 48 (1): 39-55 (共著、2018)、*International Education Aid in Developing Asia* (分担執筆、Springer、2015)

興津妙子 (おきつ・たえこ) [3章、5章] 大妻女子大学文学部准教授。『教員政策と国際協力：未来を拓く教育をすべての子どもに』(明石書店、2018年)、『SDGs時代の教育―すべての人に質の高い学びの機会を』(分担執筆、学文社、2019年)

石原伸一 (いしはら・しんいち) [4章] 岡山大学大学院教育学研究科教授。『教員政策と国際協力：未来を拓く教育をすべての子どもに』(分担執筆、明石書店、2018)、*Scaling up South-South and Triangular Cooperation* (分担執筆、JICA Research Institute、2012)

川口　純 (かわぐち・じゅん) [4章] 筑波大学大学院教育学研究科助教。『アフリカの生活世界と学校教育』(分担執筆、明石書店、2014)、『アジアの高等教

育ガバナンス』（分担執筆、勁草書房、2013）

石田洋子（いしだ・ようこ）[5章] 広島大学教育開発国際協力研究センター教授。『アフリカに見捨てられる日本』（創成社、2008）、『成果を高める開発協力のあり方』（DTP出版、2018）

島津侑希（しまづ・ゆき）[6章、7章] 名古屋大学大学院国際開発研究科助教。「エチオピア農業普及員育成課程での「ジェンダーに配慮したカリキュラム」；教員のカリキュラム実施に影響を及ぼす要因とは」『比較教育学研究』50（2015）、"Establishing linkage between formal TVET and the local labor market in Ethiopia: The strategy implementation and challenges of formal TVET institutions," *Africa Educational Research Journal*, Vol. 5（2014）

辻本温史（つじもと・あつし）[6章、7章] 国際協力機構研究所リサーチ・オフィサー。"A study of the cultural situation of pupils in upper basic school in Zambia," *The Journal of International Cooperation in Science, Mathematics and Technology Education*, Vol. 2（2010）

山田肖子（やまだ・しょうこ）[6章、7章] 名古屋大学アジア共創教育研究機構／大学院国際開発研究科教授。『知識論：情報クラウド時代における"知る"という営み』（東信堂、2019）、*Post Education-for-All and Sustainable Development Paradigm: Structural and Diversifying Actors and Norms*（編著、Emerald Publishing、2016）

杉村美紀（すぎむら・みき）[9章] 上智大学グローバル化推進担当副学長／総合人間科学部教授／国際協力機構研究所客員研究員。『移動する人々と国民国家：ポスト・グローバル化社会における市民社会の変容』（編著、明石書店、2017）、『多文化共生社会における ESD・市民教育』（共編著、上智大学出版、2014）、『マレーシアの教育政策とマイノリティ』（東京大学出版会、2000）

北村友人（きたむら・ゆうと）[10章] 東京大学大学院教育学研究科准教授。『国際教育開発の研究射程：「持続可能な社会」のための比較教育学の最前線』（東信堂、2015）、『グローバル時代の市民形成』（編著、岩波書店、2016）

荒川奈緒子（あらかわ・なおこ）[10章] 国際協力機構研究所リサーチオフィサー（教育）。ユニセフ東ティモール事務所、外務省国際協力局、ユネスコカンボジア事務所、INEE において教育政策策定やプロジェクトの実施を経て現職。

「紛争と教育：国際的な政策議論および動向」『比較教育学研究』55（東信堂、2017）

三宅隆史（みやけ・たかふみ）[11章] 教育協力NGOネットワーク（JNNE）事務局長／シャンティ国際ボランティア会（SVA）ネパール事務所長。『SDGsと開発教育：持続可能な開発目標のための学び』（分担執筆、学文社、2016）、『内発的発展と教育：人間主体の社会変革とNGOの地平』（分担執筆、新評論、2003）

小荒井理恵（こあらい・りえ）[11章] 教育協力NGOネットワーク（JNNE）事務局次長／シャンティ国際ボランティア会（SVA）アフガニスタンプログラム・アドバイザー。『アフガニスタン復興への教育支援：子どもたちに生きる希望を』（明石書店、2011）、『途上国世界の教育と開発：公正な世界を求めて』（分担執筆、上智大学出版、2016）

木村　出（きむら・いづる）[12章] 国際協力機構理事長室上席秘書。国際協力銀行（当時）マニラ事務所、JICA中東・欧州部、東南アジア・大洋州部、アフリカ部（地域担当課長）等を経て現職。『高等教育グローバル市場の発展：アジア・太平洋諸国の高等教育政策から得た示唆とODAの役割』（共著、国際協力銀行開発金融研究所、2004）など。

丸山英樹（まるやま・ひでき）[13章] 上智大学総合グローバル学部准教授。『ノンフォーマル教育の可能性』（共編著、新評論、2013）、『トランスナショナル移民のノンフォーマル教育』（明石書店、2016）

日本の国際教育協力——歴史と展望

2019 年 9 月 30 日　初　版

［検印廃止］

編　者　萱島信子・黒田一雄

発行所　一般財団法人　東京大学出版会

　　　　代表者　吉見俊哉

　　　　153-0041 東京都目黒区駒場 4-5-29
　　　　電話 03-6407-1069　FAX 03-6407-1991
　　　　振替 00160-6-59964

印刷所　株式会社精興社
製本所　誠製本株式会社

Ⓒ 2019 Nobuko Kayashima & Kazuo Kuroda, Editors
ISBN 978-4-13-051350-0　Printed in Japan

JCOPY〈出版者著作権管理機構　委託出版物〉
本書の無断複写は著作権法上での例外を除き禁じられています．複写される場合は，そのつど事前に，出版者著作権管理機構（電話 03-5244-5088，FAX 03-5244-5089, e-mail: info@jcopy.or.jp）の許諾を得てください．

高橋哲哉・山影　進 編
人間の安全保障　　　　　　　　　　　A5 判 288 頁／2800 円

元田結花
知的実践としての開発援助　　　　　　A5 判 312 頁／5700 円
アジェンダの興亡を超えて

東京大学教育学部教育ガバナンス研究会 編
グローバル化時代の教育改革　　　　　A5 判 304 頁／3200 円
教育の質保証とガバナンス

佐藤一子 編
地域学習の創造　　　　　　　　　　　4/6 判 344 頁／2900 円
地域再生への学びを拓く

宮島　喬
外国人の子どもの教育　　　　　　　　4/6 判 296 頁／2800 円
就学の現状と教育を受ける権利

グローバル化・社会変動と教育　全 2 巻　A5 判平均 376 頁／各巻 4800 円
　ローダー他 編／広田照幸・吉田　文・本田由紀 編訳
　1　市場と労働の教育社会学
　ローダー他 編／苅谷剛彦・志水宏吉・児玉重夫 編訳
　2　文化と不平等の教育社会学

ここに表示された価格は本体価格です。ご購入の
際には消費税が加算されますのでご諒承ください。